知识产权实证分析

[I]

Empirical IP Studies

| 金海军　著 |

知识产权出版社
全国百佳图书出版单位

图书在版编目（CIP）数据

知识产权实证分析[Ⅰ]：创新、司法与公众意识/金海军著.—北京：知识产权出版社，2015.10

ISBN 978-7-5130-3853-9

Ⅰ.①知… Ⅱ.①金… Ⅲ.①知识产权—研究—中国 Ⅳ.①D923.404

中国版本图书馆 CIP 数据核字（2015）第 246151 号

内容提要

本书以知识产权的实证分析为题，按专利、商标、著作权、司法与案例、公众调查等分类排列。在专利部分，重点在于专利制度与创新激励之间的关系；在商标部分，则集中在消费者调查与统计方法在商标法实践中的应用；著作权部分的三章全部是从国内发生的三起案件出发，借助实证与比较的研究，提出案件处理或立法改进的不同视角与结论；在司法案例的部分，分别以中国《最高人民法院公报》的知识产权案例和美国联邦最高法院的知识产权判例为研究对象，通过统计数据与实例分析，试图从实证的角度认识中、美两国在知识产权司法领域的共性与差别；最后一章是通过问卷调查的方式，探求中国社会公众的知识产权认知程度与意识水平，并与作者在十年前的同类调查进行比较，观察中国社会在这方面的变化。

责任编辑：倪江云　　**责任校对**：孙婷婷
封面设计：品序　　**责任出版**：卢运霞

知识产权实证分析[Ⅰ]
——创新、司法与公众意识
金海军　著

出版发行：知识产权出版社有限责任公司　　**网　址**：http://www.ipph.cn
社　址：北京市海淀区马甸南村1号（邮编：100088）　　**天猫旗舰店**：http://zscqcbs.tmall.com
责编电话：010-82000887/82000860 转 8335　　**责编邮箱**：nijiangyun@cnipr.com
发行电话：010-82000860 转 8101/8102　　**发行传真**：010-82000893/82005070/82000270
印　刷：北京科信印刷有限公司　　**经　销**：各大网络书店、新华书店及相关专业书店
开　本：720mm×1000mm　1/16　　**印　张**：20.75
版　次：2015年10月第1版　　**印　次**：2015年10月第1次印刷
字　数：385千字　　**定　价**：69.00元
ISBN 978-7-5130-3853-9

从规范到实证的方法论意义

（代总序）

> 我们一切知识都在经验里扎根基，知识归根结蒂由经验而来。
>
> ——［英］洛克《人类理解论》

一、何为实证研究

实证研究（empirical research 或 empirical study）是指以直接或间接的观察或者经验而获取知识的一种方法。实证研究的哲学基础是由自然科学领域产生的经验主义（empiricism）。两者在构词上同源，均出自古希腊语μπειρία一词，翻译成拉丁文即 experientia。该词在英文中的对译即 experience［经验］，并由此产生派生词 experiment［实验］。[1] 经验主义与唯理主义（rationalism，一译“理性主义”）相对，两者构成近代哲学的主要流派。[2]

在探讨人类知识来源这一问题上，自古希腊以来，人们已经尝试采用多种方法，而只是在近代欧洲科学与哲学发展过程中，才形成了关于唯理主义与经验主义的区分。近代哲学按照它们以理性或经验为知识的泉源或准则而划分为唯理主义或经验主义。[3] 通常认为，唯理主义是建立在承认

---

[1] 参考《不列颠大百科》（*Encyclopedia Britannica*）在线版，“empiricism”条目：http://global.britannica.com/EBchecked/topic/186146/empiricism；以及《维基百科》的“empiricism”条目：http://en.wikipedia.org/wiki/Empiricism。

[2] 同上注，并“rationalism”条目。

[3] 梯利．西方哲学史［M］．葛力，译．北京：商务印书馆，1995：283.

人的理性可以作为知识来源的理论基础上的一种方法，认为理性高于并且独立于感官感知，其代表人物是笛卡尔、斯宾诺莎和莱布尼茨。所谓经验主义即这样一种学说：我们的全部知识（逻辑和数学或许除外）都是由经验来的。❶ 经验主义通常相信现代科学方法，认为理论应建立于对事物的观察，而不是直觉和迷信，通过实验研究而进行的理论归纳优于单纯的逻辑推理，其代表人物是洛克、培根和休谟。❷ 从两派的代表人物看，显然，唯理主义盛行于欧洲大陆，故又被称为欧洲理性主义或大陆唯理主义，相应地，另一派则被称为不列颠经验主义或英国经验主义。❸ 经验主义与唯理主义的区分，实际已经超越自然科学领域。例如，在法律领域，大陆法系与普通法系的区别，就可以从唯理主义与经验主义那里找到思想来源与哲学基础。

经验主义与唯理主义虽然在方法论上各有侧重，但并非互为沟壑。例如，典型的唯理主义者如斯宾诺莎以及莱布尼茨都认为，人类首先本能地掌握一些基本原则，例如几何公理，然后可以依据这些推理出其余知识，因此，从理论上讲，所有知识（包括科学知识）可以通过单纯的推理得到，但他们也承认，现实中除了数学之外人类不能做到单纯用推理得到别的知识。康德在早期是典型的唯理主义者，但波普尔在其《论科学与形而上学的地位》的演讲中，却将康德与经验逻辑相提并论，认为休谟之于康德的影响，就是将他从“教条主义的沉睡中唤醒”。❹ 康德最终成为唯理主义与经验主义的综合体。而在经验主义者那里，也强调必须遵循逻辑，注重规则的推导。在法学领域，霍姆斯提出“法律的生命在于经验而不是逻辑”，❺ 成为法学名言，传诵至今。但是，霍姆斯并没有说出来的是，当经验沉默无语时不应当忽视逻辑，如果没有足够的理由，我们就必须符合逻

---

❶ 参见：罗素．西方哲学史（上卷）[M]．何兆武，李约瑟，译．北京：商务印书馆，1963：139. 洛克的论证是：“我们且设想心灵比如说是白纸，没有一切文字、不带任何观念；它何以装备上了这些东西呢？人的忙碌而广大无际的想象力几乎以无穷的样式在那张白纸上描绘了的庞大蓄积是从何处得来的？它从哪里获得全部的推理材料和知识？对此我用一语回答：从经验，我们一切知识都在经验里扎根基，知识归根结蒂由经验而来。”（《人类理解论》第二卷，第1章第2节）。另参见：洛克．人类理解论（上册）[M]．关文运，译．北京：商务印书馆，1959：168.

❷ 洛克．人类理解论（上册）[M]．关文运，译．北京：商务印书馆，1959：168.

❸ 例如，梯利所著的《西方哲学史》一书中第三编第一篇的篇名就是“英国经验主义”，第二篇的篇名则为“大陆的唯理主义”。

❹ 卡尔·波普尔．猜想与反驳[M]．沈恩明，编．杭州：浙江人民出版社，1989：263.

❺ OLIVER WENDELL HOLMES, JR. *The Common Law* (1881), p1. “The life of the law has not been logic; it has been experience ... The law embodies the story of a nation's development through many centuries, and it cannot be dealt with as if it contained only the axioms and corollaries of a book of mathematics.”

辑，并且要以逻辑这一类东西作为基础。[1] 事实上，法律是非常注重逻辑的，否则，纷繁复杂的原则、规则与判例法则如何建构与适用呢？代表美国立法精神的《独立宣言》，开篇提出“我们认为这些真理是自明的”，其本身即脱胎于欧几里得。18 世纪的天赋人权学说，就是一种在政治方面追求欧几里得式的公理。[2] 因此，法学的基础也应当是理性与经验的综合体。

实证研究与实证主义之间，特别是法律实证研究与实证法学派之间的关系，因其在中文语境中有着相似的表述，而容易引起混淆。从词源上分析，经验主义与实证主义这两者存在关联。实证主义（positivism）一词源于法文 positivisme，后者又是由动词 positif 派生出来，该动词的意思是“通过经验而形成认识”(imposed on the mind by experience)。[3] 实证主义这一术语是法国哲学家孔德在 19 世纪中期提出来的，[4] 他也被视作社会学的开创者，因此，这一概念更多地用于社会科学领域。实证法学派，亦即法学领域的实证主义，[5] 同样是在 19 世纪中叶出现的一种法学思潮，它反对先验的思辨，并力图将自身限定在经验材料的范围之内。由于当时自然科学领域取得了巨大的成功，因此，实证主义就是要把自然科学所运用的方法用于社会科学领域，而仔细观察经验事实与感觉材料正是自然科学的主要方法之一。[6] 实证法学派（legal positivism）与法律实证研究（empirical legal research）这两个术语尽管在中文都译作“实证……”，但两者是存在区别的。前者是法理学上的“实证主义法学”，属于哲学上的本体论范畴，主要针对法学研究的对象问题，即研究“法律是什么”，与此相对应的是价值分析法学或规范法学。后者则是以经验为基础的法学研究方法，该方法运用社会学和经济学等社会科学的方法研究现实社会中的法律，关注法律与社会的互动关系，特别是揭示法律的实施情况，其核心问题是“现实中的法律是什么”。[7]

实证研究的方法随着经验主义、实证主义而从自然科学领域延伸至社会科学与人文学科，典型的如经济学、社会学、历史学等。在此情形中，

---

[1] 本杰明·卡多佐．司法过程的性质［M］．苏力，译．北京：商务印书馆，2002：18．

[2] 罗素．西方哲学史（上卷）［M］．何兆武，李约瑟，译．北京：商务印书馆，1963：64．

[3] 参考《维基百科》的“positivism”条目：http：//en. wikipedia. org/wiki/Positivism。与此相关的另一术语 positive law，通常称为“实在法”，也是同源构词。

[4] 同上注。另参见：奥古斯特·孔德．论实证精神［M］．黄建华，译．北京：商务印书馆，1999．该书法文原版的标题即 *Discours Sur L'esprit Positif*。

[5] Positivism 有时就直接指 legal positivism。［EB/OL］．［2014-10-14］．http://dictionary.reference. com/browse/positivism？ s=t．

[6] 博登海默．法理学、法律哲学与法律方法［M］．邓正来，译．北京：中国政法大学出版社，1999：115．

[7] 黄辉．法学实证研究方法及其在中国的运用［J］．法学研究，2013（6）．

同样存在实证研究方法与相应的实证科学之间的关系。弗里德曼于1953年发表其论文《实证经济学的方法论》（*Methodology of Positive Economics*）❶时，开篇引用凯恩斯关于实证科学与规范科学的区分："一门实证科学（positive science）……是关于什么是（what is）这一类问题的系统的知识体系；而一门规范或管理科学（normative or regulative science）……是关于什么应该是（what ought to be）这一类问题的标准的系统的知识体系……是一门艺术（art）……是为达到某一特定目标而设立的原则体系。"❷弗里德曼这里所提出的实证经济学，尽管被其他经济学家如萨缪尔森认为"所发议论如此陈旧，似乎简直就是陈词滥调"，❸ 但是，其影响却相当深远。弗里德曼认为，从原则上说，实证经济学是独立于任何特别的伦理观念或规范判断的。它的任务是提供一套一般化体系，这个一般化体系可以被用来对环境发生变化所产生的影响作出正确的预测。这一体系的运行状况可以通过它所取得的预测与实际情况相比的精确度、覆盖率及一致性等指标来加以考察。简言之，实证经济学是，或者说可以是一门"客观的"科学，这里"客观"一词的含义完全等同于任一自然科学上的定义。尽管经济学（和其他社会科学）所涉及的是人与人之间的关系，而且调查研究者本身就是被调查研究的事物的一部分，但这些都不是社会科学与自然科学之间的根本差异之所在。❹ 张五常1983年在香港大学经济学教授就职演说中提到，当代经济学的潮流已经转向经济解释，也就是经济学的实证方法。"经济学中出现的令人着迷的趋势，简单地说就是：在过去，大多数经济学家往往根据应该是什么来分析，这是一种旨在提供政策建议的规范方法。但是，近年来情况已经开始发生变化。许多经济学家现在开始试图解释事情为什么像现在这样，这是一种立足于推导和检验假说的实证方法。"❺ 这一陈述同样体现了实证经济学与经济学的实证研究方法之间的关

---

❶ MILTON FRIEDMAN. The Methodology of Positive Economics［G］// Essays In Positive Economics. Chicago：University of Chicago Press，1966：3-43. 中译本参见：密尔顿·弗里德曼．弗里德曼文萃［M］．高榕，范恒山，译．北京：北京经济学院出版社，1991：191-238.

❷ JOHN NEVILLE KEYNES. Scope and Method of Political Economy［M］. London：Macmillan 4 Co.，189：34-35. 转引自：前注弗里德曼书，第191页。

❸ 萨缪尔森．我的人生哲学：政策信条和工作方式［G］//迈克尔·曾伯格．经济学大师的人生哲学．侯玲，欧阳俊，王荣军，译．北京：商务印书馆，2001：336. 萨缪尔森提到，"不管逻辑实证主义在科学上总体犯过多少错误，多么粗浅，因为与密尔顿·弗里德曼特有的实证经济学混在一起，它获得了一个本不应获得的恶名。"

❹ 密尔顿·弗里德曼．弗里德曼文萃［M］．高榕，范恒山，译．北京：北京经济学院出版社，1991：192.

❺ 张五常．经济解释：张五常经济论文选［M］．北京：商务印书馆，2001：2. 原文于1983年发表。

系。而在法学领域，实证法学派已经与自然法学派、社会法学派等鼎足而立，那么，当代法学领域的潮流，是否也将转向法律解释与法律的实证研究方法呢?

二、法律的实证研究及其发展

法学因其研究对象是作为社会规范的法律，故常被误认为在研究方法上也应当以规范研究为主流。但是，正如前面所阐明的，法学作为社会科学之一种，不可能自外于实证研究在该领域的影响。事实上，从法律实证研究（empirical legal scholarship/ELS）最为活跃的美国的情况看，实证研究方法在法学各个领域的发展已是如火如荼。耶鲁大学法学院 Robert Ellickson 教授在 2000 年的一项研究中发现，美国法学刊物中法律实证研究的文章从 1982 年到 1996 年几乎翻了一倍。[1] Tracey E. George 教授继续考察此后十年（1994~2005 年）的法律实证研究状况，发现这一增长趋势仍在继续并且增幅不减。他把 Westlaw 数据库中所包含的美国法学期刊按照特定关键词——例如“实证”(empiric!)、“定量”(quantitat!)、“统计意义”(statistic! significan!)、“表 1”(Table 1)——进行检索、统计，再将所获得数据加以整理分析，得到表 1 的数据。[2]

表 1　美国法律期刊中涉及法律实证研究的文献数量

单位：篇

	1994~1996	1997~1999	2000~2002	2003~6/2005
empiric!	9 003	10 188	11 245	9 689
quantitat!	3 462	3 734	4 177	3 531
statistic! significan!	1 363	1 613	1 825	1 532
Table 1	2 031	2 237	2 788	2 384

注：检索关键词最后所带的“!”符号表示省略值，可以指代任何字符。

实证研究方法在我国法学领域刚刚开始，但似乎从一开始就陷入被怀疑甚至质疑的氛围之中。在引入新的研究方法之际，法学界就首先展开了

---

[1] ROBERT C. ELLICKSON. Trends in Legal Scholarship: A Statistical Study [J]. J. Legal Stud., 2000 (29): 517.

[2] TRACEY E. GEORGE. An Empirical Study of Empirical Legal Scholarship: The Top Law Schools [J]. Ind. L. J., 2006 (81): 141, 147.

关于“主义与问题”之争，认为需要思考这样一个问题：对于法律实证研究的热衷，究竟是一场风尚的追逐，还是我国法学界对于法学方法论认真思考之后的选择？❶ 2009年举办的“科学发展观与法律实证研究方法”研讨会上，学者们意识到，对于一个学科来讲，学科的发生在于研究对象的相对独立，当研究中厘清了对象，也就形成了学科，但是学科的成熟在于其方法，所以方法的自觉就标志着一种成熟状态，在法学领域，道理也是一样。❷ 因此，法学作为一门学科，必有其特定的研究对象，但其品质如何、是否成熟，却在于其是否能够自觉地运用适当的研究方法。❸

我国法律实证研究的实际状况如何呢？从《中国知网》CSSCI期刊1992~2012年所收录文章的检索与统计数据看，在这20年间，我国法律实证研究的文章共计815篇，其中，1992~2002年，每年为0篇或仅为个位数，在此后十年间才逐年有所增加，且增幅较大：2003年11篇、2004年19篇、2005年30篇、2006年56篇、2007年80篇、2008年98篇、2009年107篇、2010年118篇、2011年159篇、2012年146篇。从这些论文在不同部门法的分布来看，数量最多的是诉讼法与司法制度（393篇），其次是行政法及地方法制（126篇）、刑法（90篇）、法理与法史（79篇）、经济法（66篇）、民商法（60篇）、国际法（19篇）和宪法（18篇）。❹ 有学者对行政法领域的实证研究情况进行统计分析，得出了类似的结论：在主流法学期刊上所刊发的行政法学文章的研究方法，定性研究的比重过重，法解释研究方法、比较法研究方法、法实证的研究方法等在整体研究中比例过低。该学者据此断言，这一状况体现了行政法研究的落后性。❺ 如果按照前一项统计数据，在法律实证研究论文数量的部门法分布上，行政法尚在其中名列第二，那么这是否可以说，至少从研究方法的角度上，其他许多部门法的研究更是大大落后了。

或许是为了因应目前这种落后状况，《法学》和《法学研究》杂志在2013年先后开设研究专栏❻，专题讨论法律实证研究问题。从学者所持观点看，支持并鼓励法律实证研究者似乎较多，但反对派或中立派也不少。在法学中引入实证研究之际，法学界就在警示人们，不可过分迷信方法；有人认为，很多人是在发现自己没有思想时才开始重视方法，并且引用萨

---

❶ 黄辉．法学实证研究方法及其在中国的运用［J］．法学研究，2013（6）．

❷❸ 郭云忠．法律实证研究方法研讨会综述［J］．国家检察官学院学报，2009（4）．

❹ 赵骏．中国法律实证研究的回归与超越［J］．政法论坛，2013（2）：表3.

❺ 例如，黄辉．中国主流法学期刊刊发行政法学文章探讨：以2007~2011年十五大法学类期刊为样本［J］．社会科学家，2013（11）．

❻ 例如，《法学》2013年第4期的专栏是“强化问题意识，推进法律实证”，《法学研究》2013年第6期的专栏是“法学研究方法的理论与实践”。

缪尔森的话“能做研究的都做着科研；那些不能做科研的就胡扯其方法论”来支持其看法。❶ 也有人引用拉德布鲁赫的话：“就像因自我观察而受折磨的人多数是病人一样，有理由去为本身的方法论费心忙碌的科学，也常常成为病态的科学，健康的人和健康的科学并不如此操心去知晓自身。”❷ 这些洋权威的引语，似乎就为法律实证研究方法的应用打上了低等的标签，然而这对于我国法学方法的创新特别是实证研究的发展，是非常不利的。事实上，这些引语的语境很值得注意，片言只语只会误用乃至误导。比如，如果仔细查阅萨缪尔森的这句话，可以发现它其实是借用萧伯纳的说法，而萨缪尔森本人紧接着这段话的，同样在强调自己的方法论。❸ 萨缪尔森在其风行一时的著名教材《经济学》中，第1章就专门讨论“经济学的方法论”，其中包括实证研究方法。❹ 而且不要忘记了，萧伯纳自己就曾经说过：“一个真正受过教育的人的标志是他能深深地被统计数字打动。”❺

三、知识产权的实证分析

知识产权的实证分析在很大程度上是从法律与经济学相交叉的地方开始的。知识产权实证研究有其自身独特的演进路径（empirical IP studies have followed their own distinctive evolutionary path），最早的研究成果是经济学家弗林茨·马克卢普（Fritz Machlup）1952年向美国参议院司法委员会所提交的研究报告《专利制度的经济评论》（*An Economic Review of the Patent System*）。❻ 该报告的结论是，基于目前的实证性知识（empirical knowledge）状况，从经济学上讲，无法知道这一制度从整体上而言究竟是好还是坏，“就目前的知识而言，任何经济学家都无法肯定地回答，目前

---

❶ 苏力．好的研究与实证研究［J］．法学，2013（4）．

❷ 拉德布鲁赫．法学导论［M］．米健，译．北京：中国大百科全书出版社，1997：169．

❸ “从崇高的哲学道德领域转到世俗的科学方法论领域令我感到轻松一些。但我在讨论时宁可不将方法论的首字母M大写。可以用另一句话来表达萧伯纳的看法：那些能做研究的，就做科学研究；那些不能做的则胡扯其方法论。当然，我不能否认自己也有方法论。”萨缪尔森．我的人生哲学：政策信条和工作方式［G］//迈克尔·曾伯格．经济学大师的人生哲学．侯玲，欧阳俊，王荣军，译．北京：商务印书馆，2001：334．

❹ 保罗·A．萨缪尔森，威廉·D．诺德豪斯．经济学（上册）［M］．12版．高鸿业，等，译．北京：中国发展出版社，1992：11（及以下）．

❺ 转引自：曼昆．经济学原理（宏观经济分册）［M］．4版．梁小民，译．北京：北京大学出版社，2006：47．

❻ JOHN M. GOLDEN, ROBERT P. MERGES, PAMELA SAMUELSON. The Path of IP Studies: Growth, Diversification, and Hope［J］. Texas L. Rev., 2014(92): 1757, 1761-1762.

运行的专利制度为社会带来的是净收益还是净损失。”❶ 他也指出，如果想要就这一制度的具体改革得出较为确信的结论，还需要各种事实性数据（factual data）。然而，在此后几十年间，为回答知识产权整体有益性和具体制度改革问题所必需的数据收集，仍是进展不大，而且其研究成果绝大部分是由法学之外尤其是经济学的研究者所完成。知识产权实证研究偏少的原因在于：其一，所涉及领域的数据收集困难；其二，在知识产权实证研究方面的投入不足。❷

到了20世纪90年代，美国法学界开始形成一批知识产权的实证研究成果。❸ 知识产权法的研究也开始进入一个新的时期，即注重实证性学术研究的时期，从而可以较以往提供更准确和细致的政策分析。❹ 进入21世纪以来，法学研究者所取得的知识产权实证研究成果数量大增，并且包括了专利、著作权、商标等各个部门，❺ 而在研究领域和研究手段上也均有广泛拓展。研究的问题包括诸如专利授权数量与一国GDP之间的关系，主

---

❶ STAFF OF SUBCOMM. On Patents, Trademarks, & Copyrights [R]. S. Comm. on the Judiciary, 85th Cong., *An Economic Review of the Patent System* 79 (Comm. Print 1958).

❷ JOHN M. GOLDEN, ROBERT P. MERGES, PAMELA SAMUELSON. The Path of IP Studies: Growth, Diversification, and Hope [J]. Texas L. Rev., 2014(92): 1757, 1758.

❸ 例如，JOHN R. ALLISON, MARK A. LEMLEY. Empirical Evidence on the Validity of Litigated Patents [J]. AIPLA Q. J., 1998 (26): 185; ALEXANDER E. SILVERMAN. Myth, Empiricism, and America's Competitive Edge: The Intellectual Property Antitrust Protection Act [J]. Stan. L. Rev., 1991 (43): 1417; DONALD S. CHISUM. Normative and Empirical Territoriality in Intellectual Property: Lessons from Patent Law [J]. Va. J. Int'l L., 1997 (37): 603. 从其研究领域看，以专利法为主。

❹ JOHN M. GOLDEN, ROBERT P. MERGES, PAMELA SAMUELSON. The Path of IP Studies: Growth, Diversification, and Hope [J]. Texas L. Rev., 2014(92): 1757, 1759.

❺ 例如，涉及知识产权一般问题的有：WILLIAM M. LANDES. An Empirical Analysis of Intellectual Property Litigation: Some Preliminary Results [J]. Hous. L. Rev., 2004 (41): 749; MATTHEW SAG, TONJA JACOBI, MAXIM SYTCH. Ideology and Exceptionalism in Intellectual Property: An Empirical Study [J]. Cal. L. Rev., 2009 (97): 801. 涉及专利法的有：COLLEEN V. CHIEN. Patently Protectionist? An Empirical Analysis on Patent Cases at the International Trade Commission [J]. Wm. & Mary L. Rev., 2008-2009(50): 63; MICHAEL SCHUSTER. Claim Construction and Technical Training: Am Empirical Study of the Reversal Rate of Technically Trained Judges in Patent Claim Construction Cases [J]. Quinnipiac L. Rev., 2011(29): 887. 涉及商标法的有：BARTON BEEBE. An Empirical Study of the Multifactor Tests for Trademark Infringement [J]. Cal. L. Rev., 2006(94): 1581; ROBERT C. BIRD, JOEL H. STECKEL. The Role of Consumer Surveys in Trademark Infringement: Empirical Evidence from the Federal Courts [J]. U. Pa. J. Bus. L., 2012 (14): 1013. 涉及著作权法的有：BARTON BEEBE. An Empirical Study of U. S. Copyright Fair Use Opinions: 1978-2005 [J]. U. Pa. L. Rev., 2007-2008(156): 549; DEBORAH R. GERHARDT. Copyright Publication: An Empirical Study [J]. Notre Dame L. Rev., 2011-2012 (87): 135; JIARUI LIU. Copyright Injunctions after eBay: An Empirical Study [J]. Lewis & Clark L. Rev., 2012(16): 215; ERIC ROGERS. Substantially Unfair: An Empirical Examination of Copyright Substantial Similarity Analysis among the Federal Circuits [J]. Mich. St. L. Rev., 2013(2013): 893.

要国家专利局的专利申请以及处理状况的比较，不同技术领域的知识产权数据及其对比等。在收集与分析数据方面，采用了包括公众调查、问卷调查、直接访谈、电子数据挖掘、系统化实验等手段。信息时代的大数据也为知识产权法律实证研究提供便利，例如美国经济研究局（National Bureau of Economic Research）建立的"美国专利引证数据库"。[1]

知识产权的实证研究往往跨越法学、经济学、统计学、社会学等领域，需要不同学科之间的合作。例如，法和经济学的兴起，对知识产权的实证分析助益良多，两者的发展也几乎是同步的。知识产权的经济分析虽然可以从古典经济学家如斯密、边沁、穆勒等的相关论述算起，发展到20世纪初，也出现了一些经济学家，比如庇古（Pigou）、陶西格（Taussig），以及20世纪30年代的阿诺德·普兰特（Arnold Plant），[2] 但是，这一领域的研究仍然属于个别性的，主要是经济学家的额外工作。一直要到20世纪70年代，知识产权的经济分析才开始成为一种持续增长的现象。例如，美国有关知识产权、技术与艺术的专门性法律期刊，其数量由1980年的2种[3]增加到21世纪初的26种；美国法学院大量开设知识产权法相关课程，比如芝加哥大学法学院在1981年开设有7门税收方面的课程或者研讨班，只有1门是知识产权课程，但到21世纪初，两者的比例已经是五五开了。1982年，经济类杂志所发表文章中只有5篇的标题包含了表示知识产权的术语，而到2000年则为235篇。[4] Towse和Holzhauer在21世纪初合编过一套《知识产权经济学》（*The Economics of Intellectual Property*）论文集，其中收录自20世纪30~90年代以英语发表的论文89篇，根据发表时间先后，依次为20世纪30年代（2篇）、50年代（3篇）、60年代（1篇）、70年代（6篇）、80年代（38篇）和90年代（39篇）。[5] 这也反映出，从20世纪80年代开始，知识产权的经济分析进入黄金时代，历经90年代直至今日方兴未艾。而这一时期，恰恰也是知识产权法律实证研究的蓬勃发展期。在互联网兴起之后，在《社会科学研究网》（*Social Science Research Network*/SSRN）上还为知识产权的实证研究（Intellectual Property：Empirical

---

[1] JOHN M. GOLDEN, ROBERT P. MERGES, PAMELA SAMUELSON. The Path of IP Studies：Growth, Diversification, and Hope [J]. Texas L. Rev., 2014(92)：1757, 1763-1764.

[2] 威廉·兰德斯，理查德·波斯纳．知识产权法的经济结构［M］．金海军，译．北京：北京大学出版社，2005：导言．

[3] 即 *Bulletin of the Copyright Society of the U. S. A.* 和 *Journal of the Patent Office Society*，均由专业协会主办，偏重于实务问题。

[4] 威廉·兰德斯，理查德·波斯纳．知识产权法的经济结构［M］．金海军，译．北京：北京大学出版社，2005：导言．

[5] RUTH TOWSE, RUDI HOLZHAUER ed., *The Economics of Intellectual Property*, (2002).

Studies e-Journal,SSRN）设立专门子集，收录与此类研究相关的论文。❶

我国知识产权实证研究的状况又如何？虽然前一项对于 CSSCI 论文的统计未将知识产权法单列，无法确知其中的数量与比例，但是，因为知识产权法的研究成果通常就包含在民商法当中，而民商法实证研究的整体排名靠后（倒数第三）。可见，知识产权法律实证研究的状况也不容乐观。

同样，我们以《中国知网》CSSCI 期刊所收录的“哲学人文、社会科学、信息科技、经济管理科学”类论文为统计对象，也可以检验有关知识产权实证研究的状况。通过在主题一栏中分别以“知识产权”“专利”“著作权”“商标”与“实证”进行组合检索，可得结果如图 1 所示。

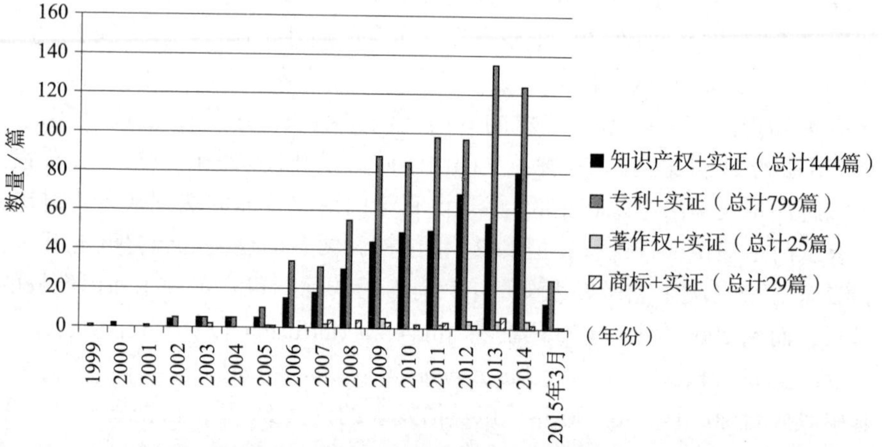

图 1 《中国知网》CSSCI 期刊收录知识产权实证研究论文统计

从图 1 的年度分布看，我国对知识产权进行实证研究始于 21 世纪初，并且在 2005 年之前的数量仍不超过每年 10 篇，但在此之后则有较大增长，尽管主要是在专利领域。从收录的期刊来看，主要集中在科学技术管理类杂志。例如，“知识产权＋实证”的检索结果前三名是：《科技进步与对策》30 篇、《科技管理研究》27 篇、《科学学研究》22 篇；“专利＋实证”的检索结果前三名是：《科学学研究》67 篇、《科技进步与对策》63 篇、《情报杂志》63 篇。但这些研究成果基本上不是这里所要讨论的知识产权实证分析。因此，我们将检索范围进一步缩小为法学/知识产权类期刊，则数量骤减（见表 2）。

---

❶ ［EB/OL］.［2015-04-06］. http://www.ssrn.com/link/Intellectual-Property-Empirical-Studies.html. 截至目前已收录论文 658 篇。

表 2　中国知网 CSSCI 收录知识产权实证研究论文的法学/知识产权期刊（1999~2015 年 3 月）

期刊排名	第 1 名	第 2 名	第 3 名
知识产权＋实证	《知识产权》/17 篇	《电子知识产权》/12 篇	《科技与法律》/3 篇 《法学》/2 篇
专利＋实证	《电子知识产权》/15 篇	《知识产权》/12 篇	《中南财经政法大学学报》/5 篇
著作权＋实证	《法学》/2 篇	《知识产权》/2 篇	《现代法学》《法律科学》《法学论坛》《中国刑事法杂志》各 1 篇
商标＋实证	《知识产权》/6 篇	《电子知识产权》/3 篇	《中国刑事法杂志》/1 篇

以上检索结果虽属于原始数据，但其中足以反映我国在知识产权领域实证研究的基本状况：（1）检索结果的总量虽然较大，但其中绝大部分属于科学、技术、管理、情报等领域的研究成果；（2）即使就知识产权领域的研究而言，目前绝大部分集中在专利问题上，而著作权、商标方面的实证研究则偏少；（3）从所收录的期刊性质看，此类研究成果在知识产权类期刊上刊登较多，而在法学期刊，特别是法学类核心期刊上数量过少。

如何改进目前知识产权实证研究不足的现状呢？

首先，放下在方法上的“主义与问题”之争，而致力于找到真正的问题，采用不同的研究方法，从多角度加以解释与解决。应当承认，我国现阶段的法律实证研究还处于简单、初级、原始的阶段，“最大的问题在于方法本身的粗疏，还只是一种数据化的研究而非数理化的研究，离成熟、精致的实证研究还有很大的距离。”❶ 但是，研究者不能因此裹足不前，而是应当勇于尝试，并且在适用法律实证研究方法的过程中，不断加以检讨、调整和提高。

其次，应当认识到在法律实证研究上也存在不同的层次与种类，可以由低到高，逐步深入。按照法律实证研究在文章中由深至浅的介入程度，Diamond与 Mueller 将其分为不同风格的三类，以便廓清法律实证研究的边界：第一类，是最纯粹的法律实证研究，从调查到收集数据，再到数据分析处理和结果的报告；第二类，法律实证研究介入程度略少一些，主要是

❶ 左卫民．法学实证研究的价值与未来发展［J］．法学研究，2013（6）．

较为深入系统地运用了数据并对其进行分析；第三类，法律实证研究介入程度最浅，仅是引用一些经验数据而已。[1] 康奈尔大学法学院实证研究中心主任 Theodore Eisenberg 将法律实证研究归为三个分支：其一，诉讼参与人通过使用科学的实证分析以期实现胜诉；其二，在具体案件中对于社会科学方面的实证研究的运用；其三，通过运用实证研究的方法来刻画法律体系的运作。[2] 在知识产权领域，以上三种层次、三个分支都有许多问题可以进行实证研究。例如，在商标案件中，诉讼当事人通过消费者调查方法来证明混淆可能性；专利申请数量变化与 GDP、R&D 增长之间的关系研究，等等。

最后，知识产权的实证分析并不排斥其他研究方法。从知识产权法的角度而言，法学研究的传统方法并未过时，更不应全盘抛弃，但是，在法学研究中借鉴经济学、统计学等的实证研究方法，从而形成法学与经济学、统计学、管理学、科学学等其他学科的相互交叉与融合。这样既可以起到互相印证的作用，也可以通过对某些具体问题形成不同的分析视角与结果，丰富法学研究的视野。

金海军

2015 年 4 月

---

[1] SHARI SEIDMAN DIAMOND, PAM MUELLER. Empirical Legal Scholarship in Law Reviews [J]. 6 Annu. Rev. Law Soc. Sci., 2010(6): 581-99.

[2] THEODORE EISENBERG. Empirical Methods and the Law [J]. Journal of the American Statistical Association, 665 2000 (95): 665. 转引自：赵骏. 中国法律实证研究的回归与超越 [J]. 政法论坛，2013 (2).

前　言

本书是知识产权实证分析系列的第一册，以“创新、司法与公众意识”为主题，阐述以下三个方面的问题：（一）知识产权之于创新的作用或影响；（二）知识产权法律制度的形成、解释与实施的过程，特别是以司法统计与典型案例为依据，剖析中外法院对于知识产权案件的司法裁判；（三）知识产权制度的社会基础，重点是社会公众对于知识产权制度的认知与意识。全书虽然从研究对象与内容构成上看，各章之间较为分散，但它们在本质上都属于不同层次的实证研究，故此可将其归为一册；同时，各章依据研究主题而可进行相应归类。

全书共分12章，按照专利、商标、著作权、司法活动、社会公众调查等研究主题而依次划分为5个部分。在各部分当中，再以问题为中心，形成相对集中的论述。

（1）专利制度与创新激励。

这一部分由前三章组成。它们结合中国的专利实践，从专利活动的国际比较、雇员发明制度、专利政策与中小企业等不同方面，阐述专利制度与创新激励之间的关系。

第1章运用大量的统计数据，从宏观角度为中国在全球知识产权与技术创新版图中进行定位。专利数量是衡量一国知识产权活动与技术创新水平的重要标志。无论是纵向对比还是与其他国家的横向比较，近十年来的专利增长数据表明，中国无疑已成世界知识产权大国，并且出现了若干具有国际水平的创新型企业，但是，与西方发达国家相比，中国的企业、大学和科研机构尚未形成规模化创新集群。

第2章研究的是雇员发明制度。除中国外，还包括了对德国、美国、日本、韩国等世界专利大国的对比分析。根据这些国家在雇员发明的权利归属和激励措施上的不同规则与实践，可以将它们的雇员发明制度归纳为几种模式：契约自由式（美国）、企业福利式（德国）、政府管制式（中国）、政府倡导式（日本、韩国）。一项法律制度的设计，既要借鉴先进国家的经验，也需要考虑本国经济发展水平与企业文化的不同特点。这同样适用于我国职务发明制度的改进。

第 3 章探讨专利资助政策对于中小企业创新活动的影响。上自中央政府，下到各级地方政府，我国近年来颁布了一系列专利资助政策。问题是，它们是否达到了鼓励创新的目标，特别是对中小企业的创新激励？从专利申请数量、专利授权数量以及企业研发投入等指标上看，专利资助政策与中小企业创新之间存在一定的正相关关系。同时，统计数据和案例分析也表明，政府的某些专利资助政策也存在弊端。假如不能找到更有效的替代方案，现实的做法是采取其他的配套控制措施，让该政策发挥积极效果，而尽量避免消极影响。

（2）商标纠纷案件的科学证据。

商标是否具有混淆之可能，以及商标与通用名称的认定，都是商标纠纷案件的关键性问题。第 4、5 章讨论了在我国商标纠纷案件中引入消费者调查方法以及相应之科学证据的必要性与可行性。

第 4 章旨在分析调查统计方法在商标诉讼案件中的应用现状与前景。我国《商标法》（2001 年）第 52 条规定存在不足之处，即在认定侵犯商标权时，不应仅以商标近似与商品类似作为标准，而应当增设以相关公众的混淆可能性作为最终标准。2013 年修改后的《商标法》第 57 条尽管弥补了这一不足，改采以相关公众的混淆可能性作为认定侵犯商标权的标准，但是，法院在审理商标案件时，仍然倾向于将消费者调查统计而获得的证据，一概排除。基于混淆可能性之标准在司法认定上的复杂性，应当考虑消费者调查证据的效力，并相应确立此类证据的采信标准。

第 5 章提出，商标的显著性是一个动态概念。显著性的得丧多寡与标识使用的时间、方式等密切相关。我国商标法承认通用名称可由长期使用获得显著性而成为商标，但长期未规定商标可能因丧失显著性而成为通用名称。然而，我国已经出现不少案件，要求对涉案名称为商标还是通用名称作出司法认定，其中涉及不少疑难问题。中、美两国在商标与通用名称认定的标准、方法上存在差异，特别是在消费者调查方法作为证据应用的可能性以及相关的实践上。随着 2013 年《商标法》的修改，尽管相关规则有所完善，但是，消费者调查方法实践仍付阙如。美国司法实践中关于通用名称认定的“热水瓶调查”与“特富龙调查”方法，值得我们关注与借鉴。

(3) 著作权的多维度分析。

著作权部分由三章组成。它们分别以国内的三起著名案件为出发点，借助实证方法与比较研究，就案件处理提出有别于法院裁判的观点，并且对著作权立法改进提出意见。这里强调的是，需要从时间、空间、人物、关系等多维度考虑著作权问题，而非单纯的保护著作权一方之利益。

第6章讨论“钱钟书书信拍卖案”。此案引发了社会大众的广泛关注，其中涉及的法律问题也非常复杂。手写书信上承载着物权、著作权与隐私权。从著作权法角度而言，手写书信可以是文字作品，也可能构成美术（书法）作品。若认定手写书信为美术作品，则美术作品原件的所有人（收信人或受让人）享有原件之展览权，故其既可作为物权之所有人处分该信件（例如出售、拍卖或赠予图书馆收藏），也可将该信件以展览方式公之于众。若认定手写书信为文字作品，则收信人只能对书信原件进行物权处分，但不得以行使著作权之方式予以公开。尚需深入研究的问题是，对于尚未公开的书信，是否可以隐私权、发表权为由阻止他人的合理使用。

第7章涉及的“班禅头像雕塑案”虽为旧案，但其中关于著作权归属的问题，至今仍有待厘清。我国著作权法在法人作品、职务作品、定做作品（委托作品）等方面的规定不尽合理或清晰，在实践中易导致争议。著作权法应当确立以著作权首先属于作者为一般原则，在此基础上，尽量通过合同规则来解决可能出现的权利归属争议。权利用尽原则、合同默示条款等法律机制也可以用来解决作者与出资人之间的矛盾。

第8章探讨著作权保护期限与公共领域的问题，其中涉案作品是末代皇帝溥仪的自传《我的前半生》。此书著作权所产生的人事物议，可谓既多又杂，纷纷扰扰达半世纪之久，号称“天字第一号案件”。本章截取的是的最后一场争议，即该书著作权人去世且无法定继承人的情况下，由何人继受的问题。具体而言：能否将无人继受的著作权收归国有？著作权保护期应当是确定不变的，还是可以提前终止的？这些问题背后的根本则在于，著作权保护的目的何在，以及与之相伴而生的公共领域有何意义？

(4) 知识产权的司法统计与判例。

在司法与案例部分，本书分别以中、美两国最高司法机关的司法实践为研究对象，通过统计数据与实例研讨，试图从实证的角度认识中、美两国在知识产权司法领域的共性与差别。

第9章以《最高人民法院公报》自创刊至今30年来所编选的知识产权案例为样本，对我国知识产权经典案例进行统计分析。《公报》的特殊权威性，决定了《公报》知识产权案例构成我国重要而独特的一种司法资源。这些案例在知识产权司法实践与理论研究中具有重要意义。对之进行全面统计与分析，可以探讨其中呈现的诸多问题，例如不同类型知识产权案例处理结果的差异、地域性分布特点、涉外案例的胜诉率、专利无效案件、最高法院知识产权案例的裁判形态等。

第 10 章和第 11 章则以美国联邦最高法院在 2012、2013 年开庭期所审理的知识产权案件判决为样本，讨论司法之于技术创新的影响。美国联邦最高法院历年来审判的知识产权案件数量往往非常少，一般每年 1～3 件，但这些判例对于知识产权立法、行政与司法均具有重要意义。最近十年来，联邦最高法院越来越多地受理专利案件的上诉，形成了对知识产权案件的全面回归。特别是，在 2013 年开庭期，联邦最高法院审判的知识产权案件达到破纪录的 10 件之多。因此，有必要对这些知识产权案件做一整体分析，以对于了解美国知识产权发展动向有所裨益。

（5）社会公众的认知与意识。

第 12 章是本书的最后部分，通过问卷调查的方式，探求中国社会公众的知识产权认知程度与意识水平。这是 2011 年进行的调查，2012 年“世界知识产权日”前夕公布调查报告。这种大规模调查问卷模式也存在一定弊端，由于一些不可控制的因素，也影响了数据的真实性。但是，借助统计方面的专业力量，本次调查还是得以避免出现重大偏差，并且相应之处予以说明。同时，在这部分还附有十年前所做的同类调查，以便利于通过两者的比较，观察中国社会在知识产权认识和意识方面的变化。

作者在 2008 年曾就统计学相关的问题向人大统计学院赵彦云教授请教，并在当年 12 月 5 日应其邀请参加中国人民大学应用统计科学研究中心主办的“统计在法律中的应用研究”学术研讨会，还在会上宣读了关于商标混淆可能性之消费者调查方法的论文。这是作者的第一篇偏重于实证研究的论文，非常荣幸能够和与会的统计学、社会学和法学等不同学科领域的专家学者进行交流。这篇论文后来又在知识产权双学士班的“商标法”课堂上提交给同学们讨论，还引起一些同学的兴趣。但此后因诸种杂事缠身，稿子竟一搁三年，直到 2011 年才重新捡拾起来，投稿发表。这样低效率的产出，在今天看来似乎有点不可思议。事实上，书中的不少章节都是这种情形：思想形成较早，但动手写出来却是最近两三年的事。

本书第 4、5、6、9、11 章曾经在《法学》《知识产权》《暨南学报》等杂志发表过，收入本书时在体例方面相应调整，对内容也有所更新。第 2、3 章是根据英文论文翻译的，同时对照最新数据和材料，在结构和内容上进行较大幅度的整合。现在把散落各处的稿子分类集成，整理出版，也是试图呈现作者在知识产权领域运用实证研究方法的初步成果。这些尝试与努力，既是作者的学术小结，更希望受到方家指正。作者电邮：jinhaijun@ruc.edu.cn。

金海军

2015 年 6 月

目　　录

第1章 中国在全球知识产权与技术创新版图中的新定位

> 引领者与追随者的区别就在于创新。
>
> ——［美］斯蒂夫·乔布斯

一、概　述

托马斯·弗里德曼在他的畅销书中描绘21世纪科技发展与全球化进程时，用“世界是平的”(The world is flat）作为其书的主题❶，然而，这个标题很容易让人在脑中形成一幅标准的世界地图，因为地理科学家们很久以前就把真实的地球“抹平”为一张平面地形图了。当然，在这张看似平面的世界地图上，如果加上不同的元素，却往往体现出各种的不平与不均。由英国谢菲尔德大学（University of Sheffield）等机构组成的世界地图小组(Worldmapper）就是按照人文、经济、科技等指标，绘制出别样的地图，生动而直观地展示了不同形态的世界版图。❷其中一幅是关于各国授权专利的数量（图1-1)，时间是在2002年，当年世界各国总共授予专利31.2万件，其中授予专利最多的是日本，占三分之一强，其次是美国，为三分之一弱，剩下的三分之一专利则由其他国家所授予。

---

❶ THOMAS L. FRIEDMAN. The World Is Flat：A Brief History of the Twenty-first Century；托马斯·弗里德曼．世界是平的：一部二十一世纪简史［M］．何帆，肖莹莹，郝正非，译．长沙：湖南科学技术出版社，2006.

❷［EB/OL］.［2015-04-06］.www. worldmapper. org.

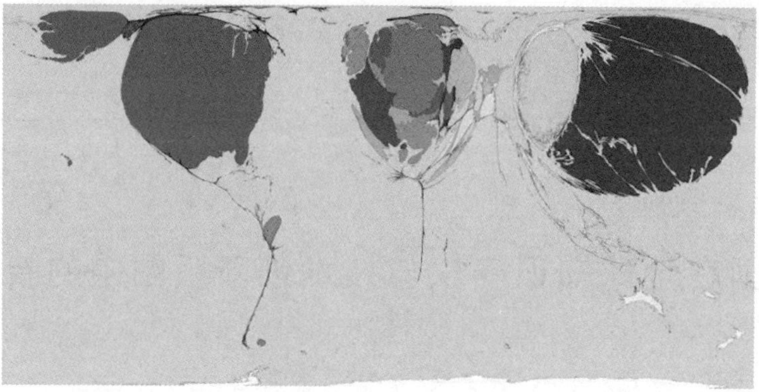

图 1-1　世界专利授权数量（2002 年）

图片来源：http：//www. worldmapper. org/display. php? selected=167。

另一幅是关于各国收取的知识产权许可费（royalty and license fees）的流向（图 1-2），时间同样是在 2002 年，当年世界各国为包括专利在内的知识产权所支付的使用许可费中，53% 流向美国，价值 440 亿美元，其余部分则主要流向英国和日本。[1] 专利通常被作为衡量知识产权与技术创新的重要指标，虽然以专利授权数量来衡量可能失之偏颇，但知识产权许可费的流向却是非常客观的，那是真金白银的交换。由此观察世界知识产权版图上呈现出来的南北差异、贫富差距，真是触目惊心，至今仍令人刻骨铭心。

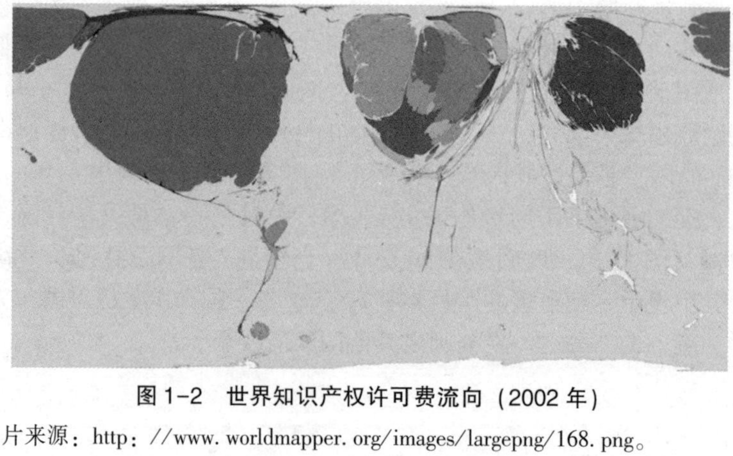

图 1-2　世界知识产权许可费流向（2002 年）

图片来源：http：//www. worldmapper. org/images/largepng/168. png。

当然，这两张图都是根据 2002 年各国所授权专利和知识产权许可费的

[1] ［EB/OL］.［2015-04-06］. http：//www. worldmapper. org/display. php? selected=168.

统计数据绘制的，而当时中国授予专利的数量不多，并且是知识产权的净输入国。历经十余年之后，世界经济与知识产权也已经随着中国的快速发展而发生巨变，如果再绘制一幅世界专利版图，相信在中国和东亚区域等处应当会有相当大的扩展。

各国分布其中的世界地理版图历经数千年战争与和平的变迁，已经基本固定，轻易不会更动。若要改变地理版图，往往引致国家之间的甚至是区域性或全球性的战争、动乱。但是，国际贸易、经济、技术、社会发展的世界版图却随时在调整，所谓的“贸易战”“专利战”不过是一种比喻。知识产权与技术创新所带来的世界版图变化，则更为明显。中国在这一世界版图中究竟如何定位，如何变动，需要基于证据和事实的研究（evidence-based study）。

本章研究表明，在当前世界经济发展低迷的背景下，中国为世界经济增长、知识产权各项指标的提升起到了关键性作用。但是，从另一个角度看，在这些令人振奋的宏观数据背后，也不应忽视中国在其他指标上的表现。特别是，企业、大学、科研机构作为一国经济技术创新的主体，它们的表现，更值得关注。事实表明，我国在这些方面的表现仍与世界发达国家与地区存在相当的差距。

二、知识产权与 GDP 增长的整体表现

世界知识产权组织（WIPO）发布的《2011 年世界知识产权指标报告》（*2014 World Intellectual Property Indicators*，以下简称“2014 年《指标报告》”）❶ 显示，2013 年全球知识产权申请量继续呈增长态势，其中专利申请增长 9%，商标申请增长 6.4%，工业品外观设计申请增长 2.5%，植物新品种申请增长 6.3%。高锐（Francis Gurry）总干事在 2011 年《指标报告》❷ 中曾经指出：2011 年世界经济再次处于动荡之中。从 2008 年金融危机中导致的巨大债务未清，欧洲主体债务危机又添新愁，经济增长放缓。在此背景下，世界知识产权指数却是出奇地好。全球知识产权申请量在 2010 年强劲反弹。专利申请量继 2009 年下降 3.6%之后，在 2010 年反

---

❶ 该报告在线可获得。[EB/OL].[2015-04-06].http://www.wipo.int/edocs/pubdocs/en/wipo_pub_941_2014.pdf.

❷ 该报告在线可获得。[EB/OL].[2015-04-06].http://www.wipo.int/edocs/pubdocs/en/intproperty/941/wipo_pub_941_2011.pdf.

增 7.2%。商标申请量在 2009 年减少 2.6%，但在 2010 年则提高 11.8%。❶

结合 2011 年至 2014 年的《指标报告》可以看到，这些知识产权数据的增长，绝大部分来自于中国的贡献。同时，从世界经济增长的角度看，中国的经济与进出口贸易发展同样增速惊人，为世界经济总量贡献巨大。2010 年，中国的 GDP 总量超过日本，成为世界第二经济体；而中国进出口贸易总额为 2.97 万亿美元，仅次于美国（3.19 万亿美元），居世界第二。2013 年进出口贸易总额则增加到 4.16 万亿美元，跃居全球第一。❷

根据 2011 年《指标报告》，"全球知识产权申请在经历 2009 年的显著下降之后，在 2010 年强劲反弹。在知识产权申请方面的恢复强于整体经济的恢复。全球的专利和商标申请分别增长 7.2% 与 11.8%，而同期全世界 GDP 的增长则为 5.1%。" 接着，2011 年《指标报告》着重分析了美国、中国、欧洲、日本和韩国的知识产权增长情况。其中提到，"中国和美国是世界上最主要的两大增长来源，在 2010 年的知识产权申请量高于 GDP 增长率。特别是中国，知识产权的增长速度是 GDP 的两倍。" "欧洲的专利申请 [指德、法、英三国的国内专利申请加上在欧洲专利局（EPO）的专利申请] 增长也超过了该三国的 GDP 发展速度。商标申请的情况也是如此。日本的商标申请增速是其 GDP 增长速度的 2 倍，但其专利申请仍呈减少趋势，只是减少速度小于 2009 年。韩国的专利和商标申请均低于 GDP 增速。" 具体数据统计见表 1-1。

表 1-1 世界主要国家的专利、商标申请与 GDP 增长率

单位:%

知识产权局	GDP		专利申请		商标申请	
	2009 年	2010 年	2009 年	2010 年	2009 年	2010 年
全球平均	−0.7	5.1	−3.6	7.2	−2.6	11.8
发达经济体	−3.7	3.1	−5.4	3.7	−9.5	4.0
英、法、德	−4.3	2.3	−6.5	7.1	−2.6	6.9
美国	−3.5	3.0	0.0	7.5	−10.1	5.0
日本	−6.3	4.0	−10.8	−1.1	−8.1	11.1
韩国	0.3	6.2	−4.2	4.0	−10.1	−5.3
中国	9.2	10.3	8.5	24.3	19.1	29.8

❶ 参见：2011 年《指标报告》，序言。

❷ 中国社会科学院. 中国工业发展报告 2014 [EB/OL]. [2015-04-06]. http://world.people.com.cn/n/2014/1215/c190967-26210381.html.

根据 2014 年《指标报告》，全球专利申请在 2013 年增长 9%，其中，中国的申请量居首位，美国排名第二。而在 2010 年，全球专利申请增长 7.2%，中国与美国的专利申请占全球增量的 80%。

三、世界五大专利局的专利申请与授权状况

(一) 五大专利局授权专利状况

中国国家知识产权局（SIPO）、美国专利商标局（USPTO）、欧洲专利局（EPO）、日本特许厅（JPO）和韩国知识产权局（KIPO）构成世界五大专利局（IP5），它们所接收的专利申请在全球专利申请数量中占据绝对比重，从 1995 年的 72%增加到 2010 年的 78.2%。而根据 2013 年的统计，在五大局的专利申请量占到 81%。[1]

世界五大专利局之间的发明专利申请占比也在调整。比如，增长最快的 SIPO，由 1995 年的 1.8%增加到 2010 年的 19.8%；与此相反，日本在同时期的份额则由 35.2%减少至 17.4%。

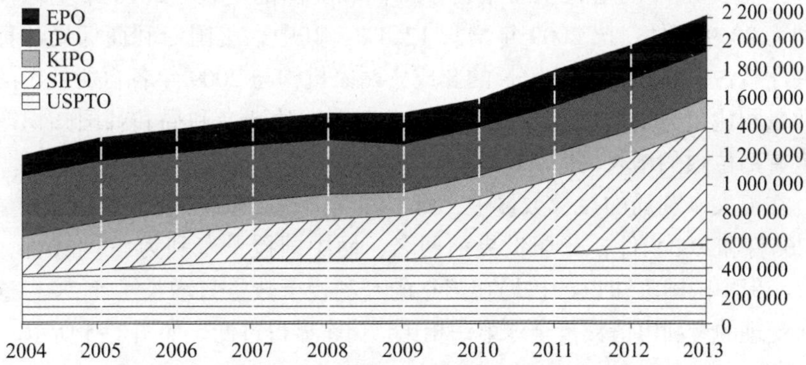

图 1-3　世界五大专利局发明专利申请（2004~2013 年）

来源：国家知识产权局。

从 2013 年世界主要专利局所受理的专利申请数量（见图 1-4）看，中国国家知识产权局受理专利申请数量增长 26.4%，美国专利商标局增长 5.3%，韩国知识产权局增长 8.3%，欧洲专利局减少 0.4%，日本特许厅减少 4.2%。而在 2010 年，中国国家知识产权局受理专利申请数量增长

[1] WIPO. WIPO IP Facts and Figures [EB/OL]. [2015-04-06]. http://www.wipo.int/edocs/pubdocs/en/wipo_pub_943_2014.

24. 3%，欧洲专利局增长 12. 2%，美国专利商标局增长 7. 5%，韩国知识产权局 4%，日本特许厅减少 1. 1%。显然，在世界五大专利局中，中国、美国和韩国所收到的专利申请数量呈现不断增长趋势，而在欧洲、日本的专利申请量增长则趋于放缓，甚至有所减少。

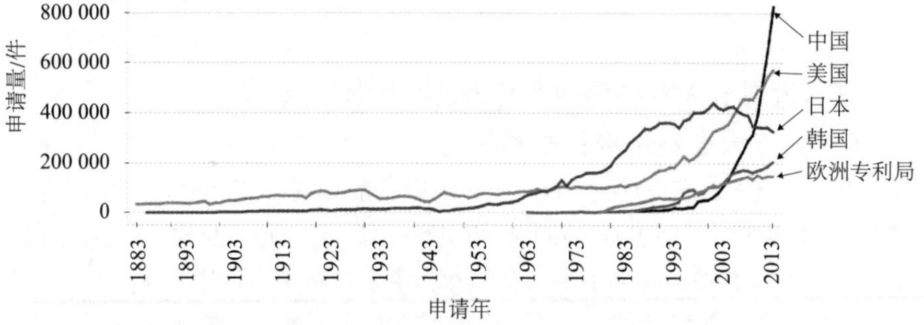

图 1-4　世界五大专利局受理专利申请数量增长趋势

来源：WIPO，2014 年《指标报告》。

2013 年全球共授予专利 117 万件，增长 3. 1%，增幅小于 2012 年的 13. 5%，2011 年的 9. 7%和 2010 年的 12. 2%，原因是中国和日本的授予量下降，而 2013 年的增长主要来自于韩国和美国的增长。2010 年全球授予专利为 90. 9 万件，比 2009 年增长 12. 4%，其中，美国专利商标局与日本特许厅就占了授权专利总增长的 8 成，两家机构与 2009 年各自所授予的专利数量相比，分别增加 31. 2%与 15. 2%。同期欧洲专利局和韩国知识产权局也有两位数的增长。

在五大专利局的授权数量中，日本和美国在 2010 年授予专利的数量为 52 265件和29 344件，分居世界前两名，而中国授予专利为135 110件，居第三。但中国国家知识产权局在当年的专利授予数量只增长了 5. 2%，这与它所受理的专利申请数量全球第一相比，比率显得过低。如图 1-5 所示。

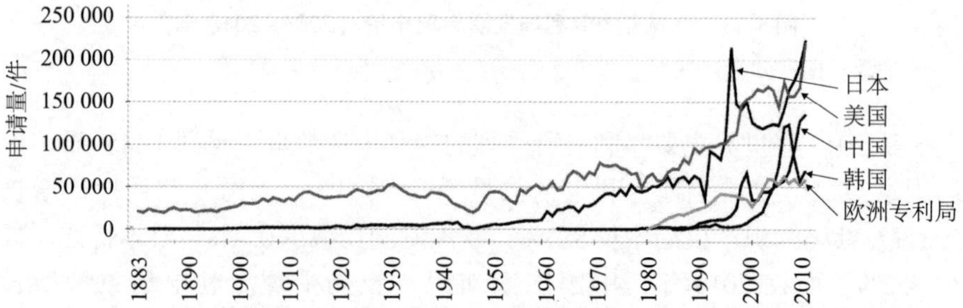

图 1-5　世界五大专利局的专利授权增长趋势

来源：WIPO，2011 年《指标报告》。

（二）五大专利局的本地专利申请与国外专利申请

在任何一家专利局，必然存在国内申请与外国申请两种类型，而两者之比例在世界范围内则极不均衡。世界知识产权局 2014 年《指标报告》显示，在专利申请受理前 20 位的专利局中，有的外来专利申请比例极低者，比如朝鲜、伊朗，也有的外来专利申请比例极高，比如中国香港地区、新加坡。在五大专利局当中，欧洲专利局与美国专利商标局的这一比例基本是各占五成，而与此形成对照的是，日本、韩国与中国的这一比例则较高，分别为 84%、77% 和 75%。

国内专利申请比重上升的趋势在中国表现得更为明显。在过去 10 年间，尽管国外专利申请的绝对数量总体呈上升趋势，但其在专利申请总量中的比例却从 2001 年的 52. 7% 下降至 2010 年的 25. 1%。这反映出中国国家知识产权局所受理的国内专利申请数量的增长速度，远高于其所受理的国外专利申请增长。

（三）五大专利局之间专利申请内外状况对比

中、美、欧、日、韩这五大专利局既是世界上受理与授予专利最多的专利局，同时，从这五个国家或地区提出的专利申请数量也是最多的。

以下分别是 2006 年（表 1-2）和 2010 年（表 1-3）五大专利局之间接收对方国家国民所提出的专利申请的统计数据。从中也可以看到它们在不同时期的变化。

表 1-2　五大专利局的专利申请受理与对外专利申请（2006 年）❶

单位：件

		专利申请受理机构				
		日本	美国	欧洲	中国	韩国
专利申请人所在国家和地区	日本	347 060	76 839	22 144	32 801	17 604
	美国	24 961	221 784	34 794	20 536	10 368
	欧洲	23 827	58 957	65 606	22 122	10 635
	中国	505	3 768	719	122 318	197
	韩国	7 220	21 685	4 595	9 187	125 476

数据来源：日本特许厅（JPO）2008 年《年度报告》（*Annual Reports* 2008）。

❶　SHINJIRO ONO. Trilateral Cooperation—mutual exploitation of search and examination results among patent offices with a view to establishing a system of rationalized work-sharing [G]//TOSHIKO TAKENADA. Patent Law and Theory: A Handbook of Contemporary Research. Edward Elgar, 2008: 287.

表 1-3 五大专利局的专利申请受理与对外专利申请（2010 年）

单位：件

		专利申请受理机构				
		日本	美国	欧洲	中国	韩国
专利申请人所在国家和地区	日本	290 081	84 017	21 824	33 882	14 346
	美国	23 183	241 977	39 519	25 380	11 516
	中国	1 063	8 162	2 049	293 066	517
	韩国	4 872	26 040	4 715	7 178	131 805
	总计	344 598	490 226	150 961	391 177	170 101

数据来源：*World Intellectual Property Indicators* 2011，p. 54.

注：表中未显示来自欧洲或欧盟国家的专利申请数据，只有欧洲专利局所接收的专利申请数据。

四、全球主要国家和地区的 PCT 专利申请状况

PCT（《专利合作条约》）申请是世界知识产权组织提供的一种便捷、高效的国际专利申请机制，它也因此成为衡量一国专利能力的主要指标。在 2009~2013 年，全球 PCT 专利申请数量保持持续增长。2013 年 PCT 申请量首次突破 20 万件大关，同比增长 5. 1%。其中，美国申请超过 57 000 件，排名第一，日本排名第二，中国超过德国排名第三。在全球 PCT 申请增长中，贡献最大的是来自中国、日本和韩国的申请。例如在 2010 年，东亚三国就占到全球 PCT 申请增长总量的 94%。美国的 PCT 专利申请量在 2008 年以来发生递减，直到 2011 年开始止跌回升，并且在之后三年保持持续增长，反映其在研发投入与技术创新方面仍保持全球领先优势。欧洲部分国家则在近年来的 PCT 专利申请量中有大幅下降。相反，新兴市场经济体的 PCT 申请增长势头强劲。例如中国、印度和韩国的 PCT 专利申请在 2010 年的增长率分别高达 55. 6%，印度为 36. 6%，韩国为 20. 3%。详细数据见表 1-4。

表 1-4　各地区与国家的 PCT 国际专利申请状况（2009~2013 年）

单位：件

		PCT 申请公开年度					2013 年该国在所在洲的占比（%）	2013 年与 2012 相比增减（%）
大洲	国家	2009 年	2010 年	2011 年	2012 年	2013 年		
非洲	南非	375	295	319	314	350	66.7	11.5
	摩洛哥	24	20	19	39	66	12.6	69.2
	埃及	33	48	33	41	49	9.3	19.5
	其他	53	73	81	63	60	11.4	-4.8
	合计	485	436	452	457	525	0.3	14.9
亚洲	日本	29 802	32 150	38 875	43 660	43 918	52.7	0.6
	中国	**7 900**	**12 295**	**16 402**	**18 617**	**21 516**	**25.8**	**15.6**
	韩国	8 035	9 669	10 447	11 847	12 386	14.9	4.5
	以色列	1 555	1 475	1 451	1 376	1 611	1.9	17.1
	印度	961	1 286	1 331	1 314	1 392	1.7	5.9
	新加坡	593	641	661	708	837	1	18.2
	土耳其	389	480	539	535	835	1	56.1
	马来西亚	224	350	263	289	310	0.4	7.3
	沙特阿拉伯	70	81	147	293	187	0.2	-36.2
	泰国	20	72	67	67	72	0.1	7.5
	其他	186	210	199	284	265	3	15.2
	合计	49 735	58 710	70 382	78 990	83 329	40.6	5.5
欧洲	德国	16 795	17 568	18 852	18 764	17 927	30.9	-4.5
	法国	7 237	7 246	7 438	7 851	7 899	13.6	0.6
	英国	5 044	4 891	4 848	4 895	4 865	8.4	-0.6
	瑞士	3 672	3 728	4 008	4 192	4 367	7.5	4.2
	荷兰	4 462	4 063	3 503	4 071	4 198	7.2	31
	瑞典	3 568	3 314	3 462	3 587	3 960	68	10.4
	意大利	2 652	2 658	2 695	2 863	2 872	5	0.3

续表

		PCT 申请公开年度					2013 年该国在所在洲的占比（%）	2013 年与 2012 相比增减（%）
大洲	国家	2009 年	2010 年	2011 年	2012 年	2013 年		
欧洲	芬兰	2 122	2 138	2 079	2 326	2 103	3.6	-9.6
	西班牙	1 564	1 772	1 729	1 700	1 752	3	3.1
	奥地利	1 024	1 141	1 346	1 320	1 263	2.2	-4.3
	其他	5 801	5 845	6 296	6 573	6 791	32 3	2
	合计	53 941	54 364	56 256	58 142	57 997	28.2	-0.2
拉丁美洲&加勒比海	巴西	492	488	564	589	661	47.1	12.2
	莫斯科	194	191	225	191	233	16.6	22
	巴巴多斯	96	84	110	165	150	10.7	-9.1
	智利	54	88	118	118	144	10.3	22
	哥伦比亚	63	46	57	72	82	5.8	13.9
	阿根廷	10	16	25	27	26	19	-3.7
	其他	97	92	105	126	107	95	-13.1
	合计	1 006	1 005	1 204	1 288	1 403	0.7	8.9
北美	美国	45 628	45 031	49 112	51 643	57 239	95.3	10.8
	加拿大	2 527	2 698	2 945	2 758	2 851	4.7	3.4
	合计	48 155	47 729	52 057	54 401	60 090	29.3	10.5
大洋洲	澳大利亚	1 740	1 772	1 740	1 707	1 602	83	-6.2
	新西兰	301	309	328	304	324	16.8	6.6
	其他	7	6	2	2	4	0.2	100
	合计	2 048	2 087	2 070	2 013	1 930	0.9	-4.1
未知	—	32	9	13	21	26	n. a.	23.8
合计	—	155 402	164 340	182 434	195 312	205 300	n. a.	5.1

数据来源：WIPO 统计数据库，2014 年 3 月。

中国的 PCT 申请数量与全球排位在逐年上升：2006 年 PCT 申请 3 942 件，列世界第 8 位；2007 年 5 455 件，列世界第 7 位；2008 年 6 120 件，列世界第 6 位；2009 年 7 900 件，列世界第 5 位；2010 年 12 296 件，列世界第 4 位；2011 年 16 402 件；2012 年 18 617 件，仍排名世界第 4 位，但与当年列第 3 位的德国已经非常接近；2013 年 21 516 件，超过德国，排名世界第三。2013 年排名前两位的分别是美国（57 239 件）和日本（43 918 件）。从绝对数量看，美国与日本仍占有非常明显的优势，但中国还是有可能在未来 3~5 年超越日本，因为日本在 2013 年的增速仅为 0.6%，而中国的增速为 15.6%。同期美国的增速则是 10.8%，显示其在相当长时期仍可保持国际专利申请世界第一的位置，无人可以撼动。

根据世界知识产权组织于 2015 年 3 月 19 日发布的全球 PCT 国际专利申请统计公报，美国仍是 PCT 国际专利申请最多的国家，2014 年申请数为 61 492 件，同比增长 7.1%，占全球数量的 28.7%，其次是日本 42 459 件，占 19.8%，中国以 25 539 件排在第三位，占总量的 11.9%。但是中国 2014 年的 PCT 专利申请数量较 2013 年增长 18.7%，是全球唯一出现两位数增长的国家。[1]

五、全球企业、大学和科研机构的 PCT 专利申请排名

如果说 PCT 专利申请的国家排名反映了一国专利与创新活动的整体水平，那么，企业、大学和科研机构的 PCT 专利申请则是企业或科研机构的创新水平的比拼。正如在体育竞技比赛中，不仅要看到一国代表队的总奖牌数量，更令人关注的是明星运动员或者球队的表现。而在后一方面，我国企业、大学与科研机构与世界一流水平还存在相当大的差距。

（一）企业 PCT 专利申请

在 2011 年企业 PCT 专利申请前 50 名的排行榜（见表 1-5）中，中国有两家企业进入前 5 名，分别是中兴公司（第 2 名）和华为公司（第 4 名）。在 2012 年的排行榜中，中兴公司名列第一，华为公司居第三。2013 年，中兴、华为分居排行榜第 2、3 位，同时，第三家公司即深圳光电子技术公司并列第 17 位。2014 年的统计报告显示，华为公司荣登 PCT 申请全球第一名，中兴排第三，此外有更多的中国公司进入全球前 50 名排行榜：腾讯科技、深圳华星光电、京东方、华为终端分列第 17、23、34 和 46 位。在企业 PCT 专利申请的全球 50 强中，绝大部分为美国、欧洲、日本公司所占据，反映出企业研发与技术创新力量在各地区和国家之间是极不均衡的。而中国企业的异军突起，在很大程度上得益于这些企业在计算机、通信领域的持续的研发投入。

---

[1] [EB/OL].[2015-04-08].http://www.mysipo.com/article-4725-1.html.

表 1-5　全球企业 PCT 专利申请排名（2008~2013 年）

排名	申请人	所在国	PCT 申请数量（件）					
			2008 年	2009 年	2010 年	2011 年	2012 年	2013 年
1	松下公司	日本	1 729	1 891	2 153	2 463	2 951	2 839
2	中兴通讯	中国	329	517	1 868	2 826	3 906	2 309
3	华为技术公司	中国	1 737	1 847	1 527	1 831	1 801	2110
4	高通公司	美国	907	1 280	1675	1 494	1305	2 050
5	英特尔公司	美国	—	—	—	—	—	1 871
6	夏普电子	日本	814	997	1 286	1 755	2 001	1 839
7	博世公司	德国	1 273	1 588	1 301	1 518	1 775	1 809
8	丰田汽车	日本	1364	1 068	1095	1 417	1652	1 698
9	爱立信公司	瑞典	984	1 241	1 147	1 116	1 197	1 468
10	飞利浦	荷兰	1 551	1 295	1 433	1 148	1 230	1 423
11	西门子公司	德国	1 089	932	830	1 039	1 272	1 348
12	三菱电气	日本	503	569	726	834	1 042	1 313
13	三星电子	韩国	639	596	574	757	683	1 198
14	NEC 公司	日本	825	1 069	1 106	1 056	999	1 189
15	LG 电子	韩国	992	1 090	1 297	1 336	1 094	1 178
16	富士胶卷公司	日本	155	264	275	414	891	1 003
17	索尼公司	日本	307	328	347	471	578	916
18	深圳光电子技术	中国	—	—	—	—	—	916
19	日立公司	日本	112	190	372	547	745	855
20	微软公司	美国	805	644	470	446	531	808
21	诺基亚公司	芬兰	1 005	663	632	698	670	806
22	惠普公司	美国	496	554	564	591	620	774
23	巴斯夫公司	德国	721	739	817	773	644	698
24	IBM 公司	美国	664	401	416	661	528	690
25	日产汽车	日本	—	—	113	174	308	644
26	富士通公司	日本	984	817	475	494	671	637
27	谷歌	美国	—	—	171	224	421	629

续表

排名	申请人	所在国	PCT 申请数量（件）					
			2008 年	2009 年	2010 年	2011 年	2012 年	2013 年
28	3M 公司	美国	663	688	586	563	586	605
29	苹果	美国	—	—	182	269	388	585
30	阿尔卡特-朗讯	法国	212	283	275	287	346	540
31	佳能公司	日本	280	401	379	499	480	530
32	通用电气公司	美国	326	307	274	291	320	518
33	村田制作所	日本	239	254	305	318	462	513
34	柯尼卡美能达	美国	—	—	182	269	388	467
35	哈里伯顿能源	美国	—	—	—	—	—	453
36	LG 化学	韩国	—	—	203	214	352	449
37	东芝株式会社	日本	—	—	319	517	397	444
38	三菱重工	日本	215	373	391	480	566	443
39	京瓷公司	日本	332	362	279	—	—	424
40	* 原子能与替代能源委员会	法国	—	—	—	—	—	419
41	诺基亚—西门子	芬兰	68	313	345	332	326	412
42	陶氏全球科技	美国	285	304	288	399	317	401
43	* 加利福尼亚大学	美国	—	—	—	—	—	398
44	杜邦公司	美国	517	509	452	424	457	395
45	先锋公司	日本	497	283	289	—	—	383
46	贝克休斯公司	美国	296	375	307	336	396	381
47	住友化学公司	日本	371	452	484	—	—	376
48	宝洁公司	美国	412	341	359	488	413	375
49	三友电气	日本	—	—	129	285	537	374
50	美国联合技术	美国	—	—	—	—	—	370

数据来源：WIPO 统计数据库，2014 年 4 月。

注：基本排序是依据 2013 年榜单。该份榜单既是企业申请 PCT 的排名，也是所有申请人的大排名（不属于企业的以 * 表示）。空格代表该公司在当年度未显示具体数据。

* 在 2013 年全球 PCT 专利申请前 50 名当中，只有 1 所大学（美国加利福尼亚大学）与 1 家政府机构（法国的原子能与替代能源委员会）进入大排名。

（二）大学PCT专利申请

在2010年全球PCT专利申请的大学排名（见表1-6）中，美国大学最多（30所），其次是日本（9所）、韩国（5所）、以色列（3所）、英国（2所），以及瑞士和澳大利亚（各1所）。大学PCT申请排名第一位的是美国加利福尼亚大学，按全球PCT申请人大排名，它位列第39名。而在前50名大学当中，没有1所中国大学入围。

2012年，中国有两所大学进入全球大学前50名，而且排名靠前。其中，北京大学的PCT专利申请量由上年度的29件猛增至92件，位居当年全球大学排名的第9位；清华大学由上年度的36件增至62件，排在第16名。2013年的全球大学PCT申请量排名中，北京大学与清华大学各以77件、60件而位列第14名和第21名。

从总体上看，全球大学PCT专利申请的前50名中，中国虽然有北大、清华在2012年之后开始上榜，并且表现突出，但是，中国大学没有形成整体优势。如果以2008~2013年的前50名榜单看，整体情况是：美国大学总共40所，日本11所，韩国8所，以色列5所，英国3所，中国、瑞士和新加坡各2所，澳大利亚、丹麦、印度、马来西亚各1所。

表1-6 全球大学PCT专利申请排名（2008~2013年）

大学申请人	所在国	PCT专利申请（件）					
		2008年	2009年	2010年	2011年	2012年	2013年
加利福尼亚大学	美国	347	321	304	277	351	398
麻省理工学院	美国	189	145	146	179	168	219
得克萨斯大学	美国	159	126	129	127	114	119
佛罗里达大学	美国	127	111	107	84	89	89
东京大学	日本	71	94	105	98	66	76
国立首尔大学	韩国	72	76	97	99	101	80
哥伦比亚大学	美国	130	110	91	82	114	133
哈佛大学	美国	110	109	91	88	146	121
约翰霍普金斯大学	美国	81	87	89	111	141	116
康奈尔大学	美国	49	70	81	88	73	95

续表

大学申请人	所在国	PCT 专利申请（件）					
		2008 年	2009 年	2010 年	2011 年	2012 年	2013 年
密歇根大学	美国	70	61	79	96	59	71
宾夕法尼亚大学	美国	99	80	76	64	46	72
大阪大学	日本	57	38	60	59	44	52
亚利桑那大学	美国	31	37	60	—	—	—
犹太大学	美国	60	66	59	50	55	—
伊利诺伊大学	美国	68	52	59	47	44	—
斯坦福大学	美国	83	67	54	79	95	101
韩国科学技术学院	韩国	24	43	51	103	82	104
加州理工学院	美国	82	52	50	59	88	91
普度大学	美国	36	45	50	41	57	40
杜克大学	美国	46	38	48	51	39	36
威斯康星大学	美国	89	64	47	46	46	49
南加利福尼亚大学	美国	59	64	47	38	45	43
京都大学	日本	44	44	47	70	61	58
牛津大学	英国	35	45	46	62	62	76
汉阳大学	韩国	19	27	46	50	46	—
马里兰大学	美国	47	36	44	—	—	—
耶路撒冷希伯来大学	以色列	44	33	43	51	41	37
北卡罗来纳大学	美国	37	38	42	43	47	38
日本东北大学	日本	34	39	41	51	56	59
瑞士联邦理工学院	瑞士	26	36	40	—	—	—
特拉维夫大学	以色列	41	47	39	43	46	—
延世大学	韩国	43	51	38	43	65	58
麻省理工学院	美国	44	41	38	—	—	—
西北大学	美国	49	32	38	—	—	38
北海道大学	日本	35	33	38	—	—	—

续表

大学申请人	所在国	PCT 专利申请（件）					
		2008 年	2009 年	2010 年	2011 年	2012 年	2013 年
庆应义塾大学	日本	28	34	38	—	—	—
华盛顿大学	美国	52	52	37	—	—	53
印第安纳大学	美国	22	24	37	34	43	—
冈山大学	日本	26	24	36	—	—	—
迈阿密大学	美国	20	30	36	—	—	—
剑桥大学	英国	28	27	35	—	—	—
科罗拉多大学	美国	29	38	34	47	44	44
埃默里大学	美国	40	24	34	—	—	—
昆士兰大学	澳大利亚	33	29	34	—	—	—
名古屋大学	日本	28	27	34	—	—	—
纽约州立大学	美国	51	39	32	40	48	42
俄亥俄州立大学	美国	40	43	32	30	43	42
以色列理工学院	以色列	45	66	31	—	—	—
浦项工科大学	韩国	32	39	31	36	50	—
日本大学	日本	21	22	31	—	—	—
北京大学	中国	—	—	26	29	92	77
清华大学	中国	—	—	24	36	62	60
国立新加坡大学	新加坡	—	—	24	50	54	69
南洋理工大学	新加坡	—	—	22	29	49	75
九州大学	日本	—	—	27	41	47	52
印度理工学院	印度	—	—	8	20	45	—
高丽大学	韩国	—	—	27	60	44	57
亚利桑那州立大学	美国	—	—	64	55	44	50
洛桑理工学院	瑞士	—	—	23	32	40	—
帝国创新有限公司	英国	—	—	37	35	44	—
马来西亚理科大学	马来西亚	—	—	10	16	39	—

续表

大学申请人	所在国	PCT 专利申请（件）					
		2008 年	2009 年	2010 年	2011 年	2012 年	2013 年
东京工业大学	日本	—	—	26	43	38	—
耶鲁大学	美国	—	—	24	37	37	38
丹麦技术大学	丹麦	—	—	24	36	36	48
纽约大学	美国	—	—	26	34	36	56
POSTECH 基金会	韩国	—	—	—	—	—	83
犹他大学	美国	—	—	—	—	—	50
亚洲大学	韩国	—	—	—	—	—	45
明尼苏达大学	美国	—	—	—	—	—	44
匹兹堡大学	美国	—	—	—	—	—	44
范德堡大学	美国	—	—	—	—	—	42
达特茅斯学院	美国	—	—	—	—	—	39
美国东北大学	美国	—	—	—	—	—	37
YEDA 研发公司	以色列	—	—	—	—	—	37
新泽西州立大学	美国	—	—	—	—	—	37
耶路撒冷希伯来大学	以色列	—	—	—	—	—	37

数据来源：WIPO 统计数据库，2014 年。

注：基本排序是依据 2010 年榜单，2011~2013 年则未重新排序。空格代表该大学在当年度并未列入前 50 名，也未显示具体数据。

（三）政府研究机构 PCT 专利申请

从 2008 年以来全球 PCT 专利申请政府研究机构排名前 30 名排行榜（见表 1-7）看，也一直没有中国的研究机构身影。直到 2011 年才有中国科学院、中国电信科学技术研究院和中科院上海微系统与信息技术研究所 3 家入围。以 2008~2013 年所有入围前 30 名排行榜的各国政府研究机构看，美国 8 家、韩国 8 家、法国 5 家、日本 5 家、德国 4 家。

表 1-7　全球政府研究机构 PCT 专利申请排名（2008~2013 年）

单位：件

申请人	所在国	PCT 专利申请数量					
		2008 年	2009 年	2010 年	2011 年	2012 年	2013 年
原子能与替代能源委员会	法国	171	238	308	371	391	419
弗朗霍夫应用研究促进学会	德国	287	265	297	294	264	248
法国国家科学研究中心（CNRS）	法国	95	149	207	196	197	165
韩国电子通讯研究院	韩国	445	452	174	104	116	87
科技研究局	新加坡	145	148	154	180	108	101
高等科学研究委员会（CSIC）	西班牙	69	86	126	120	90	68
荷兰自然科学组织公司（TNO）	荷兰	104	134	116	82	66	54
美国（卫生与公共服务部部长代表）	美国	101	106	112	98	88	94
国立产业技术综合研究院	日本	157	109	91	100	84	89
国立健康与医学研究院（INSERM）	法国	58	68	83	90	116	114
马来西亚通信技术（MIMOS BERHAD）	马来西亚	5	90	67	108	146	82
澳大利亚科学与工业研究组织	澳大利亚	65	56	61	48	49	52
玛约医学教育研究基金会	美国	60	54	60	49	48	41
马克斯—普朗克学会	德国	46	50	57	49	59	54
印度科学与工业研究理事会	印度	49	63	56	53	77	91

续表

申请人	所在国	PCT 专利申请数量					
		2008 年	2009 年	2010 年	2011 年	2012 年	2013 年
日本科学技术振兴机构	日本	62	48	51	—	—	—
巴特尔纪念研究所	美国	39	49	50	54	59	53
芬兰国家技术研究院	芬兰	22	34	48	—	—	—
加拿大国家研究委员会	加拿大	35	21	45	—	—	—
韩国生物科学与生物技术研究院	韩国	32	71	44	45	76	51
圣高拜欧洲实验及研究中心	法国	15	29	43	—	—	—
韩国科学技术研究院	韩国	39	33	37	30	49	45
国立物质材料研究机构	日本	30	22	35	34	36	—
美国（海军部长代表）	美国	16	44	34	—	—	32
法国空间研究中心	法国	14	21	31	—	—	—
德国航空航天中心	德国	24	22	29	29	29	—
韩国标准科学研究院	韩国	11	25	28	—	—	—
韩国化学研究院	韩国	33	30	26	35	42	32
西达赛奈医院	美国	36	17	26	—	—	—
德国癌症研究中心	德国	23	16	26	—	—	—
萨克生物研究学院	美国	10	12	26	—	—	—
中国电信科学技术研究院	中国	—	—	—	119	171	227
中国科学院	中国	—	—	—	74	161	139
理化学研究所	日本	—	—	24	33	45	33

续表

申请人	所在国	PCT 专利申请数量					
		2008 年	2009 年	2010 年	2011 年	2012 年	2013 年
克利夫兰临床基金会	美国	—	—	23	18	38	41
韩国机械与材料研究所	韩国	—	—	15	36	33	39
韩国能源研究所	韩国	—	—	13	23	32	58
中科院上海微系统与信息技术研究所	中国	—	—	—	17	31	—
韩国电子技术研究院	韩国	—	—	10	19	28	54
VIB VZW	比利时	—	—	12	13	27	—
韩国工业技术研究所	韩国	—	—	—	—	—	64
日本科学技术研究院	日本	—	—	—	—	—	53
SLOAN - KETTERING 癌症研究所	美国	—	—	—	—	—	30

数据来源：WIPO 统计数据（2008~2014 年）。

六、各国和地区在美国专利商标局的专利状况

美国拥有世界最强大的经济和科学技术实力，也有非常成熟的市场机制，因此，人们在评价其他国家或地区的技术和市场竞争力水平时，往往把它们在美国的专利申请量作为一个重要的指标。事实上，美国专利商标局所接收的专利申请量主要还是国内申请，直到 2009 年才开始发生逆转，当年外国人的专利申请量超过了美国本国居民申请量。

中国大陆对美国申请专利状况的关注始于 20 世纪末。1999 年，外国和地区在美国申请专利的前 10 名分别为：日本（47 413 件）、德国（17 446件）、中国台湾地区（11 392 件）、英国（7 128 件）、加拿大（7 006件）、韩国（5 634件）、法国（6 398件）、意大利（2 835件）、瑞典（2 390件）、荷兰（2 158件）。[1] 而 1999 年中国大陆向美国申请专利仅为 271 件，不仅远远落后于世界发达国家，而且从中国台湾和香港在美国申请专利的数量来看，也是极度不平衡的。当年，中国香港地区的美国专利

[1] 韩秀成．美国的专利政策及其高科技企业的战略［J］．知识产权，2001（3）．

申请量是 757 件，而中国台湾地区则高达11 392件，是大陆申请量的 40 倍之多。

从外国人向美国专利商标局的申请专利数量（表 1-8）上看，中国大陆由 2001 年的第 18 位稳步上升至 2009 年的第 8 位，在 2013 年更是达到第 5 位。但是，与排在第一位的日本相比，2010 年中国大陆在美国的专利申请量（8 162件）还不到其申请量（84 017件）的十分之一。2013 年，双方的绝对值差距仍然较大，中国大陆企业和个人在美国专利商标局的专利申请量为15 093件，日本为84 967件，显示中国大陆的申请量几乎增加一倍，而日本的增速则保持稳定不变。另外值得注意的是，中国台湾地区在美国的专利申请量自 2001 年以来，一直居于日本、德国之后，保持在第 3 位，但自 2005 年开始，中国台湾地区被韩国超越，2013 年中国台湾地区排第 4 位。同样由于其增长速度较快，韩国在 2012 年开始反超德国，位居第二，德国则排名第三。

今后中国大陆在美国的专利申请量与排名仍可能以较快速度持续上升，应当可以在 3 年内超过中国台湾地区，升至第 4 位。如果政府加大财政鼓励措施，刺激企业向美国申请专利，则该目标可能在更短时间内完成。但是，想要进一步超越升位，不是主要依靠政府主导所能实现的，而是需要中国企业更多地发挥能动作用，增加研发投入，提高技术水平，增强国际竞争力。

七、全球最具创新水平企业排名

汤森路透（Thomson Reuters）在 2011 年发布《全球创新 100 强》（*Top* 100 *Global Innovators*）。这是全球首次发布此类报告，其中提到，全球创新 100 强是创新和经济增长的世界引领者。根据其披露的研究方法，全球创新 100 强有一套独特的选拔标准，[1] 而专利是其中的关键性指标。

（1）成功率（success）。一项发明要想在一个或多个专利局获得专利，需要付出高昂的成本。并非所有的专利申请都能够经受专利局的审查并最终获得授权。这项指标是指公司在最近 3 年的专利申请成功率，即已公开的专利申请（指提出申请并由专利局公开但尚未授权之专利申请）与被授权专利之间的比率。

---

[1] THOMSON RUTERS. Top 100 Global Innovators (2011) [EB/OL]. [2015-04-06].

表 1-8　美国专利商标局受理的专利申请分布（2001~2013 年）

单位：件

	2001	2002	2003	2004	2005	2006	2007	2008	2009	2010	2011	2012	2013
日本	61 238	58 739	60 350	64 812	71 994	76 839	78 794	82 396	81 982	84 017	85 184	88 686	84 967
德国	19 900	20 418	18 890	19 824	20 664	22 369	23 608	25 202	25 163	27 702	27 935	29 195	30 551
韩国	6 719	7 937	10 411	13 646	17 217	21 685	22 976	23 584	23 950	26 040	27 289	29 481	33 499
中国台湾	11 086	12 488	13 786	15 057	16 617	19 301	18 486	18 001	18 661	20 151	19 633	20 270	21 262
加拿大	7 221	7 375	7 750	8 202	8 638	9 652	10 421	10 307	10 309	11 685	11 975	13 560	13 675
英国	8 362	8 391	7 700	7 792	7 962	8 342	9 164	9 771	10 568	11 038	11 279	12 457	12 807
法国	6 852	6 825	6 603	6 813	6 972	7 176	8 046	8 561	9 331	10 357	10 563	11 047	11 462
中国	626 （18）	888 （17）	1 034 （16）	1 655 （15）	2 127 （14）	3 768 （9）	3 903 （10）	4 455 （9）	6 879 （8）	8 162 （8）	10 545 （8）	13 273 （6）	15 093 （5）
以色列	2 710	2 645	2 539	2 693	3 157	3 657	4 410	4 550	4 727	5 149	5 436	6 455	7 237
荷兰	2 712	2 602	2 257	3 052	3 188	3 823	3 946	3 883	4 203	4 463	4 418	4 303	4 467
意大利	2 967	2 980	3 011	2 997	2 993	3 274	3 376	3 805	3 940	4 756	4 282	4 516	4 580
瑞典	2 827	2 410	2 314	2 270	2 243	2 680	3 164	3 265	3 515	3 840	4 140	4 390	4 509
印度	643	919	1 164	1 303	1 463	1 923	2 387	2 879	3 110	3 789	4 548	5 663	6 600
外国合计	148 997	150 220	153 500	167 407	182 866	204 183	214 807	224 733	231 194	248 249	255 832	274 033	283 781
美国	177 511	184 245	188 941	189 536	207 867	221 784	241 347	231 588	224 912	241 977	247 750	268 782	287831
总计	326 508	334 445	342 441	356 943	390 733	425 967	456 154	456 321	456 106	490 226	503 582	542 815	571 612

数据来源：美国专利商标局（www. uspto. gov）统计数据［EB/OL］.［2015-04-18］. http：//www. uspto. gov/web/offices/ac/ido/oeip/taf/appl _yr. htm.

（2）全球性（global）。在世界主要市场保护其发明，这是判定一公司重视其知识产权价值的重要指标。“创新”发明的数量将以公司在四大专利局❶所授予的专利为依据，通过“汤森路透四大局专利索引”（Thomson Reuters Quadrilateral Patent Index）进行检索。

（3）影响力（influence）。一项发明的作用完全可以通过检索它被其他公司在它们的发明中所经常引用的程度来加以确定。采用“汤森路透德温特专利引文索引”（Thomson Reuters Derwent Patents Citation Index，DWPI），计算出每一企业的专利在最近5年被引用的数量，排除自引，其权重为50%。

（4）数量（volume）。这一指标衡量企业所产生的一定数量的创新。所有在过去3年拥有100件以上“创新”专利的企业都被纳入其中进行分析。一件“创新”专利被定义为在一份关于新技术、药品、商业方法等的文件中的首次公开。它们在DWPI中被称为“基础专利”。DWPI提供了一项关于专利的记录，通过全球范围内被授权的50项专利，就可以描绘出一幅综合性的创新画面。

如果把汤森路透的创新100强与标准—普尔500强企业（S&P 500，以下简称“标普500强”）❷进行比较，可以发现前者更具价值：

（1）创新100强在2010年创造了40万个新的就业机会，相较于标普500强年度增幅更为强劲。

（2）市场投资平均收入方面，创新100强增长了12.9%，比标普500强的同期增长率高出5%。

（3）在研发投入比例方面，创新100强的研发投资比例是标普500强的两倍。

（4）创新100强的上市公司中，74.2%的公司股票价格每年上涨。

在2011年发布的100家最具创新水平的公司中，按其所在国家和地区划分：美国40家，亚洲31家和欧洲29家。其中属于亚洲的公司分别为日本的27家企业和韩国的4家企业。2011年的报告也提到，中国企业的缺席令人关注，也突出了这样的事实：尽管中国在专利数量上引领世界，但其数量并不能与其质量和影响力相匹配。❸

从汤森路透公布的2014年榜单中可以看到，亚洲的上榜创新机构数

---

❶ 即指中国国家知识产权局、欧洲专利局、日本特许厅和美国专利商标局。

❷ 指500家在美国纽约证交所与纳斯达克最重要的上市公司，它们分别拥有在这两大证券交易市场中买卖金额最高的500只股票。标准普尔公司于1957年创建相应的标普500指数，成为与道琼斯工业平均指数齐名的美国股票指数。

❸ THOMSON RUTERS，*Top 100 Global Innovators*（*2011*）.

量首次跃居世界前列，共 46 家上榜机构来自亚洲。其中，39 家机构来自日本，4 家来自韩国，而中国有 3 家，分别是台湾地区的财团法人“工业技术研究院”（简称“ITRI”）和联发科技股份公司（MediaTek），以及大陆的华为技术有限公司。这也是中国企业和科研机构首次进入全球创新 100 强的榜单。北美地区上榜机构数量从 2013 年的 46 家下降为 36 家，排名落到第二，欧洲共有 18 家机构上榜，排在前列的欧洲国家依次是法国（7 家）、瑞士（5 家）和德国（4 家）。尽管英国在积极地实施税收立法措施，旨在激发新的创新，但今年英国暂无机构上榜，十分引人关注。❶

八、中国知识产权与技术创新之路：重新出发

从 20 世纪末开始，特别是随着 2001 年加入世界贸易组织之后，中国对外开放政策的成效日益凸显，国际贸易与工业经济均得到快速发展，并在十年“黄金发展期”之后成为世界第二大经济体和全球最大的进出口国家。伴随着经济发展的，还有中国知识产权数量的整体上升。中国的专利申请与授权数量连年以两位数增长，对世界知识产权的增长贡献最多。中国在世界 PCT 专利申请排名中，已经由十年前的十名之外，一路递进，在 2013 年到达第 3 位；在美国专利商标局的外国人专利申请量中，中国大陆由十年前的 18 名，稳定上升至 2013 年的第 5 名。这些数据就为我们绘制了一幅最近十年的全球知识产权和技术创新版图，中国无疑已经成为知识产权大国。

同时应当看到，直到 21 世纪的第一个十年结束之时，中国企业、大学或科研机构在知识产权上的表现依然欠佳。在企业中，虽然有华为、中兴在最近几年领先于世界其他著名的跨国公司，而在 PCT 专利申请排行榜上稳居三甲之列。但是，这样的明星企业还是太少，未能像美国、日本那样形成创新企业集群。而在大学与科研机构的 PCT 专利申请排行榜上，中国尚付阙如。

从 21 世纪第二个十年开始，情况有所改观。在全球大学 PCT 专利申请排名中，北京大学和清华大学从 2011 年开始进入全球前 50 名，北京大

---

❶ THOMSON RUTERS. Top 100 Global Innovators (2014) [EB/OL]. [2015-04-06]. http://thomsonreuters.com/en/press-releases/2014/thomson-reuters-names-the-2014-top-100-global-innovators.html.

学甚至在 2012 年一度到达第 9 名，这都是历史性的突破。在全球企业 PCT 专利申请排名中，除了华为、中兴继续领跑世界，在 2014 年更有另外 4 家中国企业登上前 50 名的榜单，显示在中国也有可能形成企业创新集群。此外，在科研机构 PCT 专利申请榜单中，中国电信科学研究院和中科院也于 2012 年开始跻身世界前十名。华为公司在 2014 年首度列入汤森路透的“全球创新 100 强”。这些新现象既与中国知识产权战略相关，也是中国企业、大学和科研机构持续投入研发和创新的结果。

“创新是经济增长、创造就业和全球经济竞争力的首要来源。一种有效运行的知识产权制度是关键所在，使我们得以刺激创新，提供新的服务和产品，推进市场。对于投资人而言，专利是判断新企业的市场潜力的有力指标；它们对于吸引投资常常具有重要意义。”这是美国总统奥巴马在 2011 年 9 月 13 日签署《美国发明法》（*America Invents Act*，AIA）时所阐明的宗旨。AIA 可谓美国专利法从 1952 年以来的最大修改，其目的正在于保护和促进美国的创新和投资。[1] 如果说美国作为世界上拥有最完备的知识产权制度和最强劲的技术创新能力的国家，尚且如此强调用知识产权制度来保护和促进技术创新、研发投入，中国更没有理由不重视知识产权。党的十八大提出“创新驱动发展战略”，实际上就指明了中国以后的知识产权与创新发展之路。当我们通过大量的数据与事实，在全球知识产权与技术创新版图上重新定位之后，现在需要的是重新出发，踏上从追随者向创新者转变的历程。

[1] 参见：金海军．从美国《专利法》第 102 条看发明人先申请制的实质［J］．知识产权，2013（4）．

第 2 章

雇员发明制度研究
——中、德、美、日、韩五国之比较❶

> 所有进步社会的运动，到现在为止，都是一个从身份到契约的运动。
>
> ——［英］亨利·梅因

一、概　述

从大多数国家的专利法看，其主要内容涉及专利权的对象、内容、保护。这在世界知识产权组织的《保护工业产权巴黎公约》（《巴黎公约》）、世界贸易组织的《与贸易有关的知识产权协定》（TRIPS 协定）中均有具体规定，因此世界上绝大部分国家的专利法在这些方面形成了较为一致的规定。❷ 但是，在专利制度的其他方面，例如发明人身份的认定、专利权归属以及雇员发明奖励等，则在各国之间存在较大差异。例如，德国和美国在雇员发明的认定及其归属上，就可能采用不同的规则，从而导致美国公司对于其在德国所设立的企业在专利管理上发生误会，反之亦然。同样的问题也可能发生在中国企业或者中国雇员身上，并且在今后随

❶ 本章主体部分是作者在华盛顿大学法学院 2013 年春季学期参加由竹中俊子（TOSHIKO TAKENAKA）教授所主持的“高级专利法”（Advanced Patent Law）研讨班而撰写的课程论文，原文为英文，与 EVAN CLINTON，MAN YEOL HAN，GAILI LUO，SIPIM WIWATWATTANA 共同完成。中文由包慕霞、晁雯婷、陈德林翻译。作者对中译本进行校订后收入本书，并对结构与内容有所调整。

❷ 1995 年 1 月 1 日开始生效的 TRIPS 协定吸收了《巴黎公约》的相关规定，同时，TRIPS 协定的规定构成 WTO 各成员方的各自知识产权法的最低保护标准（minimum protection standard），这就增强了各国专利法基本内容的一致性。

着中国企业“走出去”，吸收更多外国雇员在当地进行研发活动，这就更加需要关注投资所在地的相关法律规则和司法实践。

另一方面，雇员发明制度（employee invention system）就是为了在雇员发明人与企业经营、投资人利益之间达到适度的平衡，以激励企业的研发（R&D）投入和个人的发明热情。本章在比较对象上，既考虑到像美国、德国这样的老牌专利先进国家，也选择像日本、韩国这样的近邻与专利后起国家，目的是从它们的制度选择与实践中，寻找专利制度之于技术创新的关联，以改进我国的相关制度。

二、中　　国

（一）背景

1. 概念界定：雇员发明和职务发明

中国专利法具有区别于其他国家的特征。

第一，中国专利法规定了三种类型专利：发明、实用新型和外观设计。因此，中国专利法中专利的客体通常称为“发明创造”。本章将发明专利简称为发明，这样也符合《巴黎公约》和 TRIPS 协定的规定。

第二，1984 年中国制定的《专利法》采用的是“职务发明”的概念，而不是“雇员发明”的概念，并且沿用多年。世界上也有一些国家采用“职务发明”(service invention）的概念，但这一概念仍然令许多对这一术语不太熟悉的人感到困惑。然而，两者尽管在名称上存在差异，但在本质上并无不同。中国《专利法》选择这一术语的主要原因，还是在于立法之初，中国社会正面临着从中央计划经济向市场经济的转变。从 1978 年改革开放直到 1992 年，市场经济一直未获得正式承认，国有企业、集体企业构成的公有制经济在所有行业中占主导地位。现行的 1982 年《宪法》直到 1988 年第一次修改时才真正确立私营企业（私有制经济）的合法地位。从历史现实以及立法者当时的思想可以看出，在公有制经济中，劳动合同并不存在雇主—雇员式的劳资关系，这种关系仅存于私有制经济中。因此就不难理解中国 1984 年第一部《专利法》用“职务发明”指代雇员发明。

20 世纪 90 年代，随着经济改革的深入以及 1994 年《劳动法》和 2007 年《劳动合同法》的实施，各种所有制类型的劳动关系均得以建立并且由同一法律调整。这就意味着，直到 90 年代，雇主—雇员式的劳资关系才在中国正式确立。然而，在《专利法》1992 年、2000 年、2008 年三次修改中仍然保留了“职务发明”的表述，这也算是“路径依赖”(path independence）的一个明显例子。

2. 从0到100万：中国的专利申请、专利数量与职务发明专利

根据2012年世界知识产权组织的报告，2011年中国国家知识产权局（SIPO）受理的专利申请数量为世界第一，达到526 412件，超过美国、日本等国家专利局所受理的专利申请数量。当年全球的专利申请量相比上一年增加了7.8%，突破200万件大关。而这一突破性的7%的增长量在很大程度上得益于中国的增长（中国对于2009~2011年全球专利申请增长的贡献率为72%，而美国只有16%）。[1]

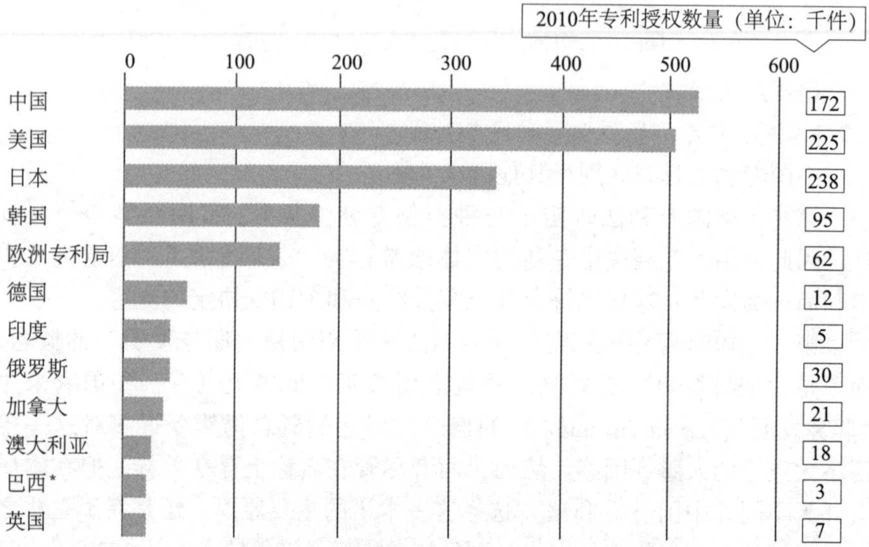

图2-1 国际专利申请（2011年）

来源：世界知识产权组织（WIPO）与《经济学人》(*Economist*）杂志。

国家知识产权局的统计数据同样表明，我国的专利申请量增长主要是因为国内专利申请量的增加。与外国人专利申请量相比，国内专利申请的增幅远远大于外国人申请。

---

[1] *Economist* December 15,2012[EB/OL].[2015-04-06].http://www.economist.com/news/economic-and-financial-indicators/21568402-patent-applications. 国家知识产权局的数据中仅包含发明专利的申请数量。其他数据显示，中国仍旧有很大的空间来提高专利申请质量。这份报告表明，2011年大约100万件专利获得授权，而日本授予的专利数量最多。但是，美国仍然是拥有有效专利数量最多的国家，其数量超过210万件，而据估计，在全世界范围内的有效专利数量超过790万件。

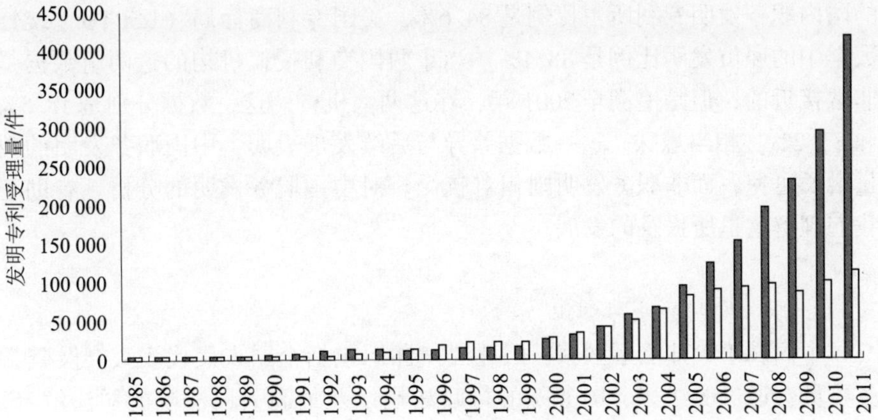

图 2-2　国家知识产权局专利申请统计数据（1985~2011 年）

来源：中国国家知识产权局。

中国专利的数量增长迅速，但最近几年，专利的质量问题引发人们热议。然而，很难界定某个专利的质量标准。某些专利质量的替代数据可以用于国家之间的比较。❶

表 2-1　SIPO 与 USPTO 发明专利授权数量与分类（2001~2011 年）

发明专利❷授予量		2001 年	2006 年	2011 年
SIPO 授予的国内专利	职务发明 [件]	48.5% [2 612]	73.4% [18 400]	84.6% [95 069]
	非职务发明 [件]	51.5% [2 776]	26.6% [6 677]	15.4% [17 278]
USPTO 授予的国内专利	公司+政府 [件]	83.2% [75 286]	87.1% [79 717]	88.1% [109 878]
	个人 [件]	16.8% [15 203]	12.9% [11 857]	11.9% [14 873]

来源：SIPO 和 USPTO 官网。

从国家知识产权局统计的关于职务发明的数据可以看出，2011 年授予

---

❶ WHITNEY STENGER, MARK COHEN. Global Intellectual Property Ambassador [J]. 15 SMU Sci. & Tech. L. Rev., 2011(15): 41, 45.

❷ 此类专利在中国称为发明专利，区别于实用新型专利与外观设计专利；在美国则被称为实用专利（utility patents），区别于外观设计专利（design patent）。

的国内职务发明专利所占比例是84.6%，美国专利商标局（USPTO）统计数据中的雇员发明比例是88.1%。当年两国专利授权机构的这两组数据是非常接近的，但是追溯至2001年，在这两大机构的这一数据分别是48.5%和83.2%，相当悬殊。这一数据差异与后续发展表明，中国职务发明的数量增长迅速，而非职务发明则相对较慢。对中国职务发明的分析，有助于我们理解这里所提及的发展。

3. 职务发明的法律渊源

中国属于大陆法系国家，因此法律渊源包括全国人民代表大会及其常务委员会通过的法律、国务院的行政法规以及最高人民法院的司法解释。地方行政法规及政府规章只在特定的领域或者区域生效。判例或者案例并不是法律渊源，但是有助于理解法律和法规。

在中国调整职务发明的两个重要法律渊源是《中华人民共和国专利法》及《中华人民共和国专利法实施细则》。

（1）《专利法》。《专利法》自1984年制定以来，分别在1992年、2000年、2008年历经三次修改。在1984年《专利法》中已经蕴含了现代专利法的基本元素。

《专利法》第6条是规定职务发明的主要条款。在1984年《专利法》中规定，全民所有制企业（即国有企业）是专利的“持有人”而非“所有人”。❶ 作为私权之专利的“所有人”概念与国有企业作为专利“持有人”的概念之间的区别，随着商业环境的变化而日益淡化，直至2000年最终完全消失。❷ 现行《专利法》将自然人、法人和其他组织统称为“专利所有人”。

第6条关于职务发明主体的变化还体现在其他方面。1984年《专利法》中有一项广泛使用的原则，被一些学者认为类似于美国法上的“受雇完成作品”(work-for-hire) 原则。❸ 根据第6条第1款的规定，职务发明申请专利的权利自动属于发明人所在的单位。这一条款旨在防止个人对发明专利权利的滥用，因为很多发明是在国有企业的监管下完成的。❹ 在2000年修改的《专利法》中，新法的第6条第3款规定取代了职务发明自动归属于单位的“受雇完成作品”原则，而是规定，单位和其员工可以通过签订合同的方式，约定职务发明的权利归属。

---

❶ PETER GANEA, THOMAS PATTLOCH. Intellectual Property Law in China[J]. Kluwer Law International, 2005:5.

❷❸❹ PETER GANEA, THOMAS PATTLOCH. Intellectual Property Law in China[J]. Kluwer Law International, 2005:6.

《专利法》第 16 条规定，被授予专利权的单位应当对职务发明创造的发明人或者设计人给予奖励；发明创造专利实施后，根据其推广应用的范围和取得的经济效益，对发明人或者设计人给予合理的报酬。

(2)《专利法实施细则》。该法规制定于 1985 年，历经 1992 年、2001 年以及 2010 年的三次修改。《专利法实施细则》特别规定如何界定职务发明以及支付奖励和报酬的标准。在随后的 30 年里，《专利法实施细则》主要在两个方面进行修改。首先，将具有获得奖励和报酬资格的雇员发明人的范围从国有企业扩大到各类企业（包括国有、集体和私营企业）；其次，最低奖励标准提升了 15~20 倍，报酬份额也在不断提升。具体变化见以下文的详细论述。

（二）职务发明的权利归属

中国《专利法》在职务发明的权利归属问题上，规定了不同的模式，并且随着专利法的不断发展，关于职员发明的规定也从自动确定归属的法定模式转向合同约定优先的形式。在 1984 年《专利法》中，职务发明的专利申请权以及因此获得的专利权都自动归属于（雇主）单位。这就意味着，无论（雇员）发明人是因为履行职务还是只因为利用了所在单位的物质技术条件，只要其发明是在工作期间完成的成果，（雇主）单位都无条件地成为这些技术成果的所有权人。上述针对权利归属的严苛规定在 1992 年《专利法》修改后产生了例外：就那些由雇员发明人完成但是利用了雇主资源的发明创造，雇员可以和雇主签订协议，约定其权利归属。

因此，要解决职务发明的权利归属问题，首先必须判断该发明是否为职务发明。

1. 职务发明的必要条件

在中国，有两种类型的职务发明：(1) 雇员在执行本单位任务时所完成发明创造；(2) 雇员主要利用本单位物质技术条件所完成的发明创造。2008 年修改后的《专利法》第 6 条第 1 款规定："执行本单位的任务或者主要是利用本单位的物质技术条件所完成的发明创造为职务发明创造。"但是，如果仅仅依靠这一定义来区分，问题依然存在。在实践中，尽管《专利法实施细则》提供了判定一项发明创造是否为职务发明的详细规定，但是，对于上述法律条文的争议一直存在。

问题一：雇员发明人是否必须与单位订立正式的劳动合同？

如前所述，中国的《劳动法》和《劳动合同法》是 20 世纪末才开始实施的。因此，雇员发明人和单位之间有可能并未签订劳动合同，当他们之间存在劳动关系争议，须交由劳动争议仲裁委员会或法院裁定。根据《专利法实施细则》第12条，《专利法》第6条所称的“本单位”包括临时工作单位。所以，在这种情况下，雇员与所在单位即使未签订劳动合同的，也并不影响职务发明的认定。

问题二：如何理解《专利法》第6条中的“执行本单位的任务”？

《专利法实施细则》第12条实际上对这一概念的范围进行了扩张，其中规定：“专利法第六条所称执行本单位的任务所完成的职务发明创造，是指：（一）在本职工作中作出的发明创造；（二）履行本单位交付的本职工作之外的任务所作出的发明创造；（三）退休、调离原单位后或者劳动、人事关系终止后1年内作出的，与其在原单位承担的本职工作或者原单位分配的任务有关的发明创造。”

由此，这一类型的职务发明包括三个子类别：发明人在本职工作中作出的发明；在履行单位交付的其他任务过程中作出的发明；与上一个单位终止劳动关系1年内作出的发明。然而，上述条文也招致了批评和争议，批评者认为，《专利法》和《专利法实施细则》的前述规定偏向于雇主利益。

问题三：如何理解《专利法》第6条中的“本单位的物质技术条件”？

这个问题涉及第二种类型的职务发明。根据《专利法实施细则》第12条第2款，“本单位的物质技术条件”是指本单位的资金、设备、零部件、原材料或者不对外公开的技术资料等。在实践中，可能的问题在于：

首先，第二种类型的职务发明与第一种类型的职务发明的范围不能发生重合，否则没有必要设立第二类型的职务发明。因此，这种类型的发明必定不是雇员在履行职务或者完成单位交付的其他任务的过程中所完成的。它在本实质上只能是雇员的自主发明，它与自由发明（free invention）的唯一区别是，单位对该发明有一定的贡献。由此可能提出疑问：把这样的自主发明认定为职务发明，对于发明人而言是否公平？

其次，认定发明人是否“主要”利用本单位的物质技术条件，其实很难，因为这涉及确定在多大程度上利用了单位提供的哪些条件所完成的发明才算是职务发明。

最后，这一规定与《专利法实施细则》第13条的内容相矛盾。《专利法实施细则》第13条规定：“专利法所称发明人或者设计人，是指对发明创造的实质性特点作出创造性贡献的人。在完成发明创造过程中，只负责组织工作的人、为物质技术条件的利用提供方便的人❶或者从事其他辅助工作的人，不是发明人或者设计人。”

对《专利法》第 6 条第 1 款的这些争议和批评，导致立法机关在 2000 年对《专利法》进行第二次修改时就职务发明问题的法律规定作出调整。修改后的第 6 条一改在有关职务发明权利归属上的严苛规定，增加了新的例外情形。

2. 关于职务发明权利归属的规定

中国《专利法》在职务发明的权利归属问题上是偏向于雇主单位利益的。与欧洲大陆国家强调创造人个体重要性的“发明人原则”(inventor's principle）相反，中国专利制度采用了类似于美国《著作权法》上所谓的“受雇完成作品”原则，因此，在职务发明的情况下是雇主而非发明人有权被授予专利权。❷

2000 年修改后的《专利法》在关于职务发明权利归属的问题上作出修正，在第 6 条中加入第 3 款，规定当单位与雇员订有合同，则合同约定优先于法律关于单位自动获得雇员发明之所有权的规定。

修正后的《专利法》第 6 条规定如下：

> 执行本单位的任务或者主要是利用本单位的物质技术条件所完成的发明创造为职务发明创造。职务发明创造申请专利的权利属于该单位；申请被批准后，该单位为专利权人。
>
> 非职务发明创造，申请专利的权利属于发明人或者设计人；申请被批准后，该发明人或者设计人为专利权人。
>
> 利用本单位的物质技术条件所完成的发明创造，单位与发明人或者设计人订有合同，对申请专利的权利和专利权的归属作出约定的，从其约定。

因此，当下关于职务发明权利归属的规则就转变为以“受雇完成作品”为原则和以“契约自由原则”为例外的混合模式：

（1）对于第一种类型的职务发明，仍旧适用“受雇完成作品”原则；

（2）对于第二种类型的职务发明，雇员和雇主单位之间的合同约定具有优先性；若两者之间未订立合同对权利归属作出约定的，则仍须根据第 6 条第 1 款的规定，确定是否属于职务发明并相应地适用“受雇完成作品”

---

❶ 着重号为本书作者所加。

❷ PETER GANEA AND THOMAS PATTLOCH. Intellectual Property Law in China[M]. Kluwer Law International, 2005:35.

原则。

此外，无论职务发明的权利归属于谁，发明人都拥有署名权，即有权在发明证书上表明自己的发明人身份。《专利法》第 17 条规定发明人有权在专利文件中写明自己是发明人。

（三）雇员发明人的报酬

为了激励雇员发明人，《专利法》第 16 条规定了两种报酬形式。《专利法实施细则》则规定了这些报酬的具体标准和计算方式，其第 6 章包括了 3 项条款，规定了奖励的最低数额以及报酬的最小比例。被授予专利权的单位也可以与发明人、设计人约定或者在其依法制定的规章制度中规定如何执行《专利法》第 16 条规定的奖励、报酬方式和数额。

《专利法》第 16 条规定："被授予专利权的单位应当对职务发明创造的发明人或者设计人给予奖励；发明创造专利实施后，根据其推广应用的范围和取得的经济效益，对发明人或者设计人给予合理的报酬。" 因此，职务发明人所获得的报酬既可以是基于职务发明专利权的获得而进行奖励，也可以由于开发和应用此项专利而支付合理的报酬。

1. 职务发明人奖金和报酬制度的演变

《专利法实施细则》对于职务发明人所应获得奖金与报酬的规定，历经多次修订，每一次修订都在最低奖金数额和报酬比例上有所增加。现行规定是在 2010 年修订《专利法实施细则》的第 77 条、第 78 条。

表 2-2　中国职务发明人或设计人的奖金和报酬标准

<table>
<tr><th rowspan="2">《专利法实施细则》</th><th rowspan="2">专利类型</th><th rowspan="2">奖金/元</th><th colspan="2">报酬</th></tr>
<tr><th>基于营业利润/%</th><th>基于许可使用费/%</th></tr>
<tr><td rowspan="3">2010 年修订版</td><td>发明</td><td>≥ 3000</td><td rowspan="2">≥ 2%</td><td rowspan="3">≥ 10%</td></tr>
<tr><td>实用新型</td><td rowspan="2">≥ 1000</td></tr>
<tr><td>外观设计</td><td>≥ 0.2%</td></tr>
<tr><td rowspan="3">2001 年修订版</td><td>发明</td><td>≥ 2000</td><td rowspan="2">≥ 2%</td><td rowspan="3">≥ 10%</td></tr>
<tr><td>实用新型</td><td rowspan="2">≥ 500</td></tr>
<tr><td>外观设计</td><td>≥ 0.2%</td></tr>
</table>

续表

《专利法实施细则》	专利类型	奖金/元	报酬	
			基于营业利润/%	基于许可使用费/%
1992 年修订版	发明	≥ 200	≥ 0.5%~2%	≥ 5%~10%
	实用新型	≥ 50		
	外观设计		≥0.05%~0.2%	
1985 年 最初制定版本	发明	≥ 200	≥ 0.5%~2%	≥ 5%~10%
	实用新型	≥ 50		
	外观设计		≥ 0.05%~0.2%	

从表 2-2 明显可见，在雇员与雇主单位未签订合同的情况下，雇员发明人获得的奖金和报酬的最低标准在《专利法实施细则》的历年修订中均有所增加。这些标准看似清楚，但与之相关的争议到法院打官司的情形却比我们想象的要多，尽管与职务发明的权利归属纠纷相比，有关报酬的诉讼案件仍然较少。

2. 职务发明人的奖金

《专利法实施细则》第 77 条规定了在雇员发明人与雇主之间没有约定奖金及其数量的情况下所需适用的支付标准：

> 被授予专利权的单位未与发明人、设计人约定也未在其依法制定的规章制度中规定专利法第十六条规定的奖励的方式和数额的，应当自专利权公告之日起 3 个月内发给发明人或者设计人奖金。一项发明专利的奖金最低不少于3 000元；一项实用新型专利或者外观设计专利的奖金最低不少于1 000元。
>
> 由于发明人或者设计人的建议被其所属单位采纳而完成的发明创造，被授予专利权的单位应当从优发给奖金。

在实践中，诉讼时效经常成为雇员发明人对其获得奖金之权利提出主张时的障碍。原因之一是，雇员发明人很多情况下并不知道专利法规的上述条款。另一个原因是，他们往往只是口头提出奖金支付请求，而一旦离职之后再提起诉讼，就很难提交可以被法院采信的证据。此外，奖金的形式也是一个问题。例如，有的单位以其为雇员发明人支付大学注册费或者培训费为由而拒绝支付该雇员职务发明的奖金，而这可能并不符合法律关于职务发明奖金的规定。

3. 雇员发明人的报酬

获得了职务发明专利权的单位实施该专利或者许可其他单位或个人实施该专利的，应当给予雇员发明人合理的报酬。《专利法实施细则》第78条规定了在双方没有约定相关报酬的情况下，合理报酬的最低标准：

> 被授予专利权的单位未与发明人、设计人约定也未在其依法制定的规章制度中规定专利法第十六条规定的报酬的方式和数额的，在专利权有效期限内，实施发明创造专利后，每年应当从实施该项发明或者实用新型专利的营业利润中提取不低于2%或者从实施该项外观设计专利的营业利润中提取不低于0.2%，作为报酬给予发明人或者设计人，或者参照上述比例，给予发明人或者设计人一次性报酬；被授予专利权的单位许可其他单位或者个人实施其专利的，应当从收取的使用费中提取不低于10%，作为报酬给予发明人或者设计人。

上述条文看似明确而具体，但该条款在实际适用时却往往产生争议。主要问题是，雇主如果不公开其营业利润或者许可使用费的相关信息，应当如何确定计算发明人报酬的基准。在许多争议案件中，法官不得不行使其自由裁量权，以判决雇主应当向职务发明人支付的报酬数额。

下面这一案件则可以说明这一条文在实践中可能产生的另一个问题：甲公司拥有一项职务发明的专利权，乙公司是甲公司的子公司或关联公司。乙公司实施了该项专利发明并从中获利丰厚，但它并未经过甲公司的许可。而甲公司基于其和乙公司的利益关联，目前没有而且将来也不会对乙公司提起侵犯专利权的诉讼。当该项专利的职务发明人丙向甲公司和乙公司主张其所应获得的报酬时，法院在此情况下判决认为，乙公司并不是向丙支付职务发明人报酬的适格单位，因为丙并非乙公司的雇员，并且甲公司也无须向丙支付报酬，因为甲公司由于并未实施或者许可他人实施该专利。

三、德　　国

德国的雇员发明受1957年《雇员发明法》（ArbEG）调整，该法律规定了有关雇员发明的权利归属、转让以及雇员报酬等，其中的雇员既包括私人单位的员工，也包括公共部门的员工。[1] 该法律规定了雇员和雇主的各种义务，以保障对专利权的分配，同时也确保权利交换所带来的补偿。根据《雇员发明法》的规定，雇主有权主张雇员的“非自由职务发明”(non-free service invention) 的权利归属，雇主则应当给予“合理报酬”(reasonable remuneration) 作为补偿，补偿标准由州法律加以规定。《雇员发明法》对所有德国雇员都有效力，尽管《雇员发明法》没有对“雇员”作出定义，但是在劳动法上可以找到这样一个公认的定义，它包括任何“根据私人雇用关系而受到指示束缚，并且因与其他人（雇主）存在人身依从而必须以提供劳动来获取工作报酬的人”。[2] 2002 年，该法律进行修改，将大学教师这一原先未被视为雇员的一类人也收纳其中。[3]即使雇用关系结束，该法律赋予雇员的权利和义务也不会终止。[4] 该法律规定的雇主，既包括公共实体也包括私营实体。对于那些可以自由选择时间、地点以及工作时间的自由职业者，则依据该法律而不被视为雇员，他们也没有其他雇员所享有的权利和承担的义务。[5] 此外，该法律并不包括合伙人、董事会成员以及其他在雇主那里享有所有者利益的个人。[6]

当雇员的“非自由职务发明”具有可专利性时，雇员应当向雇主报告发明情况。非自由职务发明是指雇员在受雇佣期间履行工作职责或者实质上是基于在公司积累的经验或者公司的活动而完成的发明。[7] 雇员应当“及时”(without delay) 将该项发明以及发明人的信息报告雇主。报告必须包括技术目标、问题的解决方案、职务发明的创新点、所有对于理解该发明所必需的注释、公司提供给雇员的指南或者指令、其所利用的任何的公司经验、其视作各类共同发明人所作出的贡献。如果雇主认为该发明具有可专利性，那么它们必须提交专利申请，或者要求雇员同意不申请专利。

（一）雇员发明的权利归属

雇员向雇主报告发明情况之后，雇主应当在 4 个月内决定是否对这项发明主张专利权利。这就确保雇主在它们想要该发明时总能获得转让其专

---

[1] ArbEG § 1,40-42.

[2] MICHAEL TRIMBORN. Employees' Inventions in Germany: A Handbook for International Businesses [M].2009:4.

[3] *Act on the Amendment of the Act on Employees' Inventions* (BGB1 2002; I. p.214).

[4] ArbEG § 26.

[5][6] ArbEG § 1; MICHAEL TRIMBORN. Employees' Inventions in Germany: A Handbook for International Businesses [M]. Kluwer Law International,2008:12.

[7] ArbEG § 4 para. 2.

利权。雇主根据雇员提供的报告决定该发明的可专利性以及专利在商业上的可行性，从而决定是否对该项可专利之发明主张权利，或者放弃该权利从而允许雇员自行获得其专利。雇主想要主张专利权利的，有两条途径：一种是毫无限制的主张权利，这种方式给予雇主完整的处分权以及产权；另一种是有限制的主张权利，这种方式只给予雇主非独占性使用许可以及在公司内部的使用权。❶ 目前更为普遍的做法是有限制的权利主张，因为这种方式使得雇主具有更大的竞争优势。倘若 4 个月的期限过去，而雇主仍未主张权利的，则该项发明成为“自由发明”(free invention)，重新归属于雇员。一旦该发明的权利重新归属于雇员，则他们有权按照自己的意志使用该项技术，包括许可或者将权利转让给雇主的竞争者。❷

如果雇主对职务发明主张权利的，它们还必须决定在哪些国家获得保护。❸ 倘若雇主不打算在任何国家寻求保护，则其须根据雇员的请求而将权利返还雇员。然而，由于在国外获得专利的成本极高，雇员要求收回权利的情况也不常见。取而代之的是，许多雇员会要求少量的费用补偿，而不寻求在国外的保护，金额一般是 50~250 欧元。倘若雇员的确想在国外申请专利，则其雇主有权获得在该专利保护国的非独占实施许可，其对价就是给予雇员的合理报酬。

在雇主决定放弃专利申请权或者专利的情况下，雇主必须将权利转让给雇员。❹ 若雇员希望将权利回转给自己时，因转让所产生的费用由雇员承担。雇员有 3 个月的时间决定其是否希望将权利回转给自己，在 3 个月的期限届满之前，雇主有义务全力维护该专利有效。倘若雇员决定收回权利的，雇主有权继续获得许可实施该专利，以便向雇员支付适当报酬。

(二) 雇员发明人的报酬

根据《雇员发明法》的规定，雇主对职务发明主张权利的，雇主就自动承担向雇员提供报酬的法定义务。❺ 实际支付报酬的义务从雇主开始实施该专利时起履行，实施专利的方式包括生产、销售、许可。如果专利被再许可给一家关联公司（affiliate company）并收取许可费的，雇员也可以从中获得部分许可费。但是，如果关联公司只是与雇主公司免费共享专

❶ ArbEG § 6,7.
❷ ArbEG § 8.
❸ ArbEG § 14.
❹ ArbEG § 16.
❺ ArbEG § 9.

利，而未支付使用费或者其他费用的，则雇主公司也就没有义务因关联公司使用该专利而向雇员支付报酬。雇主到期未向雇员支付报酬的，雇员可起诉雇主，其诉讼时效期间为3年。当然，如果存在相关情形，使得雇员无法知道自己享有到期应获得之报酬的，则该诉讼时效延长至10年。

雇主向雇员支付报酬通常依据双方的协议，该协议在雇员首次提出报告之后协商确定。如果雇主在其对发明主张权利之后的一个合理期间——通常是6个月——内未与雇员达成协议的，则必须为雇员确定一个合理的报酬数额。如果雇员不同意雇主所确定的报酬，则其可以在2个月内提出争议，要求进一步磋商以达成协议。雇员在2个月内未拒绝所确定的报酬数额，则雇主所提出的条款产生约束力。如果所达成的协议存在“实质性不公平”（substantially inequitable）的，则雇员可以在6个月内提出异议，并可导致协议无效。另外，如果发生重大情势变更（substantial changes in circumstances）的，协议也可以进行修改。

为帮助企业弄清什么是对发明的“合理报酬”（reasonable remuneration），德国出版有《报酬官方指南》（*Official Guidelines for Remuneration*, RL），其中给出报酬的多种计算方法，同时还有大量的法院判例，以帮助确定各类技术的合理报酬标准。《报酬官方指南》提供了三种计算合理报酬数额的方法：许可类比法、可确定的公司收益法、发明价值评估法。不过，到目前为止，在确定未来报酬的方法上，许可类比法还是被认为是最准确和普遍的做法。报酬可以基于上述计算方法一次性付清，然而更常见的是分期连续支付。[1] 这样做有助于确保报酬来自于产品成功的商业化运作，因为报酬可能随着专利的交易和许可费用的变化而增减。雇主在专利获得授权之前实施该发明的，则在计算报酬时扣减50%。雇主在专利申请过程中也应向雇员支付报酬，所扣减的50%在专利获得授权之后再支付给雇员。但是，如果该发明未获得专利授权的，则扣减的50%不再支付，当然，已经支付的50%仍归雇员。

为了计算出合理的报酬，雇主需要参考在《报酬官方指南》公布的复杂的公式。基本的计算公式如下：

$$V=E\ (U\times L)\times M\times A\times R$$

式中：

V——报酬；E——该发明的价值；U——营业额；L——许可使用费率；M——共同发明人的份额；A——份额比例；R——风险扣除。

在计算时还包含了与整体销售有关的成本，这是一个“技术与经济参

---

[1] RL No. 40.

数”，本质上反映了发明产品的需求率、对发明的许可费率、根据雇员在该发明中的行为以及其他因素而计算出来的贡献比例。例如，一个雇员发明了一种新的汽车座椅，第一年的营业额是 1 050 万美元。先将 5%的销售成本从营业额中扣除，则余额为 1 000 万美元；再考虑到如果对产品进行更新改造等，技术经济参数可能定为 30%，因此，营业额乘以该参数就是 300 万美元。假定在这一地区的专利使用费的费率为 2%；雇主行为等因素占到该使用费的 25%（雇员贡献的比例因此就是 75%），那么，该发明的价值就是：3 000 000×(2%×75%)＝45 000 美元。再假定该雇员发明人在其中的贡献份额为 13%，则其每年所得报酬为 5 850 美元。[1]

在涉及产品生产的许可活动中，上述计算还要扣除那些不属于其发明的部分，比如技术秘密（know-how）或者其他因素，这部分通常大约占 50%。扣除以后的价值再乘以“实施因子”(exploitation factor)，这一因子考虑到许可人的企业风险、计算所得的企业获利等因素，其值大约为 30%。例如，一项专利许可每年价值 100 万美元，先扣除因各种技术秘密和其他因素而占据的 60%，剩下 40 万美元，再乘以 30%的实施因子，其价值为 12 万美元。假如有两位雇员发明人，其贡献率为每人 50%，这样还有 6 万美元，再乘以该雇员的提成率 15%，最后该雇员每年的报酬就是 9 000美元。[2]

如果将专利出售的，则在总的售价中应当扣除基于各种因素而产生的 40%的费用，这些因素包括为实施专利所做的准备、合同成本、税收、管理费、获得专利的成本等，扣除以后的价值再按照像专利许可那样的公式来计算雇员发明人的报酬。

如果雇主不实施专利，但仍然拥有该专利之保护的，则其仍须向雇员支付报酬。原因在于，既然它们仍然维持对专利的控制，肯定是因为该专利对其具有某种价值，比如可以只作为对抗他人专利的手段。

在确定雇员所占份额时，通常需考虑到因为稳定就业而给予自由发明人的各种好处、雇员在公司所花费的时间、他们的职位以及其他方面的因素。该比例的计算在雇员之间并不相同，即使是同一专利的共同发明人之间，其比例也会有所不同，因此，对每一雇员发明人会采用不同的计算方式确定其应得报酬。雇员发明人所占份额比例一般在 10%～25%，其中间比例通常为 15%～18%。公司根据《报酬官方指南》第 31～33 条进行复杂的计算，最终确定每一雇员发明人所占的份额比例。

---

[1] Trimborn at 39-40.

[2] Trimborn at 49.

表 2-3　德国雇员发明共同许可费率举例

发明种类	共同许可费率
外科手术切割设备	1%
透析设备	5%
妊娠检验	4%
药物活性成分	5%
大批量生产的电子产品	5%
手机	2%
半导体	.3%
发动机	5%
打印机	2%~3%

在计算合理报酬时，共同许可费率（common license rates）是重要组成部分。共同许可费率不是主观猜测得出来的，而是通过仔细分析市场条件、先前的使用费以及其他因素计算出来的。此外，在德国有数百个案例有助于为不同发明种类而提供共同许可费率的某种标准，表 2-3 所列就是其中一些例子。❶

四、美　国

（一）雇员发明的权利归属

美国并没有类似于德国《雇员发明法》之类的制定法来规制雇员发明，而是主要受各州法律、习惯法以及雇用合同调整。雇员发明通常由于雇用合同的约定或者雇主企业关于雇员发明的书面政策的约束而必须转让给雇主。❷ 只有在当事人之间没有合同或者雇员对合同效力存在争议的情况下，确定发明的所有权以及雇员是否存在转让义务才变成一个复杂的法律问题。

如果当事人之间没有就雇员的发明作出约定，一旦发生争议，法院就通过调查来决定是否存在默示合同（implied contract）。❸雇员如果受雇担任技术或者发明类职务，诸如研究科学家或者设计工程师时，则他们通常负有转让其所做发明的默示义务。但是，如果雇员质疑在事实上存在默示合同的，则其可能不承担转让发明的义务。❹ 在 Banks v. Unisys Corp. 案❺中，雇主试图让雇员签署有关专利的协议，但雇员拒绝签署。后来，该雇员利用自己的时间，主动开发了一些与自己正在研究的项目有关的新东西。雇主告诉该雇员，它们将有偿受让他的专利，但事后又对此食言了。联邦巡回上诉法院尽管没有用这样或者那样的方式来说明是否存在这样一份合同，但

---

❶ Trimborn at 59-87.

❷ Scott System Inc. v. Scott, 996 P. 2d 775, 778 (Colo. 2000)；另参见 City of Cocoa v. Leffler, 803 So. 2d 869 (Fla. App. 2002).

❸❹ Teets v. Chromalloy Gas Turbine Corp., 83 F. 3d 403, 407 (Fed. Cir. 1996).

❺ Banks v. Unisys Corp, 228 F. 3d 1357 (Fed. Cir. 2000).

是它推翻了下级法院的简易判决，声称尽管该雇员从事的是发明工作，但从本案的情形看，是否足以存在默示合同，仍属于一个重大的事实问题。

对于非技术类雇员，因其本职工作并非搞发明，故而，当此类雇员研发出某种新东西时，只要没有合同约定，则其对之享有权利。在 United States v. Dubilier Condenser Corp.❶案中，有两人被聘为工程师，但其职责不是从事发明工作。他们利用工作时的设备条件，靠自己的力量发明了一些电路，这些发明与他们正在从事的课题相关，但并不属于他们实际受雇的范围。该公司有让雇员持有个人发明的传统，因此，尽管他们利用了公司的资源，并且在研发产品时利用了公司的技术秘密，他们还是被允许拥有自己的这些发明。

关于是否存在转让专利权利的默示合同，这是一个事实问题（question of fact），需要通过个案（case-by-case）来处理。法院对此需要考虑以下因素：

（1）雇员职责的性质、职责范围，特别是，他们是否被雇佣专门从事发明工作（hired to invent）；

（2）雇用协议附件的用语；

（3）雇主是否专门指定雇员去解决目前的某个特定问题，抑或只是雇员自愿承担的任务；

（4）雇员是否因为完成发明而获得额外报酬；

（5）雇员是否自己承担费用而为该发明申请专利和获得授权；

（6）雇员是否属于公司的高管或董事，从而对公司负有特殊义务；

（7）公司是否允许其他雇员对发明自行申请专利并且拥有专利。❷

一般而言，由于事实上的默示合同具有不确定性，因此，大多数雇主通常会就发明的所有权归属与雇员订立合同，即使对于非技术型雇员也是如此。如果雇主对于发明的完成也有贡献，那么雇主就享有“雇员发明实施权”（shop right）。“雇主的贡献一般包括提供场地、设备以及让雇员在工作时间从事发明创造活动。”❸ 依据雇员发明实施权，雇主就可以作为被许可人使用雇员发明，无须支付使用费或任何其他费用。但是，该发明的所有权仍属于雇员发明人。

---

❶ United States v. Dubilier Condenser Corp，289 U. S. 178（1933）.

❷❸ PETER L. BREWER. Who Owns the Invention? Addressing Ownership Claims of Employees and Contractors［J］. Tenn. B. J.，2006（4）：22，25-27.

最近的 Stanford v. Roche 案[1]为根据《拜杜法》(*Bayh-Dole Act*)[2] 而获得公共资金资助的发明带来了一些变化。以往一般认为，联邦资助的发明所有权转让优先于州政府资助的转让以及合同转让，但在 Stanford v. Roche 案中，这种观点被推翻了。在该案中出现的两份转让协议都提到了“我转让”(I assign) 和“我同意转让”(I agree to assign) 字样。法院认定，“我转让”这样的用语就产生了自动转让的效力，而“我同意转让”字样则仍需要额外的步骤来执行合同，因此，“我转让”字样的合同优先于其他合同。

美国的一些州制定了类似法律，规定只有当一项发明系雇员的工作所导致时，才可以将该发明的所有权进行转让。这样的法律规定是为了对抗那种不管雇用关系为何而意图将所有雇员发明的权利均归属于雇主的雇用合同。[3]

(二) 雇员发明人的报酬

美国法律并没有规定关于雇员获得报酬的权利，但是，许多公司为了吸引雇员，还是会支付一定的报酬。一般而言，所有报酬都是根据雇员与雇主所订立的合同约定的，普通法和州法对于雇主是否向雇员发明人发放报酬不作任何干预。公司给予雇员的报酬并不总是采用金钱激励的形式，有些是给予雇员以某种福利，或者授予某种荣誉，使其在一般员工中受到尊崇。

五、日　　本

(一) 背景

当今的大多数发明是由雇员做出来的，因此一个公司了解其和雇员对

---

[1] Stanford University v. Roche Molecular Systems, Inc. 563 U. S. ____ (2011); 131 S. Ct. 2188.

[2] 又称 *Patent and Trademark Law Amendments Act* (Pub. L. 96-517, 1980 年 12 月 12 日)。该项法律旨在处理因联邦政府资助研究所产生的知识产权问题，以提出该法案的来自印第安纳州的参议员 Birch Bayh 与来自堪萨斯州的参议员 Bob Dole 的名字而命名。该法案通过后，其内容分别列入美国《专利法》等 (94 Stat. 3015, and 35 U. S. C. § 200-212)，并通过相关行政法规 (37 C. F. R. 401) 予以执行。在《拜杜法》之前，对于联邦提供资助或奖励的研究，强制要求研究人员将其发明转让给联邦政府。但该法律允许大学、小企业或者非营利性机构可优先选择保留该发明的所有权。

[3] 参见，例如：Calif. Labor Code § 2870 (加利福尼亚州); Rev. Code Wash. § 49. 44. 140 (华盛顿州); *Employee Patent Act*, 765 ILCS 1060。

一项发明所能享有的权利是至关重要的。大部分日本公司以创新取胜，很多成功的公司会大力营造创新的公司文化。

在科技高速发展和信息革命的浪潮中，受雇完成作品和雇员发明引发了更多的关注。当前，雇员发明迫切需要一个高效的法律系统严谨地规范管理。

近年来，在日本出现了一系列备受瞩目的涉及雇员发明的司法案件。在这些案件中，雇主被判决向雇员发明人支付大量赔偿款，作为对雇员发明的报酬。因此，在日本专利法中，发明人获取赔偿成为最受关注和引起最大争议的话题之一。为了平衡雇主和雇员之间的利益关系，同时减少雇员发明方面的诉讼案件，日本政府引入了新的法律条款，以明确当雇员的发明在之后被雇主获得专利权时所应当向雇员支付的报酬。

《日本专利法》第 35 条专门规定了雇员发明。根据这一法律规定，"雇员发明"❶ 需要具备两个因素：（1）一项发明就其性质上落入雇员等的业务范围之内，并且（2）导致发明的行为系该雇员现在或者过去的职责。❷ 和其他国家相比，日本在其专利法上规定的"雇员发明制度"有其独特性，它保障雇员因其履行职责任务的过程中所创造的发明而获得合理报酬。❸

《日本专利法》第 35 条设立的雇员发明制度，规定企业对于雇员发明享有法定的非独占性许可（statutory non-exclusive license），激励公司在新技术研发方面投资，鼓励其进行发明创造；另一方面，对于作出发明的雇员，则规定在其将发明转让给雇主公司之后依法享有获得合理报酬的权利。❹ 同时，该制度也根据有关激励企业在日本进行研发活动和增加投资的产业政策，协调作出发明的雇员之间以及与提供资助的雇主之间的利益。❺

---

❶ "雇主、法人、国家或者地方公共团体"简称为"雇主等"。从业人员、法人的工作人员、国家公务员或者地方公务员简称为"雇员等"。

❷ IWAO YAMAGUCHI, YAMAGUCHI INTERNATIONAL PATENT OFFICE. Theory and Practice of Employees' Invention, Japan Patent Office, Asia-Pacific Industrial Property Center, JIII(2006). See also Article 35(1).

❸ 参见：Japan Revises its Patent System related to Employee Inventions Voluntary Agreements between Employers and Employees to Be Honored from April 2005.

❹ Lock See Yu-Jahnes, Fitzpatrick, Cella, Harpet&Scinto New York, New York., "Japan's article 35-developments in employee remuneration of company-owned patents".

❺ The Case Studies of the Procedures under the New Employee Invention System, Japan Patent Office, November 2004.

(二)《日本专利法》原 35 条

1. 旧法第 35 条的主要内容

在 2005 年修订之前,《日本专利法》第 35 条(以下简称“旧法第 35 条”)遵循这样的结构,即雇员对于所有的发明均享有获得专利的权利,即便该发明是在其工作当中完成的。而且,雇主享有无偿的、非独占性许可的权利。❶ 雇主可以保留继受取得对雇员发明的专利申请权,以及在获得授权后的专利权。❷ 雇员同意雇主继受取得其发明的专利申请权、专利权或者向雇主授予独占性许可的,有权从雇主那里获得合理报酬作为回报。❸ 关于该合理报酬的数额,在第 35 条第(3)款有详细规定,该条款要求考虑如下因素以决定合理报酬:雇主通过该发明可以获得的利润、雇主在作出该发明的过程中的贡献程度。❹

知识产权高等法院认定,《日本专利法》第 35 条是为解决雇员与雇主之间就雇用合同所产生纠纷的强行法(mandatory statute)。尽管该条款只是专利法的一部分,但它在某种程度上也起着劳动法的作用。❺

2. 旧法第 35 条存在的问题

在奥林巴斯案之前,日本公司普遍认为,公司内部单独制定的雇员发明规则,规定以一定数额的报酬换取雇员转让其发明的专利权的,法院就应当尊重这一数额规定,判定该等规定有效并且具有约束力。事实上,在此类雇用条款中的报酬通常数额不高,折合起来大概在数百美元之间。但是,最高法院在奥林巴斯案的判决令这一状况大为改观。❻ 加之日本在过

---

❶ 第 35 条第(1)款:雇主、法人、国家或者地方公共团体(以下简称“雇主等”)在从业人员、法人的工作人员、国家公务员或者地方公务员(以下简称“雇员等”)就其性质上属于该雇主等的业务范围且其做出发明的行为系属于雇员等现在或者过去的职务的发明(以下简称“职务发明”)获得专利时,或者已继受获得专利的权利者就职务发明已获得专利时,对于该专利权拥有普通实施权。

❷ 第 35 条第(2)款:关于雇员等的发明,除该发明为职务发明的情况以外,预先规定雇主享有、获得或者继受专利权利或者为雇主设定独占实施权的契约、工作规则及其他条款的,该规定无效。

❸ 第 35 条第(3)款:雇员等按照契约、工作规则及其他规定,让雇用人享有、获得或者继受专利权利、为雇用人设定独占实施权时,拥有得到对价支付的权利。

❹ 第 35 条第(4)款。

❺ RYO MARUYAMA. Employee inventions and “reasonable value”, 01-02-2011.

❻ CALVIN GRIFFITH, MICHIRU TAKAHASHI, NOBUTAKA KOMIYAMA. The Pitfalls of Failing to “Reasonably” Compensate Employee Inventors in Japan, Feb. 27, 2008.

去使用“终身雇佣”条款，这也使得日本雇员很少跳槽换工作，因此，他们几乎不可能因为其转让发明所获得酬金过低而与雇主进行谈判。

但是，由于日本经济持续低迷，终身雇佣制已经不复存在或者无法保证。随着雇佣环境和从业者的思想发生变化，日本的企业员工比以往更为频繁地跳槽。而且，在当今的信息时代，知识产权的价值有了很大的提升，所以，根据第35条的规定而产生的雇员发明人索赔合理报酬的诉讼案件也大大增加。特别是，《日本专利法》第35条是强制性规定，如果雇主对雇员发明评估的价值过低，法院可以遵照最高法院在奥林巴斯案做出的指导性判决，❶ 根据发明的价值重新做出认定。第35条第（4）款规定，对价补偿的数额应该考虑到雇主通过该发明可得到的利润以及雇主在该发明上的贡献程度。❷ 最高法院认定，即便雇佣条款中规定了雇主向雇员支付的报酬数额，但如果该数额低于《日本专利法》第35条第（4）款所确定的数额的，雇员仍可以根据《日本专利法》第35条第（3）款的标准而要求补偿差价。❸

奥林巴斯案因此就确立了一项新的规则，如果雇员发明人根据雇主制定的规则而实际获得的报酬不合理的，即该报酬数额低于其应得报酬的，该雇员发明人有权要求获得额外补偿。随之而来的是包括日立、日亚化学和味之素等公司在内的许多诉讼案件。❹ 因此，公司的前雇员纷纷就他们的雇员发明索要合理的报酬，而日本法院也受理了这些案件。

下面这一起案件可能是最为公众所熟知的发明人报酬求偿案。中村修二博士❺为自己在一种商用蓝色发光二极管上的发明贡献而起诉前雇主日亚化学公司。2004年1月30日，东京地方法院判决被告向中村支付200亿日元（1.9亿美元）。被告随后提起上诉，当事人最终以810万美元赔偿达成和解。❻

中村案虽是日本最有名的雇员发明报酬求偿案，但它绝非个案。事实

---

❶ Olympus Optical Co.,Ltd. v. Shumpei Tanaka,Supreme Court,3rd Petty Bench/Decided April 22, 2003/Case No. Hei 13(uke)1256.

❷ 第35条第（4）款。

❸ Olympus Optical Co.,Ltd. v. Shumpei Tanaka,Supreme Court,3rd Petty Bench/Decided April 22, 2003/Case No. Hei 13(uke)1256.

❹ CALVIN GRIFFITH,MICHIRU TAKAHASHI,NOBUTAKA KOMIYAMA.The Pitfalls of Failing to “Reasonably” Compensate Employee Inventors in Japan, Feb. 27,2008.

❺ 中村修二与另两位日本科学家因在20世纪90年代发明高亮度蓝色发光二极管（蓝光LED）而获得2014年诺贝尔物理学奖。而这一成果正是他在日亚公司工作期间完成的。中村离开该公司之后，在加利福尼亚大学圣巴巴拉分校担任教授。

❻ 相关案情、判决与和解内容，参见：中村修二. 从“中村奴隶”到诺贝尔奖获得者[EB/OL].[2015-05-04].http://mysipo. com/article-3371-1. html.

上，该案迅速引起日本企业的关注，而且很多企业对这种不可预测的发展态势表示担忧。很明显，由于日本是国际市场的一部分，所以不仅是日本企业要担心，很多正在或即将雇佣日本劳动力和设备的非日本企业也都该担忧。如果在这些非日本企业工作的雇员在日本做出了发明，那么这些企业也将面临涉入相似诉讼的巨大风险。

除了要承担潜在的巨大责任，这些公司还必须面对确定合理报酬时的不确定性。然而，奥林巴斯案之后仍有许多问题未得到解决，特别是，如何依据第 35 条来确定合理的报酬。❶ 尽管《日本专利法》明确规定报酬数额必须合理，但它并没有为如何计算该数额做出指引。除了第 35 条第（4）款中所说的雇主可获利润及其在发明上的贡献程度，就没有再列出其他需要考虑的因素了。

因此，日本法律界和知识产权界就考虑对《日本专利法》第 35 条做出修改，以使雇员发明人的报酬更具有可预测性。

3. 问题的解决方案

关于第 35 条的修订有过很多不同意见。一些人提议直接取消该条款，其理由是合理数额的计算具有太大的不确定性，这已经并将继续引发很多不可预测的诉讼案件。另一些人反对取消整个第 35 条。他们的理由是，日本的雇员没有与雇主平等的谈判权，雇用合同中对雇员发明报酬的规定也无法起到弥补的作用。他们声称，第 35 条保障了促进雇主在获得商业成功时雇员们应得的合理酬劳。如果没有第 35 条的保障，雇员发明人将更难获得合理的报酬。相应地，雇员的权利将无法得到适当的保护，同时他们的创造激励就变得更低了。

日本专利代理人协会（Japanese Patent Attorneys Association, JPAA）在 2003 年 1 月 27 日的报告中得出结论：日本应当保持第 35 条的精神，同时建议修改该条款，在合理的、充分解释的雇用协议之外，增加一项例外规定。

为了解决这些不确定性并且避免雇员和雇主之间不必要的法律争议，关于第 35 条的修订条款于 2004 年 5 月 28 日颁布，并于 2005 年 4 月 1 日生效。❷

---

❶❷ CALVIN GRIFFITH, MICHIRU TAKAHASHI, NOBUTAKA KOMIYAMA. The Pitfalls of Failing to "Reasonably" Compensate Employee Inventors in Japan, Feb. 27, 2008.

(三) 现行《日本专利法》第35条

1. 现行《日本专利法》第35条的主要内容

基于旧法第35条所存在的问题，有必要增加雇主在雇员报酬方面的可预测性以及雇员对发明价值评估的满意度，从而刺激研发活动。[1] 修订条款对于旧法第35条的（1）、(2)、(3）款未作改动，只是更加注重公司在计算合理报酬数额的程序和透明度，从而对第35条作出如下两方面的修改：对旧法第（4）款进行改动，增加第（5）款。具体内容如下：

首先，修改后的第（4）款明确规定，如果报酬标准是由雇主与雇员商讨制定的，对报酬标准进行披露，并且雇主听取了雇员关于报酬数额的意见，则雇主根据雇佣合同、雇佣管理条例或其他规定而确定的报酬，就不应当被认定是不合理的。[2]

其次，新增加的第（5）款规定，如果（i）没有预先设定前款所规定的报酬数额的；或者（ii）根据前款规定而承认所应支付的报酬数额与相关规定相比不合理的，则第（3）款所规定的报酬数额应当根据雇主将从该发明中获得的利润、雇主对该发明的贡献、雇员的贡献和其他与该发明相关的情况加以确定。[3]

司法判例一贯将第35条认为是对雇主的强制性规定，以此来保护处于弱势的雇员。即使存在既有的合同条款、雇佣管理规定或其他条款，设定了如何计算雇主对雇员支付的报酬数额，法院仍然可以决定合理报酬的数额。[4]

总之，尽管保留了“合理报酬”的概念，报酬的数额还是会根据公司内部规定而不是由法院决定，但是，雇员在制定内部规定时也有决定权，以确保他们的诉求得到充分体现。这就是第35条修订条款中所谓的“自愿合意”(voluntary agreement)。而且，披露与雇员发明者的自愿合意是必需的。在第35条修订条款生效时，根据公司内部规定而计算的数额将成为合理的报酬数额。但是，专利法仍然保留强制性规定，如果合意约定不合理，雇员发明人仍可以像以前一样，控告雇主以索要合理报酬的赔偿。一旦发生争议和诉讼，合理报酬数额将根据第35条第（4）款而由法院作出

[1] “The Case Studies of the Procedures under the New Employee Invention System,” Japan Patent Office, November 2004.

[2] 第35条第（4）款：确定前款中对价数额，必须考虑到雇主通过该发明可得到的利润及其在该发明上的贡献程度。

[3] 第35条第（5）款。

[4] Manabu Miyajima, “Japan: Employee Inventions $ IP”, May 2005.

决定，其中应考虑诸如雇主将从发明中获得的利润和对发明的贡献程度之类的因素。❶ 一些雇主担心，要降低此类诉讼的风险可能非常困难。为了应对这种情况，日本政府发布了《新雇员发明制度程序案例研究》。❷

2. 依据现行《日本专利法》第 35 条确定的报酬

"商讨情形""披露情形"和"倾听意见的情形"，是在整个程序中特别强调和考虑的程序性要素，直至有关雇员发明的报酬问题作出判决或者已经支付。❸

"情形商讨"中的"商讨"，是指整个商讨是为了设定计算报酬数额的标准，在雇主和完成了发明的雇员或其代表之间进行，而确定报酬标准就是为了适用于这些雇员发明。❹

"披露情形"中的"披露"，是在计算报酬数额的标准既定的条件下，必须让作出雇员发明的雇员在实际上获得报酬的标准与既定标准相同。❺

"倾听意见情形"中的"倾听意见"，是指当某一特定雇员发明的报酬数额实际是根据合同条款、雇佣管理规定或其他用以确定有关雇员发明之报酬的规定计算而来时，应当在计算报酬时听取雇员发明人的意见和报怨等。❻

3. 仍待解决的问题

尽管人们预期修订后的第 35 条会更有成效，但是，"雇员等有权获得合理价值"这一项仍然是主要的争点，尽管讨论激烈却仍没有修改。评定报酬金额是否合理的标准，仍然未得到明确。修法之后，日本企业修改了它们的雇员管理规则。尽管如此，为雇员发明索要合理报酬的诉讼案件仍然经常发生。

另外，修订后的第 35 条不具有追溯效力。该修订法案只对生效日期（2005 年 4 月 1 日）之后所完成的雇员发明具有法律效力。对于修订案生效之前作出的雇员发明，则仍将在很长时间内存在诉讼风险。

随着《日本专利法》第 35 条的修改，我们可以预见，如果公司关于雇员发明报酬的规则是按照如下正当程序制订的：（i）与雇员商议，（ii）

---

❶ "The Case Studies of the Procedures under the New Employee Invention System," Japan Patent Office, November 2004.

❷ Japan Revises its Patent System related to Employee Inventions Voluntary Agreements between Employers and Employees to Be Honored from April 2005(11,01. 2004).

❸ Article 35 (4).

❹❺❻ "The Case Studies of the Procedures under the New Employee Invention System," Japan Patent Office, November 2004.

将规则披露，（iii）倾听雇员的意见，那么，日本法院将更加尊重这些规则和程序，按照这些公司规定来裁判。但是，怎样的“商议”或其他程序可以使雇主制订的报酬标准有效，从而免于受到合理性的司法审查，这一点仍然不明确。为了就这方面的合理做法的界限提供指引，日本特许厅在2004年9月发布了《新雇员发明制度程序案例研究》。不过，这些指引并不具有法律拘束力，而且还没有根据现行《日本专利法》第35条所发生的实际案例，因此，这些指引尚未在法院得到应用。尽管日本商业团体希望第35条的修改可以消除不确定性，但问题仍然存在。第35条的基本构成没有改变，因此，日本法院仍可能判决雇用协议中相关约定无效，如果法院认为由公司内部规定计算得出的报酬数额不合理，其仍可能判决公司支付根据第35条第（5）款得出的合理报酬数额。法院是否会适当地采纳经由协商得出的报酬数额标准，以此而限制再行评估报酬数额，以及法院将在多大程度上尊重经由协商得出的标准，这些仍有待观察。因此，雇主仍然面临着不满意的雇员依据旧法第35条起诉索要雇员发明报酬的风险。

为雇员提供机会而与他们的雇主就雇员发明的报酬进行谈判，这是非常重要的。综合考虑诉讼成本及其效果，也有人对于在法律中树立合理价值的观念是否具有实用性，仍然存在疑问。为增强日本的竞争力，日本企业应当学习如何与雇员订好合同而不是采用诉讼手段，因此，“合理价值”这个词应当在下次修法时予以删除。❶

（四）小结

外国企业在日本设有研发机构的，需要彻底熟悉《日本专利法》第35条的规定以及应当遵守的内部程序和规则，以便将雇员针对雇员发明提起诉讼的风险降到最低。如果忽视这些规定就可能付出很高的代价，而且这种成本也正在增加。随着日本最高法院对奥林巴斯案和日立案作出判决，全球商业化成功的发明专利可能制造出标的额高达数百万美元的雇员发明报酬的判决。当日本在这一领域日渐开放诉讼并且终身雇佣制度渐趋消失，这种诉讼案件的威胁和发生率正在上升。

这次修法之后，雇主作出合理价值判定的可预测性更明确了。这也将使雇员获得更加令其满意的劳动成果回报。因此，为了降低诉讼和支付高额报酬赔偿金的风险，公司应当根据适当的程序制定有关向雇员给付雇员发明报酬的规则，并且以公平透明的方式实行这些规则。

---

❶ Ryo Maruyama, “Employee inventions and ‘reasonable value’”, 01-02-2011.

由于合理价值这一概念仍然存在，因此，如果公司对雇员发明支付的报酬被认为不合理的，则其仍有可能被判决赔偿额外的金额。因此，公司最好时刻关注未来法院在此类案件判决上的趋势。❶

六、韩　　国

（一）背景

韩国经济在 1953 年朝鲜战争停战之后经历了急速的发展，GDP 增长了1 000倍。引起这种急速发展的原因有很多，但许多韩国经济学家认为，韩国的知识产权制度，尤其是专利制度是促进发展的一个重要因素。正如图 2-3 所示，韩国 GDP 增长与专利数增长呈现同步性。

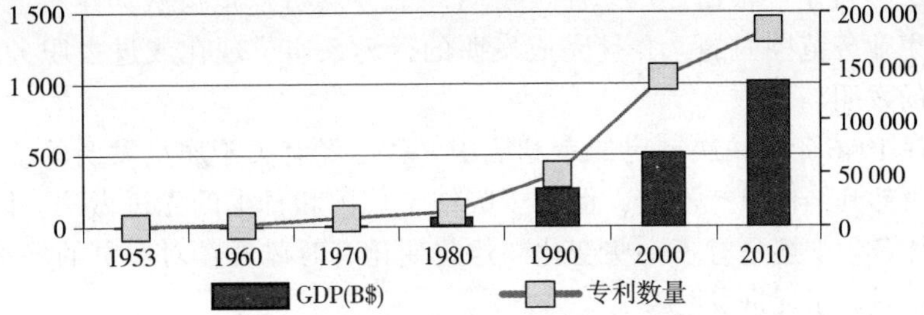

图 2-3　韩国专利申请数量与 GDP 增长关系

来源：韩国知识产权局，韩国国家统计局。

韩国的专利法是美国军事管制政府于 1946 年制定的。最初，韩国专利法将所有的知识产权都包含在内，包括专利、外观设计和商标。1961 年，韩国政府对法律进行修改，将不同类型的知识产权分别在单行法中加以规定，并且吸收了日本专利法，而日本专利法又是受德国专利法的影响。此后，韩国专利法又进行了 28 次修改，其中包括因 1981 年加入《巴黎公约》，1982 年加入《专利合作条约》，1994 年加入世界贸易组织及其《与贸易有关的知识产权协定》，以及 2012 年达成美国—韩国《自由贸易协定》而通过的相应的修正案。在此过程中，韩国实现了与其他国家在专利法上的一致性。今天，由于拥有结构良好的专利制度以及实行促进专利的政策，韩国已经成为知识产权大国之一，并且与美国、日本、中国以及欧洲专利局共同组成五大知识产权局（IP5），以实现专利法的一体化。

❶ HITOMI IWASE, NAOKO ABE. Japan: Howfirms should pay "reasonable value" to employee-inventors, Jan.2011.

（二）雇员发明的权利归属

1. 韩国雇员发明的背景

2010 年，韩国知识产权局共收到了 170 101 件专利申请，其中的 136 684件（超过 80%）是雇员发明的专利申请。[1] 在介绍韩国的雇员发明之前，有一些术语需要阐释清楚。在韩国，对于雇员发明的正式用语是"职务发明"(in-service invention)，"在职发明"(duty invention) 一词也被广泛使用，而"雇员发明"(employee invention) 则几乎不用。但为了与其他国家在比较时保持统一，在此仍然使用"雇员发明"这一用语。

《发明促进法》给出了雇员发明的定义、权利归属原则以及其他规定。这些在以前是由《专利法》规定的，但从 2006 年开始改由《发明促进法》规定。根据该法，雇员发明（职务发明）是指从其性质上看属于雇主业务范围内的，并且完成发明的行为系雇员现在或过去职务之一部分的发明。

在 1946 年第一次制定的专利法中，就已经有关于雇员发明的法律规定。虽然其结构保持不变，但由于吸纳了德国和日本的先进做法，因此，在具体条款上还是有了一些变化。这些变化有时体现在对雇员的保护上，有时则是为了促进发明。

2. 权利归属的基本机制

根据《发明促进法》，专利申请权的最初归属为发明人。此权利可以通过合同转让给公司，但只有在该发明与发明人在公司所承担的职责有关的情况下才可以。有时，这种合同只涉及给予独占性许可。因为一旦专利被授权，公司自动获得了雇员发明专利的非独占性许可。[2]

为了判定该发明是否与发明人的职责有关，发明人在完成发明之后应当首先通知公司，[3] 随后由知识产权部门负责人、劳工代表以及相关主管人员组成的委员会来裁定该发明是否为雇员发明。[4] 被判定为雇员发明的，公司可以选择对之取得专利申请权还是获得独占性实施许可。[5]

相比于公司对于雇员发明享有特权，雇员没有决定是否转让其发明的

---

[1] KIPO, *Annual IP statistics*, 2013.

[2] 《发明促进法》第 10 条第 1 款。

[3] 《发明促进法》第 12 条。

[4] 《发明促进法》第 17 条。

[5] 《发明促进法》第 15 条第 1、2 款。

选择权。为了平衡双方的利益，《发明促进法》规定了时间限制。即在雇员将其所做出的发明通知雇主后，雇主须在 4 个月内通知雇员，决定其是否继受该发明的权利。若雇主没有给予通知的，则其甚至连非独占性许可也不能获得。[1] 但在大多数情况下，雇员发明的权利是依据雇员在入职公司时所签订的综合性合同而转让给公司的。

即使发明未被认定为属于雇员发明，只要双方达成合意，也可以像雇员发明一样转让给公司。但是，如果在雇用合同中约定将包括非雇员发明在内的所有发明转让给公司，则该合同条款因违反《发明促进法》而无效。[2]

3. 合同规则

雇主和雇员之间的合同，一般适用契约自由原则。但是，订立该合同必须满足下面三个条件。第一，报酬的种类和数额必须由雇员和雇主商讨后决定。第二，最终确定的报酬种类和数额需要向所有雇员宣告。第三，雇员或其代表能够就报酬种类及数额表达自己的建议。[3]

如果雇员与雇主间未签订合同，或者合同的订立未满足以上三个条件，则雇主应该给予雇员合理的报酬，且这种报酬的数额必须基于雇主从雇员发明中取得的利益以及雇员对该发明的贡献程度而决定。[4]

4. 政府公务员做出的雇员发明

若政府公务人员做出了雇员发明，则其专利申请权必须转让给政府。中央政府公务人员的发明归中央政府，地方政府公务人员的发明归属于包括行政和教育机构在内的地方政府。由中央政府申请的专利一旦被授权，就由韩国知识产权局加以管理。[5] 管理权包括收益、处分和许可。地方政府可以自主管理归属于它的专利。

如果发明人是国立、省属或市属大学的教授，他们也属于政府雇员，则其发明的权利转让给所在大学成立的商业经营机构。[6] 这些商业经营机构取得专利后可以用来营利。

---

[1] 《发明促进法》第 13 条第 3 款。

[2] 《发明促进法》第 10 条第 3 款。

[3] 《发明促进法》第 15 条第 2 款。

[4] 《发明促进法》第 15 条第 3 款。

[5] 《发明促进法》第 10 条第 4 款。

[6] 《发明促进法》第 10 条第 2 款。

（三）雇员发明人的报酬

1. 雇员发明报酬的一般规定

如果雇员发明人将其专利申请权转让给所在公司或者授予公司独占性许可，那么，发明人有权获得合理的报酬。[1] 为落实这一条款，韩国知识产权局设计了雇员发明报酬的标准模型。[2] 这个模型反映了《发明促进法》的所有规则，但是没有包含报酬的明确数额和比例。报酬的数额和比例可根据公司的具体情况做调整。

不过，公司如果未采用该报酬制度，也不会因此受到处罚，因为该法律并没有相应的处罚条款。因此，这一制度看起来似乎并非强制适用，而只是建议采用。为了克服这种情形，韩国政府对那些采用雇员发明报酬制度来计算报酬数额的公司，在税收上进行减免优惠。这就意味着，采用雇员发明报酬制度不会给公司带来任何额外的成本。[3] 此外，发明人取得雇员发明报酬的，无须为此交纳所得税。这些税收减免政策，反映出韩国政府促进雇员发明的意愿，因为这些雇员发明体现了国家竞争力。但是，根据韩国发明促进协会的数据，韩国2010年采用雇员发明报酬制度的比例只有53.6%，这远低于日本和欧盟。[4]

另外，根据《发明促进法》，雇主只对那些在商业上取得成功的发明负有给付报酬的义务。但在实际上，许多公司对于所有提交申请并被授予专利的发明都会给予雇员报酬。

2. 固定奖金

韩国并没有关于固定奖金的强制性规定。但是，超过半数的韩国公司向做出雇员发明的雇员给付固定数额的奖金，从100美元到超过3 000美元不等。数额主要是基于发明的类型以及是否已被授予专利而定。此外，实践中并没有发生因固定奖金而引起的诉讼案件，这是因为根据《发明促进法》，雇员发明的合理报酬的数额取决于该发明所带来的收益以及发明人对发明的贡献程度。[5] 这意味着，没有收益就没有报酬，报酬由收益的多少来决定。在韩国，雇员发明的固定奖金被视作雇主为促进研究和开发以

[1] 《发明促进法》第15条第1款。
[2] 《发明促进法》第11条第2款。
[3] 《特种税处理控制法》第9、10条。
[4] International Intellectual Property Training Institute，2010.
[5] 《发明促进法》第15条第3款。

及避免雇员跳槽的管理或者运营行为。即便如此，在韩国，基于专利申请或者授权而给予固定奖金仍是雇员发明最常见的报酬形式。

3. 分红制奖金

分红制奖金与固定形式的奖金稍有不同。雇主只要盈利，就应该对做出该雇员发明的雇员给予报酬。不过，虽然有这样的规定，但由于对不履行此义务的雇主缺乏相应的处罚措施，雇员往往并不能获得合理的分红制奖金。韩国知识产权局在雇员发明报酬标准模型中，给出了分红比例的建议标准，具体如表 2-4 所示。

表 2-4　韩国雇员发明报酬标准模型

	标准	奖金
由公司实施专利	净利润小于 $10 000	利润的 30%
	净利润在 $10 000 与 $50 000 之间	利润的 20% ＋ $1 000
	净利润大于 $50 000	利润的 10% ＋ $2 000
转让或许可	收入小于 $10 000	收入的 30%
	收入在 $10 000 与 $50 000 之间	$3 000＋20%×(收入－$10 000)
	收入大于 $50 000	$11 000＋10%×(收入－$50 000)

来源：韩国知识产权局，2012。

贡献利润被定义为净利润乘以雇员发明对该产品利润的贡献比例。净利润大致是指产品总的销售收益减去运营成本。在表 2-4 中，雇员发明在产品中的贡献比例被假定为 10%～30%，但这只是一个建议。实际上，在大多数公司，雇员发明对产品的贡献比例是由雇主自主决定，而不是由有雇员参加的委员会决定。这意味着在多数情况下，分红制奖金并不能按合理方式支付，有许多雇员和雇主之间关于分红制奖金发生的争议被起诉到法院。

4. 雇员发明报酬的现实情况

表 2-5 显示的是近期 15 家韩国公司的雇员发明报酬情况。

表 2-5　韩国公司雇员发明报酬比较

单位：美元

公司名称	基于专利申请奖金	基于专利授予的奖金	基于专利实施的奖金	基于专利转让或许可的奖金
Top Engineering	100	100	—	—
Micro Inspection	250~1 000	500~2 000	贡献利润的 10%	—
TES	150~400	500~800	5 000~15 000	5%~10%
Pyungsan SI	300	300	—	—
Fotis	300	1 000	—	—
Nara Machinery	200	400＋	销售额的 0.2%	1%~10%
NeoWiz Games	500	1 000	—	10%
PhiLUX	100~200	150~250	贡献利润的 10%~20%	10%~30%
Plus Tech.	250~500	600~850	5%~15%	5%~15%
Core Optics	100~300	300~1 000	—	—
Doosan Ecobiznet	100	200~800	—	—
SejongPamatech.	50~70	100~200	—	—
Corebis	100	500	10%	—
Mami Robot	100~200	100	—	—
Real HUB	两位年度发明人每人 5 000（海外考察）			

资料来源：Well-Operative Cases about In-Service Invention，KIPO，2011-2012。

从表 2-5 中可见，韩国知识产权局在标准模型中建议的四种奖励措施都有体现。所有公司在专利的申请和授权上都采用了该报酬制度。与专利申请对应的奖金的平均数额是 250 美元，而与专利授权对应的平均奖金数额是 500 美元。几乎一半的公司既有分红制奖金也有固定奖金。雇员在其发明被实施、许可他人实施或者出售之后，还可以获得一定数额的报酬。对于被实施的发明专利，其对应的报酬取决于雇员与雇主之间订立的合同。一些公司基于销售额设置奖金，有的是基于贡献利润，另外一些则设置了固定形式的奖金。此外，不同公司的奖金比例也不一样。由于缺少针对专利实施或许可的统一报酬体系，雇员和雇主间也经常会为此产生冲突，有时还会起诉至法院。

5. 政府公务员的报酬

政府公务员的雇员发明被授予专利时，他们通常可以得到 500 美元的奖励。与私人公司相比，其获得的报酬相对较少，因为政府公务员无法获得对应于专利申请的奖金。此外，由于政府通常不会实施专利，因此，基于专利实施的奖金也就无从谈起。然而，当专利被转让或者许可给民营企业实施时，发明专利的公务员可以从销售收入中获得报酬。❶

(四) 有关雇员发明报酬的诉讼案件

以下三起关于雇员发明的诉讼案件，都是最近发生的典型案例，它们均由最高法院判决。

【案例 1】2009DA75178 号案（2011 年 7 月 28 日）。

这一案件中有两个主要的争点：在计算雇员发明报酬的过程中对利润大小的界定，以及对报酬的计算。因为这一案例几乎涉及雇员发明相关的所有争议，故可称之为综合性案例。

（1）报酬计算过程中对利润大小的界定。

《发明促进法》第 15 条第 3 款指出，要判定一项雇员发明对应的合理报酬，须考虑两方面的因素：一是公司从中获得的利润，二是发明人对雇员发明的贡献比例。而且，既然《发明促进法》第 10 条第 1 款规定公司可以取得雇员发明的非独占性许可，因此，在确定公司的利润时，就要算其高于从非独占性许可所获取的那些利润。最高法院阐明，在计算雇员发明报酬时，公司所获利润是指当公司获得独占性实施发明许可的情况下所获得的收益。最高法院还指出，公司所获利润应包括因其他公司不能实施该专利而获得的潜在收益。

这个判决可以被解释为，当雇员发明没有给公司带来利润时，公司不必向雇员支付报酬。进而，如果雇员发明的专利失效，雇主也不必支付报酬给雇员。

（2）报酬的计算。

最高法院指出，雇员发明的报酬可以通过下列等式计算：

奖金＝总销售额×假定的许可率×假定的专利对独占市场份额的贡献比率×所有发明人对发明的贡献比率×原告在所有发明人中的贡献比率

在这个等式中，“总销售额×假定的许可率”是指公司从被授予专利

❶ 《公务员职务发明转让、管理与报酬条例》第 16、17 条。

的发明中获取的净利润。总销售额应该包括未来直到该专利到期时产品的销售额。许可率可以通过该专利所属产业的平均许可率推定。若一项雇员发明许可给其他公司实施的，则“总销售额×假定的许可率×假定的专利对独占市场份额的贡献比率”可以替换为许可使用费。

公司的净利润乘以“假定的专利对独占市场份额的贡献比率”，是为了评估所授予专利的效益。若该专利对于排挤竞争对手是必需的或有效的，那么这个指标会非常高（接近于1）。但是，若该专利是次要的或并非必需的，则这个指标会很低，有时甚至为0。因此，“假定的专利对独占市场份额的贡献比率”这一指标代表了当公司在实施该发明时因处于独占地位从而获取的利润以及由于其他公司不能实施该发明而带来的潜在收益。

第四个指标“所有发明人对发明的贡献比率”表示发明人对该项专利发明的贡献程度。这一指标可以根据公司为此发明所投入的资金或其他相关成本得出，其数值往往在3%～30%。最后一个指标“原告在所有发明人中的贡献比率”反映的是针对该项专利发明，原告发明人在所有发明人中的重要程度。

在本案中，法院将上述各个指标代入实际数值，计算如下：

总销售额：75 714 826 美元
假定许可率：3%
假定的专利对独占市场份额的贡献比率：1/4
5 个发明人对发明的贡献比率：10%
原告在 5 个发明人中的贡献比率：30%
奖金：75 714 826×0. 03×0. 25×0. 1×0. 3＝17 035（美元）

本案确定这些指标值究竟是否合理，可以对比在其他类似案件的判决中对上述因素的考虑。

表 2-6　韩国法院雇员发明判例比较

案例	假定许可率	假定的专利对独占市场份额的贡献比率	发明人对发明的贡献比率	原告在所有发明人中的贡献比率	奖金/美元	备注
2002GA3727	—	—	5%	30%（8 人）	300 000	许可
2003NA52410	—	—	10%	30%（5 人）	176 000	许可
2003GA4567	3%～4%	100%	5%	100%（单独）	15 000	—

续表

案例	假定许可率	假定的专利对独占市场份额的贡献比率	发明人对发明的贡献比率	原告在所有发明人中的贡献比率	奖金/美元	备注
2004GA91538	3%	20%	30%	33%（5 位原告中的 2 位）	34 800	—
2004GA22	5%	50%	15%	100%（单独）	22 130	—
2005GA12452	—	—	20%	30%（6 人）	102 000	基于运营利润
2007NA15716	—	—	30%	100%（单独）	664 400	标准专利
2007GA101887	5%	50%	20%	70%（2 人）	8 890	—
2009NA26840	5%	50%	15%	50%（2 人）	4 760	—
2009GA2746	0. 9%	60%	10%	30%（ 4 人）	84 000	—
2009DA75178	3%	25%	10%	30%（5 人）	17 035	—
2009DA75178	3%	33%	10%	20%（9 人）	20 500	—
2010NA72955	3%	33%	15%	60%（4 人）	52 000	—

资料来源：金俊昊，《雇员发明导论》，2012 年 9 月。

此外，在韩国，关于在计算雇员报酬过程中判定公司所获得利润的问题，有两种学说。第一种学说认为，利润是指总销售收入扣除生产和运营费用后得到的营业利润。另一种学说则认为，利润是指独占实施该专利所获得的利润。前一种学说在韩国知识产权局所制定的雇员发明报酬标准模型中有所体现。而韩国的初审法院则一贯支持后一种学说。本案判决则显示，最高法院也支持后一种学说。显然，无论是本案提出的等式还是韩国知识产权局推荐的模型，都不是强制性的。在计算报酬时，雇主和雇员之间签订的合同具有优先效力，但如果产生争议，上述两种学说都可以作为参考。

【案例 2】2009DA91507 号案（2011 年 9 月 8 日）。

本案争议焦点是公司通过雇员发明所获利润的范围。最高法院认为，利润是指雇员发明本身的收益，而非生产运营后的利润。换言之，若通过实施一项专利从而生产出产品并获得收入，那么，无论制造或运营的成本有多大，利润都是存在的。

在本案判决中，最高法院还指出，即使一项专利没有被实施，但只要公司通过禁止他人实施其雇员发明来生产可以代替自己产品的产品，从而获得了利益，那么就存在利润。因此，如果公司通过禁止他人实施其雇员发明生产产品而使得自己的营业收入增加，公司就应当就该雇员发明向发明人支付报酬。

【案例3】2010DA26769号案（2010年11月11日）。

本案涉及雇员发明被转让的情况下如何计算报酬。最高法院在判决中指出，如果一个公司转让了雇员发明，那么报酬应当基于转让专利所获得的总销售收入，包括发明的售价。专利转让后受让人获得的销售收入则不包括在总销售收入中，因为专利转让人并没有从中获得营业利润，并且专利受让人所获得的销售收入受偶然因素影响。

然而，这一判决也带来了争议。最关键的是，专利的售价并不能有效地反映出潜在收益。专利的潜在收益可能高于售价，也可能比售价低（大多数情况下比售价低），因此，基于转让时产生的总销售收入（包括专利的售价）的报酬也许并不合理，违背了《发明促进法》的宗旨。总销售收入可以通过参考专利受让人的销售收入加以修正。

七、结　　论

目前许多国家都存在关于雇员发明问题的制定法或普通法，但是，各国之间就雇员发明的权利归属和激励方式如何建立适当的模式，仍然缺乏共识。

中国国家知识产权局（SIPO）与美国专利商标局（USPTO）、欧洲专利局（EPO）、日本特许厅（JPO）、韩国知识产权局（KIPO）被称为世界五大专利局（IP5），而德国又是欧洲国家中专利最强的国家，因此，本章将以上五个国家作为考察对象，可以说把世界上最先进的专利制度，以及世界上绝大多数专利都纳入了考察范围。但是，仅仅从以上对中国、德国、美国、日本、韩国五国的专题考察来看，可以看到它们在雇员发明制度的规则与实践层面上都存在巨大差异。表2-7从雇员发明的权利归属、激励措施两个方面，简明地总结了上述五个国家的主要特点。

表 2-7　中、德、美、日、韩雇员发明制度基本比较

国家	权利归属	激励措施
中国	雇主自始获得雇员发明的权利，但某些情况下雇员可以通过合同约定取得权利	法律强制性规定。若获得专利授权，给予奖金；若实施专利，则支付报酬
德国	雇主可以在 4 个月内主张享有雇员发明的专利权利	法律强制性规定。根据法律规定的计算公式确定报酬数额
美国	雇主通过合同约定取得雇员发明的权利。可以基于默示合同	——
日本	雇主可通过合同、内部管理规则或其他规定主张雇员发明的权利归属	法律强制性规定。通过合同约定报酬的计算
韩国	雇主通过合同主张雇员发明的权利归属	法律强制性规定。通过政府规定的计算方式确定报酬，但不具强制效力

我们可以把雇员发明制度归纳为几种模式：契约自由式（美国）、企业福利式（德国）、政府管制式（以中国为代表）、政府倡导式（日本、韩国）。具体如下：

美国是世界上拥有专利数量最多的国家，其专利制度运营也最为成功。但是，美国在雇员发明制度上却是最简单的，甚至找不到太多的样本和案例。因为它主要通过企业与雇员的雇用合同来解决问题，即使没有明文合同，一旦发生纠纷，法院也往往通过默示合同就能处理争议。但是这种模式往往要求有完备的市场经济机制作为保障。

德国是发达国家中对雇员发明制度设计得最为完备的国家，在雇员发明报告、雇员报酬计算等方面可谓用心良苦。这在很大程度上体现了德国经济模式，即政府需照顾到企业、雇员的福利，达到两者利益的平衡。而且，在计算报酬时需要强大的产业数据作为支撑。

韩国在专利与产业上的成功，往往成为后起国家的典范。其在雇员发明制度上的设计可谓结合了美国和德国的特色，既强调在权利归属和报酬计算上的合同优先，也通过政府部门发布具体指引，帮助企业与雇员发明人确定合理的利益分配方式。

日本在雇员发明制度上面临着调整的困难。这与日本发展模式与企业文化密切相关，因此，随着原有的终身雇用制度消解，雇员发明人必然对

企业提出利益诉求，而近年来以中村案、奥林巴斯等为代表的雇员发明人求偿报酬案件，使得日本法律界与企业界需要重新考虑如何改革其专利法的相关制度。

对照上述国家，中国的专利制度在很大程度上移自德国法，但是在雇员发明制度上却与德国差异甚大。这在很大程度上是由于专利制度建立之初受到计划经济的影响，因此，形成了比较明显的政府管制模式。在权利归属上，强调雇员发明的权利归于雇主单位，而在报酬分配上采用固定奖金方式为主，在按比例计算报酬时又面临基础数据查询或获取的困难。国家知识产权局于 2012 年底公布了《职务发明条例草案（征求意见稿）》，在第 3 章“发明的报告与申请知识产权”中，大量“借鉴了德国的发明申报制度，并结合我国国情，创造性地规定了发明的报告制度”。[1] 这或许有利于我国的雇员发明制度的完善。德国模式有其先进性，同时也应当从其他国家汲取经验，改变我们目前的政府管制模式。另外还需要注意的是，制度的设计需要考虑到各国经济发展水平与企业文化，并且关键是在实践中的执行。

---

[1] 国家知识产权局. 关于《职务发明条例草案（征求意见稿）》的说明 [EB/OL]. [2014-10-14]. http://www.sipo.gov.cn/tz/gz/201211/t20121112_769843.html.

第 3 章

我国专利资助政策对中小企业创新的影响*

> 纯粹的市场经济假定：第一，作为实施强力和强制的社会机构，政府的目的乃在于维续市场制度的运行；第二，政府不得妨碍市场发挥正常作用；第三，政府还必须保护市场制度以使它免遭其他人的侵犯。❶
>
> ——［奥］路德维希·冯·米塞斯

一、引言

自1978年改革开放以来，中国经济以持续30多年的高速增长，已成为世界第二大经济体，其中，中小企业发挥了重要作用。根据我国国家统计局的数据，截至2011年，中国登记注册的中小型工业企业达316 642家，这些中小型工业企业占国内工业企业数量的97.2%，创造了58.4%的国内工业生产总值。❷ 在创新方面，中小企业❸的发明专利申请数量占发明专利申请总量的65%，此外，中小企业还贡献了80%的新产品开发。在全国的高科技工业园中，中小企业的比例超过了70%。❹

---

* 本章为英文论文 Government-Backed Patent Funds in China: Their Roles as Policy Tools to Promote Innovation by SMEs[J].Asia-Pacific Tech Monitor, 2013(10-11):24-30，合作作者为屠煜丽、王殊桐。中文版由屠煜丽翻译，收入本书时略有调整。

❶ LUDWIG VON MISES. Human Acton: A Treatise on Economics [M]. Yale University Press, 1949: 239. 转引自：哈耶克．法律、立法与自由［M］．邓正来，张守东，李静冰，译．北京：中国大百科全书出版社，2000（第15章）．

❷ 见《中国统计年鉴2012》第501页。

❸ 以下“中小型企业”或“中小企业”均指“中小型工业企业”。

❹ “十二五”中小企业成长规划［EB/OL］．［2015-03-19］．www.miit.gov.cn/n11293472/n11293832/n11293907/n11368223/14178245.html.

但是，中小企业由于规模较小，可支配的资源少，研发能力较弱，从而导致其专利申请的数量虽多，而授权率却较低，并且大部分专利类型为实用新型和外观设计专利，具有核心竞争力的发明专利的比率有待提高。

鉴于中小企业对于技术创新的重要性，中央和地方政府出台了一系列支持政策，其中之一就是专利资助政策。从中央层面的国家知识产权战略到较低层级的企业知识产权战略，专利都被视为一项保护和促进创新的工具。虽然到目前为止，没有明确的证据表明政府专利资助政策与中小型企业创新能力提高之间有直接关系，但我们仍可以从中小企业专利申请和授权情况以及企业的研发投入的角度，考察它们之间的关系。本章从整体介绍与个案分析两条途径，分析我国专利资助政策（以北京、上海为例）的利弊。在实证分析的基础上，我们也提出相应的政策建议。

二、中国政府的专利政策

（一）国家知识产权战略

2008年6月5日，国务院颁布《国家知识产权战略纲要》（国发〔2008〕18号），将知识产权战略作为我国经济社会发展的一项基本战略。

《国家知识产权战略纲要》将“推动企业成为知识产权创造和运用的主体”作为战略重点之一，并在战略措施中提出：“建立以企业为主体、市场为导向、产学研相结合的自主知识产权创造体系。支持企业通过原始创新、集成创新和引进消化吸收再创新，形成自主知识产权，提高把创新成果转变为知识产权的能力。支持企业等市场主体在境外取得知识产权。引导企业改进竞争模式，加强技术创新，提高产品质量和服务质量，支持企业打造知名品牌。”

为实现以企业为主体建设创新型国家的战略目标，我国中央和地方政府都颁布了一系列政策措施，希望通过对中小企业专利申请、审查、维护的资助来支持中小企业取得更多高质量专利。

（二）政府的专利资助政策

目前，我国政府的专利资助政策主要有两种模式：第一种是在我国专利制度建立之初就已经实施的普遍优惠政策，即任何缴纳专利费用确有困难的专利申请人或者专利权人可以在缴纳专利费用之前向国家知识产权局申请减缴或缓缴专利费用。根据国家知识产权局的专利收费标准，个人和企业的专利费用可享受 70% ~85% 不同程度的减免。[1] 经济困难的中小企业在专利申请时可从这一政策中获得帮助。

第二种是近年来我国一些地方政府出台的专利费用无偿资助政策（以下简称“专利资助政策”）。地方政府用地方性财政以现金返还的方式无偿资助该区域内的专利申请人，或者补助专利权人用于申请或维持专利的费用。[2] 1999 年，上海首开地方政府资助专利申请的先河，颁布了《上海市专利资助办法》。之后，多个省份和直辖市根据本地区的技术发展水平和经济实力，陆续出台各自的专利资助政策。不同地方的专利资助政策各有区别，下面以上海和北京为例，介绍其专利资助政策。

在专利国际申请方面，为支持国内申请人积极向国外申请专利，保护自主创新成果，中央财政从 2009 年起设立国外申请专利专项资金。该政策的主要目的是帮助国内中小企业通过《专利合作条约》（PCT）和《保护工业产权巴黎公约》向国外提出专利申请。此类举措弥补了国内企业向国外申请专利时在资金方面的劣势，提高了我国企业的 PCT 专利申请数量，对于促进中小企业创新发展也具有重要的推动作用。

（三）地方政府专利资助政策：以上海、北京为例

目前政府对专利的资助主要是靠各地政府的地方财政支持。由于缺乏全国范围的数据，我们选取上海和北京为例，具体分析两地的专利资助政策。

1. 资助对象及资助范围

根据上海市专利资助政策[3]的规定，在上海注册登记的企业、事业单位、机关和社会团体以及具有本市户籍或居住证的个人都可申请，所有资助申请人享受同样的资助标准。资助范围包括国内发明专利、实用新型专利、外观设计专利申请、港澳台地区专利申请以及国外专利申请，并且重点支持发明专利与战略性新兴产业专利。

北京市的专利资助政策[4]除了规定资助对象为本市单位和个人，还将其划分为北京市专利试点单位、北京市专利示范单位、其他单位和个人，以适

---

[1] ［EB/OL］．［2015 - 03 - 19］．http://www.sipo.gov.cn/zlsqzn/sqq/zlfy/200905/t20090515_460473.html.

[2] 一般把第一种称为“专利补助政策”，第二种简称为“专利资助政策”，这里把这两者统称为专利资助政策。

[3] 《上海市专利资助资金管理办法》（沪财教［2012］106 号）。

[4] 北京市财政厅和北京市知识产权局，［2006］3101 号文。

用不同的资助标准。此外，下列项目申请专利可获得优先资助：（一）列入本市重点发展计划以及重点发展领域的项目；（二）高新技术、技术改造项目；（三）北京市专利试点单位、示范单位的项目；（四）发明专利。

2. 国内申请的资助标准

上海市专利资助政策属于“实报实销型”，根据发明、实用新型、外观设计三类专利确立不同的资助比例，而不区分资助申请人。❶ 北京市专利资助政策属于“类别定额资助型”，在区分三类专利的资助标准的同时，还对不同申请人做了区分，以适用不同的资助标准。❷ 两地专利资助标准的具体规定及其区分见表3-1。

另外，为鼓励企业申请专利，北京市规定单位申请人当年发明专利申请量达到100件以上的，从第101件申请起，对当年申请的发明专利每件再资助1 000元；对当年授权的发明专利每项再资助1 500元。

表3-1 上海和北京的专利资助标准（国内专利申请）

		发明专利申请	实用新型专利申请	外观设计专利申请
上海市	全部专利资助申请人	（1）申请费（包括申请费、申请附加费、公布印刷费和优先权要求费），在专利申请受理后按实际缴纳金额的80%资助；（2）实质审查费、授权费（包括专利登记费、公告印刷费和授权当年年费），在授权后按实际缴纳的金额资助；（3）授权后第二年、第三年的年费，按实际缴纳金额的80%资助；（4）专利代理费，2012年7月1日以后申请的在授权后按每项不超过人民币2 000元资助	申请费（包括申请费、申请附加费和优先权要求费）和授权费（包括专利登记费、公告印刷费和授权当年年费）在授权后，按实际缴纳金额的50%资助	申请费（包括申请费、申请附加费和优先权要求费）和授权费（包括专利登记费、公告印刷费和授权当年年费）在授权后，按实际缴纳金额的60%资助

❶ 全文见上海市知识产权局网站。[EB/OL].[2015-03-19].www.sipa.gov.cn/gb/zscq/node3/node34/userobject1ai9492.html.

❷ 全文见北京市知识产权局网站。[EB/OL].[2015-03-19].www.bjipo.gov.cn/zcfg/zcwj/201106/t20110614_18077.html.

续表

		发明专利申请	实用新型专利申请	外观设计专利申请
北京市	北京市专利示范单位	最高资助标准为 5 000 元，其中申请费 950 元，实质审查费 2 500 元。实际支出未达到上述金额，按实际支出资助；其余部分用于对年费、登记费、维持费、印花税等费用的资助。附加费（说明书附加费和权利要求书附加费）按实际支出资助	最高资助标准为 500 元。实际支出未达到上述金额，按实际支出资助	最高资助标准为 500 元。实际支出未达到上述金额，按实际支出资助
	北京市专利试点单位	最高资助标准为申请费 950 元，实质审查费 2 500 元。实际支出未达到上述金额的，按实际支出资助。发明专利申请的附加费（说明书附加费和权利要求附加费），按实际支出金额资助	最高资助标准为 500 元。实际支出未达到上述金额，按实际支出资助	最高资助标准为 500 元。实际支出未达到上述金额，按实际支出资助
	其他单位和个人	最高资助标准为申请费 950 元，实质审查费 1 200 元。实际支出未达到上述金额，按实际支出资助。发明专利申请的附加费（说明书附加费和权利要求附加费），按实际支出金额的半数资助	最高资助标准为 150 元。实际支出不足上述金额，按实际支出资助	最高资助标准为 150 元。实际支出不足上述金额，按实际支出资助

3. 向国外申请专利的资助标准

上海市对于申请国外专利资助的规定是：每项发明专利资助不超过在 5 个国家的专利申请，每个国家资助金额不超过 3 万元；每项外观设计专利资助不超过 3 个国家，每个国家资助金额不超过3 000元。并且，同一个资助申请人每年度获得的国外专利资助总额不超过 100 万元。

北京市的资助政策是，申请人通过 PCT 途径向外国申请专利的，在国际阶段申请资助 1 万元/项，国家阶段资助 1 万元/国/项；通过其他途径向外国申请专利的，资助 2 万元/国/项。对于向国外申请专利的，该规定未对三类专利设立不同的资助标准。但是，一项专利最多可以获得资助向五个国家申请的部分费用，每个单位每年最多获得国外专利申请资助 50 万元。另外，当单位申请人年度内向外国申请专利 10 项以上，对其年度内获得授权的发明专利，每项再资助 1 万元。

三、政府专利资助政策的作用

(一) 中国专利申请和专利授权数量持续增加

根据世界知识产权组织（WIPO）的统计数据，美国、中国、日本、韩国、德国是世界专利申请数量排名前五的国家。图 3-1 为这五个国家从 1997~2011 年在世界范围内的专利申请数量走势图。

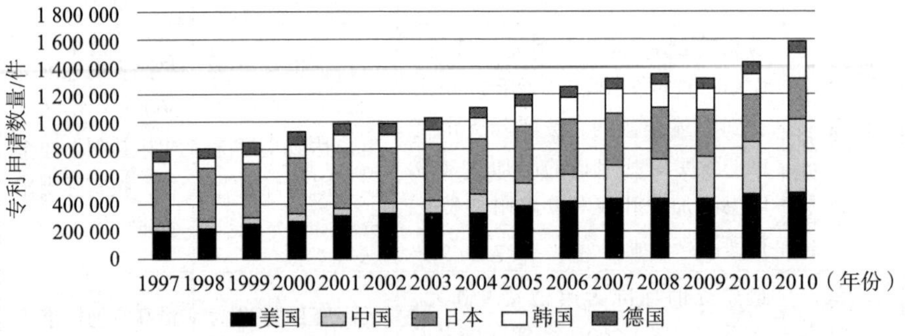

图 3-1　五国的专利申请数量统计

资料来源：世界知识产权组织数据库。

注：图表中的专利申请数目包括直接国内（/地区）申请和通过《专利合作条约》(PCT) 申请的国家阶段申请，仅统计发明专利的申请数量。

世界知识产权组织在 2012 年的报告中指出，“2011 年，中国国家知识产权局收到的专利申请数达到526 412件，赶超美国、日本，而 2011 年的全球的专利申请量增长了 7.8%，达到 200 万件。这是第二年再次达到增长率超过7%，在很大程度上归功于中国的高速增长。在 2009 年至 2011 年间，中国的增长占到全球专利申请增长的 72%，而美国只占了 16%”。[1] 图 3-1 所统计的专利申请数量，仅限于中国国家知识产权局接收的发明专利申请。另外，如图 3-2 所示，中国的专利质量还有很大的提升空间。根据 WIPO 的报告，2011 年获得授权的约 100 万件专利中，日本的授权比例最高；而美国拥有全世界最多的有效专利，共 210 万件（全球的有效专利总数约 790 万件）。

图 3-2 显示的是我国专利申请的状况。由于专利申请具有地域性特

---

[1] [EB/OL].(2012-12-15)[2015-03-19].http://www. economist. com/news/economic-and-financial-indicators/21568402-patent-applications.

点，我国的专利申请以国内申请为主。其中，工业企业的专利申请占了很大比重，从中也可以看出，工业企业是我国科学技术创新的主力军。不过，图中显示的“工业企业专利授权比”在 55% 上下浮动，这一指标也反映出我国工业企业的专利质量还有待提高。

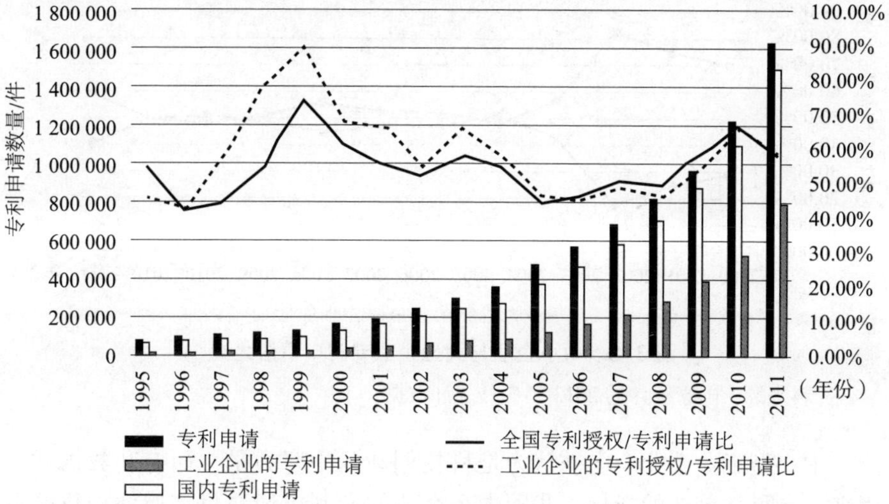

图 3-2　中国专利申请状况

资料来源：中国国家统计局 2012 年 7 月统计数据。

注：中国专利包括发明专利、实用新型、外观设计三类专利。

1995~2001 年我国专利申请数量保持稳步增长，同时，从 2002 年开始，我国专利申请急剧增加。我国工业企业专利申请占全国专利申请的比例从 14. 28%（1995 年）上升到 48. 94%（2011 年）。2011 年，国家知识产权局共授权960 513件专利申请（包括三类专利），其中474 787件专利来自工业企业，占 49. 4%，接近一半。由此也可以看出工业企业是我国科学技术进行创新的主力军。工业企业的专利授权比例在 55% 上下浮动，高于全国的平均专利授权比例，仅在 2006 年到 2010 年间，工业企业的专利授权比例低于全国平均授权比例。这也并不排除由专利资助政策而引起“垃圾专利”泛滥导致专利质量下降的可能性。当然，工业企业的专利授权比例在 2011 年有所回升，已升至平均水平之上。

(二) 对我国中小企业专利状况的影响

1. 中小企业与大型企业的专利状况对比

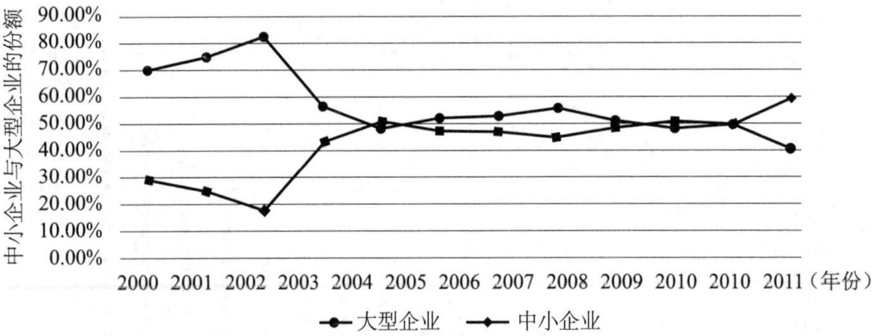

图 3-3 中小企业与大型企业专利申请量之比

资料来源：国家统计局 2012 年 7 月统计数据。

中小型工业企业一向被认为是科技创新的中坚力量，而专利数据常被用来衡量科技创新的指标。我国中小企业的专利申请数目和境外授权的有效发明专利数量如表 3-2 所示。专利申请量是衡量企业进行技术创新的有效指标，而有效的发明专利在一定程度上反映企业专利质量的优劣。图 3-3 表明，在过去十多年，中国中小企业的专利申请数量大幅上升，在我国专利申请数量中占据重要地位。比较 2000~2011 年大型企业和中小型企业的专利申请情况可知，来自中小型企业的专利申请逐渐高于大型企业的申请量。2004 年之前，中小企业的专利数量远低于大型企业的申请量，但在此之后，两者之间的比例接近。2004~2009 年，中小型企业的专利申请数量虽然仍然低于大型企业，但两者之间的差距已经不大。在 2009 年之后，中小型企业的专利申请数量就开始超过大型企业的申请量。2011 年，中小企业的专利申请占全国工业企业专利申请数量的 58. 80%，大型企业占 41. 2%。如果对照两者在 2000 年的数据，中小企业与大型企业在当年的专利申请数量分别占比 29. 48%与 70. 52%。两相对比，在这十年时间，中小企业在专利申请量上实现猛增。可以相信，在未来数年里，中小企业的专利申请还会保持强劲的增长势头。

从表 3-2 看出，工业企业的有效发明专利数量保持稳定增长。2011 年，中小企业的有效发明专利超过了大型企业，但是，2009~2011 年中小型工业企业获得境外授权的有效发明专利数量，占我国工业企业的境外获得授权的有效发明专利的比例只是分别占到 22. 10%、25. 57%和 22. 15%，中小企业境外获得授权的有效发明专利数量远低于大型企业的数量，并且在最近这三年内进展并不明显。这主要是因为，境外专利申请需要高额费用，而专利申请程序更为烦琐，专利审查也可能比国内审查要严格。大型企业的境外有效发明专利数量则在逐年攀升，每年获得专利授权的绝对值增幅都较大，这显示不少大型企业已走出国门，加入激烈的全球化竞争中。2013年8月中国国家知识产权局出台了关于资助向国外申请专利专项资金的实施细则，规定优先资助中小企业向国外申请专利从而提供专项资金，这对中小企业的境外专利申请无疑是个好消息。一些地方政府（如北京、上海）也提供了类似的资助来鼓励国外专利申请，中小企业可优先获得这类资助。

表3-2 中小企业的专利申请数量及其持有的国外有效发明专利数量

年份	中小企业专利申请数量	中小企业专利申请在整个工业企业专利申请所占的比量	中小企业持有的国外有效发明专利数量	中小企业持有的国外有效发明专利在整个工业企业持有的国外有效发明专利所占比例
2005	26 328	47.63%	—	—
2006	32 404	46.96%	—	—
2007	43 010	44.85%	—	—
2008	59 517	48.75%	—	—
2009	85 575	51.32%	37 100	45.47%
2010	99 733	50.14%	49 529	43.80%
2011	227 014	58.80%	102 786	51.11%

数据来源：《工业企业科学技术活动统计年鉴》2006~2012年。

需要特别提出的是，中国工业企业的专利申请数量一直处于高速增长阶段，而随着2011年中小企业划分的新标准出台，中小企业的范围可能缩小。新旧标准的具体规定如下。

旧标准是《中小企业标准暂行规定》（2003年）[1] 第4条的规定：

> 四、中小企业标准为
>
> 工业，中小型企业须符合以下条件：职工人数2 000人以下，或销售额30 000万元以下，或资产总额为40 000万元以下。其中，中型企业须同时满足职工人数300人及以上，销售额3 000万元及以上，

[1] 《中小企业标准暂行规定》（国经贸中小企〔2003〕143号），2003年2月19日生效。

资产总额4 000万元及以上；其余为小型企业。

新标准是《中小企业划型标准规定》（2011年）[1] 第4条的规定：

四、各行业划型标准为：

……

（二）工业。从业人员1 000人以下或营业收入40 000万元以下的为中小微型企业。其中，从业人员300人及以上，且营业收入2 000万元及以上的为中型企业；从业人员20人及以上，且营业收入300万元及以上的为小型企业；从业人员20人以下或营业收入300万元以下的为微型企业。

由于新标准降低了认定为中小型企业的最高数额（从业人员或营业收入），就使得原先被认为属于中小企业的企业不再列入，从而导致中小企业数量减少。然而，中小企业的专利申请数量并未减少，反而有所增加。这一方面是由于我国中小企业研发能力在提高，另一方面可以看出我国中小企业越来越重视专利申请。

2. 中小企业的研发（R&D）投入

中小企业的专利申请持续增长离不开企业对研发的投入。表3-3反映了2009~2011年间我国中小型工业企业的研发投入情况。

表3-3　中国中小企业R&D概况

年份	中小型企业数(家)	中小型工业企业有R&D活动的企业数(家)	中小型工业企业R&D研究人员（人）	中小型工业企业R&D经费总支出(万元)	中小型工业企业主营业务收入（亿元）	中小型企业R&D经费总支出/主营业务收入
2009	434 400	10 437	248 659	35 242 668	153 640. 2	2. 29%
2010	452 900	10 683	250 687	39 558 568	199 916. 1	1. 98%
2011	325 600	33 025	370 444	55 502 547	485 061. 7	1. 14%

数据来源：《工业企业科学技术活动统计年鉴》2010~2012年；《中国工业经济统计年鉴》2010~2012年。

如表3-3所示，由于国家出台“中小企业”新的划分标准，中小企业

[1] 《中小企业划型标准规定》（工信部联企业〔2011〕300号），2011年6月18日生效。

数目在 2011 年发生锐减，由 2010 年度的 45 万余家减少至 32 万余家。然而，2011 年统计显示，中小企业的研发人员以及研发投入不降反增，相比较 2010 年的数量分别增长 47. 78%、40. 30%。

虽然在绝对值上，中小企业的 R&D 研究人员和 R&D 经费总支出都有大幅增加，但采用“中小型企业 R&D 经费总支出/主营业务收入”这一指标来衡量中小企业对研发投入的力度，可以看到，2009～2010 年，R&D 投入比不增反降，从 2. 29%（2009 年）降到了 1. 14%（2011 年），这一数值远低于发达国家的水平。这一点应当引起国家相关部门与中小企业的重视。创新是一个企业得以发展的最根本要素，企业必须加大 R&D 投入，积极创新。

3. 钻政策空子：专利资助成为专利申请的动机

政府的专利资助政策促进了个人和企业的创新热情，使得我国与向境外提交的专利申请数量越来越多。但是，也有一些企业钻政策的空子，把获得专利资助作为其申请专利的主要动机，甚至为获得政府的专利资助而采取欺骗行为。上海思迪企业管理咨询有限公司与上海市知识产权局要求履行法定职责纠纷案[1]就是典型的一起案件。

2004 年 9 月 16 日，上海思迪企业管理咨询有限公司（以下简称“思迪公司”）经上海市知识产权局（以下简称“市知产局”）审批，取得“上海市培育专利试点企业”资格。根据市知产局有关规定，培育专利试点企业申请外观设计专利的，每件可获专利专项资助费人民币 500 元。2005 年 7 月，思迪公司向市知产局提出其在 2005 年 5～6 月申请的1 218件外观设计专利的专项资助费用申请。市知产局经过调查后发现，思迪公司仅以专利申请人的身份申请专利资助，实际上专利所有人为其他公司。市知产局为此撤销其培育专利试点企业资格，对其专利专项资助申请不予办理。思迪公司遂向法律起诉，要求市知产局履行其职责。一审、二审法院均认为，思迪公司对于不属企业自主研发的专利，而以自己的名义作为专利申请人申请专利，该行为应属于背离专利专项资助目的的弄虚作假行为，不能申请获得专利专项资助费。

四、专利政策的利与弊

（一）促进创新

正如上述数据显示，近年来中国专利申请数量持续增加。自 1985 年

[1] 北大法宝，【法宝引证码】CLI. C. 127394。

《专利法》实施以来，我国用了15年时间达到第一个10万件专利申请，又依次用了4年和2年获得第二个、第三个10万件专利申请。2012年，中国专利申请总量达526 412件，居世界第一。政府的专利资助政策无疑对我国专利申请数量的增长起到了重要作用。

一方面，政府的专利政策降低了企业的申请成本和申请风险，有效地促进了专利数量的提升，也进一步推动了专利制度的应用，提供了市场激励，促进创新技术的普及。另一方面，通过优先资助重点发展领域，专利政策帮助优化企业在整体上的专利结构，将技术创新力量集中在战略性的重点领域。

（二）阻碍创新

应当看到，政府的专利资助政策也可能对创新活动带来消极作用。上述思迪公司诉上海市知产局案仅仅是其中一例，还有许多披露或未披露的类似情形。有些案件甚至到了匪夷所思的程度。例如，下面介绍的吴中倬诈骗案❶即为著例。2002年6月开始，被告人吴中倬为牟取非法利益，从国家知识产权局的网站上大量抄袭他人的专利文献，稍作改动（如改变专利名称、增加或删除部分独立权利要求等）重新申请专利。吴中倬用上述方法累计向国家知识产权局申报了206件虚假专利，骗取上海市知识产权局专利资助费共计20.6万元。最后，吴中倬被以诈骗罪起诉，法院判处其有期徒刑7年，并处罚款1万元，赃款予以追缴，发还被害单位。

虽然如此明目张胆的抄袭和欺诈尚属个案，但也暴露出政府专利资助政策的弊病。首先，专利助政策对专利质量不加以控制，从而可能导致更多“垃圾专利”的产生。根据中国的专利制度，初步审查（或称形式审查）被广泛适用，只有对发明专利申请才进行实质审查，而实用新型和外观设计专利并不需要进行实质审查。事实上，后两类专利在全国专利申请数量中占有很大比例。初步审查/形式审查虽然节省了审查成本、提高了审查速度，但它也可能降低专利质量，对差别甚微的专利重复授权。然而，现行的专利政策忽略了这些审查制度的缺陷、无视专利质量，长此以往，将把专利申请人带入“数字陷阱”；盲目追求专利申请数字的增长，将不可避免地产生大量的“垃圾专利”。❷

其次，由于专利资助的申请和审查程序过于简单，而资助数额较高，这就可能扭曲专利申请人的创新初衷，从而可能诱发投机者将专利资助作

❶ 北大法宝，【法宝引证码】CLI. C. 49907。

❷ MARK LIANG. Chinese Patent Quality: Running the Numbers and Possible Remedies [J]. J. Marshall Rev. Intell. Prop. L., 2012(11): 478.

为生财之道。此外，专利资助政策还可能阻碍公共资源的有效分配，产生巨大的浪费，也会阻碍技术创新。

五、对政府专利政策的建议

中国政府试图将专利资助政策介入科技领域，从而建立起一套激励机制。这类政策对于专利申请、企业研发投入都有积极作用。但是，这类政策背后的制度缺陷也是显而易见的。第一，地方知识产权局并不关心专利的具体情况，只是要求申请人准备好符合要求的文件（身份证明、专利证书、申请表格等）。因此，很多资助用在了低技术含量的实用新型和外观设计专利上。第二，现行的专利政策并没有引导个人或者企业朝着富有前景的技术领域发展，没有起到调整专利结构的作用，换言之，现行的专利政策并没有起到调节技术发展走向的作用。❶ 因此，当出现了上述案件中的个人或企业假借专利资助政策来骗取地方政府补助时，专利政策的弊端就可能被无限放大而遭到强烈批判。

本书提出以下建议，期望能让发挥专利资助政策发挥其创新激励的作用，而尽可能地避免出现弊端。

1. 优先资助中小企业

在资助对象的选择上，应当向中小企业倾向。发达国家在这方面已有类似做法。过去数年以来，美国专利商标局（USPTO）在多项专利收费上对个人和小型企业提供减少收费 50% 的优惠。2011 年 9 月 16 日，奥巴马总统签署《美国发明法》（AIA），❷ 该法律允许美国专利商标局对符合小微企业（micro-entities）条件的机构在专利申请、检索、审查、授权和维持费用方面减费 75%。❸ 日本特许厅正致力于为大量的机构如中小企业和大学提供更加友好的知识产权制度。❹

我国也有《中小企业促进法》《国务院关于进一步促进中小企业发展的若干意见》等法律法规，来保护中小企业的发展，但是，其规定主要是

---

❶ 朱新力．专利资助政策的困境与改革要略［J］．浙江大学学报：人文社会科学版，2012（5）：90-98.

❷ *Leahy - Smith America Invents Act* (Public Law 112-29, 2011).

❸ 参见《美国发明法》第 10 条。此外，根据《美国专利法》[35 U.S.C. § 41(h)(1)]，小企业(small entity)继续获得 50%的费用减免。[EB/OL].[2015-03-19].http://www.uspto.gov/about-us/news-updates/uspto-updates-fee-schedule-following-enactment-leahy-smith-america-invents-act.

❹ 参见《世界知识产权组织统计报告（2011）》。

以生产性补贴、税收减免等措施鼓励中小企业的发展。在地方政府的专利资助方面，并没有对中小企业给予特殊照顾。中小企业创新能力强，其专利申请总量已远超大型工业企业，因此，在专利资助时应优先资助中小企业。在实践中，大型国有企业和大型国家工程项目反而更容易获得政府专利资助，而中小企业和个人如果不能获得其他经费资助，则可能由于高额的专利费用，而不得不放弃申请专利。

2. 利用专利评估报告

我国《专利法》规定，在实用新型和外观设计专利被授予专利权后，专利权人可以向国家知识产权局要求出具专利评估报告。在实践中，专利评估报告常被用作解决侵犯专利权纠纷的证据。但是，我们也可以考虑将这种报告引入政府专利资助制度，作为评价专利质量的依据。例如，地方知识产权局可以通过专利评价报告结论，评估申请资助的专利的创造性和新颖性，以此作为决定是否资助以及资助力度的依据。

3. 将专利资金支持和专利咨询相结合

韩国政府在这方面进行了有益的尝试。为支持中小企业的知识产权创造，韩国知识产权局成立了遍布全国的 31 个地区知识产权中心，组织专利、商标和外观设计的专家提供各类知识产权事务咨询。另外，2011 年，韩国知识产权局举办了 176 期知识产权培训班，共培训了3 740人，为中小企业培育了知识产权人才。我国可借鉴韩国的做法，设立类似的机构，为中小企业提供资金支持和知识产权咨询建议。

4. 建立数据库记录获得资助专利的情况

为避免重复资助以及专利纠纷，地方政府应当建立针对已获资助专利的数据库，用于记录这些专利的生命周期以及产业化程度。根据这些统计数据，地方知识产权局可以及时调整资助政策来促进被资助专利的产业化。

总体而言，中央政府和地方政府近年来都颁布了一系列支持中小企业创新的政策，特别是专利资助政策。虽然没有直接证据表明，政府专利政策与中小企业创新之间存在直接关系，但是我们从专利申请数量、专利授权数量以及企业研发投入等指标，可以看到两者之间还是存在正相关的关系。另一方面，通过对统计数据和案例的分析，我们可以发现政府专利资助政策的利与弊。对于现有的政府专利资助政策，如果不能完全找到更有效的替代方案，就应当采取其他配套控制措施，让其发挥积极效果，而尽量避免消极影响，从而真正起到促进中小企业创新的作用。

第 4 章

调查统计方法在商标诉讼案件中的应用

——以商标混淆可能性的认定为例

> 对于法学的理性研究，今天称雄的人是熟读法条的人，但明天称雄的则将是能够驾驭统计学、经济学的人。❶
>
> ——[美] 奥立弗·温德尔·霍姆斯

一、概　述

商标就是用以将某一企业所生产的某一商品或者服务，与其他企业的商品或者服务区别开来的一种文字、符号或者其他标记。❷ 商标最基本的、主要的功能就是识别商品或者服务的来源，从而降低消费者的搜寻成本（search cost）。❸ 因此，一项标识要成为商标，必须具备显著性（distinctiveness)，亦即它与其他商标是可区别的。反之，如果一个商标与另一商标是相同或者近似的，两者又被用于相同商品或者类似商品上，就会导致消费者的混淆。这就构成了对商标权的侵犯。商标可能由于长期使用产生

---

❶ OLIVER WENDELL HOLMES, JR. The Path of the Law [J]. Harvard Law Review, 1897 (10): 457, 469.

❷ 威廉·兰德斯，理查德·波斯纳．知识产权法的经济结构 [M]．金海军，译．北京：北京大学出版社，2005：214.

❸ 同上注，第 215~217 页。

第二含义（secondary meaning）而获得显著性，[1] 也可能因为显著性消失而成为通用名称。[2] 因此，混淆可能性、第二含义的产生、商标成为通用名称等都是商标法的重要问题，也都可能涉及对调查统计方法的应用。[3] 本章的讨论集中于混淆可能性问题。

我国2001年《商标法》规定：未经商标注册人的许可，在同一种商品或者类似商品上使用与其注册商标相同或近似的商标的，属于侵犯注册商标专用权。[4] 2013年修改后的《商标法》，对此增加了以“容易导致混淆”作为认定侵犯商标权的条件。[5] 但是，即使法律条文已有所改进，但其在实践中仍然会导致适用上的困难，即如何判断两个商标的近似性，如何断定两个商品是类似的，又怎样认定可能导致相关公众的混淆。而商标权人与被指控侵权人之间往往各执一词，观点截然相反。一旦形成诉讼，就需要当事人来举证，由法官作出裁判。但事实上，认定商标的近似性与商品的类似性，往往是一件相当困难的事情。比如，以谁的眼光作为判断标准？达到多大程度才构成近似？如果看起来近似，但消费者并不会产生误认，是否算作侵犯商标权？

对于这些在定性上较为困难的问题，人们自然就会想到，能否采用定量的方式来帮助解决。事实上，调查统计的方法正在受到法律实践的重视。在美国，法院开始用专家调查证据支持可能出现混淆的主张。[6] 实际上，有些法院甚至认为，如果商标权人未能实施一项消费者调查，就强烈地暗示着他未能显示存在商标混淆的可能。[7] 反观国内，利用调查统计数

---

[1] 例如，“两面针”是药物牙膏中包含的原料植物名称，但它被用作某公司所生产牙膏的牌子，消费者已经将它与该公司之间建立了联系，“两面针”就具有了植物名称之外的其他含义。参见：郭禾．知识产权法案例分析［M］．北京：中国人民大学出版社，2006：205.

[2] 例如，“阿司匹林”（Aspirin）原本是制药公司专利药品的注册商标，药品学名为“乙酰水杨酸”。但它现在多数国家已被当作该药品的通用名称，不再享有商标权。参见：ROBERT COOTER，THOMAS ULEN. Law and Economics［M］. 4th ed. Pearson Education Inc.，2004：135.

[3] 参见，例如：BEVERLY W. PATTISHALL，DAVID C. HILLIARD，JOSEPH NYE WELCH，II. Trademarks and Unfair Competition［M］. 5th ed. LexisNexis，2002：255. 汉斯·采泽尔，戴维·凯．用数字证明：法律和诉讼中的实证方法［M］．黄向阳，译．北京：中国人民大学出版社，2008（第10、11章）．约翰·莫纳什，劳伦斯·沃克．法律中的社会科学［M］．6版．何美欢，樊志斌，黄博，译．北京：法律出版社，2007（第3章）．

[4] 《商标法》（2001年）第52条第（一）项。2013年修改《商标法》时，对这一条款进行调整，增加“容易导致混淆”的规定。

[5] 《商标法》（2013年）第57条第（一）、（二）项。

[6] 汉斯·采泽尔，戴维·凯．用数字证明：法律和诉讼中的实证方法［M］．黄向阳，译．北京：中国人民大学出版社，2008：202.

[7] E. S. Original Inc.，v. Stride Rite Corp.，656 F. Supp. 484，490（1987）.（It is significant that … did not undertake a consumer survey，a failure which strongly suggests that a likelihood of confusion cannot be shown.）

据来举证商标混淆可能性的案件并不多，而且，法院对此类证据的可采性往往抱否定态度。

例如，2003 年在北京发生的“丰田自动车株式会社诉浙江吉利汽车有限公司等侵犯商标权及不正当竞争纠纷案”❶，就是一个显著的例子。在该案中，丰田图形商标（图 4-1 左侧）的权利人（丰田公司）就认为吉利公司的美日图形商标（图 4-1 右侧）与之具有近似性，侵犯了丰田的商标权，提出1 400多万元的赔偿要求。在该案诉讼过程中，原被告在商标相似性上的观点完全相反，而且双方都借助于调查公司的调查数据和研究报告。但是，法院对于双方的调查统计数据均未予采信。

图 4-1　丰田和吉利美日图形商标

2003 年在上海发生的“厦门华侨电子企业有限公司诉四川长虹电器股份有限公司上海分公司等侵犯商标权案”❷，涉及“CHDTV”商标与“HDTV Ready”标记是否近似，是否存在使消费者发生混淆的可能性。在该案中，被告提供了相应的调查统计数据，原告未提供，而法院对被告的此项证据予以采信。这也似乎就是我国《商标法》二十余年司法实践中仅见的几起利用调查统计数据来认定商标近似与混淆可能性的案件。

本章通过法律规定与实际案例，参照美国相关立法与司法实践，对上述问题加以分析。我国《商标法》通过 2013 年的第三次修改，将原第 52 条规定的不足之处有所改进，增设“容易导致混淆”之条件，从而在立法上确立了以相关公众“发生混淆的可能性”(likelihood of confusion) 作为认定侵犯注册商标专用权的一项条件。同时，在如何认定商标有混淆可能性的问题上，法院在审理此类商标案件时，应当考虑将调查统计方法作为证据之一种，并为此类证据的采信确立标准。

以下首先介绍以混淆可能性作为判断侵权的标准的必要性。其次考察美国司法实践中以调查统计方法认定混淆可能性的演变过程。最后是对我国司法实践状况的实证分析，并提出消费者调查统计结果作为证据的意义。

---

❶ 北京市第二中级人民法院民事判决书（2003）二中民初字第 06286 号。

❷ 上海市第二中级人民法院民事判决书［2003］沪二中民五（知）初字第 172 号；上海市高级人民法院民事判决书［2004］沪高民三（知）终字第 87 号。

二、以“混淆可能性”作为判断标准：《商标法》的立法改进

我国2001年《商标法》第52条第（一）项关于假冒商标行为的规定中，并未提出混淆可能性的概念与认定标准。其中规定：

> 有下列行为之一的，均属侵犯注册商标专用权：
>
> （一）未经商标注册人许可，在同一种商品或者类似商品上使用与其注册商标相同或者近似的商标的；

对此，我们设定W表示商品，W'表示与W类似的商品，M表示商标，M'表示与M近似的商标。因此，上述规定实际可以分解为四种组合：

（1）W＋M；

（2）W'＋M；

（3）W＋M'；

（4）W'＋M'。

在上述四种组合的任一种情况下，使用人的行为就构成侵权。但实际情况是否如此呢？

组合（1）是完全可以认定的，因为相同的商品上使用了相同的商标。问题就出现在组合（2）、（3）和（4）上。在这三种情况下，人们首先需要判断，原告商标与被指控侵权的商标之间是否相近似，这就可能存在一定的模糊性。进而，假如两个商标的标识被认为是相近似的，是否就因此构成侵权呢？这需要从商标的本质上去分析。前已述及，商标是用于区别商品来源的标记，假如这两个商标的标识尽管是相近似的，但消费者还是可以将它们识别出来，也就是说消费者不会发生混淆，那么，就不应当认为构成侵权。从世界贸易组织TRIPS协定的相关规定，❶ 以及国外商标法看，它们对于商标近似的情形，也往往规定以可能导致消费者的混淆作为条件。英国《商标法》第10条规定：（1）如果一个人在贸易过程中使用一个与某注册商标相同的标记，并且其商品或服务与注册商标所涉及的商品或服务相同，则此人对该注册商标构成侵权。（2）一个人侵犯了某注册商标，如果他在贸易过程中使用了一个标记，因为（a）这一标记与该注

---

❶ TRIPS协定第16条规定：“注册商标的所有权人享有专有权，以阻止所有第三方未经该所有权人同意，在贸易过程中对与该注册商标的商品或服务相同或类似的商品或服务，使用相同或类似的标记，且此类使用会导致混淆的可能性。在对相同商品或服务使用相同标记的情况下，应推定存在混淆的可能性。”

册商标相同，并且使用的相关商品或服务与该注册商标的商品或服务近似，或（b）这一标记与该注册商标近似，并且使用的相关商品或服务与该注册商标的商品或服务相同或类似。存在引起公众混淆的可能性，包括与该商标相联系的可能性。德国《商标法》第 14 条亦有相同规定：1. 根据第 4 条获得商标保护的所有权人应拥有商标专用权。2. 未经商标权利人同意应禁止第三方在商业活动中（1）在同种商品或服务上使用与该商标相同的任何标志；（2）在同种或类似商品或服务上，使用与该商标相同或近似的任何标志，并且在相关公众中存在混淆的可能，包括该标志和该商标之间产生联系的可能；或者（3）在与受保护的商标所使用的不相近似的商品或服务上，使用与该商标相同或近似的任何标志，但是该商标在德国范围内享有盛誉，并且没有正当理由使用该标志不公平地利用了或损害了该商标的显著性或声誉。法国《知识产权法典》第 L713—3 条规定：非经所有人同意并可能在公众意识中造成混淆，不得：a）在类似商品或服务上，复制、使用或贴附以及使用复制的商标；b）在相同或类似的商品或服务上，仿冒该商标或使用仿冒商标。

美国《商标法》未作如此划分，但在认定侵权时均加上“导致混淆之可能”为条件。美国《商标法》第 1114 条［15 U. S. C. 1114］规定：

> 补救；侵权；印刷和出版商无知侵权
>
> （1）任何人未经注册人同意，（a）在商业中将一注册商标的复制、伪造、仿冒或逼真的仿制品用于与任何商品或服务的销售、推销、经销或广告宣传有关方面，这种使用可能引起混淆，或引起误认，或可能是欺骗；或（b）复制、伪造、抄袭或逼真地仿制一注册商标，并将这种复制、伪造、抄袭或逼真仿制的商标应用于企图在商业中与商品或服务的销售、推销、经销或广告有关方面使用的标签、招牌、印刷品、包装、包纸、容器或广告上，这种使用可能引起混淆，或引起误认，或者可能是欺骗。
>
> ……

在 AMF Incorporated v. Sleekcraft Boats 案[1]中，美国第九巡回上诉法院认为在判定是否可能导致消费者混淆时，应当考虑的因素包括：商标的强弱程度、商品的类似性、商标的近似性、实际混淆的证据、销售渠道、商

[1] 599 F. 2d 341（9th Cir. 1979）.

品种类以及购买人可能施加的注意程度、被告的意图等。❶

由此可见，商标的近似只是认定存在混淆可能性的一项因素，而不是倒过来，以存在混淆的可能性作为商标近似的判断因素。

我国最高人民法院的相关司法解释，对于商标近似的判定提到了混淆的可能性（相关公众对商品来源的误认）："商标法第 52 条第（一）项规定的商标近似，是指被控侵权的商标与原告的注册商标相比较，其文字的字形、读音、含义或者图形的构图及颜色，或者其各要素组合后的整体结构相似，或者其立体形状、颜色组合近似，易使相关公众对商品的来源产生误认或者认为其来源与原告注册商标的商品有特定的联系。"❷

由此可见，2001 年《商标法》与相关司法解释对于"商标近似"与"混淆可能性"这两者之间的关系，存在某种程度的认识偏差。为纠正这一偏差，有必要作如下调整：其一，应当将混淆可能性标准上升为法律规定，将之纳入《商标法》第 52 条当中；其二，混淆可能性并非认定商标近似的一个因素，相反，应当是在商标近似的基础上再来判定是否存在混淆的可能性。

2001 年《商标法》第 52 条第（一）项存在的这一重大缺陷在十年之后终于纠正。2013 年 8 月 30 日，全国人大常委会通过《关于修改〈商标法〉的决定》，对《商标法》进行第三次修正。修改后的《商标法》（2013 年《商标法》）于 2014 年 5 月 1 日开始实施。该项修法决定共 53 条，而 2001 年《商标法》总共也就 64 条，可见本次修法的幅度之大。2013 年《商标法》第 57 条是对 2001 年《商标法》第 52 条的修改，其规定如下：

> 第五十七条　有下列行为之一的，均属侵犯注册商标专用权：
>
> （一）未经商标注册人的许可，在同一种商品上使用与其注册商标相同的商标的；
>
> （二）未经商标注册人的许可，在同一种商品上使用与其注册商标近似的商标，或者在类似商品上使用与其注册商标相同或者近似的商标，容易导致混淆的；
>
> ……

这样，我国商标法也已经确认混淆可能性为认定侵犯商标权的重要标

❶ 参见：ROBERT MERGES，PETER MENELL，MARK LEMLEY. Intellectual Property in the New Technological Age［M］. 4th ed. Aspen Publisher，2007：726-730.

❷ 《最高人民法院关于审理商标民事纠纷案件适用法律若干问题的解释》（2002 年）第 9 条。

准。接下来的问题是，如何科学、客观地判断是否存在混淆的可能性。

三、用调查统计方法认定混淆可能性：美国法的演变

在美国，调查统计证据（survey evidence）已经越来越多地适用于商标诉讼中，用以证明诸如第二含义或者混淆可能性之类的主张。一项调查统计，如果正确地执行与表述，则可以就潜在或实际消费者的反应而提供有效的、具有说服力的证据。❶ 从历史上看，美国法律也不是一开始就将此方法纳入商标案件的。阻碍在商标案件中将社会科学研究引入法庭作为证据的证据法规定就是“传闻证据”规则。❷ 以调查形式呈现的经验主义数据最初被引入法庭，用作商标案件中证明消费者混淆的证据时，法庭通常拒绝它们，认为其违反了传闻证据规则：调查的对象（被调查人）被视为提供作为证据的“陈述”，但是，他们并没有就他们的陈述出庭作证并且接受交叉询问。❸ 例如，在 1928 年的 Elgin National Watch Co. v. Elgin Clock Co. 一案❹中，联邦地区法院拒绝采用原告提供的关于商标混淆可能性的专家宣誓书和约 2 000 份调查问卷。然而，在 1949 年的 Life Savers Corp. v. Curtiss Candy Co. 案❺中，联邦地区法官则认为：“从全国大约 75~80 个不同城市找来的一大群证人，证明他们曾经在希望购买 Life Savers 薄荷糖时因为混淆而意外地购买了 Curtiss 的薄荷糖……这足以证明对这一商品的确存在某种程度的混淆。” 在 1948 年 Triangle Publications v. Rohrlich 案❻中，联邦第二巡回上诉法院的 Frank 法官对判决提出反对意见，认为法官对于多半导致混淆完全是一种臆测，是一种想当然和揣测，“为了让我们能够充分了解情况，我们需要类似行政机构具有的那种调查人员，因为我们没有这样的职员，我只好亲自询问了一些随机选择的十几岁的女孩和

---

❶ BEVERLY W. PATTISHALL, DAVID C. HILLIARD, JOSEPH NYE WELCH, II. Trademarks and Unfair Competition [M]. 5th ed. LexisNexis, 2002: 244.

❷ 传闻证据是指由陈述者作为证明所主张的某个事实成立的证据的陈述，而该陈述并非在开庭审理过程中当庭作证时所说。另参见：约翰·莫纳什，劳伦斯·沃克．法律中的社会科学[M]. 6 版．何美欢，樊志斌，黄博，译．北京：法律出版社，2007：93.

❸ 同上注，第 93 页。

❹ 26 F. 2d. 376 (1928). 在该案中，原告是在钟表上使用“Elgin”商标，被告则在汽车用计时器上使用“Elgin”商标。法院最后驳回原告诉讼请求。

❺ 87 F. Supp. 16 (1949).

❻ 167 F. 2d 969 (1948). 在该案中，原告出版了一份名为“Seventeen”的杂志，被告则随后生产一种名为“Miss Seventeen”的腰带。一审和上诉法院均以多半导致混淆为由判决被告侵犯商标权。

她们的母亲或者姐妹。我得到的答案是一致的，没有人会合理地相信原告的杂志和被告的腰带之间有什么关系。我承认我获得这些数据的方法不够令人满意，但是它比卷宗中的任何材料对于那个关键问题都更有说服力。”直到 1963 年 Zippo Manufacturing Co. v. Rogers Imports, Inc. 一案❶，才在事实上终结了因为传闻证据规则而反对在商标案件中引入调查证据。该案同样标志着商标案件中新潮流的开始，调查证据终于成为证明消费者混淆的常规手段。❷

美国联邦法院自 20 世纪八九十年代至今，在许多商标案件的审理中采用了调查统计证据，来认定消费者混淆可能性问题。法院在决定对调查统计结果是否采信时，主要考虑以下几个方面。

（1）调查对象正确与否。

例如 Amstar Corporation v. Domino's Pizza 案❸。在该案中，双方当事人在混淆可能性上引入了调查证据，但法官认为“双方的调查都是很有缺陷的”。“评价一次民意测验有效性最重要的一个因素就是‘调查对象全体’（universe）的恰当，也就是说，被调查的对象必须恰当地表述与诉讼有关的意见。合适的调查对象全体应当是对那些最有可能购买被诉侵权者的商品或者服务的人进行合理抽样。该调查完全忽略了被告的主要顾客群……因此，我们认为调查所选取群体不恰当，调查结果也必须大打折扣……被告调查的群体不恰当，而且所采用的询问程序也不合适。因此，被告的调查对于是否有混淆可能性也同样不具有证据效力。”

（2）调查方法是否恰当。

例如 The Squirt Company v. The Seven-Up Company 案❹。该案涉及在葡萄柚味软饮料上使用的“Squirt”商标与在柠檬味软饮料上使用的“Quirst”商标。原告采用 Maritz 调查法，这是实际市场调查。实际购买者先需要回答他刚刚购买的商品的品牌，然后调查员查看他实际购买的商品的品牌，以此确定他列出的品牌的准确性。该项调查显示，有1 016人接受了调查，有 839 人回答了其所选购的软饮料品牌，其中有 70 人回答他们购买的是“Squirt”牌饮料。通过实际检查，有 65 人确实购买了正确的品牌，3 人实际购买的是“Quirst”牌，还有 2 人实际购买的是“Sprite”牌。因此，在 70 人当中有 4.3%发生了实际混淆。法院认为：“这个调查是在真

❶ 216 F. Supp. 670 (1963).

❷ 约翰·莫纳什，劳伦斯·沃克. 法律中的社会科学 [M]. 6 版. 何美欢，樊志斌，黄博，译. 北京：法律出版社，2007：98.

❸ 615 F. 2d 252 (1980).

❹ 207 U. S. P. Q. 12 (1979).

实的购物环境中实施并且对消费者的实际购物行为进行测量——而非在家庭中实施并且测量消费者的意见，这一事实为测量结果提供了很大的可靠性。”❶

（3）混淆可能性的比率大小。

例如 Pharmacia Corp. v. Alcon Laboratories, Inc. 案❷采用了被告方的专家调查报告。该案原告在治疗青光眼药品上使用的注册商标是“Xalatan”，被指控侵权的被告商标，是在治疗青光眼所用的前列腺素系列产品上的“Travatan”商标。被告专家的调查方法是将被调查者分为两组：（1）实验组有200名开处方的人，使用“Travatan”广告作为刺激；（2）控制组也有200名开处方的人，用一模一样的“Lumign”广告作为刺激。调查统计的结果表明，5%的实验组被调查者将“Xalatan”和“Travatan”的来源混淆了。3.5%的控制组被调查者将“Xalatan”和“Lumigan”的来源混淆了，最终的净混淆为1.5%。法院认为，1.5%的混淆率是进一步的证据，证明混淆不大可能发生。❸ 而在前述 The Squirt Company v. The Seven-Up Company 案中，法院认为，“考虑到整个软饮料业的背景，本法院不认为‘Squirt’和‘Quirst’之间4.3%的出错水平是微不足道或者在统计上无意义的……本院的结论是被告对原告的商标构成了侵权。”❹ 涉及混淆率的其他案例还有：James Burrough Ltd. v. Sign of the Beefeather, Inc. 案❺，该案的上诉法院认为，初审法院将15%的混淆率认为过低是错误的；Compare with Reed Union Corp. v. Turtle Wax Inc. 案❻，由于被告的调查研究显示，混淆的噪音程度（noise level of confusion）在20%以上，从而，原告调查得出的25%混淆率不足以证明混淆可能性；Henri's Food Products Co. v. Kraft, Inc. 案❼，在该案中，法院认为7.6%的混淆率不足以认定构成侵权。❽

---

❶ 法院引用另一案件中法官的意见：“如果被访者不是在真正购物而只是在友好心情中回答调查者的问题，他的精力集中程度和钱包在他手上的时候是大不一样的。与需要真金白银花钱时不同，许多人在回答社会调查者的问题时通常不会费那么大力气去避免混淆。”参见：American Luggage Works v. United States Trunk Co., Inc., 158 F. Supp. 50, 116 U. S. P. Q. 188 (Mass. 1957).

❷ 201 F. Supp. 2d 335 (2002).

❸ 约翰·莫纳什，劳伦斯·沃克．法律中的社会科学［M］．6版．何美欢，樊志斌，黄博，译．北京：法律出版社，2007：116-117.

❹ 同上注，第103页。

❺ 540 F. 2d 266 (1976).

❻ 77 F. 3d 909 (1996).

❼ 220 U. S. P. Q. 386 (1983).

❽ BEVERLY W. PATTISHALL, DAVID C. HILLIARD, JOSEPH NYE WELCH, II. Trademarks and Unfair Competition [M]. 5th ed. LexisNexis, 2002: 261-62.

四、我国的司法实践

（一）我国法院认定商标混淆可能性的现状

我国系大陆法系国家，并不实行判例制度，因此，在我国并没有完整的判例体系。这就使得在实证研究过程中，收集相关案例实际上是一件比较困难的事情。本章涉及的中国案例主要来自相关数据库。好在知识产权案件的判决在我国往往较其他案件而更受重视，并且自2006年开始，最高人民法院要求将知识产权裁判文书上网，因此，知识产权案例数量并不少。目前主要的知识产权案例数据库有：中国知识产权裁判文书网（http://ipr.chinacourt.org）、北大法律信息网（http://www.chinalawinfo.com）。前者受到最高法院知识产权庭的支持，收集的知识产权案例丰富，但由于编排与检索方面的原因，很难为我们研究所用；后者尽管案例总量不如前者，但其取材较为典型，而且检索系统比较实用。故以下研究所用的是北大法律信息网的案例数据库。

检索一：

2008年11月25日采取如下检索步骤：（1）打开"北大法律信息网"，（2）点击"司法案例"栏，（3）在案由分类中点开"知识产权纠纷"，（4）输入"侵犯商标"作为标题检索，得833份判决，（5）在结果中全文查找"混淆"，得229份判决，（6）在上述结果中全文查找"近似"，得183份判决，（7）在上述结果中全文查找"调查"，得83份判决。

对该83份判决阅读分析的结果是：只有2份判决，即"丰田自动车株式会社诉浙江吉利汽车有限公司等侵犯商标权及不正当竞争纠纷案"与"北京恒升远东电子计算机集团诉北京市恒生科技发展公司等侵犯商标专用权及不正当竞争纠纷案"❶，当事人采用并提出了调查统计数据作为混淆可能性（或商标近似）的证据。其余判决书也都涉及商标近似或混淆可能

❶ 北京市第一中级人民法院（2001）一中知初字第343号。在该案中，原告提供证据，证明被告的商标"恒生"与原告注册商标"恒升"近似，并且导致了实际的混淆：2000年8月5日，原告恒升集团收到用户对"恒生"笔记本电脑的投诉信，2000年8月22日，恒升集团租用的北京航天长城大厦与恒升集团的电话协议中，将"恒升"集团误写为"恒生"集团；恒升集团曾收到邮寄给"恒生"笔记本电脑、恒生集团的信函。2002年7月26日，山东《齐鲁晚报》A9版刊登报道，称：中消协公布电脑抽检结果，恒升、柏安等电脑辐射超标。恒升集团遂与《齐鲁晚报》就此报道进行交涉，2002年7月28日，《齐鲁晚报》刊登重要更正，称：本报7月26日A9版"恒升、柏安等电脑辐射超标"一文中的"恒升"应为"恒生"。因此，该案利用的是实际混淆的证据，这在应用调查统计方法方面不算显著例子。

性的认定，但均由合议庭法官直接作出，未采用调查统计方法。

检索二：

同日以变换主题词方式进行检索：步骤（1）~（3）同上，（4）输入“侵犯注册商标”作为标题检索，得234份判决，（5）在结果中全文查找“近似”，得96篇。

对该96份判决阅读分析的结果是：有1份判决，即“厦门华侨电子企业有限公司诉四川长虹电器股份有限公司上海分公司等侵犯商标权案”涉及调查统计方法，其余判决书中均未见采用该种方法。

上述检索是非穷尽式的，而且由于侵犯商标权案件也可能被列入反不正当竞争案件类别中，故不排除存在“漏网之鱼”。但是，这在很大程度上代表了目前国内法院在商标诉讼中对于商标近似或混淆可能性认定的普遍做法。从检索结果可知，我国法院罕用调查统计方法，极少借助统计学或消费者调查等方面的专家来确定商标混淆可能性。在绝大多数案件中，法官借助前述最高人民法院的司法解释，而自行作出认定。这里固然有调查统计方法及其适用上的局限性。在涉及混淆可能性问题的审判中，评估一项调查的证据效力是相当困难的任务，因为法官或陪审团必须考虑并解决很多维度的问题。在有些案件中，当事双方都实施了看起来似乎满足所有要求的调查，但是两项调查的结果却截然不同。在这种情况下，法官或者陪审团最好不要理会调查专家而要集中关注其他证据。❶ 但是，目前国内的司法实践现状也有我国自身在商标立法与司法上的问题。以下通过丰田诉吉利侵犯商标权案加以证明。

（二）丰田诉吉利侵犯商标权案：调查统计方法应用的个案分析

本案原告丰田株式会社诉称：原告在与汽车相关的领域拥有图形商标（见图4-1左侧，以下简称“丰田图形商标”）、“丰田”商标和“TOYOTA”商标的注册商标专用权，该商标在中国享有极高的知名度，是无可争议的驰名商标。但原告发现被告亚辰伟业中心在北京市亚运村汽车交易市场销

---

❶ 汉斯·采泽尔，戴维·凯．用数字证明：法律和诉讼中的实证方法［M］．黄向阳，译．北京：中国人民大学出版社，2008：217-218．波斯纳法官也指出：“为了帮助法官进行权衡，商标纠纷案件的双方当事人都会雇佣市场学或者应用统计学专家实施消费者调查。接下来的专家之争常常令人厌恶。许多专家愿意为了佣金向有利于雇用者的方向扭曲自己的科学立场。”Indiannapolis Colts v. Metropolitan Baltimore Football，34 F. 3d 410。《法律中的社会科学》一书的译者则强调：与其提出一个差劲的调查，还不如干脆不做调查。参见该书“译者序”，第109页。

售由被告吉利公司制造的带有图形标识（见图4-1右侧，以下简称“美日图形商标”）和“丰田”“TOYOTA”商标的汽车产品。被告吉利公司在其制造的汽车前脸、轮胎、方向盘、后备厢等显著位置使用的美日图形商标已经构成对原告注册商标权的侵犯……因此，原告要求法院：判定被告吉利公司使用美日图形商标、“丰田”“TOYOTA”商标的行为构成侵犯原告商标权……判令二被告停止侵权行为；判令二被告赔偿原告经济损失人民币1 392万元，并支付原告为制止二被告侵权而支出的合理费用15万元，二被告对此承担连带责任。被告吉利公司辩称：美日图形商标与丰田图形注册商标客观上不近似，两个图形商标不仅在设计理念、图形含义上完全不同，而且在图形基本结构上、视觉效果上完全不同；美日汽车与丰田汽车有不同的市场定位，基于相关公众在选购汽车这一高档消费品时的慎重态度以及在购车时考虑的价格、质量、外观、品牌等主要因素，不会造成混淆与误认，事实上，从来没有任何一例相关公众把美日汽车混淆成丰田汽车的情况出现，被告使用美日图形商标不构成侵犯原告的商标权。

1. 调查统计方法的应用

原告为证明被告侵犯其丰田商标提出的证据中，包括两份调查统计：北京勺海调查有限公司出具的《商标相似性研究问卷》（证据23）和该调查公司出具的《商标相似性调查报告》（证据24）。被告对这两份证据的质证意见是：“证据23、24无法证明其内容的真实性和客观性，调查报告的题目本身具有引导性，所调查的对象应该是相关消费者，而不应是普通公众。”同时，被告吉利公司也提出了两份调查报告：中国北京市公证处出具的（2003）京证经字第02837号公证书，证明针对《汽车品牌认知度调查问卷》随机访问的过程（证据28）；零点调查集团出具的《汽车品牌认知度研究报告》（证据29）。而且，吉利公司出具了中国法学会的专家意见书，其中就被告商标混淆可能性做出了否定的结论（证据13）。

2. 法院对双方当事人的调查统计证据均不予采信

法院认为，“原告证据23、24系单方委托进行的调查，且不符合商标近似性判断法定要件中关于相关公众的要求，其不能证明涉案商标已在相关公众中造成混淆，故本院对此不予采纳”；“鉴于［被告］证据13系单方提供的第三方论证意见，原告对此不予认可，本院依据法律规定的证据审查、判断原则，对其证据效力不予确认；被告证据28、29系单方委托进行的调查，且针对吉利汽车品牌的认知性调查与本案无关，受访者不完全符合我国法律关于相关公众的要求，故本院对此不予采纳。”

3. 双方当事人委托调查的统计数据状况

由于法院完全排除了双方当事人委托相关机关所作的调查统计证据，因此在判决书中并未列明具体的统计结果。而根据报道，这些统计结果是：[1]

丰田公司提供的一项北京勺海市场调查有限责任公司就吉利美日汽车商标与丰田图形商标所作的《商标相似性研究报告》。该报告显示：消费者看到美日汽车的图片，有 66.6%的消费者联想到丰田品牌。根据美日牌汽车的商标图形和宣传材料，有 61.9%的消费者认为其为吉利生产的，在没有认为是丰田生产的消费者中，有 65.2%认为其与日本丰田汽车公司存在特殊联系（如合资/独资公司产品或者引进了日本丰田汽车公司的技术与管理）。该报告同时表明，消费者认为二者相似的程度在 5 分评分制中，已经达到 3.27 分，高于 2.5 分的平均值。

吉利公司提交零点调查集团的《汽车品牌认知度研究报告》。该报告显示，在向被访者出示丰田汽车的照片后，81.4%的人认出该车是丰田品牌，12.7%的人“说不清/不知道”，误辨率为 5.9%，被误辨的车型主要是本田、大众。在向被访者出示美日汽车的照片后，44.6%的人认出该车是美日品牌，48.2%的人“说不清/不知道”，误辨率为 7.2%，被误辨的车型主要是本田、夏利。以上数据说明，近一半被访者能准确判断美日汽车品牌，发生误辨的概率很小，更不会将美日汽车误辨为丰田汽车。

4. 对本案的一个分析

法院对于前述调查统计报告、专家意见均未予采信，这可以说是调查统计方法在商标诉讼案件中的一次失败的应用。但是，对此加工认真分析总结，应当有利于这一领域在今后的发展。先来提取法院之所以拒绝采信的理由：（1）该等证据是当事人单方所委托；（2）不符合法律规定的“相关公众”的要求；（3）调查结论与案件无关，或未证明“商标已在相关公众中造成混淆”。

由此可见，调查统计所得的证据之所以未被采信，并非由于民事诉讼法或者相关法律规定不承认此类证据。在我国，法律上并不受到像美国法最初的传闻证据规则的约束。之所以不被采信，在很大程度上还是技术上的原因，像本案提到的被调查对象、调查方法等。我国法院之所以在绝大部分案件中未采用调查统计的方法，还有一个重要的立法原因。我国商标法和司法解释强调的是两个商标对比的近似性，而不是造成混淆的可能性。而且确立以混淆可能性为判定侵犯商标权的标准，往往需要在商标近

---

[1] 《北京青年报》2003 年 8 月 13 日汽车时代版报道。[EB/OL].[2008-11-20].http://auto.sina.com.cn/news/2003-08-13/43212.shtml.

似性之外，考虑较多的因素。“法院在判定是否存在混淆之可能时，其所审视的是诸如以下这些方面，即原始商标与被控侵权的商标之间在拼写上的相似性、原商标的强度、所涉及产品的相似性、该等产品的消费者是否存在重合、产品是否通过相同的经销店出售以及消费者对这些产品的内行程度。”❶ 如果这样，法官在一些案件中往往就难以凭自身判断来作出决定，从而需要引入包括调查统计、专家证言等外部力量。

五、小　结

上述分析反映了中美两国在知识产权司法方面的差异，但并不必然就是两者的差距。因为美国法院也并不是在所有商标诉讼案件中都适用调查统计方法，而且无论是法学专家、应用统计学专家，还是法官，都对调查统计证据的作用抱持清醒的认识。迄今为止，中国商标司法实践仅有寥寥可数的几个案件涉及调查统计证据，其中恐怕也有诸多问题值得法学理论界与实务界思考。商标法和司法解释对于“商标近似”与“混淆可能性”的错位性规定，是这一现象的立法根源。这就导致法官在处理实际案件时，要么采取“八股式”做法，以司法解释的字面规定为依据，从音、形、义上演绎一番，即遽下结论；要么舍近求远，以混淆可能性来证明商标近似。这也影响了法官对于调查统计方法的态度。随着 2013 年《商标法》引入侵犯商标权的混淆可能性标准，在司法实践中如何有效地作出认定就成为一件紧要的事情。一概排除调查统计证据，或者不问过程就轻信调查统计证据，这都不是认真务实的态度。从专业技术上考虑，应当为此类证据的获得与调查统计方法的应用，提供一套可操作的指南，确立相应的采信标准。值得欣喜的是，2014 年 1 月 22 日，北京市高级人民法院发布《关于商标授权确权行政案件的审理指南》（以下简称《审理指南》），在商标混淆误认的判断问题上，承认“当事人可以提供市场调查结论作为证据”。❷ 当然，该《审理指南》仅涉及商标授权确权行政案件，故而仍有待将之适用到侵犯商标权案件中，并且根据司法实践加以完善。

---

❶ 威廉·兰德斯，理查德·波斯纳．知识产权法的经济结构［M］．金海军，译．北京：北京大学出版社，2005：259.

❷《审理指南》对于此类调查及其可采信性提出了要求，“市场调查应当尽可能模拟相关公众实际购买商品时的具体情形，并应当对相关公众的范围、数量及其确定，相关公众购买商品时的注意程度以及整体比对、隔离观察、主要部分比对等方法的运用等进行详细描述，缺少上述要素、对上述要素使用错误或者无法核实其调查真实性的市场调查结论，不予采信。”

第 5 章

商标与通用名称问题的消费者调查方法

> 名字算什么？ 一枝玫瑰换成另外一个名字， 闻起来照样香甜。❶
>
> ——［英］ 莎士比亚

一、问题的提出

按照一般定义，商标是指能够将一企业的商品或服务与其他企业的商品或服务相区别的标记或标记的组合。❷ 这种标记具有区分商品来源的功能或特性，也就是具有显著性。通用名称（generic term）是用于指称某一类商品或服务的名称，并不为某一特定企业所专有，不具有显著性。本章讨论商标与通用名称可能发生的转化问题，即通用名称可借由长期使用而获得显著性并成为商标，而商标也可能由于丧失显著性而成为通用名称。其中需着重探讨的是商标法领域中日益引起人们关注的消费者调查方法。在商标法领域，混淆可能性、第二含义的产生、商标的通用名称化、商标

---

❶ 莎士比亚《罗密欧与朱丽叶》第二幕第二场，朱丽叶独白，原文："What's in a name? That which we call a rose, By any other name would smell as sweet."

❷ 例如，TRIPS 协定第 15 条第 1 款："任何能够将一企业的商品或者服务与其他企业的商品或者服务区别开来的符号或者符号的组合，都可以构成商标"（Any sign, or any combination of signs, capable of distinguishing the goods or services of one undertaking from those of other undertakings, shall be capable of constituting a trademark）。另参见：UNCTAD-ICTSD. Resource Book on TRIPS and Development [M]. Cambridge University Press，2005：216；威廉·兰德斯，理查德·波斯纳．知识产权法的经济结构 [M]．金海军，译．北京：北京大学出版社，2005：214.

的淡化、虚假广告等问题，都可能涉及调查统计方法的应用。❶ 之所以在此专门探讨在商标与通用名称的认定上适用消费者调查方法，一个重要的原因是我国商标法实践已经提出了这样的问题。

第一，在商标纠纷案件中，涉案商标被国家工商行政管理总局商标评审委员会（以下简称“商评委”）或者人民法院认定为通用名称的案件日益增多，而裁判的依据则呈现多样化，且存在较大的不确定性。特别是，我国商标法2001年修订之后，在商标权取得方面增设关于通用名称的规定，❷ 从而引发了一大批关于商标与通用名称之争的案件。由于历史与现实等多方面因素，此类案件的判决在商标与普通名称之间往往一词之差，却牵涉多家企业甚至整个产业的利益格局变化。❸ 然而在法律层面，囿于法律规则和证据等方面的不足，导致案件无法获得及时有效的处理。在此情况下，也有一些案件试图利用比较法而有所突破。例如，在国内引起广泛争议的“优盘”商标撤销案的处理过程中可以看到，案件承办人在我国法律无明文规定的情况下，受到相关国家案例与学理的启发从而对该案件作出了适当的处理。❹ 不过，即使在这样既涉及企业重大经济利益又存在激烈争议的案件中，也并未看到当事人提供消费者调查之类的社会科学证据。最高人民法院近年来无论通过个案判决还是司法解释，力图形成裁判规范，要求法院利用各种证据，以使法官确信涉案商标究竟是否为通用名称。但令人遗憾的是，其中并没有明确提到运用消费者调查的证据。

第二，本书此前在探讨商标案件中关于混淆可能性认定的问题时，已经阐明了这样的事实，即我国法院对于由当事人委托第三方所作的消费者调查报告，仍未予采信为证据，但毕竟当事人在一些个案中已经有所实践。❺ 然而，在关于涉案商标是否为通用名称的问题上，却至今还难以找到运用消费者调查方法的案例。❻

第三，从比较法的角度看，在许多市场经济发达国家和地区，特别是在美国，商标法往往对于商标与通用名称的问题设有明确而全面的规定，

---

❶ 参见：SHARI DIAMOND, JERRE SWANN. Trademark and Deceptive Advertising Surveys [M]. ABA, 2012.

❷ 《商标法》(2001年) 第11条第 (1) 项。

❸ “小肥羊”商标争夺战即为著例，其影响波及全国，涉案标的高达近60亿元人民币，牵连企业多达上千家，国家商标局和商评委先后十几次裁定，3个省市的6家中级和高级人民法院作了10份判决。参见：凌斌. 肥羊之争：产权界定的法学和经济学思考 [J]. 中国法学，2008 (5).

❹ 吴新华. 商标与商品通用名称辨析：第1509704号“优盘”商标争议办案札记 [J]. 中华商标，2007 (10).

❺ 参见本书第4章。

❻ 对国内相关案例的查询检索结果，参见本章第三部分。

并且在司法实践中越来越多地采用消费者调查方法。各国国情不同，自不能要求我们对外国制度亦步亦趋，但是，理论和历史已经表明，市场经济发达国家在制度方面的经验和教训，往往可以为新兴市场国家所借鉴。因此，我们有必要切实了解外国的相关制度与做法，以便在借鉴时加以比较和取舍。

以下首先阐明商标法中显著性这一关键概念，以此作为区分商标与通用名称的标准。其次通过实例，介绍美国在商标与通用名称问题上的司法实践。最后分析我国的商标法规则及其司法解释，并以实证材料说明当前解决商标与通用名称问题所面临的困难。通过比较分析，本书提出，关于商标与通用名称的消费者调查结果应当成为一种可以供法院采信的证据，法官应当将其与其他证据结合使用，以形成关于涉案商标是否成为通用名称的司法确信。

二、商标的显著性及其动态分析模型

（一）显著性的概念

从商标的定义可知，商标必须具有区分商品或者服务之来源的功能，这也是商标的特性，亦即，商标必须具备显著性。与之相对的通用名称则不具有显著性。因此，显著性就成为商标法的核心概念，是某一符号和标记之所以成其为商标的实质性要件。

在知识产权法领域，商标的显著性，犹如著作权法中作品之实质要件即独创性，或专利法中发明之实质要件例如创造性。但是，仔细考察不同知识产权类别的特性，可以发现，商标的显著性是一个动态概念，而作品的独创性或发明的创造性则是静态概念。

具体而言，一件作品或一项发明一旦完成，其价值虽可能因后期开发、商品化等手段而有不同，但其在法律上的定性则是固定的，即以确定的表达、权利要求书或者照片图片等方式界定了它们的权利范围，也证明了它们在法律上受到保护的权利状态。而商标则不然，一个原来普普通通的词语，本无特殊的价值，在法律上并不受保护，但如果它在商业中被某个企业用作区分其商品来源的标记，并通过广告宣传、产品推广等活动而广为人知，却可能超越其本身所具有的含义，使消费者得以借此标记而与该企业的产品相联系。此时，该词语就可以获得法律保护，成为该企业在其产品经营上享有专有权的商标。这也正是 2001 年《商标法》第 11 条关于“第二含义”(secondary meaning) 的现实依据。❶ 与此相反，一个原本广为人知的商标，也可能因为使用泛滥，企业未采取正确措施加以纠正和维护，以致消费者认为该商标所采用的词语就是这一类商品的一般名称。在此情况下，该词语就可能因此丧失显著性，不再能够获得商标法的保护。❷

(二) 显著性的动态分析模型

通用名称是完全不应被注册为商标的。而且，如果一个商标变成了通用名称，商标保护就随即终止了。❸ 在商标上授予财产权的合理性主要在于，它可以降低消费者的搜寻成本，并且对生产者形成一种激励，增加高质量产品的供给。但如果产品的通用名称可以作商标的话，则商标法就会导致一种垄断，而不是促进竞争。❹ 兰德斯和波斯纳从经济分析的角度进一步指出，

> 当一个商标达到通用名称的地位时即终止其法律保护，这样做就可能被批评为对一个连续性的问题提供了一种二分法的解决方案。通用名称的地位是逐渐形成的。尽管其他人已经认为它是某种产品的名称了，但仍有一些消费者认为被用作商标的名称是特定品牌的名称，这种情形将会经历一段时间。如果法律一直等到所有的人都认为它是产品的名称时，则商标所有人将获得可观的租金。但是，如果法律一俟少数几个消费者认为它是产品名称时，即停止对其的保护，则将会增加混淆，并且加诸可观的消费者搜寻成本。当继续保护的成本（由收取较高价格而产生的无谓损失，竞争对手因使用替代性文字而承担的较高成本，商标许可与防御而产生的成本）超过了它的收益（使消费者混淆和搜寻成本的最小化，以及企业保持产品一贯品质的激励的

---

❶ 《商标法》第 11 条并未直接出现“第二含义”字样，但是，这一术语由美国《商标法》开始，已经为商标法实务界与学术界广泛承认。另外，类似的规定还可见于 TRIPS 协定第 15 条第 1 款，“如标记无固有的区别有关商品或服务的特征，则各成员可以由通过使用而获得的显著性作为注册的条件。”

❷ 美国商标法将此列为商标权丧失的一种情形。我国《商标法》长期以来没有此类规定，直至 2013 年修改。TRIPS 协定亦无明确规定。不过，在我国商标法实践中已经出现了因注册商标丧失显著性而将之撤销的案例。

❸ 威廉·兰德斯，理查德·波斯纳．知识产权法的经济结构 [M]．金海军，译．北京：北京大学出版社，2005：245.

❹ ROBERT COOTER, THOMAS ULEN. Law and Economics [M]. 5th ed. Pearson Education, Inc., 2008：140-141.

最大化）时，就应该终止该商标的保护。❶

商标抑或通用名称，这或许类似于“to be or not to be”❷ 的难题。本书在此设计一个分析模型，用来说明商标与通用名称演化的动态过程。这样的模型分析或许仍不免被“批评为对一个连续性问题提供了一种二分法的解决方案（dichotomous solution）”，❸ 但是，它至少可以对这个问题提供一种简明而直观的解释。

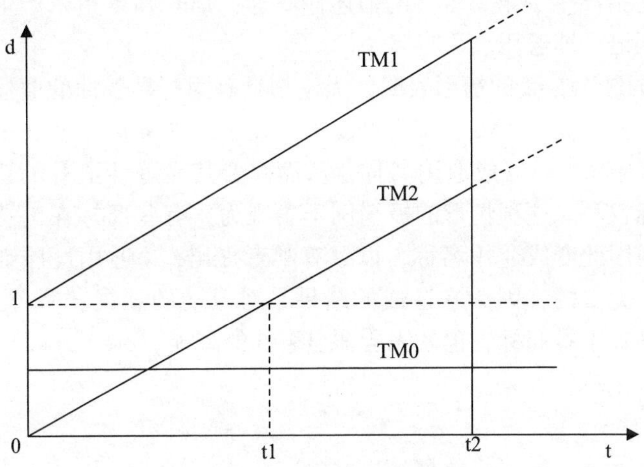

图 5-1　商标显著性模型

在图 5-1 中，横坐标的 t 代表时间，纵坐标 d 代表显著性，两者相交之处，设为 0（在此时间点上，没有任何显著性），在纵坐标上设定一点为 1，表示达到了显著性的标准。不同商标的显著性变化，可以归为三种情形：

TM1 是指自始即具有显著性的商标；

TM2 是指原本没有显著性，但由于长期使用，随着时间过去而在横坐标的 t1 达到显著性，从而可以成为商标；

TM0 是指原本就没有显著性，并且一直未达到显著性要求，故无论时间如何过去，都不能成为商标。

我国《商标法》在 2001 修订之前，只有 TM1 和 TM0，并不承认 TM2

❶ 威廉·兰德斯，理查德·波斯纳．知识产权法的经济结构［M］．金海军，译．北京：北京大学出版社，2005：250.

❷ “To be or not to be,that is a question”，语出莎士比亚《哈姆雷特》。

❸ 威廉·兰德斯，理查德·波斯纳．知识产权法的经济结构［M］．金海军，译．北京：北京大学出版社，2005：250.

的情形。美国判例法则很早即承认存在这些不同的情形。例如，在 Zatarain's Inc. v. Oak Grove Smokehouse, Inc. 一案[1]的判决中，法官指出，“法院和评论家在传统上将潜在的商标分为四类，即商标可能属于：(1) 通用的 (generic)、(2) 描述的 (descriptive)、(3) 暗示的 (suggestive) 或者 (4) 任意的 (arbitrary) 或臆造的 (fanciful)。这些种类，就像光谱的色调一样，在它们的边缘结合部分显得模糊不清。”[2] 如果用上述显著性模型来分析这种商标分类可知：TM1 就是指臆造商标、任意性商标和暗示性商标；TM2 是指产生了第二含义的描述性商标；TM0 则是指未产生第二含义的描述性词语，即通用名称。

另一方面，在 t2 的情形表明，无论是具有固有显著性的商标 TM1，还是获得显著性的商标 TM2，都有可能因为显著性的减损（其在纵坐标的值归于 0 或低于 1）而变成通用名称，从而改变其显著性上升的轨迹，甚至丧失其商标权利。这种情形的极端例子表现为，有些商标在消费者中非常出名，反而因此变成通用名称，以致有学者提出，“通用性原则是知识产权法中独一无二的，因为它造成的结果是对成功的惩罚。”[3] 至于 TM0 则因为其本来就不是商标，也就无所谓显著性的减损。

三、美国在商标与通用名称问题上的消费者调查

在美国，通用名称是完全不能被注册为商标的。而且，如果一个商标变成了通用名称，商标保护就随即终止了。[4] 美国《商标法》(*Lanham Act*) 第 45 条规定了商标被视为“放弃”(abandoned) 的情形，其中第 (2) 项情形是“商标所有人的任何行为，包括作为和不作为，导致该商标成为其所适用或相关的商品或服务的通用名称，或者丧失其作为商标的意义”。[5] 麦卡锡教授对美国法院历年的相关判决进行统计，并按字母顺序列举了自“386”至“yo-yo”的 154 个成为通用名称的商标，其中包含大量

---

[1] Zatarain's Inc. v. Oak Grove Smokehouse, Inc., 698 F. 2d 786 (5th Cir. 1983).

[2] 同上注，第 790 页。该判决也因此指出，这样的商标分类毋宁说是有助于分析判断的指南 (guidelines)，而不是明确的条框 (pigeonholes)。

[3] 汉斯·采泽尔，戴维·凯. 用数字证明：法律和诉讼中的实证方法 [M]. 黄向阳，译. 北京：中国人民大学出版社，2008：193.

[4] 威廉·兰德斯，理查德·波斯纳. 知识产权法的经济结构 [M]. 金海军，译. 北京：北京大学出版社，2005：245.

[5] 15 U.S.C §1127.

的驰名商标。他也列举了未被认定构成通用名称的商标 56 件。[1]

(一) 商标成为通用名称的证据与消费者调查

1. 判断商标成为通用名称的证据

根据美国商标法的上述规定可知，商标与通用名称之间可谓“水火不容”“有你没我”。涉案词语或其他标志一旦被法院认定为表示相关商品的通用名称，无论多么有名的商标，也会因此丧失权利（loss of right）。一个标记究竟是否为通用名称，是一个事实判断问题，当事人往往必须向法院提交各种证据，竭力予以证明。但是，哪些证据有效，哪些证据更具证明力，则因个案而不同。联邦巡回上诉法院指出，“关于公众对涉案词语的理解，可以借由任何符合要求的来源，比如购买人的证明、消费者调查、词典的收录、行业期刊、报纸和其他出版物。”[2] 麦卡锡（McCarthy）教授也提出了证明商标变成通用名称的 6 种证据：（1）竞争对手的使用，即他人将该标记作为通用名称使用而商标权人未表示反对的；（2）商标权人本身将其标记当作通用名称使用；（3）词典的定义；（4）媒体的使用；（5）本行业相关人员的证言；（6）消费者调查。[3]

在美国，无论在商标法学术界还是司法实践中，消费者调查都受到高度重视。在商标与通用名称的问题上，目前在诉讼中法院所希望看到的主要证据类型是消费者调查，即涉案词语对于组成该类产品的市场消费者而言到底是什么含义。[4] 麦卡锡阐述了消费者调查作为证据的意义。他指出，消费者调查已经在有关通用名称的诉讼中几乎是不可或缺（almost de rigueur）的证据，[5] 法官现在已经习惯于审查调查统计证据，并且常常期待能够借助消费者调查证据来解决通用名称纠纷。当事人如果主张某一标记已经变成了通用名称，从而不再构成有效的商标，但他没能提交一份调查统计的证据来支持其结论，那么这就会被一些法官视作证明力不够。例如，有法官就曾经指

---

[1] THOMAS MCCARTHY. McCarthy on Trademark and Unfair Competition [M]. 4th ed. New York: Thomson Reuters, 2012(§ 12:18, 12:19). 另参见：汉斯·采泽尔，戴维·凯．用数字证明：法律和诉讼中的实证方法［M］. 黄向阳，译．北京：中国人民大学出版社，2008：193.

[2] In re Merrill Lynch, Pierce, Fenner, and Smith, Inc., 828 F. 2d 1567 (Fed. Cir. 1987).

[3] THOMAS MCCARTHY. McCarthy on Trademark and Unfair Competition [M]. 4th ed. New York: Thomson Reuters, 2012(§ 12:18, 12:13).

[4] 汉斯·采泽尔，戴维·凯．用数字证明：法律和诉讼中的实证方法［M］. 黄向阳，译．北京：中国人民大学出版社，2008：193.

[5] 另参见：E. DEBORAH JAY. Genericness Surveys in Trademark Disputes: Evolution of Species [J]. Trademark Reporter, 2009(99): 1118.

出:“本案各方当事人均未提出任何消费者调查的证据或其他类似证据。双方对于这种不严谨的做法均有过错。”❶ 当然，如果其他证据已经足够充分地证明涉案商标已经成为通用名称的，自然也就不必提供消费者调查了。❷

2. 在商标与通用名称问题上应用消费者调查方法的总体情况

本书提供两方面的实证数据。其一，用案例检索查询方式所获得的数据。这里选用的是 WESTLAW 的案例数据库。❸ 第一步，以“trademark” /p “generic term” /p “distinctive”❹ 为关键词进行查询，查得1 127条。第二步，在第一步查得的结果中，以关键词“survey”(调查)进行查询，查得 553 条；或者，在第一步查得的结果中，以关键词“consumer survey”(消费者调查)进行查询，查得 309 条；或者，在第一步查得的结果中，以关键词“dictionary”(词典)进行查询，查得 306 条。词典定义是法院所采信的、用以认定商标已经成为通用名称的传统证据。由此可知，美国法院在商标与通用名称问题上，已经较多地采用调查统计的方法。

其二，研究者对消费者调查方法用于商标案件的实证分析。按照杰拉德·福特（Gerald L. Ford）的统计，以 1946 年美国全面修订商标法（现行商标法）开始起算，美国法院最初在商标案件中采用调查统计证据的情形并不多，从 1946 年到 1960 年，只是在总共 18 起案件中出现过调查统计证据；在 1961 年到 1975 年，达到 86 起案件，年均 6 起；1976~1990 年，共有 422 起，年均达到 29 起案件；而 1991 年至 2007 年，则高达 775 起，年均大约 48 起。❺ 可见，在美国运用调查统计证据的商标案件的数量正在急速增长。在这些案件中，排在首位的是侵犯商标权案件中关于混淆可能性的认定，其次就是商标是否变成通用名称的争议。

---

❶ Gimix, Inc. v. JS & A Group, Inc., 1982 WL 52164 (N. D. Ill.), 213 U. S. P. Q. 1005 (N. D. Ill. 1982).不过，法官的要求似乎过于苛刻。本书作者与美国同行的交流得知，当事人不提供消费者调查证据，在许多情况下并非出于疏忽，而是成本太高。一项消费者调查的成本可能高达百万美元。

❷ THOMAS MCCARTHY. McCarthy on Trademark and Unfair Competition [M].4th ed. New York: Thomson Reuters, 2012(§ 12:14).

❸ [EB/OL].[2013-04-01]. https://1. next. westlaw. com/Browse/Home/Cases? transitionType=Default&contextData=(sc. Default).

❹ 亦即，“商标”“通用名称”与“显著性”这三个术语必须出现在同一段落。这一查询要求高于本章第三部分在北大法律信息网数据库上对中国司法案例的查询。但同样的调查方式有助于两者的对比。

❺ GERALD L. FORD. Survey Percentages in Lanham Act Matters [C]//SHARI S. DIAMOND, JERRE B. SWANN. Trademark and Deceptive Advertising Surveys. ABA, 2012:212 n. 3. 该文作者在其网站(http://www. fordhubala. com)列举有这些案件的具体名称。

(二) 消费者调查的类型

美国法院对于此类案件集中关注的是两种类型的调查：一种是以“热水瓶调查”为代表，其结局是当事人失去了争议中的商标；另一种以“特富龙调查”为代表，它帮助杜邦公司保住了这个商标。热水瓶调查使用一组问题来描述争议中的产品，引导受访者模拟走进商场的场景，询问受访者在想要得到该产品时所使用的词汇。特富龙调查则采用另一方法，它首先启发受访者认识到产品通用名称与商标之间的差异，进而让受访者判断一系列的词汇究竟是商标还是通用名称。[1] 以下详细述之。

1. 热水瓶调查 (Thermos Survey)

“热水瓶调查” 源于 1962 年的 American Thermos Products Co. v. Aladdin Industries, Inc. 案[2]。涉案的“thermos”商标因一项消费者调查而被法院认定为通用名称“热水瓶”。本案原告主张，“thermos”是其商标，并且自 1907 年首次在美国销售此类产品时开始使用，该商标就与产品形成了特定的联系。被告阿拉丁实业公司则声称，该词语已经成为任何用以保持饮料或食品冷热的真空绝缘容器 (vacuum-insulated container) 的通用名称。本案原、被告均向法院提交了公众意见调查报告。

原告的调查报告是向受访者提出如下问题：“请说出任何你所熟悉的商标或品牌名称，它们用于表示任何使所盛放物质保温或保冷的真空绝缘瓶或其他容器。”[3] 由此得到的结果是，大约 1/3 的受访者回答“thermos”。但是，法院对此提出批评，认为原告的调查报告所设计的问题“使得［受访者］在回答时没有或很少有机会披露关于‘thermos’一词的通用性或描述性使用。”[4] 法院进一步认为，这种糟糕的问题设计，以及大多数被调查者具有较于常人更高的受教育程度和经济水准从而不属于大众消费者 (consumer public) 的这一事实，对于该调查结果的证明力产生了某种不利的效果。[5]

被告阿拉丁公司的调查一共有 12 个问题。首先向受访者提出的是 3 个资格性问题 (qualifying questions)，以确定受访者是否熟悉用以保温或保冷

---

[1] 汉斯·采泽尔，戴维·凯. 用数字证明：法律和诉讼中的实证方法［M］. 黄向阳，译. 北京：中国人民大学出版社，2008:193; THOMAS MCCARTHY. McCarthy on Trademark and Unfair Competition［M］. 4th ed. New York: Thomson Reuters, 2012(§12:14, 12:15, 12:16).

[2] American Thermos Products Co. v. Aladdin Industries, Inc., 207 F. Supp. 9 (D. Conn. 1962), aff'd, 321 F. 2d 577 (2d Cir. 1963).

[3] 同上注，第 20 页。

[4] 同上注，第 21 页。

[5] American Thermos Products Co. v. Aladdin Industries, Inc., 207 F. Supp. 9 (D. Conn. 1962), aff'd, 321 F. 2d 577 (2d Cir. 1963).

的容器。如果根据前3个问题的回答而确认受访者符合资格的，则要求其回答接下来的9个问题：

(1) 你是否熟悉用来让各种液体（比如汤、咖啡、茶水和柠檬水）在一段时间内保持其冷热程度的容器？

(2) 你是否亲自使用（或注满）过这样一种容器，亦即，使液体保持冷热的那种容器？

(3) 使用这种容器是在什么场合？

(4) 如果你打算在明天购买一个此类——保持食品或饮料冷热的那一类容器，你会选择在哪些商店购买？

(5) 你要求哪种商品——也就是说，你会告诉店员你需要什么？

(6) 你在说明你想要一种保持液体冷热状态的容器时，是否想过用其他词语？

(7) 如果你想要对一位朋友描述一种这样的容器，你首先会想到哪个词语来描述保持液体冷暖程度的容器？

(8) 你或你的家人是否拥有我们在此讨论的这种容器？

(9) 你们全家一共拥有多少个这样的容器？

(10) 你们如何称呼这个（这些）容器？

(11) 你知道此类保持液体冷暖的容器的任何生产商的名字吗？

(12) 你是否可以说出此类容器的任何商标或品牌名称？❶

被告所作调查的结果显示：在熟悉这种用以保持冷热的容器的成年人中，大约75%的受访者称这种容器为“thermos”，而大约12%的受访者举出这种容器的商标是“thermos”，大约11%的受访者回答使用该容器的名称“vacuum bottle”(真空瓶)。❷ 法院认为，被告的调查是根据“公认的科学原则”(recognized scientific principles）所做，具有较高的可信性。❸ 法院

---

❶ 同上注，第21页，法院在该判决书的注释8列示了上述12个问题。另参见：E. DEBORAH JAY. Genericness Survey in Trademark Disputes：Under the Gavel［G］//SHARI DIAMOND, JERRE SWANN. Trademark and Deceptive Advertising Surveys. ABA, 2012：105-106. 这些问题的中译本，也可见于：汉斯·采泽尔，戴维·凯. 用数字证明：法律和诉讼中的实证方法［M］. 黄向阳，译. 北京：中国人民大学出版社，2008：194. 不过，有必要指出的是，采泽尔著作的这一中译本提出，“在阿拉丁进行的调查中，3 650名受访者被要求回答下述问题：‘请列举你所熟悉的任何能够保持内部温度的真空瓶……或其他容器的商标或品牌名称’……美国Thermos实施的调查向3 300名受访者询问了下列问题……”。但经本书作者对比判决书的原文，此书似乎将原、被告在进行消费者调查时所提的问题搞反了。

❷ American Thermos Products Co. v. Aladdin Industries, Inc., 207 F. Supp. 9, 22.

❸ E. DEBORAH JAY. Genericness Survey in Trademark Disputes：Under the Gavel［G］//SHARI DIAMOND, JERRE SWANN. Trademark and Deceptive Advertising Surveys. ABA, 2012：106.

根据原、被告的调查，结合其他证据最终认定，消费者中的绝大多数已经将“thermos”商标当成了通用名称，“由双方提供的证据支持下述结论，在消费者中有很大一部分将‘thermos’作为通用名称使用，只有很少的人意识到并且将‘thermos’当作原告的商标来使用。”同时，为避免少数人将同类产品混同于实际由American Thermos公司生产的产品，法院认为可以“对‘thermos’一词作为通用名称的用法设立限制条件，以使任何人都不致受此种用法的欺骗”；法院还责令被告阿拉丁公司在使用“thermos”一词时须在前面加上其公司名称，而不得单独使用这一词语，并且不得使用大写的“thermos”，也不得将自己的产品称为“原创的”或“纯正的”。❶

正是由于此案，这种向消费者求询其将如何称呼所要购买的产品或如何来描述该产品的调查方法，就被称作“热水瓶调查”。作为商标权人，往往期待受访者能够用通用名称而非涉案商标名称来回答这一问题。相反，意图证明涉案商标已经成为通用名称者，则期待消费者用该涉案商标来回答这个问题。❷“热水瓶调查”的缺点也是比较明显的。对于一个显著性非常强的商标，受访者可能用涉案商标来回答这个问题，但他实际上并没有将它视作一个通用名称。例如，在上述案件中，有一位被列入75%当中的受访者就认为，“我回答的是‘thermons’，因为这是我想要购买的品牌。我不喜欢其他品质低下的真空瓶牌子。”在该案中，被告委托第三方所做的调查对此已有所考虑，故意设计了诸如问题（6）、（11）和（12）。但是，此类调查所提出的问题往往导致受访者答非所问，故而被学者认为只是一把钝器（a blunt weapon），必须谨慎使用。不过，热水瓶调查在美国司法实践中还是被认为是一种可以作为证据的调查方法。❸

2. 特富龙调查（Teflon Survey）

美国杜邦公司（E. I. DuPont de Nemours）拥有“TEFLON”（特富龙）商标，它起诉日本吉田公司（Yoshida或YKK）侵犯商标权，理由是吉田在其拉链产品上注册的“EFLON”商标与该商标相似，并且可能导致消费

---

❶ 汉斯·采泽尔，戴维·凯．用数字证明：法律和诉讼中的实证方法［M］．黄向阳，译．北京：中国人民大学出版社，2008：195.

❷ E. DEBORAH JAY. Genericness Survey in Trademark Disputes：Under the Gavel［G］//SHARI DIAMOND，JERRE SWANN. Trademark and Deceptive Advertising Surveys. ABA，2012：106-107.

❸ THOMAS MCCARTHY. McCarthy on Trademark and Unfair Competition［M］.4th ed. New York：Thomson Reuters，2012（§ 12：15）.

者的混淆。[1] 被告辩称：其一，两个商标不会发生混淆；其二，“TEFLON”已经成为不粘锅等厨具产品的通用名称。这里着重讨论后一个问题。对此，原、被告除了提供诸如各种广告、出版物等证据外，也都分别提供了消费者调查报告。

被告吉田公司作了两次消费者调查，但都属于“热水瓶调查”类型。第一次调查，首先向受访者提问：是否注意到在厨房炊具的内部表面覆盖有一层化学物质，以防止油脂或食物在上面粘连？对于回答“有注意”的受访者，进一步的问题是：请说出此类炊具的名称？你会如何向店员或朋友描述这些炊具？谁制造的此类炊具？调查结果显示：91%的受访者注意到炊具表面有一层不粘膜覆盖；在这些受访者中，86%的人回答这样的炊具是 TEFLON，有 72%的人会用“TEFLON”向店员或朋友描述此类炊具，而只有 7%的人确认 TEFLON 炊具的制造者就是杜邦公司。

吉田公司的第二次消费者调查，问题与第一次基本相同，只是更准确地把 TEFLON 与不粘膜（而非不粘锅）相联系。调查统计的结果是：89%的人注意到炊具内的表面覆盖有不粘膜；在这些受访者，81%的人说出这样的不粘膜是 TEFLON，60%的人会用“TEFLON”向店员或朋友描述该种不粘膜，只有 9%的人确定 TEFLON 不粘膜的制造者是杜邦公司。[2]

原告杜邦公司也进行了两次消费者调查。第一次也是“热水瓶调查”类型，但有所修改。杜邦公司首先向受访者介绍:“保护膜有时被生产商用于家用厨具的内部表面，以防止食品或油脂的粘连”。接着，向受访者提问:“你知道此类保护膜的一个品牌或商标吗?”对于回答了该问题的受访者，进一步发问:“什么是品牌名称或者商标?”以及“你能想到任何其他的词语来描述此类保护膜吗?”调查结果表明：所有受访者中有 48%将 TEFLON 称作这些保护膜的品牌名称或商标；但是，受访者中也有 68%的人无法想到任何其他词语来描述此类保护膜。[3]

不过，法官对上述调查均不满意，认为采用“热水瓶调查”方法所获得的结果模棱两可。受访者的回答既能被解释成涉案商标是通用名称，也

---

[1] E. I. DuPont de Nemours & Co. v. Yoshida Intern., Inc., 393 F. Supp. 502 (E. D. N. Y. 1975)

[2] E. DEBORAH JAY. Genericness Survey in Trademark Disputes: Under the Gavel [G]//SHARI DIAMOND, JERRE SWANN. Trademark and Deceptive Advertising Surveys. ABA, 2012: 107, n23.

[3] E. DEBORAH JAY. Genericness Survey in Trademark Disputes: Under the Gavel [G]//SHARI DIAMOND, JERRE SWANN. Trademark and Deceptive Advertising Surveys. ABA, 2012: 107, n24. 对此，更细致的描述参见采泽尔书，第 196 页（对于“是否知道这种保护模的一个品牌名称或商标”这一问题，在 1000 名受访者中，40%回答“不知道”。再对其余 60%回答“知道”的受访者接着提问“这个品牌名称或商标是什么?”，结果在这 60%中有 80%回答“Teflon”，还有 17%回答“Pam”）。因此，所有受访者中的 48%说出 Teflon 是这种保护膜的品牌名称或商标。

可以被解释成仍然是商标。因为受访者表示，在被询问一类产品的时候他会使用某个品牌的名称，但这并不意味着他认为那个名称就是通用名称而不是商标。[1] 这也就有了后来所谓的“特富龙调查”，即杜邦公司所做的第二次消费者调查。据介绍，这项调查是杜邦公司委托第三方在“开庭前一天的晚上”用电话调查的方式完成。正是这项调查，法官认为它是“唯一明确了本案关键因素的”调查，[2] 并最终使杜邦公司保住了“TEFLON”商标。

特富龙调查的具体操作方法如下。首先在电话中问明受访者已经年满 18 岁，然后向其告知：

> 我会向您读出 8 个名称，由您告诉我您认为它是一个品牌名称还是一个通用名称；
>
> 所谓品牌名称，我指的是比如“Chevrolet”(雪佛兰)，是只有一家公司使用在产品上的名称；所谓的通用名称，我指的是比如“汽车”这样的词，是由许多不同公司在产品上使用的名称。那么，如果我问您，“Chevrolet 是品牌名称还是通用名称?”您会怎么回答？[受访者回答]
>
> 好，如果我问您，“洗衣机是品牌名称还是通用名称?”你会怎么回答？[受访者回答]
>
> [如果受访者明白了问题的意思，继续下一问题。如果不明白的，再予解释]
>
> 好，您能说出________是品牌名称还是通用名称?[3]

特富龙调查在 1973 年 6 月 4 日进行，受访者分布于全美 20 个城市，由 514 名成年男性与 517 名成年女性组成。调查统计的结果是，回答“TEFLON”为品牌名称（商标）的占 68%，回答其为通用名称占 31%，另有 2% 回答“不知道”（表 5-1）。[4]

---

[1] 汉斯·采泽尔，戴维·凯．用数字证明：法律和诉讼中的实证方法［M］．黄向阳，译．北京：中国人民大学出版社，2008：196.

[2] 采泽尔书，第 196 页。另参见 McCarthy 书 § 12：16。

[3] THOMAS MCCARTHY. McCarthy on Trademark and Unfair Competition [M].4th ed. New York：Thomson Reuters,2012(§ 12:16).

[4] 该表格原文见 E. I. DuPont de Nemours & Co. v. Yoshida Intern., Inc. 案判决书,另参见:McCarthy 书，§ 12:16;采泽尔书，第 196 页。

表 5-1　特富龙调查结果

受访调查的名称	回答是“品牌名称”(%)	回答是“通用名称”(%)	回答“不知道”(%)
STP	90	5	5
THERMOS	51	46	3
MARGARINE	9	91	1
TEFLON	68	31	2
JELLO	75	25	1
REFRICERATOR	6	94	—
ASPIRIN	13	86	—
COKE	76	24	—

在本案之后，特富龙调查方法在商标法领域大受欢迎。从法院与美国商标审理与上诉委员会（TTAB）所裁决的诸多案件看，特富龙调查已成为一种更受人青睐的消费者调查方法。❶

当然，无论热水瓶调查还是特富龙调查都不是完美无缺的工具。实际上，任何模拟性研究都是如此。因此，人们在采用其调查结果时也必须做到仔细权衡，并且对于这两类调查所提供的框架，需要结合个案情况作必要的调查。但是，对涉案商标是否成为通用名称进行消费者调查，其方法论价值已经毋庸置疑，并且在实践中也受到诉讼当事人、律师和法官的偏爱。❷

四、我国在商标与通用名称判定上的标准与方法

我国 1982 年制定的《商标法》以及 1993 年的修订均明确规定，商品

❶ E. DEBORAH JAY. Genericness Survey in Trademark Disputes: Under the Gavel [G]//SHARI DIAMOND, JERRE SWANN. Trademark and Deceptive Advertising Surveys. ABA, 2012: 112.

❷ 汉斯·采泽尔，戴维·凯．用数字证明：法律和诉讼中的实证方法 [M]．黄向阳，译．北京：中国人民大学出版社，2008：196；THOMAS MCCARTHY. McCarthy on Trademark and Unfair Competition [M]. 4th ed. New York: Thomson Reuters, 2012 (§12: 17).

通用名称不得作为商标。[1] 2001 年修订时，将原商标法第 8 条一分为二，形成修改后《商标法》第 10 条[2]和第 11 条[3]。由此，我国商标法在显著性规则上取得一大进步。但是，对于商标成为通用名称的情形，则仍然缺乏明文规定，只是在 2002 年《商标法实施条例》第 49 条规定了商标的正当使用。[4] 2013 年 8 月 30 日《商标法》通过第三次修订，于 2014 年 5 月 1 日开始实施。现行《商标法》第 49 条第 2 款增加规定："注册商标成为其核定使用的商品的通用名称的，……任何单位或者个人可以向商标局申请撤销该注册商标。"

不过，在此之前，社会现实已经向司法提出了要求解决商标成为通用名称的问题。最高人民法院在一起侵犯商标权案件的判决中指出，"根据我国商标管理的有关规定，有效期内的注册商标如因注册人疏于管理而使注册商标的显著性消失，该商标将因缺乏显著性而被撤销。"[5] 但法院同时认为，"本案商标注册人虽有对某些专业出版物上将溴氰菊酯的商品名与'敌杀死'商标混淆的情况疏于管理，但在中国商标局未宣布对该注册商标撤销前，仍应受商标法保护。"[6] 法院能否以注册商标成为通用名称为由而直接将之撤销，这种做法由于受限于司法权与行政权力的界分，目前仍不可行，但本书作者认为，假如商标成为通用名称的，司法实践中应采纳其为侵犯商标权的抗辩事由。

无论是证明某一名称因长期使用取得显著特征而成为商标，还是证明某一商标由于某种原因而丧失显著性从而变成通用名称，这些都需要当事人提供相应的证据。在司法实践中，举证责任正是困难的所在。

---

[1] 1982 年《商标法》第 8 条："商标不得使用下列文字、图形：……（5）本商品的通用名称和图形；" 另参见 1993 年《商标法》第 8 条第 1 款。

[2] 2001 年《商标法》第 10 条对 1993 年《商标法》第 8 条的基本保持不变，但将其中的第（五）、（六）项移至第 11 条。

[3] 2001 年《商标法》第 11 条规定："下列标志不得作为商标注册：（1）仅有本商品的通用名称、图形、型号的；（2）仅仅直接表示商品的质量、主要原料、功能、用途、重量、数量及其他特点的；（3）缺乏显著特征的。前款所列标志经过使用取得显著特征，并便于识别的，可以作为商标注册。"

[4] 《商标法实施条例》第 49 条："注册商标中含有的本商品的通用名称、图形、型号，……注册商标专用权人无权禁止他人正当使用。"

[5][6] 参见艾格福（天津）有限公司与四川省富顺县生物化工厂侵犯"敌杀死"商标权纠纷上诉案，最高人民法院民事判决书（1999）知终字第 11 号。

(一) 司法实践中判定商标或通用名称的标准与方法

在“84”消毒液案中，❶ 最高人民法院就判断某一词语究竟为特有名称❷抑或为通用名称的问题指出，

> 判断通用名称时，不仅国家或者行业标准以及专业工具书、辞典中已经列入的商品名称，应当认定为通用名称，而且对于已为同行业经营者约定俗成、普遍使用的表示某类商品的名词，也应认定为该商品的通用名称。

由此可见，最高人民法院认为以下情形属于通用名称：(1) 国家或行业标准中列为商品名称；(2) 专业工具书、辞典中列为商品名称；(3) 同行业经营者约定俗成、普遍使用为某类商品的名称。前两种情形的判断标准相对明确，但对于第三种情形，法院既没有明确以消费者作为判断的主体标准，也未提出判断的时间标准，更没有提到可否运用其他判断方法——例如消费者调查的方法——来帮助法院作出判断。在该案中，最高人民法院认定“84”已经成为消毒液的通用名称，其证据有二：当事人在有关技术转让合同中未对“84”名称作出特殊约定，以至于“84”消毒液作为该类商品的名称被普遍使用；卫生部发布规定，要求产品名称采用生产企业商标与“84”消毒液相结合的方式。

长期以来，上述判断方法也是我国法院审理涉案商标与通用名称问题的指导规则。2010年，最高人民法院在《关于审理商标授权确权行政案件若干问题的意见》❸ 中规定：

> 7. 人民法院在判断诉争商标是否为通用名称时，应当审查其是否属于法定的或者约定俗成的商品名称。依据法律规定或者国家标准、行业标准属于商品通用名称的，应当认定为通用名称。相关公众普遍认为某一名称能够指代一类商品的，应当认定该名称为约定俗成的通用名称。被专业工具书、辞典列为商品名称的，可以作为认定约定俗

---

❶ 江苏爱特福药物保健品有限公司诉北京地坛医院、金湖县爱特福化工有限责任公司、北京庆余药品经营部不正当竞争纠纷案，最高人民法院民事判决书（2002）民三终字第1号。载《最高人民法院公报》2003年第5期。

❷ 本案涉及的是《反不正当竞争法》第5条的“知名商品特有名称”。但这种“特有名称”实质上等同于未注册商标，故本案仍可用于讨论本文所涉及的问题。

❸ 最高人民法院法发［2010］12号（2010年4月20日）。

成的通用名称的参考。

约定俗成的通用名称一般以全国范围内相关公众的通常认识为判断标准。对于由于历史传统、风土人情、地理环境等原因形成的相关市场较为固定的商品，在该相关市场内通用的称谓，可以认定为通用名称。

申请人明知或者应知其申请注册的商标为部分区域内约定俗成的商品名称的，应视其申请注册的商标为通用名称。

8. 人民法院审查判断诉争商标是否属于通用名称，一般以提出商标注册申请时的事实状态为准。如果申请时不属于通用名称，但在核准注册时诉争商标已经成为通用名称的，仍应认定其属于本商品的通用名称；虽在申请时属于本商品的通用名称，但在核准注册时已经不是通用名称的，则不妨碍其取得注册。

该解释进一步明确了涉案商标是否为通用名称的判断标准，特别是判断的主体、时间、地域范围等。同时，它将判断方法分为两类：（1）法定的通用名称和（2）约定俗成的通用名称。前者的依据是法律、国家标准与行业标准的规定。后者的认定则相对复杂，“相关公众普遍认为某一名称能够指代一类商品的，应当认定该名称为约定俗成的通用名称。”被专业工具书、辞典列为商品名称的，固然可以作为认定“约定俗成的通用名称”的参考。但是，相关公众或消费者[1]调查的结果，是否也可以作为判断的证据呢？该解释对此未作明确规定。

（二）从司法统计看我国消费者调查方法的阙如

首先，我们借助司法案例的统计，看看我国当前司法实践究竟采用何种依据，来处理涉案商标是否为通用名称的问题。与美国不同，我国尚未形成司法案例分类汇编系统，故本章调查是以“北大法律信息网”（http://vip.chinalawinfo.com/）的“司法案例”数据库为依据。

2013年4月1日，在Chinalawinfo. com的“司法案例”栏目下作在线查询。首先设置的条件是：案例类型“全部”（含民事、刑事和行政案件）；法院“全部”；文书性质“判决书”；审理程序“全部”。其次，输入不同的关键词进行查询。查得结果如下：

---

[1] 我国商标法以及相关司法解释多采用“相关公众”一语，而本书多采用“消费者”。两者在大多数情况下是一致的，只有涉及生产资料类产品所适用的商标时，不宜以“消费者”的角度去判定。因此，“相关公众”是更为准确的术语，但是用“消费者”则更为通俗易懂。

以关键词“商标”“通用名称”“显著性”组合查询，查得判决书的数量大约为300余条（未排除一、二审重复计算的情形）。

那么，法院又是以什么方式来判定涉案标志究竟为商标抑或通用名称呢？在上述查得结果中再以相应的关键词分别查询，结果如下（括号内是以该关键词检索所查得的判决书的数量）：“约定俗成”(63条)、“国家标准”(47条)、“行业标准”(42条)、“专业工具书”(16条)、“辞典”(31条)、“词典”(51条)、“药典”(12条)、“消费者调查”(0条)、“相关公众调查”(0条)。

鉴于我国商标法和司法实践中尚无明确提到“消费者调查”(或“相关公众调查”)，为防止漏失，故再以“调查”加“消费者”或“相关公众”为查询条件，查得87条。但是，通过阅读这87份判决书，可知其中并无一份判决提到用消费者调查方法作为判定通用名称的证据。

再考虑到我国《反不正当竞争法》第5条，通用名称的问题也可能出现在不正当竞争案件中。故再以“不正当竞争”“通用名称”“显著性”为关键词进行组合查询，查得79份判决书。通过查阅，仍然没有一份判决采用消费者调查方法。

其次，我们考察典型案例中关于商标与通用名称的判定依据。从学者整理的一份涉及商标与通用名称问题的典型案例看，商标（含申请注册的商标）被认定为通用名称的有：“ALMIT”(铝焊料)、“优盘”“午夜”“84”(消毒液)；未被认定为通用名称的商标有：“子弹头”“散利通”“十三香”“大光明”“阿胶钙”“妇炎洁”“宁夏红·枸杞酒”“小肥羊”“21金维他”。❶ 在其他一些论文中，还曾讨论到“敌杀死”“桃小灵”“兰贵人”“酸酸乳”“商务通”“解百纳”“甑馏”“鲁锦”“水鸟”等涉案商标是否系通用名称的问题。不过，从学界的讨论来看，在关于涉案商标是否系通用名称的认定上，几乎无一涉及将消费者调查作为证据的问题。❷

综上，我国法院在判定涉案商标是否为通用名称的标准与证据方面，

---

❶ 参见：郭寿康和黄晖主编的《中国商标法制与实践》一书，第25~28页。该资料为中国欧盟知识产权项目二期（IPR2）的研究成果，其中对于我国商标争议案件的裁判文书作了较系统的分类整理。[EB/OL]. [2013-04-01]. http://ipr2.org/document-centre/document.php? id=965#.

❷ 仅有一篇论文曾经提及：在“解百纳”案中，张裕公司分别在一审、二审中向法院提交了权威机构做出的有关“解百纳”品牌认知度的市场调查报告。其中在“认为解百纳与葡萄酒有联系”的受访者中，认为“解百纳”与张裕公司相关的受访者占75.6%。这份调查数据表明，大多数消费者认定“解百纳”为张裕公司的商标。参见：李岳，刘艳平. 从“解百纳”案看商品通用名称的认定 [J]. 对外经贸，2012 (12). 但是，北京市高级人民法院行政判决书（2010）高行终字第310号对此证据未予明列，遑论采信。[EB/OL]. [2013-04-01]. http://www.cnwinenews.com/html/201006/22/20100622102333.htm.

基本上是贯彻最高人民法院在相关案件及司法解释中的规定。其中采用较多采用的标准与证据有：涉案标志是否已经被约定俗成为通用名称；是否被收入词典；是否成为国家标准或行业标准。而有关消费者调查（或相关公众调查）方法的应用，则仍属空白。

五、适用消费者调查方法的可能性

对比上述中美两国的司法实践，明显可见两幅图景。同样面对商标与通用名称的问题，尤其是商标成为通用名称的判定时，两国的法院针对消费者调查方法的适用，却是截然不同的态度与做法。那么，我国是否需要借鉴美国式的消费者调查方法，又如何将其适用于司法实践呢？

总体上，我国商标法制还在不断完善过程之中，自然应当以一种开放的、兼顾众长的态度对待外国法制。商标纠纷往往与市场、消费者密切相关，因此在判定是否具备显著性并进而认定涉案名称为商标抑或通用名称时，应当以消费者的认知为依据。无论中国还是美国的商标法，均承认这一点。最高人民法院在相关案例与司法解释中均明确以相关公众（或消费者）的认知为标准，来判断涉案词语究竟为商标还是通用名称。但是，我国法院将通用名称分为法定与约定俗成两种，显示出某种刚性的类型化趋向，且在证据的列举上显示其在指导思想上偏重书证，而未顾及消费者调查之类的科学证据，以提高法官自由裁量的心证。美国的大量判例则表明，消费者调查方法在涉案商标的通用名称认定上具有重要价值，并且在司法实践中被证明是有效的。

商标与通用名称之间的转变，通常并不像黑白那样分明；毋宁说在很多情况下，就是一个显著性孰多孰少的问题，或者说，是一个量变到质变的过程。例如，在“特富龙调查”的统计结果中，同一文字被认为属于商标或通用名称的，呈现为不同的百分比。在表 5-1 中，1962 年“热水瓶调查”所涉及的“THERMOS”商标，已经被法院认定为通用名称，从而丧失商标权利了，然而在 1973 年的“特富龙调查”中，仍有 51% 的受访者认为它是商标。相比较而言，消费者认为“TEFLON”是商标的比例则高达 68%。至于在商标法上被公认为由商标变成通用名称的典型例子的“ASPIRIN”（阿司匹林）、“REFRIGERATOR”（冰箱），消费者认其为商标的比例则分别仅有 13% 和 6%；普遍被认为属于商标的“COKE”（可口可乐的另一商标），消费者认为其属于商标的比例则是 76%。通过这样的调查数据对比，结论就非常明显了，而且对于法官或争议双方都具有说服力。

因此，在此类问题上，调查统计之类的社会科学方法在其中大有发挥的余地。“对于法学的理性研究，今天称雄的人是熟读法条的人，但明天称雄的则将是能够驾驭统计学、经济学的人。”❶ 霍姆斯在一个多世纪前的预言，今天不仅在法学研究上获得应验，而且在法律实践上同样适用。这就是在商标与通用名称问题上应用消费者调查方法的现实和逻辑基础。

有人或许认为，美国式的消费者调查方法耗资不菲，而且如果双方当事人都委托他人作此类调查，结果往往相互抵牾，同样令人无所适从。诚然，引入消费者调查方法，必然涉及调查费用，但是，对于像“小肥羊”“解百纳”“优盘”这样或者耗时十来年、官司十几场、裁判文书几十份的案件，或者涉案标的数额巨大的案件，或者裁判结果将影响整个行业的案件，如果能够借助消费者调查之类的社会科学方法而尽快做出具有说服力的裁判，即使需要为此额外支出调查费用，对于企业或者社会来讲，都还是很有效率的。而且，我国进行消费者调查的成本一般也不会像美国那样高。至于提高调查的可信度，则有赖调查机构能力的提高与相关程序的配合，这需要一个过程。美国的相关实践经验，比如两种不同的调查类型，可以作为我们的重要参考。

总之，本书提议将消费者调查统计结果作为证据，承认其具有可采性（admissibility）。诚如美国法官在一份判决中指出，任何调查统计都免不了受到批评，特别是在诉讼过程中，但法院不必也不应由于对调查统计证据的批评就排除其可采性，而只是应当权衡其证据价值。❷ 在我国承认消费者调查的证据价值，并将之引入司法实践之后，还需要注意其正确的操作方法，确立相应的调查规范（比如受访者、调查样本、问题设计、统计数据等）。同时，关于涉案商标是否为通用名称，这里提倡消费者调查方法的可采性，但并未否定我国现行司法解释与案例中所采用的其他方法，而是主张应当将这些证据相互结合，以便做出更具说服力的判定。

---

❶ OLIVER WENDELL HOLMES, JR. The Path of the Law [J]. Harvard Law Review, 1897(10): 457, 469.

❷ Simon Property Group, L. P. v. mySimon, Inc., 104 F. Supp. 2d 1033, 1039 (S. D. Ind. 2000)。

第6章

书信上的物权、著作权与隐私权及其相互关系
——从“钱钟书书信拍卖案”谈起

> 每一项法律规则， 都可以被认为是社会为了使它的成员在他们的行动中不致发生冲突而建立起来的一道道屏障或一条条边界。❶
>
> ——［俄］保罗·维诺格拉多夫

一、事件的缘起与法律争议

2013年5月20日，北京中贸圣佳国际拍卖有限公司在其官方网站发布消息，称将于同年6月21日举办名为“《也是集》钱钟书书信手稿专场”的拍卖会，其中拍品为“66封钱钟书亲笔书信和《也是集》手稿，12封杨绛的书信和《干校六记》手稿，以及6封钱瑗的书信，还有沈从文、柯灵等人信件共计110件”。据了解，这些拍品主要为20世纪80年代钱钟书与香港《广角镜》月刊总编辑李国强的往来书信。李国强与钱钟书

❶ PAUL VINOGRADOFF. Common-Sense in Law［M］.London and New York：Lawbook Exchange Ltd.,1914：70. 转引自：弗里德利希·冯·哈耶克．法律、立法与自由［M］．邓正来，张守东，李静冰，译．北京：中国大百科全书出版社，2000（第八章）．保罗·维诺格拉多夫（Paul Vinogradoff，1854-1925），生于俄国，19岁毕业于莫斯科大学，后入柏林大学，专攻中世纪社会史与经济史，任教于莫斯科大学，多次游学英国，1902年担任牛津大学法理学讲座教授（Corpus Professor of Jurisprudence）。通晓12国语言，博学多才，著书266种，被称为“巨人的劳苦”。参见：王泽鉴．民法学说与判例研究（第8册）［M］．北京：中国政法大学出版社，1998：15（注4）．

相识于1979年，此后一直是钱钟书、杨绛夫妇在海外的重要挚友。因钱钟书与女儿钱瑗已去世，杨绛遂通过媒体发表声明，坚决反对拍卖这些私人书信。根据报道，该声明向李国强和拍卖公司提出质问："完全是朋友之间的私人书信，本是最为私密的个人交往，怎么可以公开拍卖？个人隐私、人与人之间的信赖、多年的感情，都可以当商品去交易吗？"声明也希望有关部门切实履行职责，维护公民的"通信自由和通信秘密"这一基本人权。❶

同年5月29日，国家版权局版权管理司负责人就此事件涉及的著作权问题发表意见，指出书信作为文字作品，其著作权属于作者，即写信人。拍卖活动的相关行为方在对信件进行处分的时候，未经著作权人同意，不得对书信做任何著作权意义上的利用，否则涉嫌侵害著作权人的合法权益。比如，将书信的全部或部分内容公之于众，就可能涉嫌侵犯著作权人的发表权。❷

与此同时，杨绛委托律师向北京市第二中级人民法院提交诉前禁令申请，请求责令停止侵害著作权。6月3日，法院作出裁定，要求中贸圣佳国际拍卖有限公司不得实施侵害钱钟书、杨绛、钱瑗写给李国强的涉案书信手稿著作权的行为。裁定书认定："书信作为人类沟通感情、交流思想、洽谈事项的工具，通常是写信人独立构思并创作而成的文字作品，可以成为著作权法保护的作品，其著作权应当由作者即发信人享有。"❸ 钱钟书去世后，杨绛作为其唯一继承人，有权依法继承其著作权中的财产权，保护其署名权、修改权，行使其发表权。法院在裁定书中强调，任何人包括收信人及其他合法取得书信手稿的人，在对合法取得的书信手稿进行处分时均不得侵害著作权人的合法权益。在杨绛明确表示不同意将其享有权利的涉案作品公之于众的情况下，中贸圣佳国际拍卖有限公司即将公开预展、公开拍卖涉案书信手稿，及为拍卖而正在或即将复制发行涉案书信手稿的行为构成了对杨绛发表权及复制权、发行权的侵害，将导致其受到难以弥补的损害。法院据此裁定："在拍卖、预展及宣传活动中，不得以公开发表、展览、复制、发行、信息网络传播等方式，实施侵害钱钟书、杨绛及其女儿钱某写给李国强的涉案书信手稿著作权的行为。"❹ 6月6日，中贸圣佳国际拍卖公司在其官网发布声明，决定停止本次公开拍卖活动。❺

---

❶ 参见央视2013年5月28日"新闻1+1"节目。杨绛称书信如拍将亲上法庭：隐私怎当商品交易[EB/OL].[2013-07-08].http://news.sina.com.cn/c/2013-05-28/000227239896.shtml.

❷ 国家版权局：钱钟书书信拍卖或涉嫌侵权[EB/OL].[2013-05-30].http://news.xinmin.cn/domestic/2013/05/30/20496559.html.

❸ 北京市第二中级人民法院民事裁定书（2013）二中保字第9727号。

❹ 拍卖公司不得侵害钱钟书杨绛书信手稿著作权 [N]. 光明日报，2013-06-04.

❺ 中贸圣佳拍卖公司声明取消钱钟书书信拍卖[EB/OL].[2013-06-06].http://news.163.com/13/0606/12/90MGJ29700014JB6.html.

事件发展至此，以代表钱钟书一方的胜利而暂告一个段落，社会媒体对此事件的报道与评论也渐渐消退。但热闹过后，也需要一些冷静的思考；围绕本案发生的法律争议，也确有诸多值得进一步研讨之处。本案涉及的标的广泛，除钱钟书书信外，还有包括原告杨绛在内的他人书信以及他们的手稿。为讨论便利计，本章仅以钱钟书未发表之书信为讨论对象。从法律上讲，这些书信可能承载三种权利，即物权（载体）、著作权（表达）和隐私权（事实或思想）。然而，上述国家版权局的意见或者法院的裁定，似乎都只偏重于著作权一端，未及于其余两者，但本章讨论将涵盖三者及其相互关系。即使就著作权而论，法院的裁决理据也不无值得商榷之处。

二、手写书信作为享有著作权的作品：文字作品与美术（书法）作品

涉案信件完成于 20 世纪 80 年代。钱钟书先生作为一代大家，文章与书法俱佳。从所披露的部分图片看，信件系由作者以毛笔手书，其中自然具有文字意义，但也体现出书家风范。❶ 从名家书信的收藏、拍卖和展览的角度讲，收藏家或买家自然也是以兼顾这两方面意义的作品为首选。书法，即文字的书写艺术，特指以毛笔表现汉字的艺术。书法既有语言文字所具有的实用价值，也具有欣赏性的艺术价值。❷ 在中国历史上，书法艺术是从汉字的实用书写中逐渐地、不知不觉地发展起来的。书法成为高度自觉的艺术大约是在魏晋时期。从商代到魏晋，有记载的和遗传至今的书法作品，几乎全是书写实用性的文辞，或者是卜辞，或者是碑铭、信札或文书。书法作品不过是这些书面语言的伴生物。当为欣赏目的而创作的书法作品出现以后，书面语言在书法作品中逐渐退居次要地位。但书法作品录写语言作品的特点始终不曾改变。❸ 自古迄今，中国不少书法作品正是以书信传世，也是由于书法作品的收藏而使今人得以知晓古代的书信。典型的例子如王羲之的《丧乱帖》《快雪时晴帖》，它们从文字内容看就是书信，但从汉字书写形式而论，又都是书法杰作。❹ 近代的例子如梁启超，他

❶ 钱钟书幼承家学，从先生为《英汉大词典》《英语世界》《中国翻译》等题写的书刊名称中也可略窥其书法水准。

❷ 中国大百科全书（精华本）[M]. 北京：中国大百科全书出版社，2005：3652.

❸ 邱振中. 书法七个问题 [M]. 北京：中国人民大学出版社，2011：26.

❹ 《丧乱帖》现收藏于日本宫内厅三之丸尚藏馆，《快雪时晴帖》现藏于台北故宫博物院，两者均为镇馆之宝。

一生写下的书信（包括函电文稿）总数有4 000件左右，字数在100万字以上。这些书信包括与社会各界友人交往的信札，又包括写给儿女们的家书。1994年中华书局将这批书信手迹影印出版，名曰《梁启超未刊书信手迹》。❶书信手迹是梁启超传世墨宝的重要组成部分，具有很高的艺术价值。❷

我国《著作权法》未对作品作出完整的定义，但以分类列举的方式规定了作品的种类与范围。《著作权法》第3条规定："本法所称的作品，包括以下列形式创作的文学、艺术和自然科学、社会科学、工程技术等作品：（一）文字作品；……（四）美术、建筑作品……"。《著作权法实施条例》第4条进一步界定了《著作权法》所列举的各类作品，其中，"文字作品是指小说、诗词、散文、论文等以文字形式表现的作品"；"美术作品，是指绘画、书法、雕塑等以线条、色彩或者其他方式构成的有审美意义的平面或者立体的造型艺术作品。"著作权法上的作品分类虽与文学艺术作品的分类并不完全一致，但它毕竟是对社会实践的基本反映。因此，法律并没有排除同一作品因符合不同要件而被归入不同作品种类的可能性。本案所涉及的钱钟书的手书信件，就可能既是文字作品，也是作为书法的美术作品。

同样都是作品，在法律上区分文字作品与美术作品的意义何在？关键点在于，若为文字作品，不管以何种书写方式表达，也不管其为原件还是复制件，从艺术价值和法律意义上看，均无区别。但若为美术作品，则原件与复制件不仅价值迥异，而且著作权法还对美术作品原件的所有人设有专门规定，以定分著作权与物权的界限。❸

涉案书信既是文字作品也是美术（书法）作品，正是本案的特殊性所在。在当下，书信往往并不构成书法作品；而且由于信件交流方式的变化，尤其随着打印信件与电子邮件的广泛应用，书信将主要呈现为文字作品的特性，而不大可能成为书法作品。但本案所涉及的钱钟书的书信，显然与现今的情形不同。基于本案的特殊事实，当事人和相关部门在处理时自应对之有所考虑，以免顾此失彼。国家版权局相关人士在其对外发表的意见中直指争议书信为文字作品，固然无误，但未注意到它们也可以是美术（书法）作品，就未免有失周全。法院的民事裁定书只是认定涉案信件为享有著作权的文字作品，也存在同样的问题。反之，涉案书信一旦被认定为美术作品，则在著作权法规则的适用上即容或有别。根据我国《著作权法》第18条的规定，在保护美术作品著作权人权益的同时，也应维护

---

❶ 金玉甫．梁启超与中国书法［M］．郑州：河南美术出版社，2010：38.

❷ 同上注，第161页。

❸ 具体内容参见本章以下第三部分。

美术作品原件所有人的权益，甚至需要为此而限制著作权人之利益。

三、书信上的物权与著作权

（一）书信上物权与著作权的相互独立性

书信通常是写给他人的，表现为作者与收件人的分离，因此，若非作者明确要求返还信件或授予权利，通常的结果就是，物权与著作权各归其主：写信人保留书信之为作品的著作权，而收信人享有书信之载体（即信件）的所有权。尼默教授将书信在著作权法上的特征归纳如下：其一，它们类似于委托作品，即书信的创作通常是为特定接受方而为；其二，它们的功能决定了书信必须要对作品载体转移占有；其三，它们的内容通常被认为在发信人与收信人之间是保密的。[1]

据此特征，著作权法对待书信的一般规则是，书信作者保留其著作权，而收信人获得书信作品之载体的所有权。这就导致了某种奇怪的权利二分法（dichotomy of rights）。[2] 收信人享有绝对的权利，可以将书信销毁，或保留并允许其被他人有限地观看，或将之转让他人。书信的作者享有著作权，从而可以允许或者阻止他人（包括收信人）对书信进行复制并发表。当然，这是在书信作为文字作品的情况下可以适用的规则。但正如前文所指出的，如果书信兼具美术作品之特征，则书信原件的所有人拥有的权利将更多，其价值也将更大。

（二）书信上物权对著作权的限制

针对美术作品、摄影作品以及在少数情况下的建筑作品，多数国家的著作权法设有专门规定，以解决这些作品的著作权与载体物权之间互相分离与冲突的问题。整体而言，法律一般规定物权优先，从而限制著作权人的部分权利。

1. 展览权

一般认为，当知识产权与物权发生冲突时，知识产权通常要让位于物权。比如，在著作权保护期内，在一幅绘画上的物权与著作权是并存的。当绘画的物权转让时，基本上不影响原有的著作权关系。在物权与著作权

---

[1][2] Melville B. Nimmer. Nimmer on Copyright [M]. Matthew Bender, 2003(§ 5.04).

分别属于不同权利人的情况下，著作权的实现定然受到物权的制约。如果著作权人行使权利，须以接触或使用作品原件为前提，有赖于物权人的许可，这势必和物权发生冲突。当两个权利人不能就此达成一致时，尽管两种权利并无高下、优劣、尊卑、先后之分，但基于物权人依法享有对该绘画实物的独占、排他的支配权，往往导致著作权会因物权的对抗而难以实现。[1] 我国《著作权法》第 18 条规定，“美术等作品原件所有权的转移，不视为作品著作权的转移，但美术作品原件的展览权由原件所有人享有”，也正是上述观念的体现。

其他国家也有类似的立法例，而且在展览权的权利范围上较我国著作权法的规定为宽。[2] 先来看大陆法系国家的情况。德国《著作权法》第 18 条所规定的展览权，即指“将未发表的美术著作，或者未发表的摄影著作的原件或者复制件公开展示的权利”；该法第 44 条第 2 款规定：“美术或者摄影著作原件即使从未发表过，其所有人也有权公开展示该著作，除非著作权人在让与著作原件时明确表示对此予以禁止。”日本《著作权法》第 45 条第 1 款规定：“美术作品或者摄影作品原件的所有权人或者经其许可的人，可以公开展览该美术作品或者摄影作品的原件。”俄罗斯《民法典（著作权部分）》第 1291 条规定：“在作品专有权未转归其原件获得者的情形下，获得者有权不经作者同意，不向其支付报酬，而展示所得并归自己所有的作品原件，在针对其收藏品的展览会目录和出版物的目录中复制该作品原件，并将该作品原件转至他人组织的展览会上展示。”韩国《著作权法》第 11 条第 3 款规定：“如果作者将艺术作品、建筑作品或摄影作品（以下简称艺术作品等）的原件进行了转让，受让方有权以展览方式公开作品。”

英美法系国家也有同样的规定，并且展览权的调整范围更广。美国《著作权法》第 106 条第（5）项规定了展览权（public display right），其对象是“文学、音乐、戏剧、舞蹈作品、哑剧及绘画、图形或雕塑作品，包括电影或其他视听作品的单个图像”。有意思的是，虽然法律规定的内容如此广泛，然而自 1976 年美国著作权法创设该种权利以来，截至 2001 年，在美国发生的涉及展览权的案件总共只有 8 起。[3] 有学者分析，此类案件之所以罕见，主要原因在于美国《著作权法》第 109 条。该条规定了著作权法的首次销售原则（first sale doctrine），即对合法取得作品原件或

---

[1] 刘春田．知识产权法［M］．北京：高等教育出版社、北京大学出版社，2010：23.

[2] 以下所引用外国著作权法的条文，除特别说明外，均引自《十二国著作权法》（清华大学出版社 2012 年版）。

[3] R. ANTHONY REESE. The Public Display Right：The Copyright Act's Neglected Solution to the Controversy over RAM “Copies”［J］. U. Ill. L. Rev.，2001(2001)：104.

复制件的物权所有人而言，无须征得著作权人许可即可自由处分其财产，包括将该财产予以公开展示。[1] 美国《著作权法》第 109 条 C 款明确规定："虽有第 106 条第（5）项的规定，依本编合法制作的特定制件（particular copy lawfully made under this title）的所有人或该所有人授权的任何人，有权不经著作权人许可而直接地或者一次放映不超过一个图像向该制件所在地的观众公开展出该制件。"这一规定正是对著作权人所享有的展览权的限制。需要指出的是，这里的"copy"很容易被理解为"复制件"，但它实际上包括了复制件和原件，故作者将其译作"制件"。可资作为直接证据的是，该法第 101 条在"copy"的定义中就包括将作品首次固定于其中的载体（即原件）。[2]

2. 基于特定目的的有限复制权

部分国家的著作权法还进一步规定，作品原件或复制件的所有人在依据规定行使展览权或处分权时，还可因此实施有限的复制权。例如，德国《著作权法》第 58 条规定："（1）本法允许举办人复制、发行和公开提供公开展览的，或者用于公开展览，或者公开出售的特定美术著作和摄影著作，以制作促进举办活动所必需的广告。（2）本法还允许公众可达的图书馆、教育机构或者博物馆复制与发行本条第 1 款所称著作，以出版在内容和时间上与展览或者馆藏文献有关，且不谋求独立的营利目的的目录。"日本《著作权法》第 47 条规定："公开展览美术作品或者摄影作品原件的人，在不损害第 25 条规定的权利的情况下，在为了向参观者解说、介绍这些作品而制作的小册子上，可以登载该美术作品或者摄影作品。"日本在 2009 年修订著作权法时还增设第 47 条之二，规定为了美术作品等的许诺销售也可以进行复制或者向公众传播。韩国《著作权法》第 35 条第 3 款也规定："根据第 1 款展览艺术作品的人或者意图销售艺术作品原件的人，可以为了解释和介绍作品的目的而在手册中复制、发行作品。"

我国著作权法没有类似的规定。因此，美术作品原件的所有人虽然有权展览或拍卖原件，但没有明确的法律依据可以复制该作品。不过，从展览、拍卖的惯例来看，多有在限定范围内印制宣传海报或拍卖图录的做法。因此，若依惯例，此类复制行为是否一定构成侵权，恐怕不能一概而论；当然，今后若能参酌前述国外立法例而对我国著作权法作相应修订，

---

[1] JULIE COHEN, et al. Copyright in a Global Information Age [M]. 3d ed. Aspen Publishers, 2010: 422.

[2] 另参见：孙新强．译者的话［G］//《十二国著作权法》翻译组．十二国著作权法．北京：清华大学出版社，2012：710.

则必然有助于解决类似争议。值得注意的是，此类复制行为须以实现拍卖、展览之目的为限，且需严格控制复制的对象、方式、范围等，以免对著作权人的复制权、发行权和潜在的市场构成实质性损害。

（三）书信上著作权对物权的限制

1. 接触权

大多数国家的著作权法为作品原件或复制件的所有人设有特别规定，以克服其行使物权之障碍，但从另一个角度看，在著作权人无法获得原件的情况下，其著作权的行使也会面临障碍。对于后者，有一些国家规定了著作权人对于作品原件或复制件的接触权。但此类立法例相对较少，且限制较多。也有些国家否定此项权利。

承认接触权的立法例有德国、巴西、俄罗斯等国。德国《著作权法》第25条的标题就是“对著作物的接触”，其中分设两款：“（1）如果为制作其著作复制件或者改作之必要，且不损害占有人的合法利益，著作人得要求占有其著作原件或者复制件的占有人使其接触该原件或者复制件。（2）占有人无义务将原作或者复制件提供给著作人。”巴西《著作权法》第24条规定的著作人身权，除发表权、署名权、保护作品完整权之外，还专设一款规定著作权人对作品载体的接触权：“如果作品唯一或稀有的复制件为第三人所合法占有，作者为了保留对作品的记录，有权接触该复制件；对作品的接触应当以对占有者造成最少不便的摄影或类似方式或视听手段进行，如果占有者因此而遭受任何损害，应当获得赔偿。”俄罗斯《民法典（著作权部分）》第1292条也规定了“接触权”：“（1）造型艺术作品的作者有权要求作品原件所有人提供行使自己作品复制权的机会（接触权）。但是，不能要求作品原件所有人将作品交给作者。（2）合同未作另外规定的，造型艺术作品的作者有权要求作品原件所有人提供对作品摄影和录像的机会。”

有的国家虽规定了接触权，但同时限定其行使方式，尤其在当事人无法协商一致时，应由法院裁决是否给予接触。例如，法国《知识产权法典》第L. 111—3条第2款规定：“这些权利只属作者及其权利继受人本人，但作者及其权利继受人不得要求原件所有人交出原件供其行使权利之用。但原件所有人明显滥用权利妨碍发表权的行使时，大审法院可根据第L. 121—3条的规定采取一切适当之措施。”

包括我国在内的大多数国家没有规定接触权。此外还有个别国家则否定此类权利。例如，埃及《知识产权保护法》第152条第2款规定：“原件受让人不受强迫命令以实现作者对该原件的复制、转让或者展览；当事人另有约定的除外。”

2. 追续权

追续权是指作品的著作权人享有从作品原件的再销售中获得收益的权利。[1] 显然，这是对原件所有人物权的一种限制。此项权利在典型的大陆法系国家有规定，而在英美法系国家通常较少规定。[2] 例如，法国《知识产权法典》第 L. 122—8 条、德国《著作权法》第 26 条针对美术作品原件设立追续权。而俄罗斯《民法典（著作权部分）》第 1293 条规定的追续权不仅针对美术作品原件，也包括作品的亲笔手稿。该条第 2 款规定:“依照本条第一款规定程序，作者同样享有对文学和音乐作品创作手稿（亲笔手稿）的追续权。”

综合上述分析可知，书信原件的所有权与书信的著作权通常分属不同主体，他们各自享有权利，各行其是，相互独立。如果书信仅仅作为文字作品，则原件所有人可以通过出售、出借等方式处分该信件，但不享有任何著作权；若信件同时也构成美术作品的，则原件所有人不仅可以出售、出借，而且享有原件的展览权；即使作品尚未发表，原件所有人亦可借此行使发表权，将作品公之于众。我国著作权法规定了美术作品原件所有人享有展览权，但对于原件所有人能否为拍卖、展览等目的而进行有限的复制，未予明文规定；对于接触权和追续权，则完全没有规定。

由此再来看“钱钟书书信拍卖案”，法院的相关认定恐有不当。该民事裁定书要求书信原件所有人的受托人（拍卖公司）在拍卖、预展及宣传活动中，不得以公开发表、展览、复制、发行、信息网络传播等方式，实施侵害涉案书信手稿著作权的行为。但是，如果依前述分析，涉案书信可以被认定为美术作品的话，则“公开发表、展览”等方式恐怕并不属于侵害书信著作权的行为。

四、书信上的隐私权与发表权

书信，尤其私人书信，通常涉及写信人与收信人之间未对外公开的交流，很容易让人想到隐私权的问题。在“钱钟书书信拍卖案”中，原告还

---

[1] 同前注，Julie Cohen 书第 398 页。

[2] 由于受到欧盟 2001 年相关指令的影响，英国在 2006 年立法保护追续权。此外，澳大利亚于 2010 年开始实施《视觉艺术和追续权法》。

提出保护“通信自由与通信秘密”这一基本人权。我们先来看后面这一点。我国《宪法》第40条规定的通信秘密是指在公民与他人通信或打电报、电话的过程中，任何组织或者个人不得偷听、偷看或者涂改其内容。显然，通信秘密更多的是为了防止与限制公权力对于公民私权的侵犯。因此，我国宪法、刑法、刑事诉讼法均设有专门规定。❶ 第三方干涉通信双方的通信秘密的，可能构成民事侵权，但是，通信秘密权并不涉及通信双方的行为。换言之，即使收信人自愿将通信内容公开，只可能涉及侵犯隐私权或著作权，而不可能违反宪法关于通信自由与通信秘密的规定。

接下来需重点讨论的是，收信人是否有权将尚未发表的书信内容予以公开。这涉及未发表作品的发表权与隐私权以及它们之间的关系。

（一）对未发表作品合法行使发表权即表明作者放弃隐私权

根据我国《著作权法》第10条，在一般情况下，著作权人享有发表权，即决定是否以及如何将作品公之于众的权利。如果作品的著作权人与作品原件的所有人为同一人，则著作权人行使发表权，即表明其放弃自身的隐私保护。从著作权制度的历史看，作者对作品发表权的控制实际上就是隐私权的一种保护方式。英美法早期曾经普遍承认对未发表作品的普通法上的著作权（common law copyright）。隐私权研究的开山之作，即沃伦与布兰代斯1890年发表在《哈佛法律评论》上的《论隐私权》一文，就是从英美法的普通法著作权保护引申出保护隐私的原则。“强调著作权法对个人思想和情感的保护只不过是在保护个人的一项更加普遍的权利，即独处权（right to be let alone）。著作权法对个人作品的保护，不仅是保护私人财产，而且是保护个人人格神圣不受侵犯。保护个人作品、智慧和情感，这一原则正是隐私权的根据。”❷ 该文也强调，隐私权不禁止发表涉及公共和普遍利益的报道。当个人自愿发表自己的情况或同意他人发表时，隐私权即不复存在。❸ 因此可以认为，在作者决定予以发表之前，作品属于作者的隐私。❹

从书信的发表权与隐私权的关系可见，如果书信由作者自己发表、许可他人发表或者根据法律规定而由他人发表的，作者即放弃其隐私权主

---

❶ 许崇德．中国宪法［M］．北京：中国人民大学出版社，1996：419-420.

❷ SAMUEL D. WARREN, LOUIS D. BRANDEIS. The Right to Privacy［J］. Harv. L. Rev., 1890 (4): 193.

❸ 邱小平．表达自由：美国宪法第一修正案研究［M］．北京：北京大学出版社，2005：213.

❹ 张俊浩．民法学原理［M］．北京：中国政法大学出版社，1997：482.

张。由前文分析可知，书信若同时为美术（书法）作品的，书信原件的所有人依法享有原件的展览权；而发表权通常不能单独行使，需和著作财产权中的任何一种一起行使。作者不可能在将其财产权转让出去的情况下，自己还保留发表权。[1] 既然根据法律规定，收信人可由此获得原件的展览权并因此得行使发表权，就表明作者即写信人已经放弃其隐私权。当然，如果书信涉及第三人隐私的，则作者并不能因此而放弃他人隐私权。写信人与收信人均对此负有保护之责，除非第三人自己放弃或者具有法定免责情形。不过，这是另一重法律关系，在此暂不予讨论。

如果书信仅仅作为文字作品的，情况又将如何？收信人对此不享有任何的著作权，发表权仍保留在写信人手中。收信人或书信原件的合法所有人若擅自发表该书信，不仅涉及侵犯发表权，也可能侵犯隐私权。然而，这里需要进一步追问的是，对于尚未发表的作品，他人可否以合理使用而对抗著作权与隐私权。

（二）未发表作品的合理使用与隐私权保护

所谓“合理使用”(fair use)，是指著作权人以外的第三人无须征得同意就可以合理方式使用其作品的一种特权（privilege）。[2] 我国《著作权法》虽未采用“合理使用”这一术语，但第 22 条通常就被认为是有关合理使用的规定。[3] 需要注意的是，在该条所列举的 12 种情形中，合理使用的对象几乎都被限定为“已经发表的作品”。因此，按照我国现行法律规定，对于未发表作品进行合理使用，恐怕不太可能。大陆法系其他国家的著作权法也大多没有“合理使用”制度之设，而是规定了具体的“著作权的限制与例外”。同样，所谓的对著作权限制的对象，也通常是指已发表的作品。而在英美法系，合理使用制度源于衡平法，因此更具有包容性与开放性。以下分别述之。

1. 未发表作品的合理使用：“塞林格案”与美国《著作权法》第 107 条的修订

美国著作权法在 20 世纪后期对此问题进行重大调整，体现了由完全不承认对未发表作品的合理使用到逐步予以承认的过程。未发表作品的典型

---

[1] 同前注，刘春田书第 75 页。

[2] PAUL GOLDSTEIN. Goldstein on Copyright [M].Aspen Publishers,2011,Vol. II,12:1.

[3] 该条规定：“在下列情况下使用作品，可以不经著作权人许可，不向其支付报酬，但应当指明作者姓名、作品名称，并且不得侵犯著作权人依照本法享有的其他权利。”

例子是书信，而与书信之合理使用相关的典型案件就是“塞林格诉兰登书屋案”。❶

该案原告塞林格是小说《麦田守望者》（*The Catcher in the Rye*）的作者，他由此作品而在美国乃至世界文坛享有盛名。但在这部小说于1965年出版之后，他选择隐居生活，这更增加了人们对其私生活的关注。与兰登书屋签约的一位独立作家未经允许，研究并撰写了塞林格的传记。该传记有多处直接引用或以改写方式引用塞林格致他人书信的内容，而这些信件当时由几家大学的图书馆收藏，并未公开发表。该案争议的核心问题是，该作家在研究撰写传记时能否合理使用主人公的这些未发表的书信。一审判决由纽约南区法院的勒瓦尔法官（Pierre N. Leval）所撰，他同意被告的合理使用抗辩理由，从而驳回了原告即书信作者的初步禁令请求。上诉法院（美国第二巡回上诉法院）的纽曼法官（Jon Newman）则不认可合理使用的主张，裁决授予初步禁令。

上诉法院判决的主要法律依据是美国联邦最高法院不久前所作的“哈泼出版社诉《国家》杂志案”判决，❷ 特别是关于未发表作品是否适用合理使用原则问题的裁判理由。在“哈泼出版社案”中，美国联邦最高法院认为“合理使用在传统上并不是对尚未发表作品进行复制的一种抗辩事由”，但是，这项“绝对规则”因“合理使用原则的衡平法性质而在实践中有所缓和”。❸ 最高法院指出，根据1976年美国《著作权法》，❹ 著作权所保护之全部权利，包括首次发表权（right of first publication）在内，都受到合理使用原则的约束。但是，最高法院明确拒绝了被告《国家》杂志所提出的合理使用之主张，以此表明“在一般情况下，作者控制其首次将作品公之于众的权利优先于合理使用”。❺ 美国第二巡回上诉法院在“塞林格案”中指出，在涉及未发表信件时，尤其应当强调最高法院在“哈泼出版社案”中所强调的这种观念，即未发表的书信一般有权免受合理使用式复制。❻

---

❶ Salinger v. Random House, Inc., 811 F. 2d 90 (1987).

❷ Harper & Row Publishers, Inc. v. Nation Enterprises, 471 U. S. 539 (1985). 这是美国《著作权法》上合理使用的典型案例。其核心争议是，被告杂志社未经同意，将原告即将出版的福特总统自传的一小部分（约300多个单词）在其杂志上先行引用刊载，是否属于合理使用。

❸ 同上注，第551页。

❹ 1976年美国《著作权法》将以往由法院在判决中所形成的判断合理使用的要素予以法典化，即第107条第1款与第2款的规定(17 U. S. C. § 107)。

❺ 同前注，哈泼出版社案判决书第555页。

❻ 同前注，塞林格案决书第95页。

在塞林格案以及两年之后的“新时代出版公司诉亨利公司案”[1] 中，法院的判决均不利于被告对未发表作品提出合理使用的抗辩主张，这就引起了美国学术界与出版界的高度警觉。他们认为，按照这些判决，任何对于未发表作品的复制都可能难以被法院列入合理使用的范围。[2] 他们转而寻求国会的立法支持，遂有 1992 年对美国《著作权法》第 107 条的修订，即在该条前两款规定合理使用的目的以及判断是否合理的四个要素的基础上，增设第 3 款，规定：“作品未发表这一事实本身不应妨碍对合理的认定，假如该认定系考虑到上述因素而作出的。”由此，根据美国《著作权法》，即使作品即使尚未发表，也可以构成合理使用，只要该种使用符合该法第 107 条的所有考量因素。

“塞林格案”在 20 世纪 80 年代名噪一时，而且其判决思路一直影响至今。该案的两位主审法官事后也分别撰文，介绍其判决理由并探讨关于未发表作品的著作权、合理使用以及隐私权保护等更为广泛的问题。[3] 纽曼法官的观点是，对于未发表的信件，可以而且应当考虑隐私权，并且以著作权法保护之。勒瓦尔法官则不同意此种观点，他进一步发展并且提出这样的主张，即美国《著作权法》第 107 条所具体列示的关于合理使用认定的四项标准是法院所应当考虑的因素，从而应排除将隐私权作为合理使用的一个额外考虑因素；他同时认为，应当排除以著作权保护为手段而保护隐私权。从后来的发展看，美国《著作权法》第 107 条的修订实际上支持了勒瓦尔法官的主张。有研究者因此提出，著作权不是保护隐私权的适当手段。但是，即使在主张著作权保护背后的主要动机是为了保护隐私，那么，著作权人诉讼背后的这一动机就只是考虑合理使用的一个因素。对于未发表作品而言，尤其如此。与纽曼法官的意见相反的是，对于未发表

---

[1] New Era Publications Int'l.,ApS v. Henry Holt and Co.,Inc.,873 F. 2d 576 (1989).

[2] 在此两案之后，美国《新闻周刊》记者针对传记作家和历史研究者在面对未发表作品而不得使用时的困境，撰文指出如此判决是否将导致“历史的终结”，因为若不构成合理使用，“图书出版者开始做自我审查”以免构成侵权，而“写作者则试图解决如何在身受束缚的情况下书写历史”。参见：David A. Kaplan. The End of History? [N].Newsweek,1989-12-15.对此诘问，负责审理塞林格案的纽曼法官撰文《并非历史的终结：第二巡回上诉法院与合理使用的纠结》予以反驳，认为“塞林格案与新时代出版公司案产生了相当大的争议……不过，令人遗憾的是，对这些案件的一些批评者反应过度，并且得出草率而错误的结论，以为我们法院的立场就是完全反对使用未发表的作品。”参见：JON O. NEWMAN. Not the End of History:The Second Circuit Struggles with Fair Use [J]. J. Copyright Soc'y U. S. A.,1989 (37):12; JOHN B. GAFFNEY. The Fair Use of Unpublished Works:Where Privacy and Copyright Collide [J]. Conn. L. Rev.,2001(34):233,note 62.

[3] JON O. NEWMAN. Copyright Law and the Protection of Privacy [J]. Columbia-VLA Journal of Law & the Arts,1988(12):459; PIERRE N. LEVAL. Toward a Fair Use Standard [J]. 103 Harv. L. Rev.,1990(103):1105.

的作品，如果著作权人的动机是为了保护其隐私，那么，这一点应当不利于著作权人而有利于使用作品并主张合理使用抗辩的一方。❶

2. 大陆法系国家对于未发表作品（尤其是书信）的隐私权保护

与美国法相比，大陆法系国家的著作权法对于“合理使用”规定得较为保守，通常不同意对于未发表作品的合理使用。这在一定程度上反映出美国与欧洲大陆国家在表达自由与隐私保护之关系处理上的分歧。有学者在比较大西洋两岸欧美国家对隐私保护的差异之后指出，欧洲大陆法系国家认为隐私权的核心是个人肖像、名字和名誉的权利以及德国法所称的信息自决权（informational self-determination）；美国法上的隐私权的核心则更多的是对国家或他人侵入其私人和家庭的防御，而不是对媒体利用资讯的禁止。❷ 因此，一般而言，美国人对于表达自由给予更广阔的空间，而大陆法系国家的法律更注重对隐私权本身的保护。

在德国，包括著作权法在内的法律承认并保护“在信件、日记以及其他私密表述上的权利”。尽管这些表述大部分并没有达到智力作品的构成条件，但它们受到一般人格权的保护。“根据一般人格权，人们可以推导出法律为撰写人所提供的保护，这种保护使得撰写人可以对抗那些对自己的表述非法予以发表以及作出修改的行为。这种保护使得撰写人有权决定是否、何时以及以何种方式将自己的书面表述予以发表。这些书面表达的所有权人（比如收信人）在没有相应的约定的情况下也无权将它们予以发表。”❸ 德国对于私人书信之类的私密表述给予法律上的特别保护。由于受到德国《基本法》第19条第2款以及第1条第1款的保护，即使在存在重大公共利益的情况下，人们也不能对它们实施干预。而且，文化方面的利益也通常不能构成对知名人士的私人信件或者日记进行发表的辩解理由。当然，在一些个案中，由于涉及重大的公共利益或者私人利益，法律允许将那些不属于不可干预的私生活领域的某些私人的表述在一个较宽的范围内被人们查询。❹

在法国，法院早在19世纪80年代就对未发表信件的保护形成了这样一项原则，即保密信件的收信人在未经写信人同意时不得将信件公开。法

---

❶ 同前注，John B. Gaffney 文第234~235页。

❷ JAMES Q. WHITMAN. The Two Western Cultures of Privacy: Dignity v. Liberty [J]. Yale L. J., 2001(113):1162.

❸ 参见：M. 雷炳德. 著作权法 [M]. 张恩民，译. 北京：法律出版社，2005：550. 而关于撰写人死后的权利保障问题，该学者认为应当类推适用肖像权的有关规定。在德国，肖像人格权的保护期为肖像者本人终生加上其死后10年。参见同注，第545页。

❹ 同上注，第551页。

国在传统上之所以视“手书信件”的秘密有别于其他秘密，在很大程度上是从文学与艺术所有权的角度来考虑的。即使收信人因信件的转移而享有所有权，但公开（发表）信件的权利，是一种属于原作者的文学作品权利。❶ 法国曾有这样一个案例：罗曼·罗兰写给另外一位知名作家的一些信件不知何故落到一个生意人手中，他想拍卖这些信件，并在拍卖目录上刊载了这些信件的摘要。法院认为，这些信件中只有一封属秘密的信件不能被拍卖，其他信件反映的是罗曼·罗兰已在一些书和文章中公开发表过的观点，所以这些信件可以拍卖，但是被告在拍卖目录上印刷信件的摘要是错误行为，故责令被告赔偿2 000法郎。❷ 此外，如果当事人具有正当的理由，例如在法庭上出具信件作为证物，那么，他可以不经过写信人同意而公开其信件。❸

意大利《著作权法》对于涉及书信、肖像的著作权与隐私权、肖像权之间的关系设有更加专门而具体的规则。该法第 93 条规定：“凡具有机密性质或者涉及个人生活隐私的书信、书信集、家庭和个人便笺及性质类似的书写物，未经作者及收信人的许可，不得发表、复制或者用任何方式公之于众。作者或者收信人死亡的，应当经其配偶或者子女的许可；如无配偶及子女的，应当经其父母的许可；如无配偶、子女或者父母的，应当经其兄弟姐妹的许可；如无兄弟姐妹，应当经其第四亲等的尊亲或者卑亲的许可。如前款所述人员为两人以上并发生争执时，司法机关在听取检察院意见后作出裁判。死者的遗嘱用书面文字表述的，在任何情况下都应当获得尊重。”这一条规定尽管繁复，但其意思很明确：书信涉及个人隐私的，通信双方（而非写信人单方）有权决定是否发表、复制或以其他方式公之于众，在其去世之后，继承人有权决定是否发表，但须尊重死者的遗嘱规定。同时，该法第 94 条规定：“为民事诉讼或者刑事诉讼，或者为维护有关个人或者家庭尊严、声誉而需要得知上述书写物内容时，无需经前条所述人员的许可。”第 95 条还规定，即使该书信已进入公有领域，上述规定仍予适用。

五、小　　结

我们从“钱钟书书信拍卖案”切入，通过个案厘清书信作者与收信人

---

❶ 参见：弗朗索瓦·泰雷，菲利普·森勒尔．法国财产法［M］．罗结珍，译．北京：中国法制出版社，2008：111．

❷❸ 转引自：李先波，杨建成．论言论自由与隐私权之协调［J］．中国法学，2003（5）．

之间的法律关系，实质上是探讨私法上的一般问题，即未发表书信的物权、隐私权与著作权的关系，以及未发表作品是否可以合理使用。通过上述分析，大致可以得出如下结论。

首先，本案所涉及对象为作者用毛笔手书之信件，故它们既可以属于文字作品，也可能构成美术（书法）作品。这种文字与书法合一的情形，既是历史现象，也是客观事实。这也是本案的特殊性所在。如果这些书信可以被认定为美术（书法）作品，那么，根据《著作权法》第 18 条，美术作品原件的所有人（收信人或受让人）享有原件的展览权。这实际上是对写信人著作权的一种限制。因此，收信人既可以作为物权所有人而处分这些信件（例如出售、拍卖或赠予图书馆收藏），也可以将该信件以展览原件的方式公之于众。当然，如果涉案书信只是被认定为文字作品，那么，收信人只能对书信原件进行物权处分，并不能行使展览权。

其次，如果涉案书信构成美术（书法）作品，从而原件的所有人有权公开展览该作品原件的，那么，这种展览权可以对抗作者的隐私权主张。通常，一旦发表权依作者意愿或法律规定而行使，从而将尚未发表的作品公之于众的，即意味着作者放弃了隐私权。故在涉案书信构成美术作品的情况下，收信人享有原件的展览权，其当然可以将作品公之于众，而写信人不得因此主张自己的隐私权。当然，如果涉案书信只被认定为文字作品的，收信人未经许可不得将信件公之于众，因此，收信人若擅自公开信件，既可能侵犯发表权，也可能侵犯隐私权。不过，就本案而言，钱钟书已经去世，其隐私权已经消灭，而其继承人能否主张隐私权，恐怕存在问题。这或许也是本案原告方只以侵犯著作权为由提起诉讼的原因。

最后，即使涉案书信只是作为文字作品，收信人是否未经许可即不得以任何方式行使著作权？这涉及未发表作品的完全保护与合理使用之间的问题，争议颇多，也有待深入探讨。因为事涉公民人格尊严、隐私保护（私人利益）与表达自由、言论自由（公共利益）等重大宪政原则，因此，无论英美法系国家还是大陆法系国家，在处理这一问题时均较慎重。就美国著作权法的判例与立法演进历史来看，其已经承认对于未发表作品也可以构成合理使用。这就突破了以作品尚未发表和保护作者隐私为由而对此类作品予以完全保护的“绝对规则”。大陆法系国家虽然仍偏重于隐私保护，对于未发表作品基本不予合理使用，对保密信件的发表更是施以严格要求，但是，它们的立法与司法实践同样留有若干例外，可以不经许可而对信件予以公开或使用。这些规定与实践对于本案处理具有启示意义。

第7章

著作权、所有权与合同权利之关系

——基于班禅头像雕塑著作权案的分析

一、案件事实、处理结果与法律争议

西藏日喀则地区行署修建灵塔办公室（以下简称“灵塔办”）组织修建的第十世班禅灵塔内需铸一尊班禅大师的头像。杨松云系民间泥塑艺人，得知此情后向灵塔办提出承担此项任务。双方口头约定，先由杨松云依照班禅大师的照片试塑大师的泥头像。在试塑过程中，灵塔办向杨松云提供了班禅大师的照片5张和物质上的帮助，并依班禅大师的五官特征先后多次提出修改意见。双方在口头约定中未提到塑像作品的著作权归属及费用支付问题。试塑成功后，灵塔办准备与杨松云协商签订铸造银头像时，杨松云提出要支付26万元的使用费，因其要价过高而未能达成协议。后经双方多次协商，于1993年1月15日签订了《研制班禅大师塑像合同》。合同约定：(1)杨检云在已塑出的大师头像的基础上，按从头顶到腮骨高27厘米复制第二个泥头像，技术效果不低于现已塑出来的头像。(2)塑好第二个泥头像后制作铸造银头像的内外模型，并参与铸造工作。以上两项工程总造价7 000元，验收合格后付奖金3 000元。双方对此合同已履行完毕。其后，杨松云向法院起诉，请求确认第十世班禅大师头像作品的著作权归其所有，判令灵塔办给付其作品使用费26万元，并赔偿经济损失5万元。

日喀则地区中级人民法院经审理后，依照《著作权法》第11条第3款判决：班禅大师泥塑头像的著作权归灵塔办享有；驳回杨松云要求支付使用费及赔偿经济损失的请求。

杨松云提出上诉，认为其对受委托创作的第一个大师泥头像和复制(实为再创作) 的第二个泥头像以及根据第二个泥头像制作的银头像内外模型、模具和亲自铸造的银头像等作品，均享有著作权，从而要求确认本案作品的著作权归其所有，并由灵塔办支付使用报酬、赔偿经济损失。

灵塔办答辩称：第十世班禅大师头像是第十世班禅大师灵塔的一个组成部分，该灵塔的设计图纸中已经对塑像的标准、尺寸予以规范，因此塑像内容必须客观地体现灵塔本身所具有的思想和宗教精神。所谓构思、创作，必须是独立于他人而进行的一种创造性的智力活动。杨松云的工作是一种严格按照灵塔办的意志行事的劳务性工作，这项工作的结果是由灵塔办责无旁贷地承担责任的。故一审法院根据《著作权法》第 11 条第 3 款的规定，判决该头像著作权归灵塔办所有是正确的。

西藏自治区高级人民法院经审理，认为：发生著作权争议的作品应是班禅大师的银头像，而非作为第一、二稿的泥头像。班禅大师生前系国家著名的宗教领袖，国家领导人之一，为其塑像是国家意志的体现。这项工作由灵塔办受国家指定承办，全部责任应由灵塔办承担。为班禅大师塑像，不仅是特定的人身塑像，而且此塑像还具有特殊的宗教意义，参加塑像的人不可能也无权利凭自己的想象去创作、发挥，只能按灵塔办的意志创作。他们与灵塔办之间是雇用劳务关系。故班禅大师的塑像的著作权，应由灵塔办享有。鉴于杨松云在此次劳务中所发挥的积极作用，灵塔办还应当给予杨松云一次性经济补偿。二审判决：班禅大师“银头像”著作权归灵塔办享有；灵塔办一次性给付杨松云经济补偿 1 万元。[1]

本案当事人发生著作权争议的雕塑作品的对象是第十世班禅大师，涉及西藏宗教领袖。同时，二审法院在审理此案期间曾向最高人民法院请示，并根据最高人民法院的答复而最终作出判决的。[2] 本案的处理结果不仅是个案性的，并且因其曾经最高人民法院的函复、刊载于《最高人民法院公报》，从而对于我国法院今后处理类似的案件起着示范性作用。因此，对本案进行深入的分析具有更为重要的意义。

---

[1] “杨松云诉修建灵塔办公室著作权纠纷案”，载《中华人民共和国最高人民法院公报》1999 年第 6 期。

[2] 最高人民法院于 1998 年 3 月 9 日函复西藏自治区高级人民法院称：“原则同意你院审判委员会关于处理本案第一种意见，即本案争议的标的物应为‘银头像’；根据《著作权法》第 11 条第 3 款的规定，该‘银头像’应视为法人作品，其所有权及著作权均应归灵塔办享有。因此，原则上应当维持本案一审判决。”“鉴于本案有一定政治影响，又涉及民族团结，杨松云为制作班禅大师塑像付出了劳动，如能调解解决本案最好；关于是否给付杨松云适当经济补偿，请你院综合考虑本案的实际情况自行决定。”参见：最高人民法院民事审判第三庭．最高人民法院知识产权判例评解 [M]. 北京：知识产权出版社，2001：392-393.

本案的争点集中于三个方面：（一）原告提出要求确认著作权归属的究竟有几个作品？涉及著作权争议的又是哪个作品？（二）发生争议的作品的著作权归属于谁？（三）如果认定该作品著作权归原告所有，被告是否应当支付使用费、赔偿损失？反之，如果认定该作品著作权归被告所有，被告应否给予经济补偿？

二、争议作品是泥头像还是银头像？

一审法院判决著作权归属的是班禅大师的泥头像。原告杨松云上诉时主张著作权归其所有的作品包括：第一、二个泥头像以及银头像内外模型、模具和银头像。而二审法院认为与著作权争议有关的作品应当是银头像，在此之前的第一、二稿泥头像以及为铸造银头像制作的模型，仅系银头像“作品”形成前的铺垫环节，并非作品本身。由此提出一个问题：本案涉及几个作品？当事人争议的又是什么作品？

本书作者认为，对于本案所涉及的泥头像、银头像以及模型是否属于作品，应当根据《著作权法》规定的作品构成要件加以认定。《著作权法》未直接规定作品的定义，但《著作权法实施条例》第 2 条规定，“著作权法所称作品，指文学、艺术和科学领域内，具有独创性并能以有形形式复制的智力创作成果。”❶ 由此可见，作品在法律上的构成要件是，必须具备独创性（原创性）、可感知性、可复制性，以及处于文学、艺术和科学领域。❷

本案涉及的是美术作品中的雕塑作品。通常，雕塑作品的创作需要经过一个比较长的过程，包括初稿、放大稿、制作模具或翻制石膏像、最后按不同材料进行铸造或刻制。❸ 其间，在不同阶段可能形成不同的东西，那么，这些东西是否都属于作品，或者只是以最后的成品为作品，或者只是以初稿为作品，后者均为其复制品。对此不能进行简单的回答，需要根据特定的事实，依据作品的构成要件进行判断。初稿或放大稿如果符合独

❶ 因本案处理的法律依据是 1990 年《著作权法》及《著作权法实施条例》，故，尽管《著作权法》已于 2001 年、2010 年进行修改，如无特别指明，本章所引用的条文，如无特别标明，均指 1990 年《著作权法》。

❷ 参见：费安玲．作品的概念［G］// 江平，沈仁干．中华人民共和国著作权法讲析．中国国际广播出版社，1991：151-153；刘春田．知识产权法［M］．北京：中国人民大学出版社，2000：35-37；张俊浩．民法学原理［M］．北京：中国政法大学出版社，1997：476-478.

❸ 参见：德利娅·利普希克．著作权和邻接权［M］．联合国教科文组织．北京：中国对外翻译出版公司，2000：55.

创性要件的，可以认定为作品，不以其属于最后“作品”形成前的“铺垫环节”而非之；反之，如果放大稿或最后的“作品”与初稿相比，仅系尺寸不同或材料不同，而在作品本身的表现上没有变化，则应认定其属于对初稿的制作即复制，仍应以初稿而为作品。当然，如果在此过程中，作者在不同阶段对表现对象均进行了修改，且都具备独创性的，则它们各自都构成作品。

雕塑只要具备作品的要件，不论采用何种材料，也不论其创作方法，其雕塑的雏形和原型均应受法律保护。这里应将创作与制作区分开。诸如将雕塑作品加以扩大、缩小等行为是制作行为。制作品不是作品，制作者不是创作者，制作者不应享有著作权。❶

在“刘国础诉叶毓山侵害著作权纠纷案”中，四川省高级法院认为，“《群雕》是建造倡议单位委托叶毓山设计创作，并由叶毓山独立创作了《群雕》初稿，该作品著作权应为叶毓山享有。……群雕放大稿与初稿相比，在主题思想、整体结构、基本形态、表现手法等方面是一致的，没有实质的改变。……刘国础以实际参与制作的放大稿较初稿有变化，从而应享有著作权的主张不能成立。”❷ 该案涉及著作权争议的也是雕塑作品，其创作和最后完成的过程可分为：初稿——二稿——放大稿（定稿）——切割成400余块、放大制成泥塑、翻成石膏——由工人用花岗石进行石刻制作——将花岗石刻按定稿组合落成。显然，法院在认定著作权时已经注意到以下两节事实：(1) 作为初稿的泥塑《群雕》本身就是一个作品，作者对之享有著作权；(2) 在确定初稿与放大稿（定稿）之间的关系时，应当从主题、结构、形态、表现等构成雕塑作品的多个方面进行判断。如果放大稿没有实质改变，就是对初稿的放大制作，与初稿系同一作品；反之，则属对初稿的修改创作，产生新的作品。

关于雕塑的模型或模具是否作为雕塑作品受著作权法保护，我国《著作权法》未直接规定。国外有学者认为，艺术家用石膏或泥土等材料制作一件雕塑作品，然后尽管模子本身作为原作受到保护，但模具本身并不是雕塑作品。❸ 但也有相关的立法例认为雕塑的模型也应作为雕塑作品。例如英国1988年《版权、外观设计与专利法》第4条规定，“雕塑”包括为雕塑之目的而制作的铸模或模型。对此，本书作者认为，判断雕塑模型是

---

❶ 费安玲．作品的概念 [G] //江平，沈仁干．中华人民共和国著作权法讲析．中国国际广播出版社，1991：158-159.

❷ “刘国础诉叶毓山侵害著作权纠纷案”，载《中华人民共和国最高人民法院公报》1991年第1期。

❸ 德利娅·利普希克．著作权和邻接权 [M]．联合国教科文组织．北京：中国对外翻译出版公司，2000：55.

否受著作权法保护还是应当依其是否具有独创性而作决定。

结合上述分析可见，二审法院以“第一、二稿泥头像以及为铸造银头像制作的模型，仅系银头像‘作品’形成前的铺垫环节，并非作品本身”为由，直接排除泥头像可以构成作品的可能性，在著作权法上是没有道理的。相反，法院应当从试塑的泥头像、放大的泥头像以及最后的银头像三者之间，在作品的结构、造型、表现手法等方面进行具体比对，确认它们是否实质上相同，从而判定它们属于同一作品抑或各自构成作品。

在本案中，最后导致银头像产生的过程包括：泥头像初稿（试塑）——泥头像放大稿——制作内外模型——铸造银头像。本案的争讼对象是银头像的著作权，但无论是否将泥头像作为雕塑作品的模型，应当承认泥头像也属于作品，其作者同样享有著作权。准确言之，银头像是对泥头像的放大，它们是同一作品，作者享有同一著作权。

二审判决没有审查它们之间是否各自具有独创性，即认定涉及著作权争议的就是银头像。或许，最后的结论还是认为银头像是一个作品而非复制品，但是，如果没有像上文这样的认定过程，则法院最后的判决还是缺乏可靠性和说服力的。

三、著作权应当归属于谁：法人作品、职务作品抑或定做作品？

在本案中，原告主张适用《著作权法》第 11 条第 2 款和第 17 条的规定，要求确认班禅大师头像作品的著作权归其所有，被告则主张适用第 11 条第 3 款，以确认该作品的著作权为其所有，而法院最终支持了被告的主张，判决“银头像”的著作权归被告享有。

根据案件事实，结合《著作权法》关于著作权归属的规定，本案可能涉及的情况有：(1) 法人作品；(2) 职务作品；(3) 定做作品。

1. 法人作品

完成作品创作的只能是自然人，这是实践中的一个常识。反映在著作权法中，就是该法的基本原理之一，即《著作权法》第 11 条第 2 款规定的“创作作品的公民是作者”。同时，法律为了调整之便，也规定在某些特殊情况下，法人或者其他组织可以“视为”作者，亦即法律上的拟制。《著作权法》第 11 条第 3 款规定：“由法人或者非法人单位主持，代表法人或者非法人单位意志，并由法人或者非法人单位承担责任的作品，法人或者非法人单位视为作者。”这就是“法人作品”（当然包括了不具有法人资格的其他组织）的法律依据。由此，法人作品的构成要件包括：该作品的创作是由法人主持的；该作品体现了法人的意志；该作品由法人承担责任。但是，也有学者解释认为，法人作品的认定还应当具备下列条件：作品由法人的工作人员创作；作品以法人的名义发表。[1] 也正是基于这一解释，学者们又把法人作品作为职务作品的一种情形。[2] 两者的唯一区别在于，职务作品是由实际创作人员以作者资格署名（一般的职务作品）还是由法人以作者资格署名（法人作品）。[3]

2. 职务作品

根据《著作权法》第 16 条[4]的规定，职务作品的构成要件包括：该作品由法人的工作人员所创作；创作作品的行为属于履行其职责的范围；作品发表时由实际创作人员以作者资格署名。职务作品的著作权归属按不同情形而异，包括：著作权由作者享有，但法人享有使用作品的优先权；作者享有署名权，其余著作权整体上归法人。

3. 定做作品（委托作品）

根据《著作权法》第 17 条的规定，受委托创作的作品，可根据委托合同约定其著作权归属，如未订立合同或合同未明确约定，则其著作权属于受托人（作者）。当该条规定所涉及的多被人称为委托作品，但是，当事人之间的合同，按现行合同法的规定，应当属于加工承揽合同，故该种作品称为定做作品较为合适。

据上分析可知，无论是否承认法人作品为职务作品之一种，法人作品与职务作品的构成，均以实际创作人员与法人之间存在劳动关系或雇用关

---

[1] 张俊浩．民法学原理［M］．北京：中国政法大学出版社，1997：492-493.

[2] 刘春田．知识产权法［M］．北京：中国人民大学出版社，2000：74-75. 也有人将这种职务作品称为“法人职务作品”，参见：费安玲．作品的概念［G］//江平，沈仁干．中华人民共和国著作权法讲析．中国国际广播出版社，1991：165.

[3] 张俊浩．民法学原理［M］．北京：中国政法大学出版社，1997：480.

[4] 《著作权法》第 16 条规定：“公民为完成法人或者其他组织工作任务所创作的作品是职务作品，除本条第二款的规定以外，著作权由作者享有，但法人或者其他组织有权在其业务范围内优先使用。作品完成两年内，未经单位同意，作者不得许可第三人以与单位使用的相同方式使用该作品。有下列情形之一的职务作品，作者享有署名权，著作权的其他权利由法人或者其他组织享有，法人或者其他组织可以给予作者奖励：（一）主要是利用法人或者其他组织的物质技术条件创作，并由法人或者其他组织承担责任的工程设计图、产品设计图、地图、计算机软件等职务作品；（二）法律、行政法规规定或者合同约定著作权由法人或者其他组织享有的职务作品。”

系❶为要件，而定做作品的当事人之间则以存在加工承揽关系为要件。因此，在确定本案所涉及班禅大师头像的著作权归属时，首先应当确定原、被告之间的基础关系。

二审判决认定，原告杨松云“与灵塔办之间，是雇用劳务关系”。确认当事人之间究属雇用关系还是加工承揽关系，从而判定雕塑作品的作者及著作权归属，这是正确的方法。如属前者，则由此产生的作品可归入法人作品或职务作品；反之，如属后者，则只能归结为定做作品。但是，法院认定双方属于雇用关系的理由值得探讨。

雇用关系与承揽关系有相似之处，例如均是由一方当事人（雇员/承揽人）以向对方当事人（雇主/定做人）提供劳务为对价而获取报酬的一种合同关系。但既然法律把两者分开对待，例如在合同法、侵权行为法等方面均有不同，说明两者必然存在质的区别。

学者们多认为，“雇用与承揽不同，前者以劳务为给付，后者以劳务之结果为给付。”❷ 在此基础上，学者们又提出诸多区别点，例如是否存在组织领导关系、工作是否独立、付酬条件等。❸ 英美法对于雇用与承揽的区分也可资参考。例如，美国法把为他人提供劳务的人分为雇员（employee）与独立承揽人（independent contractor），区分的主要标准是雇主是否有权控制工作的细节，其他的标准包括工作的场所、受雇的时间、报酬的支付方式等。❹

本案雕塑作品的著作权究竟何属，实在于判定原告与被告之间究竟属于雇用关系，抑或承揽关系。

四、Community for Creative Non-Violence v. Reid 案的启示

美国联邦最高法院于 1989 年对 Community for Creative Non-Violence

---

❶ 劳动关系在本质上属于雇用关系，只是基于保护受雇者而在雇用关系的基础上加入了政府干预和社会化的内容。以下仅以雇用关系为讨论对象。

❷ 何孝元. 云五社会科学大辞典：法律学［M］. 台北：台湾商务印书馆，1971：397（“雇用”词条）. 另，梅仲协认为，“雇用与承揽有别：承揽重在工作之完成，而雇用则贵在劳务之给付。”参见：梅仲协. 民法要义［M］. 北京：中国政法大学出版社，1998：394.

❸ 参见：张俊浩. 民法学原理［M］. 北京：中国政法大学出版社，1997：754；谢怀栻，等. 合同法原理［M］. 北京：法律出版社，2000：429；郭明瑞，王轶. 合同法新论·分则［M］. 北京：中国政法大学出版社，1997：218.

❹ 参见英语专业词典对“employee”与“independent contractor”两个词条的解释［*Black's Law Dictionary*, West Group, 7th edition (1999); *Ballentine's Law Dictionary*, Lawyers Cooperative Publishing, 3rd edition (1969)］。另参见：薛波. 元照英美法词典［M］. 北京：法律出版社，2003：469, 682.

v. Reid 案[1]作出终审判决，并为今后此类案件的处理确立了判例和规则。该案在争议作品与当事人关系等事实方面与本案具有相似性，对本案也有参考意义。

非暴力创造性社区（简称“CCNV”）是位于美国首都华盛顿的一家非营利性机构，致力于减少社会上的无家可归现象。1985 年秋季，CCNV 的受托人（trustee）与负责人 Snyder 与雕塑家 Reid 接触，请后者制作一尊雕塑，用于该机构当年在华盛顿举行的圣诞节大会展示。Snyder 要求以戏剧化形式表现无家可归者的悲惨形象，并具体提出了诸如雕塑名称为“美国第三世界”（The Third America），其造型由真人大小的一家三口组成，斜躺在街道供热管道的格栅（作为雕塑基座）之上等。Reid 提议采用青铜雕塑，6~8 个月完成，总造价 10 万美元。CCNV 表示其预算不足，且须赶在圣诞节之前完工。最终双方达成口头协议，用一种合成材料制作雕塑，费用降 1.5 万美元。在 CCNV 支付了首款3 000美元之后，Reid 在其位于巴尔的摩的工作室开始创作，先是提交了人物草图速写稿，Snyder 对此提出修改意见。在创作雕塑期间，CCNV 的成员也数度来访，检查其工作进度，也是为了使雕塑作品与底座的建造能够相互匹配。对于 CCNV 成员就雕像形状与外观所提出的建议与指示，Reid 大部分表示同意。雕塑终于按期完成并送交展览，CCNV 也按约定付清了全部款项。在此过程中，双方当事人对雕塑作品的著作权问题从未进行过讨论。展览结束后，雕塑送回 Reid 工作室进行小修补。但后来，在 Reid 对雕塑进行著作权登记时双方发生了冲突，CCNV 随后提起诉讼，要求法院认定该雕塑作品的权利归其所有。

一审法院认定，雕塑作品的著作权属于 CCNV，理由是：该作品构成美国《著作权法》第 101 条所规定的“受雇完成的作品”(work made for hire，简称“雇用作品”)，从而根据第 201（b）条的规定，由受雇人员所完成的作品，其权利自动属于雇主，除非双方在书面合同中有相反的约定。被告提起上诉，二审法院撤销一审判决，认为该雕塑作品并不构成“雇用作品”，理由是：它既不属于第 101（1）条规定的“由雇员在其受雇范围内所完成的”作品，因为 Reid 的身份属于独立承揽人（independent contractor），也不属于第 101（2）条规定的情形，因为该作品未落入此条款专门列举的“专门指令或者委托创作的”9 类作品。上诉法院发回联邦地区法院重审，要求再行查清并认定该雕塑作品是否构成合作作品。当事人将此案向最高法院继续上诉，并获得受理。最高法院于 1989 年 6 月 5 日作出终审判决，维持上诉法院的判决。

---

[1] 490 U. S. 730 (1989).

美国《著作权法》第101条是定义条款，其中对“雇用作品”的定义，分为两款。第1款规定的是“由雇员在其受雇范围内所完成的作品”(work prepared by an employee within the scope of his or her employment)；第2款规定的是“专门指令或委托创作的”(specially ordered or commissioned)以下9类作品：作为集体作品的构成部分、电影或其他视听作品的组成部分、翻译、辅助作品、汇编、教材、试题、试题答案或地图，如果当事人以书面方式明确同意将之视为雇用作品的。当事人对于涉案作品不属于第2款规定的情形没有争议，因其既不属于这9类作品之列，当事人也没有书面合同约定。争议在于如何理解第101条第1款规定的“雇用作品”，亦即Reid是否受CCNV雇用而在其受雇范围内创作完成该雕塑作品的。

美国联邦最高法院之所以受理该案，主要原因是在巡回上诉法院之间对于第101条中“雇用作品”第1款形成了不同的解释，需要由其来消除分歧，确立共同的规则。各地法院在认定是否属于“由雇员完成的作品”时，有以下四种观点：

(1) 以雇用方（hiring party）是否对所完成的作品享有控制权为准。CCNV持此观点。

(2) 以雇用方对于特定作品的创作是否实际控制为准。

(3) 以普通法中的代理法所定义的概念为准。

(4) 以领取薪水的正式雇员为限。Reid持此观点。

联邦最高法院对双方当事人的观点均未予接受，而是倾向于第（3）种观点，但对于“雇员”的认定，认为应当根据一般性普通法中有关代理的规则进行理解（the term “employee” should be understood in light of the general common law of agency)，而不是各州的普通法规则。在认定作品创作者是否属于“雇员”时，应考虑雇用方对于完成作品的方式和手段是否有控制权（hiring party's right to control the manner and means by which the product is accomplished)。联邦最高法院对此列举了13个判定要素（参见表7-1)，参考了1958年《代理法（第二次）重述》(*Restatement* (*Second*) *Agency*) 第202（2）条。这些要素是非穷尽（non-exhaustive）列举，也没有任何一个要素是具有决定性的（determinative)，因此，法院在个案当中，应当对它们进行综合考察评判。联邦最高法院认为，尽管CCNV的成员对Reid的作品创作有很多指示，以确保该雕塑作品符合他们所提出的具体要求，但是，通过对上述要素的一一对照，没有一项能够支持CCNV的主张，因此，Reid不属于CCNV的雇员，而是独立承揽人。

表 7-1　雇用关系判定要素及其在 CCNV v. Reid 案的适用

序号	普通法认定雇员的要素	CCNV v. Reid 案	结果
1	必需的技能	Reid 是雕塑家，具有专业技能	×
2	器械和工具的来源	Reid 使用自己的工具	×
3	工作地点	Reid 自己在巴尔的摩的工作室	×
4	当事人之间关系的持续时间	两个月，时间相对较短	×
5	雇佣方是否有权向受雇方分派额外的任务	在此时间的前后，CCNV 无权向 Reid 分派额外的任务	×
6	受雇方在开工时间和工作长度上有多大的自主性	除了要在最后截止日交付雕塑，Reid 在何时开工及工作时间上完全自由	×
7	付款方式	CCNV 分期支付 1.5 万美元，在 Reid 完成雕塑并交付之后最终付清	×
8	受雇方在雇请帮手和向其付费时起何作用	Reid 自主雇请帮手和向其付费	×
9	雇佣方是否为企业	CCNV 不是企业	×
10	受雇方的福利条款	CCNV 未向 Reid 提供任何雇员福利，也未交纳失业保险或员工补偿基金	×
11	受雇方的纳税处理	CCNV 没有为 Reid 交纳工资税或社会保障税	×

注：本表系本书作者根据美国联邦最高法院判决制作。

五、本案当事人之间应当属于承揽而非雇用关系

如果按照雇员与承揽人的区分，根据本案事实，则应当认定杨松云为独立承揽人而非雇员。无论是让杨松云试塑还是双方正式签订《研制班禅大师头像合同》，灵塔办所需要的绝不是单纯为了杨松云的劳务，相反，他们需要的是由杨松云所完成的创作成果，即班禅大师的头像。从双方合同约定看，灵塔办所支付的报酬是工程造价及验收合格的奖金，并不是向雇员支付的工资或劳务费。此外，从法院查明的事实看，双方在签订合同过程中，杨松云“提出要支付 26 万元的使用费，因其要价过高未能达成

协议”。假如两者属于雇用关系，又何必谈使用费呢？根据这些事实，认定双方当事人为承揽合同关系更为适当。

作为一种学理上的探讨，我们也可以根据美国法上的 CCNV 测试标准，确立一套我国关于职务作品的认定标准。如果我们用 CCNV 测试标准来检验本案，或许有助于判定杨松云是否为灵塔办的雇员。将上述关于雇用关系的判定要素适用于杨松云案，可形成如下对照关系（表 7-2）。由于案情介绍不够全面，在杨松云工作时间、杨松云是否另外雇请帮手等事项上不清楚。除此之外，在其余 9 项要素中，有 8 项均不利于认定杨松云为灵塔办的雇员。关于工作地点这一项，虽无固定工场，但是在很大程度上也是由于杨松云为民间雕塑艺人之故，而且该雕塑系班禅灵塔工程的一部分，需要在工程地完成。

表 7-2　雇用关系判定要素在杨松云案中的适用

序号	普通法认定雇员的要素	杨松云案	结果
1	必需的技能	杨是民间泥塑艺人，具有专业技能	×
2	器械和工具的来源	杨使用自己的工具	×
3	工作地点	杨在灵塔办所提供的场地工作	√
4	当事人之间关系的持续时间	数月？案情不详	—
5	雇佣方是否有权向受雇方分派额外的任务	在此时间的前后，灵塔办无权向杨分派额外的任务	×
6	受雇方在开工时间和工作长度上有多大的自主性	杨需按合同完成，但在工作时间与长度上应当有自主性	×
7	付款方式	工程款7 000元，验收合格后奖金3 000元	×
8	受雇方在雇请帮手和向其付费时起何作用	杨是否请帮手不详	—
9	雇佣方是否为企业	灵塔办不是企业	×
10	受雇方的福利条款	灵塔办未为杨支付工资和其他职工福利	×
11	受雇方的纳税处理	灵塔办未为杨代交个人所得税等	×

二审法院认定双方当事人之间属于雇用关系的理由是“为班禅大师塑造头像是国家意志的体现，……而且此塑像还具有特殊的宗教意义，参加

塑像的人不可能也无权利凭自己的想象去创作、发挥，只能按灵塔办的意志创作”。实际上，以此为由并不足以认定当事人的关系，并且与《著作权法》规定的“创作”概念不合。

《著作权法实施条例》第 3 条规定，“著作权法所称的创作，指直接产生文学、艺术和科学作品的智力活动。”二审判决所谓的“国家意志”“宗教意义”仅系该雕塑作品的在思想方面的要求或特征，而作品本身是一种表达，并非思想。所谓的创作，也就是把某一思想按创作者的选择与安排而完成特定形式的过程。本案头像雕塑的产生是多种因素合力的结果，不可否认，灵塔办与杨松云在其中都付出了努力，但未必有付出努力就构成著作权的依据。究竟何者的努力属于著作权法规定的创作，有一个简单的判断方法。我们先设定没有杨松云的行为，而是由他人来实施，是否可能产生目前的雕塑作品；再设定没有灵塔办，而是由另一机构邀请杨松云做，是否可能产生目前的雕塑作品。显然，对前一假设的回答是否定的，而对后一假设的回答是肯定的。因此，不能以“国家意志”或“宗教意义”为由否认自然人的创作行为。若以二审法院的推理，那么是否也要认定“人民英雄纪念碑”上的浮雕作品并不是刘开渠所创作的作品呢？

认定当事人之间是否属于雇用关系，还是应当从双方给付的标的、报酬以及对工作方式的控制程度等方面入手。二审法院对此没有作出具体的解释说明即认定为“雇用劳务关系”，殊值疑问。相反，通过上述各项要素的综合判定，本案当事人之间的关系更接近于承揽合同关系，而不是雇用关系。因此，该雕塑作品不能归为法人作品或职务作品，只能认定为定做作品。由于双方在试塑期间及后来的承揽合同中均未约定著作权归属，故本案所涉雕塑作品的著作权依法应属于创作者杨松云。

六、班禅头像雕塑的著作权、所有权与灵塔办的合同权利

基于前述分析，本案涉及的班禅头像雕塑作品及其权利归属存在两种可能：(1) 试塑的泥头像为作品，而此后的泥头像及模型、银头像均为复制品，或者 (2) 除试塑的泥头像外，余者全部或部分亦属于作品，但其著作权均属于杨松云。但是，无论何种情况，灵塔办将银头像在第十世班禅灵塔内使用均无须支付使用费。

如果属于第 (1) 种情形，那么，灵塔内的银头像属于复制品。但该复制行为系由泥头像的著作权人杨松云帮助完成的，因此已经获得权利人的同意，该银头像不构成侵权。银头像既然是合法复制件，则灵塔办作为

所有权人，有权将其置于灵塔内使用，无须另行支付使用费。

如果属于第（2）种情形，则银头像本身属于作品，那么，根据《著作权法》第 18 条的规定，❶ 该银头像作为雕塑作品的原件，❷ 其所有权人同时享有该作品的展览权。自然，灵塔办有权将银头像在灵塔内使用，也无须另行支付使用费。

至于二审法院以杨松云在此次劳务中所发挥的积极作用为由，判决灵塔办给予杨松云一次性经济补偿 1 万元，这一裁判结果其实并无法律依据，反倒有破坏合同自由之嫌。当然，从最高法院的批复来看，如此判决，在很大程度上是当地法院出于息讼宁人之目的而不得已为之，故在此不予置评。

七、小　结

本案如此判决，若出于国家、民族、宗教、个人利益考虑而俱为适当，并且有利于当事人化解争议，那么，作为个案（case）来说，还是有其价值的，毕竟法官的首要目标是解决争议。但是，如果被作为一个先例（precedent），而成为地方法院今后处理类似案件的依据，那么，本案判决中的不当之处有可能造成严重的后果，并且会破坏著作权首先归属于作者这项一般性原则。

进而言之，本案出现问题的症结还是在《著作权法》第 11 条第 3 款。尽管学者们从诸多方面进行解释，尽量限制该条款的适用。例如，《著作权法》应该将法人作为名义著作人的情形仅限制在作品不以法人名义发表就没有意义的情况下。❸ 但是，根本解决之道还是应当取消这一规定。首先要明确作者与著作权人之间的区分，而在诸如职务作品的情况下，其著作权归属首先根据当事人之间的约定；其次，适当调整除署名权以外的著作权归属于法人的范围。

在班禅头像雕塑案之后，《著作权法》虽历经 2001 年和 2010 年两次

---

❶ 该条规定，美术等作品原件所有权的转移，不视为作品著作权的转移，但美术作品原件的展览权由原件所有人享有。

❷ 按美术界的惯例，根据模具或模型翻制的雕塑作品五件以内都称为原作。但我国著作权法等未作规定。国外有相关规定者，如法国通过税收条款规定，复制总数限制在八件并经艺术家本人或其权利继承人检验的雕塑铸件视为原件。参见：德利娅·利普希克．著作权和邻接权［M］．联合国教科文组织．北京：中国对外翻译出版公司，2000：55.

❸ 刘春田，刘波林．关于职务作品著作权的若干问题［G］//中国版权研究会．版权研究文选．北京：商务印书馆，1995.

修改，但对于相关法律条文一直保留未变。2012 年启动《著作权法》第三次修改，从目前公布的《著作权法（修订草案送审稿）》看，在有关作品权利归属的条文上仍然基本不动，只是在定做作品（委托作品）的著作权属于受托人的情况下，增加规定“当事人没有约定或者约定不明的，委托作品的著作权由受托人享有，但委托人在约定的使用范围内可以免费使用该作品；当事人没有约定使用范围的，委托人可以在委托创作的特定目的范围内免费使用该作品。”❶ 而这是依据合同即可推论得出的权利，即使没有法律规定，也应当如此。

总之，在涉及法人作品、职务作品和定做作品之间的争议时，应当从当事人之间的基础关系、作品创作过程等方面确认其权利归属。在确立著作权首先属于作者这项一般原则之下，应当尽量通过合同规则来解决可能出现的权利归属争议。同时，通过权利用尽原则、合同默示条款等法律机制来化解作者与出资人之间的矛盾。在职务作品、定做作品的情况下，雇主、出资人或者委托方虽不享有著作权，也并非完全受制于著作权人，他们基于劳动关系、物权或者基于合同而可以享受作品的使用权。这些问题也有待立法的改进和司法实践的经验。

---

❶ 国务院法制办网站（http://www.chinalaw.gov.cn）2014 年 6 月 10 日公布的《中华人民共和国著作权法（修订草案送审稿）》第 21 条。

第8章

著作权的保护期限与公共领域

——从《我的前半生》案引发的思考

一、问题的提出：一本书与三个人的命运

2007年8月，群众出版社向北京市西城区人民法院递交了《无主财产认定申请书》，请求认定《我的前半生》一书为无主财产。群众出版社称，20世纪60年代初，群众出版社根据国家有关部门指示，出版发行了溥仪所著的《我的前半生》一书。1967年溥仪去世，《我的前半生》的著作权由溥仪的夫人李淑贤女士继承。1997年，李淑贤去世，李淑贤无儿无女，也没有其他继承人，该书应当归为无主财产。西城区法院知识产权庭对群众出版社的申请内容进行了审查、核实，于9月25日发出财产认定公告，向社会公布此事，要求权利人尽快来主张权利。按照有关法律规定，财产认定公告期限为1年。一旦法院发出的财产认定公告在1年后期满，该财产仍然无人认领，法院将依照特别程序作出判决。《我的前半生》一书将被判归国家所有。《我的前半生》归国家所有后，国家版权局将有可能授权有关机构对该书进行管理，此后该书的一切收益将归国家。[1]

此项申请受到同心出版社副总编解玺璋的质疑。其在博客中发文《谁的"前半生"——向群众出版社和国家版权局请教》，提出该书著作权应当归溥仪的弟弟即爱新觉罗·溥任等亲属。据其介绍，同心出版社在得到溥任先生亲自签署的《授权委托书》后，决定出版该书，并附了《溥仪10年日记》。但该社随后收到国家版权局办公厅发来的公函，上面写着："鉴于《我的前半生》版权归属一案，已经由群众出版社向西城区人民法院提起确认财产无主宣告程序，若法院判决《我的前半生》为无主财产，该作品的著作权将归国家享有，由国家版权局负责管理该作品的使用。据此，

[1] 参见《北京晨报》2007年10月11日记者白明辉、武新的报道。[EB/OL].[2015-03-16].http://news.xinhuanet.com/newscenter/2007-10/11/content_6860984.htm.

在法院作出判决前，你社不宜出版、发行《我的前半生》一书。”❶

《我的前半生》系清朝末代皇帝爱新觉罗·溥仪（1906—1967）的传记，1964年3月由群众出版社出版。但正如传主一样，此书出版之后却历经曲折，诉讼不断。1984年，溥仪遗孀李淑贤与群众出版社编辑李文达发生著作权归属争议。李文达当年受命帮助溥仪整理写作此书，并在该书出版后，双方平分稿酬。此争议在1989年成讼，历经一审、二审、请示最高人民法院、重审一审及二审，1996年6月由北京市高级人民法院终审确定，该书作者及著作权人均为溥仪。❷ 传主溥仪早于1967年去世，此案当事人李文达于1993年在诉讼过程中去世，李淑贤亦在案件终审判决后于1997年去世。世道命运，于此可谓一叹！

现在的争议却是在出版社之间展开的，看似与真正的著作权人已经没有关系了。问题是：《我的前半生》著作权应当属于谁？如果无人能够依法主张权利，是否就应当宣告该书著作权属于无主财产？在宣告无主财产时，是否应考虑著作权的特点，慎重下判？

在2007年11月23日举办的“《我的前半生》著作权问题学术研讨会”❸ 上，来自司法部门与版权执法部门的专家提出，按照我国《继承法》的规定，无人继承、无人受遗赠的财产，应当收回国家所有，该书著作财产权理应照此办理，若1年内无人认领，即应宣告为无主财产，收归国家所有。但也有学者提出，《著作权法》立法当初之所以规定在无人继承的情况下收归国家所有，是考虑到在这种情况下总得有一个主体归属，以便定分止争，但没有考虑到知识产权或者著作权的特殊性，现在看来，如果归为公有领域可能比较恰当。有人进一步提出，本案争议的实质在于，法律规定著作权保护期是否是一个可以伸缩的时间，还是一个固定不变的时间。若是前者，有讨论的余地，若是后者，不必再讨论。

基于这一案件，更是出于对著作权制度本质的追问，我们需要思考的问题是：著作权保护期限设立的目的及其量的规定是什么？在著作权期满之前由于权利人死亡并且无人继受的，为什么不能由国家来继续担当著作权主体？通过以下详细分析，我们认为，当《我的前半生》作品的著作权人死亡，既没有继承人，也无人能够依法主张权利的，就应当判定其已经

---

❶ [EB/OL].[2015-03-16].http://blog.sina.com.cn/s/blog_475b6ef801000cho.html.

❷ 北京市中级人民法院民事判决书（1989）中民字第1092号；北京市高级人民法院民事判决书（1995）高知终字第18号。

❸ 此次研讨会由中国版权协会学术委员会、中国新闻出版报社、中国出版杂志社、中国人民大学知识产权教学与研究中心联合在中国人民大学举办。会议发言报道见《中国新闻出版报》2007年11月27日第7版。[EB/OL].[2015-03-16].http://www.chinaxwcb.com/xwcbpaper/html/2007-11/27/content_17669.htm.

落入公共领域，而不宜宣告《我的前半生》著作权为无主财产进而收归国家所有。

二、《我的前半生》著作权的继承问题

北京法院就《我的前半生》著作权归属问题的判决，尽管颇受争议，甚至在判决生效之后，学界仍不时有提出商榷之议，但至少在法律效力上看，该作品的著作权已归溥仪所有。溥仪去世后，根据《著作权法》与《继承法》的规定，应由溥仪的配偶李淑贤享有在作者溥仪去世之后 50 年的著作财产权，即截止于 2017 年 12 月 31 日。在李淑贤去世后，该项著作财产权又会发生继承。根据报道的事实，李淑贤在去世时，既无遗嘱对此财产作出处分，也不存在《继承法》规定的法定继承人。那么，溥仪的弟弟有无该项著作财产权的继承权呢？

按照《继承法》的规定，溥仪的弟弟对此并没有继承权。《继承法》第 10 条规定："遗产按照下列顺序继承：第一顺序：配偶、子女、父母。第二顺序：兄弟姐妹、祖父母、外祖父母。继承开始后，由第一顺序继承人继承，第二顺序继承人不继承。没有第一顺序继承人继承的，由第二顺序继承人继承。"该条进一步规定，"本法所说的子女，包括婚生子女、非婚生子女、养子女和有扶养关系的继子女。""本法所说的父母，包括生父母、养父母和有扶养关系的继父母。""本法所说的兄弟姐妹，包括同父母的兄弟姐妹、同父异母或者同母异父的兄弟姐妹、养兄弟姐妹、有扶养关系的继兄弟姐妹。"需要明确的是，继承法中规定的子女、父母、兄弟姐妹都是以被继承人为参照的。本案涉及的是李淑贤的遗产，而非溥仪的遗产，因此，应当以李淑贤的亲属关系来确认其法定继承人。溥仪的弟弟并非《继承法》所规定的李淑贤的法定继承人，如果他不能举证还存在其他可能取得继承权的事由，例如李淑贤的遗嘱或者遗赠，那么，《我的前半生》一书著作权就与溥仪的弟弟没有任何法律上的关系了！

三、无人继承的著作权是否就应被宣告为无主财产，并且收归国家所有？

《民事诉讼法》（1991 年）第 175 条规定："法院在受理申请后，经审查核实，应当发出财产认领公告。公告满 1 年无人认领的，判决认定财产

无主，收归国家或者集体所有。”[1] 据此，似乎可以断言，《我的前半生》著作权可以被宣告为无主财产，并且收归国家所有。但是，这里涉及几个问题，值得进一步探讨。

（1）讨论范围的界定。

这里讨论的“著作权”，准确而言，应当仅限于著作财产权，即对作品加以使用或者许可他人使用并获取报酬的权利。例如著作权人许可群众出版社复制、发行该书的权利。除此之外的著作人身权，例如署名权、保护作品完整权等属于作者所有，并不发生继承，尽管作者的继承人可以依法保护作者的著作人身权。以下讨论，即使有时称作“著作权”，亦仅指著作财产权。

（2）著作权与物权的差异，决定了著作权法规则在相当程度上应有别于物权法规则。

著作权的对象，即作品，具有不同于物质财产的特征。最典型的是，作品具有公共产品（public goods）的特性，是一种非竞争性产品（non-rival goods）。而作为物权对象的物质财产，则是典型的私人产品（private goods），也是一种竞争产品（rival goods）。萧伯纳曾经有一比喻加以比较：“我有一个苹果，你有一个苹果，我们交换后各人有一个苹果；我有一个思想，你有一个思想，我们交换后每人都有两个思想。”如果将这里的“思想”替换为“思想的表达”即作品，这样的对比同样成立。从这个意义上讲，作品的使用具有非排他性。因此，著作权、专利等知识产权并非稀缺的结果（consequence of scarcity），而是由法律规定所造成的一种稀缺（creation of a scarcity）。它们不同于物质财产所具有的天然稀缺性。[2]

从法律规则上看，著作权在诸多方面不同于物权。比如，著作权只在保护期限内受到法律保护，超过该期限的，则作品进入公共领域，任何人均得免费使用。再者，著作权的行使存在不少限制，比如作品的合理使用、法定许可、强制许可等。物权，尤其是典型的所有权就没有这样的限制，只要所有权的标的存在，权利就存在，而且所有权绝对也是一项法律上的原则。

这些规则上的差异看似与本案涉及的无主财产制度没有直接关系，但它们至少可以提醒我们，在对待著作权时，应当考虑到它与物权的差异。

---

[1] 1991 年《民事诉讼法》经 2007 年、2012 年两次修正，该条文在 2012 年修正后列为第 192 条，但内容不变。

[2] 参见：ARNOLD PLANT. The Economic Theory Concerning Patents for Inventions [J]. Economica, 1, February, New Series, 1934(1): 31.

四、著作权保护期限的依据与标准

对作品著作权的保护，为何要设定保护期限，而不是像有体财产的物权那样可以永久存续？如果要设定期限，究竟以多长期限最佳？

（一）从经济学与实证数据的角度看著作权保护期限

兰德斯（William Landes）和波斯纳法官（Judge Posner）从经济分析的角度，对于如何设定著作权最佳保护期限，提出了两个很值得关注的观点。

观点之一是，著作权人的收益与保护期限的长短不具有完全的正相关性。兰德斯和波斯纳采用现值折扣（对将来收益贴现）的方法，来计算著作权人的收益，其结论是："一个永久性著作权的现值与 25 年著作权保护期的现值，相差约 2.5%。"[1] 这样的计算结果与美国联邦最高法院布雷耶大法官（Justice Breyer）的观点基本相同，他认为，"著作权 20 年保护期限所创造的收益就占到了永久性保护所创造收益的 98% 以上。"[2]

观点之二是，应当以较短保护期限但可无限次续展的制度来取代目前较长的固定期限的做法。他们认为，如果采用这种方案，则著作权平均保护期限将短于现行制度下的保护期限。由于许多作品未办理续展手续而进入公共领域，因此就减少了大多数作品的接触成本。[3] 当然，并非所有作品如此，因为在无限次可续展的情况下，就会有一些作品的保护期会远远长于现行的保护期限。但他们认为，"允许某些著作权在事实上无限期保留"是对社会有益的。[4]

美国在 1976 年之前就曾经实行类似的著作权登记和续展制度，这就为兰德斯和波斯纳提供了进行实证分析的数据。他们的统计结果是，1930 年

---

[1] 参见：威廉·兰德斯，理查德·波斯纳．知识产权法的经济结构［M］．金海军，译．北京：北京大学出版社，2005：274（注 12）。

[2] 参见：STEPHEN BREYER. Economic Reasoning and Judicial Review, AEI－Brookings Joint Center for Regulatory Studies（2004）。［EB/OL］．［2015－03－16］. http://www.aei－brookings.org/admin/authorpdfs/page.php？id＝840.

[3][4] 参见：威廉·兰德斯，理查德·波斯纳．知识产权法的经济结构［M］．金海军，译．北京：北京大学出版社，2005：284.

在美国出版的10 027种图书中，到 2001 年只有 174 种还在印行——只占 1.7%。❶ 他们的具体分析如下：

> 根据现行著作权制度，在 1934 年初次登记的作品，其著作权在 2029 年之前是不会落入公共领域的。而在 1934 年登记的作品，其折旧率被估计为 0.07，这意味着在该年登记的作品，50%在 1944 年就被完全贬值了，在 1977 年是 90%的作品被完全贬值，而在 2000 年的这一数据是 99%；到 2030 年，750 部在 1934 年登记的作品将只有不足 1 部还具有商业价值。假如允许每隔 5 年或者 10 年进行续展，那么，在初次保护期的 20 年左右之后，那些在 1934 年登记的作品中有大约 99%将在 2000 年落入公共领域，因为到那时，它们的商业价值将低于因办理续展所带来的成本与不便。❷

这一分析可以与美国版权局的统计数据相印证。1927～1954 年，只有大约 9.5%的已登记作品在其首次保护期届满之前进行了续展。❸

应当承认，兰德斯和波斯纳的这番论述具有相当的说服力。其实，我们只要简单地设想一下，经年累月，这个社会曾经产生过多少作品，但大浪淘沙，真正留存于世的又有几何。俗话说“一将功成万骨枯”，而流传于世的名篇与湮没无闻者的比例又何尝不是如此呢！因此，即使没有著作权的限制，这种大比例的自然淘汰也必然发生。法律也许不过是确认或者调整了这一自然过程罢。从著作权制度上来说，自英国 1710 年《安妮女王法》的规定和 1774 年 Donaldson v. Becket 案❹的司法确认，对于著作权保护设定期限的做法已经被确立起来了。关于如何确定著作权保护期限，结合历史上曾经出现过的模式，大致有以下方式：

（1）规定某一固定期限；

（2）规定某一固定期限，并可申请续展一次；

（3）以作者有生之年为准；

（4）作者有生之年加死后某一固定期限；

（5）作者有生之年或者某一固定期限，以较长者（或较短者）为准；

（6）规定某一固定期限，并可无限次续展。

---

❶ 参见：威廉·兰德斯，理查德·波斯纳．知识产权法的经济结构［M］．金海军，译．北京：北京大学出版社，2005：270-271.

❷ 同前注，兰德斯和波斯纳书第 306 页。

❸ 转引自：ROBERT MERGES, PETER MENELL, MARK LEMLEY. Intellectual Property in the New Technological Age［M］.Aspen Law & Business, 2000:427.

❹ Donaldson v. Becket（1774）17 *Parliamentary History col.* 953。

目前，无论在国际公约（比如《伯尔尼公约》、TRIPS 协定）还是主要国家的著作权法上，通行的做法就是（1）和（4），英、美等国的著作权法还曾经采用过（2）、（3）、（5）。而方式（6），即兰德斯和波斯纳所建议的方案则具有新颖性，在知识产权法领域与之相当者，恐怕就是商标法了。❶ 那么，这是否就等于在理论上承认对著作权的永久性保护呢？

按照兰德斯和波斯纳的推算，即使承认著作权的永久性保护，实际上也只可能有极少部分作品的著作权才会被人长久地加以续展，并且可以通过提高续展成本等方式进一步缩小这部分的比例，因为登记费和续展费对于著作权登记和续展具有相当显著的负面作用。❷ 那么，进一步的问题是，如何确定最初的固定期限？如何确定登记费和续展费？兰德斯和波斯纳根据不同的作品种类进行了对比分析，比如图书、图形艺术作品、音乐作品在美国版权局的著作权登记和续展情况，但对于这样更为具体的问题，他们显然没有提供明确的答案。更何况，如果按照方式（6），则实际上规定了以登记（或续展）作为获得著作权保护的形式，因为没有初次登记即无所谓续展，但这样一来就直接违反了国际公约如《伯尔尼公约》中的著作权"自动保护"原则。他们自己也坦言，如果采用这个方案，就得让美国政府先退出 1988 年才加入的《伯尔尼公约》。

（二）延长著作权保护期限与 Eldred v. Ashcroft 案

美国国会在 1988 年通过一项法律——《松尼波诺著作权保护期限延长法》（*Sonny Bono Copyright Term Extension Act*，简称 CTEA），将著作权保护期限在 1976 年《著作权法》的基础上再延长 20 年，即变为作者有生之年加死后 70 年，如系雇用作品，则变为作品发表之后 95 年或者创作完成后 120 年，以先行届满者为准。因为迪士尼公司在游说国会议员们通过该法律时充当了利益集团的角色，又加上该法生效之时，正逢最早的米老鼠作品的著作权保护期限即将届满之际，故而它又被戏称为"米老鼠保护法"（Mickey Mouse Protection Act）。❸ 该法一经通过，即遭多方质疑，并在

---

❶ 商标通过不受次数限制的续展而可以永久存续，因此而区别于其他知识产权。

❷ 参见：威廉·兰德斯，理查德·波斯纳．知识产权法的经济结构［M］．金海军，译．北京：北京大学出版社，2005：313.

❸ 迪士尼公司第一部米老鼠电影是《汽船威利号》（*Steamboat Willie*），在 1928 获得著作权，按照当时美国著作权法的规定，将于 2003 年保护期届满。而迪士尼公司总裁曾在国会作证，支持 1998 年修改著作权法，延长著作权保护期。参见：JULIE E. COHEN, et al. Copyright in a Global Information Economy［M］. Aspen Publishers, 2010: 166.

随后引发了一场关于该法是否违宪的著名诉讼——Eldred v. Ashcroft 案。❶此案在美国牵涉多方面的利益，引得许多知识产权法学者、律师和法官甚至多位诺贝尔经济学奖的得主介乎其中，各执一端。

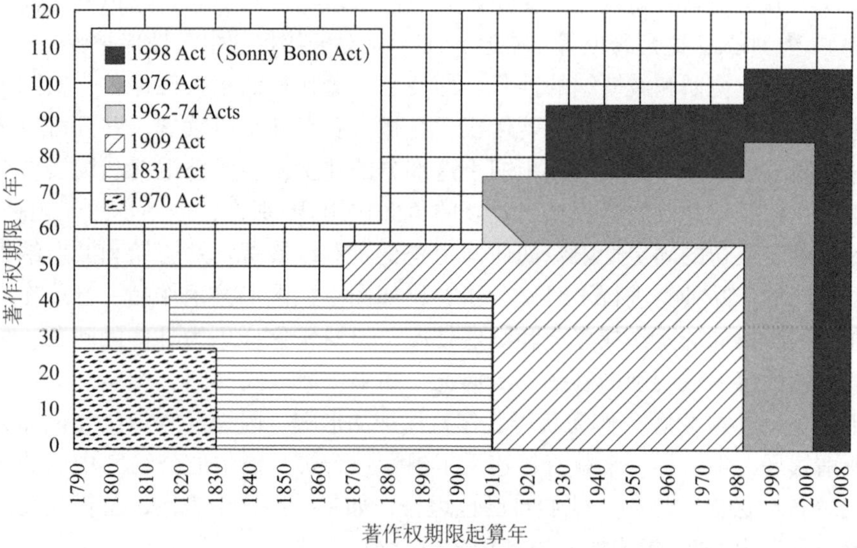

图 8-1　美国著作权法历次修改延长保护期（1790~1998 年）

注：图中假定作者在 35 岁时创作作品，70 岁去世。制图者：Tom Bell（CC BY-SA 3.0）。

原告由 Eldred 等多人组成，他们本打算挨到著作权保护期满之后，就可以免费出版或者在网上传播经营诸如米老鼠之类的作品去挣钱，并且为此做好了准备。不料横空出来个 CTEA，还得让他们多等上 20 年（没准到那时又会有法律修改，继续延长期限!）。由于生意落空，他们一怒之下就将美国司法部长告上法庭。被告起先是克林顿政府的雷诺女士（Janet Reno），在案件上诉期间改为布什政府的阿什克罗夫特（John Aschroft）。与此同时，时任斯坦福大学法学教授的莱西格（Lawrence Lessig）正为寻找一名能够对该法律的合宪性提出异议的原告而犯愁。❷于是双方一拍即合，由莱西格教授担任首席律师，官司一直打到最高法院。原告请求认定 CTEA 违宪，理由是它违反了美国《宪法》的“著作权和专利条款”以及《宪法修正案》第 1 条的“言论自由”。此案自 1999 年 1 月起诉，到 2003 年 1 月 15 日由美国联邦最高法院作出终审判决，历时四载，原告三审皆

❶ Eldred v. Ashcroft, 537 U. S. 186（2003）.

❷ 参见：威廉·兰德斯，理查德·波斯纳．知识产权法的经济结构［M］. 金海军，译．北京：北京大学出版社，2005：516. 事实上，在本案一审时，莱西格教授尚未参与其中。

输。最高法院以 7 : 2 的大比例作出判决，认定 CTEA 并不违宪。[1]

单纯从是否违宪的角度看，按照美国《宪法》中“著作权和专利条款”(Copyright and Patent Clause）的规定，再加上审理该案的伦奎斯特[2]法院的保守风格，想要让它认定 CTEA 违宪，确实难度极大。“著作权和专利条款”是指美国《宪法》授权国会“对于著作家及发明家保证其作品及发明物于限定期间之专有权，以奖励科学与实用技艺的进步”。[3] 其中的“limited times”（有限期间）是本案的关键词。若按照保守的解释，CTEA 规定的保护期为“作者有生之年加 70 年”，当然仍属于“有限期间”。而且，既有欧盟 1993 年将著作权保护期延长至作者有生之年加死后 70 年在先，[4] 美国现在又在着力加强知识产权保护，焉可输人之后，以致“损害国家利益”呢?! [5]

当 Eldred v. Ashcroft 案尘埃落定，美国著作权法形成了一套复杂的保护期计算方法。[6] 此案的另一个副产品是，作为原告方首席法律顾问的莱西格教授在被该案败诉之后，干脆亲自操刀上阵，把他的那套理论形诸实践，提出和发起了“Creative Common”运动[7]，强调著作权人的部分权利保留，而将大部分财产权利向公众免费开放。

五、公共领域之于著作权法的意义

“公共领域”(public domain）是知识产权法中一个非常重要的概念。

---

[1] 最高法院 9 位大法官中，斯蒂芬斯（John Paul Stevens）和布雷耶（Stephen Breyer）持反对意见（dissenting opinion）。[EB/OL]. [2015-03-18]. http://www.supremecourtus.gov/opinions/02pdf/01-618.pdf.

[2] 伦奎斯特（William Rehnquist）首席大法官于 2005 年 9 月 4 日去世，其继任者即第 17 任首席大法官罗伯茨（John Roberts）。现在的美国联邦最高法院大法官构成被认为自由派与保守派基本持平，但从知识产权相关判决来看，仍然偏向于知识产权人和产业界。参见本书第 10 章。

[3] *U. S. Const.* art. I, § 8, cl. 8 .... to promote the progress of science and useful arts, by securing for limited times to authors and inventors the exclusive right to their respective writings and discoveries.

[4] *Harmonizing The Term Of Protection Of Copyright And Certain Related Rights*, Council Directive 93/98/EEC。

[5] 美国之所以延长著作权保护期限，其中一个重要原因就是保持美国的国际收支平衡。参见：威廉·兰德斯，理查德·波斯纳. 知识产权法的经济结构 [M]. 金海军，译. 北京：北京大学出版社，2005：296.

[6] 参见：JULIE E. COHEN, et al. Copyright in a Global Information Economy [M]. Aspen Publishers, 2010: 160-163.

[7] [EB/OL]. [2015-04-12]. http://commoncreatives.org. 简称“CC”，在中国被称为“创作共用，后改名为“知识共享”运动。

在物权法中却很少涉及“公共领域”，我们能够知道的物质财产几乎都是有主的。物质财产即使属于国家所有，仍然是有产权的，而非属于“公共领域”。这是因为，在市场经济秩序中，需要尽可能地对每一样社会财富确定其权利归属，以便定分止争、物尽其用，这样才能减少交易成本，实现稀缺资源的有效配置。然而在知识产权法上，“公共领域”却与私权领域具有同样重要的意义。

知识的创造是一个积累的过程，后来的知识必定或多或少地来源于前行者的知识，如果对知识采取绝对保护，会导致公共领域过窄，从而增加后来创新者的成本。因此，包括著作权法在内的知识产权制度，既要保护已有的智力创作成果，以激励创作发明，又要划定相当部分的公共领域，以降低利用智力创作成果的成本，这同样也是为了激励创作发明。可以说，知识财产的私权保护与公共领域之间，不存在一个过渡地带。

（一）为什么不能将本案涉及的著作权收归国有

有人可能提出，著作权收归国家所有之后，国家作为所有人也是享有著作权，故在此情况下它仍是一种私权。这就涉及公—私权的二元结构问题了。国家固然可以成为私权主体，但在市场经济条件下，这只能是极少的现象。国家的功能更多的是在于保护他人的私权。通俗而言，国家应当做裁判员，而不是做运动员。因此，在考虑将产权授予国家时，必须给予足够的谨慎。

假如本案所涉及作品被判定为无主财产，其是否必须收归国家所有呢？这甚至在有体财产上也并非必然如此！“陈益锡申请认定财产无主案”就是一例。法院在判决中认为，该房屋确属无主财产，依法应收归国家或者集体所有。鉴于申请人陈益锡对原房屋所有人陈小妹生前尽了主要扶养义务，依照继承法的规定，应当从该无主财产中分给陈益锡适当的财产。该无主财产价值不大，收归国家或集体所有无多大实际意义。因而，申请人陈益锡要求将上述无主财产归其所有，符合法律规定，对此应予支持。法院遂判决将该房屋（约7平方米）归陈益锡所有。[1]

基于上述对著作权的分析，我们可以得出结论：将该著作权收归国家所有，并无实际意义，甚至对于社会具有负面意义，因此，应当判决著作权人已经放弃其权利，该作品落入公共领域。

---

[1] 《中华人民共和国最高人民法院公报》1996年第4期。

（二）本案著作权提早进入公共领域的法律依据

尽管著作权法没有直接规定此类情形的处理规则，而《民事诉讼法》似乎明确规定此类无主财产收归国家或者集体所有，但我们提出应当判决该著作权落入公共领域，在法律上也并非全无依据。

李淑贤在继承溥仪遗产成为著作权人后，其应当知道当其既未在生前作出处分，死后亦无法定继承人时，就可能无人继受该著作权，那么，她在去世前本可以对该著作权作出处分而未作处分时，就是一种默示的处分行为，任由该著作权处于无主状态，亦即抛弃了该著作权。

法律制度对于抛弃的知识财产与物质财产是有着根本性差异的。对于被抛弃的物质财产，任何人均能够以原始取得的方式重新获得产权；而知识财产一旦被抛弃，它就成为公共领域的一部分，在其上不可能取得财产权。❶

此外，从著作权法规定著作权保护期的模式中，也可以找到法理上的依据。在著作权国际条约与大多数国家著作权法中，著作权保护期采用“作者有生之年加死后若干年”的模式，而非固定保护期。之所以如此，按照《伯尔尼公约》指南的解释，是因为“绝大多数国家一向认为，将作者的平均终身和他的直系卑亲属（三代人）包括在内是公平和正确的”，“作者的终身加上一段较长的期间，是使其继承人在纪念他；其间，能够通过他的作品受益是正常的。”❷

因此，以著作权法规定其权利保护期的目的可以看到，一旦作者去世，并且其直系卑亲属亦已全部不存在的话，则著作权以预设的受益主体也就不存在了。此时著作权可以提前消灭。

六、结语：案件处理，了犹未了

据报道称，“这是全国第一例适用无主财产特别程序案例”，有法官如是说。❸ 但实际上此前在国内已经有法院在其他类型财产上适用过无产财

❶ 威廉·兰德斯，理查德·波斯纳．知识产权法的经济结构［M］．金海军，译．北京：北京大学出版社，2005：40.

❷ 保护文学和艺术作品伯尔尼公约（1971 年巴黎文本）指南［M］. 刘波林，译. 北京：中国人民大学出版社，2002：38.

❸ ［EB/OL］.［2015－04－12］. http://news. xinhuanet. com/newscenter/2007－10/11/content_6860984. htm.

产特别程序了，比如前面提到的陈益锡案即为著例。因此，称之为知识产权无主财产特别程序第一案较为合适。

2008 年 8 月 22 日，在本案无主财产特别程序公示期间，溥仪的侄女金霭玲向法院提出请求，认领著作权，西城区法院遂裁定，本案无主财产特别程序依法终结，当事人可以另行起诉。❶

2009 年 8 月日，金霭玲向北京市丰台区法院起诉群众出版社，要求确认《我的前半生》著作权归己所有。经过长达一年的庭审调查，法院认为《我的前半生》一书著作权已经法院生效判决确认归溥仪所有。李淑贤作为溥仪的妻子及唯一法定继承人，生前未对《我的前半生》一书的著作财产权进行处分，李淑贤去世后也没有继承人。金霭玲并不是李淑贤的遗产继承人，其以群众出版社为被告提起诉讼，要求确认《我的前半生》著作财产权归其所有，于法无据。因此，驳回原告金霭玲的起诉。❷

至此，围绕《我的前半生》著作权而引发的继承权争议在司法上落幕，但是，这部书的著作权应当归于何处，却仍然没有明确。认定财产无主的特别程序也已经终止，而在确权之诉的民事诉讼中也只是驳回原告主张著作权的起诉。但在该场诉讼中胜诉的被告，即群众出版社本身并非著作权人，那么谁是著作权人？群众出版社当然可以继续出版该书，但如果著作权仍然存在，那么应当向谁支付稿酬或版税？

即便按财产无主特别程序，在公示期内无人提出主张，从而法院判决《我的前半生》属于无主财产，并收归国家所有，这尽管看起来符合《民事诉讼法》的规定，但在实际上却极大地违背了著作权法的精神。更何况，如果按前述报道，该书著作权归国家所有就是归国家版权局，则更是没有法律依据。相反，如果判决其落入公共领域，则任何出版社均可以免费出版该书，从而大大降低成本，才能有利于该作品的传播与使用。

《我的前半生》的传主和法院认定的唯一作者溥仪已于 1967 年去世，我国《著作权法》的规定，该书的著作权保护应在作者死亡后第 50 年的 12 月 31 日结束。因此，即使按完整的保护期计算，《我的前半生》著作权也将在 2017 年 12 月 31 日届满，进入公共领域。但考虑到本案实际情况，除了出版社之间的利益之争，已经没有人可以来主张继受著作权了，那么，为何不让它提前进入公共领域呢?!

---

❶ 北京市西城区人民法院民事裁定书（2007）西民特字第 11692 号。相关报道见《中国新闻出版报》2008 年 9 月 10 日，第 6 版。

❷ 《我的前半生》著作权溥仪侄女认领未成[EB/OL].(2010-12-31)[2015-04-14].http://www.legaldaily.com.cn/bm/content/2010-12/31/content_2424085.htm? node=20733.

第9章

中国知识产权经典案例的统计性分析

——以《最高人民法院公报》(1985~2014年)为据

> 法院应当从各种社会因素中寻求光明，这些光明就藏在法院处理的诸多事实的背后，是一些活跃的力量。❶
>
> ——［法］弗朗索瓦·惹尼

一、概　述

自20世纪80年代初开始知识产权立法至今，中国已经形成了比较完备的知识产权法律体系，这是有目共睹的事实。但这些纸上的法律（law in books），是否以及如何成为生活实践中真实运作的法律（law in action），❷ 却常常存在争议。争议之一就是，中国法院的知识产权裁判文书无法公开获取，从而无从知道知识产权保护的实际情况；而相关部门则认为，中国已经付出很多努力，却无法获得理解。最高人民法院（以下简

---

❶ FRANÇOIS GÉNY,"Mèthode d'Interprétation et Sources en droit privé positif"(1919)。法朗西斯·惹尼(1861—1959)，法国法学家，在关于实在法（positive law）的解释上引入"自由科学研究"(free scientific research）的概念，倡导法律解释上的司法自由权，强调法官在裁判案件时应当考虑社会和经济因素。[EB/OL].[2015-04-14].http://en.wikipedia.org/wiki/Fran%C3%A7ois_G%C3%A9ny.

❷ 关于law in books与law in action之间的关系，参见：Roscoe Pound. Law in Books and Law in Action[J]. American Law Review,12 1910 (44):12.

称“最高法院”）要求从2006年开始，所有知识产权裁判文书都通过网络上传，❶ 并且在2009年之后，每年发布《中国法院知识产权司法保护状况》，每年发布中国法院十大知识产权案件、十大创新性知识产权案件等。❷ 通过这种途径对外发布知识产权案例当然有其重要而特殊的意义，但是，有一类对于中国知识产权保护起到积极作用的案例却可能被人忽略了，那就是《最高人民法院公报》（以下简称《公报》）所刊载的案例。它们形成历史最早、效力层次最高、影响力也最大，因此，本文将之称作经典案例（leading cases）❸。《公报》于1985年创刊，到2014年正好连续出版了30年。它记录了我国自改革开放以来司法发展的所有重要文本与案例。本书以知识产权这一特定类别入手，对《公报》所刊载的案例进行全面汇集、统计与分析，以此发现我国知识产权司法活动与经典案例的特点，并探讨从中反映出来的问题。

如果将中国法院审理的所有知识产权案件裁判文书汇集起来，可以说是一个大数据库。根据最高法院的统计，全国法院审结的一审知识产权民事案件就高达46万余件，尤其最近几年增长迅猛。以2009~2013年为例，在这5年时间里，法院审结的一审知识产权民事案件累计达30万余件，二审知识产权民事案件4万余件，而知识产权行政案件也在1.2万件以上。❹ 仅2013年这一年，全国法院审理的知识产权一审案件就达10万余件。❺ 这样的大数据，就为统计分析带来许多困难，而且从统计学上讲，也必须通过抽样，而不是将全部数据都作为分析样本。本书作者认为，《公报》知识产权案例正可以用作分析的合理数据样本。这些数据，不仅因其远较40余万的大数据而更加有利于统计分析，而且它们是从大数据当中以一种官方权威的方式筛选形成，具有较高的样本意义。《公报》历经30年积累，其中案例汇集起来，可谓我国最具代表性的案例数据库。

---

❶ 中国知识产权裁判文书网（http://ipr.court.gov.cn）。

❷ 最高人民法院民三庭．中国法院知识产权司法保护状况（2009—2013）[M]．北京：人民法院出版社，2014.

❸ 在美国法中，“leading case”有三重含义：首创判例、首要判例、指导性判例，参见：薛波．元照英美法词典 [M]．北京：法律出版社，2003：809. 本书将此术语指代“经典案例”，就是考虑到《公报》案例在编选时也存在多重的考虑。

❹ 1985~2009年，人民法院共审结知识产权民事一审案件166 408件，知识产权行政一审案件6 387件；2009~2013年全国法院审结知识产权民事一审案件、民事二审案件以及知识产权行政案件的相关数据，参见：最高人民法院民三庭．中国法院知识产权司法保护状况（2009—2013）[M]．北京：人民法院出版社，2014.

❺ 参见《2013年全国法院司法统计公报》（2014年第4期）。

二、《公报》及其案例的意义

《公报》是最高法院于 1985 年创办的一份刊物，但它不同于普通的法律杂志。其主办方为我国最高司法机关，其刊载内容为我国的重要法律、司法解释、司法文件、司法统计、任免事项、文献、裁判文书和案例等，这就使它具有特殊的权威性。❶

《公报》的案例栏目虽然是每一期的最后部分，但从研究与实务的角度看，却往往是这份刊物最有价值的内容。因为《公报》其他栏目的内容都是确定的法律或司法解释、公告事项等，惟有在案例的获取与编写上，具有相当的选择余地，体现着编选者的“独创性”。“这些案例是从众多案件中精选出来的，它既不同于用作法制宣传的一般案例，也不同于高等法律院校和法学研究机构为说明某种观点而编辑的教学、研究案例，而是各级人民法院适用法律和司法解释审理刑事、民事、行政和国家赔偿等各类案件的裁判范例，蕴含了深刻的法律意义，具有典型性、真实性、公正性和权威性等特点，对于指导各级人民法院审理相关案件具有重要的参考和借鉴作用。”❷ 据介绍，《公报》案例在 1998 年之前都是经过最高人民法院审判委员会讨论通过的。在《公报》的创刊早期（1986 年第 2 期以前），每个发布的案例后面还专门加注了最高人民法院审判委员会的一段按语，就案件中所形成的审判经验进行总结，明确表示“可供各级人民法院借鉴”。1994~1999 年的各期，还专门在每一期的目录之后注明“本刊司法解释与案例经最高人民法院审判委员会讨论通过”，❸ 其司法权威性至为鲜明。1999 年《公报》由季刊改为双月刊之后，在《公报》目录之后取消了这样的文字说明，但其重要性与权威性仍在。❹ 因此，虽然我国还存在

---

❶ “《公报》最高人民法院公开介绍我国审判工作和司法制度的官方文献，由最高人民法院办公厅主办，是最高人民法院对外公布司法解释、司法文件、裁判文书、典型案例及其他有关司法信息资料的法定刊物。”参见：周道鸾．中国案例制度的历史发展［J］．法律适用，2004（5）．

❷ 参见：周道鸾．中国案例制度的历史发展［J］．法律适用，2004（5）．

❸ 沈解平，黄再再，金权．从案例到判例：论最高人民法院发布案例之判例化改造［J］．法律适用，2003（9）．

❹ 沈解平等人认为“这只是表明上述说明已经成为一个众人皆知的事实，没有必要再重复进行说明”，参见沈解平文注 1。但是，本书作者认为，这是由于最高法院在《公报》案例选择程序变化所致。从 1998 年起，选择案例的程序改为先由《公报》编辑部提出初步意见，然后送有关审判庭征求意见，有关审判庭同意后，再送主管院长审查，主管院长审查同意后即可在《公报》发布。参见周道鸾文。值得注意的是，即便如此，这些案例的选定仍然体现了最高法院相关审判庭与主管院长的意见，仍然具有权威性。

其他的案例汇编，著名者如《审判案例要览》[1]《人民法院案例选》[2] 等，它们在教学、研究和指导审判工作方面都发挥了一定作用，但其中的案例均未经最高人民法院审判委员会讨论或者最高人民法院领导审定，不能完全代表最高人民法院的观点，因而不能替代最高人民法院依一定程序而在《公报》上发布的案例，其权威性也不能与《公报》案例相提并论。[3]

从规模上看，从1985年至2014年，《公报》已经连续出版长达30年，形成了我国司法案例中最重要的一个数据库。然而，这一重大司法资源，似乎尚未引起人们足够的重视，相关的研究与开发做得并不多。[4] 这或许与我国法律教育从一开始就强调成文法与判例法的区分有关，因此在法律实务与理论研究中形成重法条轻案例的现象。事实上，即使在成文法系的典型国家如德国、日本等，判例与案例同样具有重要意义。[5] 现有的对《公报》案例的研究，一类是对《公报》案例进行一般性研究，尤其是它们对于判例制度、指导性案例制度的作用。[6] 另一些是类型化研究，例如从民事案件、知识产权案件的角度切入，分析最高法院如何选编案例以及这些案例是如何在实践中运作的。[7] 但是，这些研究的重点都放在更为宏大的问题上，只是把《公报》案例作为一种论证的工具，却没有对这些案例本身进行具体而全面的研究。此外，也有一些机构将历年《公报》案例进行分类整理，包括对知识产权案例的汇集出版，[8] 但缺乏对这些案例的

---

[1] 国家法官学院与中国人民大学法学院合编，每年按刑事、民事、商事与行政审判案例四卷选编案例，自1992年起出版至今。

[2] 最高人民法院中国应用法学研究所编辑的系列出版物，每年出版若干期。

[3] 同前注，周道鸾文。

[4] 近年来随着案例指导制度的引入，《公报》案例受到了越来越多的关注。最高法院发布的指导性案例也在《公报》上发布。

[5] 德国法学家拉伦茨就认为，“大部分的法律都是经过不断的司法裁判过程才具体化，才获得最后清晰的形象，然后才能适用于个案，许多法条事实上是借裁判才成为现行法的一部分。”参见：卡尔·拉伦茨．法学方法论［M］．陈爱娥，译．北京：商务印书馆，2003：20. 国内学者对于德国、日本的判例制度也有详细介绍与研究，参见：例如，王玧．判例在联邦德国法律制度中的作用［J］．人民司法，1998（7）；最高人民法院课题组．关于德国判例考察情况的报告［J］．人民司法，2006（7）；解亘．日本的判例制度［J］．华东政法大学学报，2009（1）．

[6] 刘风景．裁判摘要的原理与制作：以《最高人民法院公报》公布案例为素材［G］//陈金钊，谢晖．法律方法（第8卷）．济南：山东人民出版社，2009；宋晓．裁判摘要性质的追问［J］．法学，2010（2）．

[7] 袁秀挺．我国案例指导制度的实践运作及其评析：以《最高人民法院公报》中的知识产权案例为对象［J］．法商研究，2009（2）；杨建军．《最高人民法院公报》选编民事案例的变化［J］．现代法学，2010（4）．

[8] 例如：中国人民大学知识产权教学与研究中心，中国人民大学知识产权学院．中华人民共和国最高人民法院公报知识产权案例全集（1987~2011年）［M］．武汉：华中科技大学出版社，2012.

整体性分析和个案性解读，遑论与国外经典案例的比较。本书所做的统计与分析是对《公报》知识产权案例的整体性研究，并且在对这些案例进行汇总整理的基础上，从如下角度分别进行探讨：不同类型知识产权案例的处理结果、地域性分布、涉外案件、专利无效案件、最高法院知识产权案例的裁判等。

三、《公报》知识产权案例的统计与分析

《公报》案例在整体上反映了我国社会发展与司法变革的时代特色。例如，在《公报》的最初十年（1985~1994 年）间，《公报》上发布的各种案例共计 168 则，其中刑事案例 69 则、民事案例 38 则，经济案例 31 则，海事案例 15 则，行政案例 15 则。❶ 显然，这一时期的司法重点还是停留在刑事案件，而民事、经济类案件并不发达。但如果按更长时期，例如从 1985~2008 年《公报》所发布的案件数量进行统计，则总量为 731 则案例（含选登裁判文书 129 件），其中，刑事类 186 件，行政诉讼类 72 件，国家赔偿 5 件，执行类案件 6 件，民事类 462 件。❷ 由此可见，从 20 世纪 90 年代后期至今，民事商事案件就在《公报》案例中占据主导地位了。民事案例在《公报》刊登的数量，从最初的每年 10 余篇，到 21 世纪初达到了每年达 30~40 篇。❸

那么，如何看待《公报》知识产权案例的数量呢？首先需要解决统计口径的问题。例如，有研究者在统计分析 1985~2008 年《公报》民事案例的年度数量及类型分布时，就将民事案例类型分成民事、经济、海事、知识产权四类，但其在统计时只是从 1995 年开始记录知识产权类型，当年的数量为 10 件，之后的 1996 年 4 件、1997 年 2 件、1998 年 1 件、1999 年 9 件，但再往后就不再将其列入民事案件统计范围。虽然该统计可能借助于最高法院相关统计口径，❹ 但是这样做，既可能导致民事案例的统计出现偏差，也容易得出一些误导性结论，比如该作者就从上述数据中得出结论：从 1995 年起《公报》选编“知识产权”类型的案例明显增加。而本书以下所做的统计表明，《公报》选编的知识产权案例并没有发生这样明显的增长，1995 年收录 10 件案例属于特例，正如，在 2002 年只有 3 件，

---

❶ 同前注 6，周道鸾文。

❷❸ 同前注，杨建军文。

❹ 例如，最高人民法院的司法统计在早期将知识产权案件区分为民事案件、行政案件与刑事案件，分别计入各自统计范围，后来才逐渐将知识产权案件从民事案件中分离出来。

也属于例外。而且，本书是对《公报》知识产权案例进行的整体分析，所以应当包含全部的知识产权案例，尽管其中的大部分是民事案件，但还是包括了行政案件与刑事案件。

其次，《公报》案例的范围已经从最初的单一形式，发展为包括案例、裁判文书、指导性案例、典型案例等多种形式，因此，需要明确以哪些形式的案例作为统计对象。《公报》目前刊载的案例有以下四种形式：

（1）“裁判文书选登”是全文收录最高法院所作的裁判文书，这是从2004年《公报》改版为月刊后才开始出现的形式。

（2）“案例”栏目是《公报》创刊自始即存在的形式，所选编的是各地方法院裁判的案件。其虽经过一定的格式删改，但总体上保持终审裁判文书的内容，并且从2004年，开始在每一案例的开头设有“裁判摘要”。

（3）“指导性案例”系最高法院于2010年实行案例指导制度以来陆续发布的指导性案例，分为裁判要点、相关法条、基本案情、裁判结果、裁判理由等五个部分。其对生效裁判文书作较大幅度缩写，但保持案件基本事实与裁判主要内容。

（4）专题性司法保护典型案例，一般是一次性发布同类主题的案例若干则，但其只有最基本的案情与判决介绍，与生效裁判文书相比有相当大的改动。

有研究者认为，《公报》“裁判文书”栏目中的案件，均由最高人民法院直接审理，其刊登的意义除了反映最高人民法院的工作外，恐怕还在于规范文书的说理和写作，因此，不宜将此类案例视为“案例”。❶ 本书认为，这种理解和划分案例范围失之过窄。特别是，在知识产权领域的争议较大或者涉及法律解释的经典案例，恰恰是通过最高法院裁判文书的形式呈现的。❷ 指导性案例的重要性自不待言，第20、29、30号指导性案例就属于知识产权案例。事实上，前三种案例形式保持了裁判文书的全部或主要内容，并且选择的标准重在所涉及的争议与可能的法律解释问题，对于实务比较与学术研究都具有重大价值，故本书将其全部纳入《公报》知识产权案例之列。第四种在专题性典型案例中所出现的知识产权案例，❸ 则不在本书的案例统计范围。

---

❶ 同前注，袁秀挺文。

❷ 本章第三部分之（六）专论于此。

❸ 例如《公报》2014年第5期刊登的“知识产权司法保护典型案例”（8件）就未列入本文统计范围，尽管其中有多件案例被称为全国首例。

（一）《公报》知识产权案例的整体状况

基于以上标准，本书将《公报》1985~2014 年各期在“案例”“裁判文书选登”和“指导性案例”中所刊载的知识产权民事、行政与刑事案例进行整理归类，再按照著作权、专利、商标、反不正当竞争（含反垄断）、技术合同、植物新品种权等类型加以分类统计，形成以下表 9-1。

表 9-1　《公报》知识产权案例统计（1985~2014 年）

单位：件

类型 年代	著作权	专利	商标	反不正当竞争	技术合同	植物新品种	合计
1985*	0	0	0	0	0	0	0
1986	0	0	0	0	0	0	0
1987	0	0	0	0	1	0	1
1988	0	0	1	0	0	0	1
1989	1	0	0	0	1	0	2
1990	1	2	0	1	0	0	4
1991	2	0	0	0	0	0	2
1992	0	2	1	0	0	0	3
1993	0	3	0	0	1	0	4
1994	0	1（+）	1（+）	1	0	0	2
1995	2	4	2	3	0	0	11
1996	4	0	0	0	0	0	4
1997	2	0	0	1	0	0	3
1998	0	0	0	2	0	0	2
1999*	5	2（+）	0	4（+）	0	0	10
2000	2	1	2（+）	1	1（+）	0	6
2001	2	1	2	1	0	0	6
2002	1	0	1	0	1	0	3
2003	3	0	1	1	0	0	5

续表

类型 年代	著作权	专利	商标	反不正当竞争	技术合同	植物新品种	合计
2004 *	1	1	1	3	2	1	9
2005	2（+）	1	3（+）	5（2+）	0	0	9
2006	2	2	2（+）	3（2+）	0	1（+）	8
2007	1	0	5（+）	1（+）	1	0	7
2008	0	2	3（+）	2（+）	0	0	6
2009	2	2	1	2	0	0	7
2010	3	4	2（+）	3（+）	1	1	13
2011	0	2	3	2	0	0	7
2012	3	2	5（2+）	3（2+）	0	0	11
2013	1	2	2（+）	2（+）	1	0	7
2014	3	5	3（+）	3（+）	0	0	13
总计	43（+）	39（2+）	41（11+）	44（12+）	10（+）	3（+）	166

资料来源：根据《公报》1985～2014 年各期整理。* 表示《公报》版面变化：1985 年开始为季刊；1999 年开始为双月刊；2004 年至今为月刊。

注：一起案件中包含两种诉因（类型）的，在括号内加一个“+”号，同一年或同一类型有多起此类案件的，标注为件数加“+”号，以便计算实际案例数与按类型统计的案例数之间的差额。

根据表 9-1，在这 30 年当中，《公报》一共选编刊登知识产权案例 166 件。按照类型划分，著作权案件为 43 件，专利案件 39 件，商标案件 41 件，反不正当竞争案件 44 件，技术合同案件 10 件，植物新品种权案件 3 件。如将各类型的案例加总，则为 180 件，因其中有 14 件案例涉及两种类型故实际案例总数为 166 件。

将表 9-1 的相关数据作进一步分析，可通过如下图 9-1 表示。其中可见：

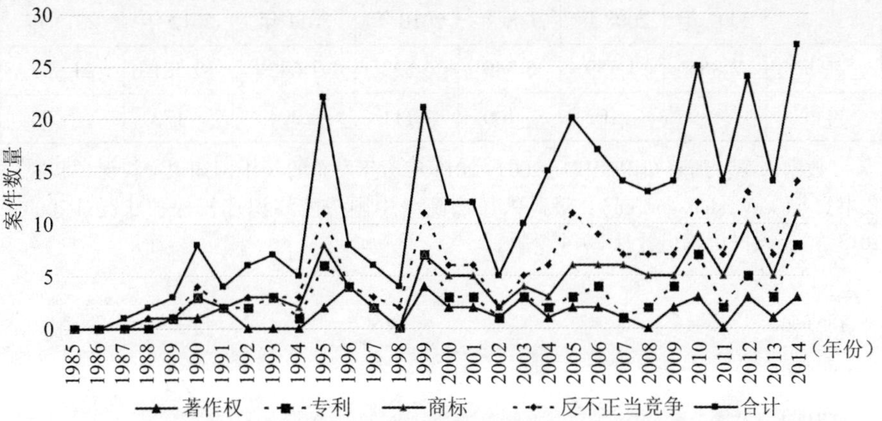

图 9-1　《公报》知识产权案例年度分布（1985~2014 年）

(1)《公报》知识产权案例数量整体上是在增长，但并不是按年度线性增长。

这一点与全国法院受理、审结知识产权案件数量逐年不断上升的增长趋势不同。因此，那种认为随着某类案件数量增长从而《公报》案例也在相应增加的观点并不确切。

由于无法获得 1985 年至今的历年案件统计数据，以下仅就可公开获得的自 2007 年以来的知识产权案件数量进行统计分析（见表 9-2），并由统计数据进一步分析而形成图 9-2。

表 9-2　全国法院受理知识产权民事案件统计（2007~2013 年）

单位：件

		2007 年	2008 年	2009 年	2010 年	2011 年	2012 年	2013 年
一审	合计	17 877	24 406	30 626	42 931	59 882	87 419	88 583
	专利	4 041	4 074	4 422	5 785	7819	9 680	9 195
	商标	3 855	6 233	6 906	8 460	12 991	19 815	23 272
	著作权	7 263	10 951	15 302	24 719	35 185	53 848	51 353
	技术合同	669	623	747	670	557	746	949
	反不正当竞争	1 204	1 185	1 282	1 131	1 137	1 123	1 302
	其他	845	1 340	1 967	1 966	2 193	2 207	2 514

续表

	2007 年	2008 年	2009 年	2010 年	2011 年	2012 年	2013 年
二审	2 865	4 759	5 340	6 522	7 642	9 581	11 957
再审	39	102	100	111	294	172	75

数据来源：国家知识产权局 2007~2013 年历年发布的《中国知识产权保护状况白皮书》（www. sipo. gov. cn）；最高人民法院《中国法院知识产权保护状况（2009—2013）》，人民法院出版社 2014 年版。

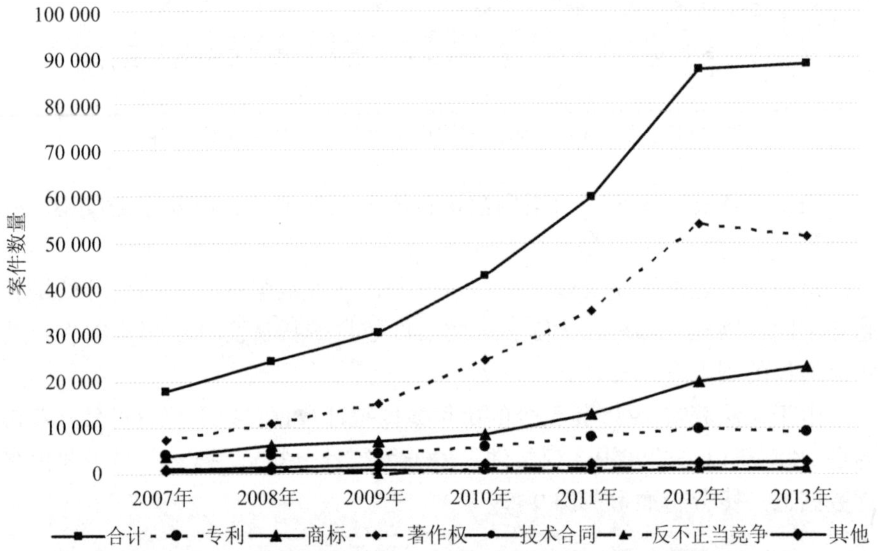

图 9-2　全国法院受理一审知识产权民事案件（2007~2013 年）

将图 9-1 与图 9-2 进行对比，可以看到，在知识产权案件数量的年度变化上，即使仅取 2007~2013 年的区间值，《公报》案例呈现大幅度的起落，而实际案件数量则呈现为大幅度的上升。而且，实际案件数量的大增，主要归因于著作权案件与商标案件在近几年的大量增加，而在《公报》案例的数量变化上，则几乎所有类型的案件呈现同步增减的趋势。

（2）《公报》知识产权案例的增加幅度与原因。

《公报》在 1987 年第一次刊登了知识产权案例，该案涉及技术转让合同，[1] 但之后一直到 1998 年，每年选编的知识产权案例数量均在 1~4 件，

[1] 临清市汽车修理厂诉北京市青年经济开发总公司技术转让合同纠纷案（《公报》1987 年第 4 期）。

只是在 1995 年达到 10 件，实属例外。❶ 1999 年之后，《公报》的知识产权案例数量增加至每年 6~13 件，而在 2002 年只收录 2 件，也属例外。对此的解释可能是，最高法院以及地方法院对于知识产权案件日益重视，特别是中国加入世界贸易组织而在 2001 年前后对知识产权法律进行较大的修改，以及随着互联网的普及应用而出现新类型知识产权争议案件等。但本书认为，另一个不容忽视的原因是《公报》本身的扩容，1999 年正是由季刊改为双月刊的第一年，因此，《公报》知识产权案例由以往的每年 1~4 件，增加到每年 2~6 件，也属正常，可以认为这是刊物本身篇幅变化所带来的结果。基于同样的技术性解释，在 2004 年改为月刊之后就应当使知识产权案例增加到每年 3~12 件。但实际上，《公报》知识产权案例在 2010 年以来的增长率显然较这一推测比率更高，而且呈现稳定增长势头。可以预期，《公报》在今后可能收录更多的知识产权案例。我们甚至还可以设想，假如《公报》不受篇幅的限制，最高法院可能选取更多的知识产权案例。例如，指导性案例从 2010 年开始出现，最高法院是按编号公布的，但是，直到 2013 年 11 月公布的第 20 号案例，❷ 才首次出现知识产权的指导性案例。

(3)《公报》知识产权案例在类型分布上的特点。

除技术合同、植物新品种权案例外，著作权、专利、商标与反不正当竞争案例之间保持基本均衡。这里有两个方面需注意。首先，从初步统计结果看，这些类型的案例数量依次为反不正当竞争案（44 件）、著作权案（43 件）、商标案（41 件）、专利案（39 件）。但是，《公报》中的多起反不正当竞争案与商标案发生重叠，因此，对这些数据加以调整之后，它们的顺序应当是著作权案（42.5 件）、专利案（38 件）、反正当竞争案（38 件）、商标案（35.5 件）。这看起来还是与法院近年来审理的知识产权案件类型不成比例，后者的按数量排列顺序是商标案、著作权案、专利案、反正当竞争案（参见表 9-2）。其次，全国法院实际受理的商标案件数量增长很快，但其能够被选入《公报》案例的数量却远较其他类型的知识产权案例为少，相反，实际受理的专利案件的数量与增长率都不高，却往往有更多的专利案件被选编为《公报》案例。这似乎可以反映出不同类型的知识产权案例在争议类型、法律解释与适用难度等方面存在不同特性。

---

❶ 1995 年《公报》知识产权案例数量发生剧增，可能的解释是 20 世纪 90 年代的中美知识产权谈判。

❷ 深圳市斯瑞曼精细化工有限公司诉深圳市坑梓自来水有限公司、深圳市康泰蓝水处理设备有限公司侵害发明专利纠纷案（《公报》2014 年第 5 期）。

（二）不同类型的《公报》知识产权案例在处理结果上的特点

从表 9-1 可知，《公报》案例在著作权、专利、商标与反不正当竞争案的分布上保持数量均衡，30 年来被收录的各类型案例总数均在 40 件左右。但是，《公报》刑事案例方面却有很大差异：侵犯著作权罪 5 件、侵犯商业秘密罪案 2 件、侵犯商标权罪 1 件、损害商品声誉罪 1 件。其中，侵犯著作权罪的案例除 1 件为传统的盗版行为，[1] 其余 4 件均涉及非法复制销售计算机软件、游戏外挂等新类型侵权行为。在这些刑事类案例中，所有被告人均被认定构成犯罪，并承担相应的刑事责任。

在知识产权民事、行政案件中，这些不同类型的案例在处理结果上却有所不同。属于民事、行政类案件的著作权案 37 件、专利案 39 件、商标案 40 件、反不正当竞争案 41 件，首先我们按原告（通常即为权利人）胜诉、败诉与调解或和解的三种结果进行分类，形成表 9-3。

表 9-3 《公报》知识产权民事、行政案件的处理结果

单位：件

案件类型	处理结果			合计
	原告胜诉	原告败诉	调解/和解	
著作权案	27（73%）	8（22%）	2（5%）	37
专利案	15（39%）	18（46%）	6（15%）	39
商标案	29（73%）	11（27%）	0	40
反不正当竞争案	30（73%）	9（22%）	2（5%）	41

从中可以看到一个非常明显的现象：专利案的原告（通常为专利权人）在案件处理结果上处于相当不确定的状态，原告的胜诉率只有 39%，而败诉的比率高达 46%；其余三种类型的知识产权案件中，原告的胜诉率则高达 73%，败诉率为 22%～27%。与之对应的是，专利案件当事人达成和解或调解的可能性又是四种类型案件中最高的，为 15%，而其余类型案件的调解或和解率仅为 5%。如何解释这一现象？这或许与专利权效力的稳定性较差以及证明侵犯专利权的难度较大有关。[2]

[1] 伍望生侵犯著作权案（《公报》1995 年第 4 期），该案涉及盗印《邓小平文选》（第三卷）1.6 万册。

[2] 参见本章第三部分之（五）关于专利无效行政案件的讨论。

(三)《公报》知识产权案例的地域性分布

根据《公报》知识产权案例的一审法院所在地进行统计(见表 9-4),其结果表明,这些案例发生最多的省市区的前四名是:北京(39 件)、上海(28 件)、江苏(25 件)、广东(12 件)。

表 9-4 《公报》知识产权案例的地域分布

省区市排名	数量(件)	占比
1. 北京	39	23%
2. 上海	28	17%
3. 江苏	25	15%
4. 广东	12	7%
其他地区	62	37%

这基本与全国各地区在专利拥有量、知识产权案件数量等方面的排序相对应,但另外值得关注的是:

(1)北京法院受理知识产权案件的数量远远超过全国任何其他省市。仅海淀区法院一家,其审理的案件中就有 8 件被选入《公报》案例。不过,令人奇怪的是,该法院在 2003 年之后却再无新的案件出现在《公报》案例当中。因此,北京法院被收入《公报》的案例数量众多,在后期更多的是由于专利、商标行政案件归其专属管辖所致。

(2)我国在 2014 年试点设立的三家知识产权法院分布于北京、上海、广东,这与《公报》案例数量处于前列的地区分布基本相符。此外,江苏省的《公报》案例其实紧跟在上海之后,而且远超广东省,按道理江苏法院的知识产权审判能力显然是在全国处于领先水平,也应当有资格设立知识产权法院。但它在这次之所以没有成为试点,可能的解释只能是地缘因素:江苏与上海同属长三角地区,难以一并被列为试点法院。

(四)《公报》的涉外知识产权案例

《公报》知识产权案例中,涉及境外当事人的有 33 件,占全部 157 件知识产权民事、行政案例的 21%。这一比例远高于全国法院审结一审知识产权民事案件中涉外案件的比率,但低于全国法院审结一审知识产权行政案件中的涉外案件的比率（见表9-5）。

表9-5　全国法院一审民事、行政类涉外知识产权案件（2010~2013年）

单位：件

	2010年	2011年	2012年	2013年
审结一审民事案件总数	41 718	58 201	83 850	88 286
其中涉外案件	1 647	1 956	2 042	2 180
占比	3.95%	3.36%	2.43%	2.47%
审结一审行政案件总数	2 391	2 470	2 899	2 901
其中涉外案件	1 004	1 237	1 349	1 312
占比	41.99%	50.08%	46.53%	45.23%

数据来源：根据《中国法院知识产权司法保护状况（2009—2013）》的历年数据整理。

在33件涉外《公报》知识产权案例中，境外当事人为原告的为29件，占88%；境外当事人作为被告的4件，占12%，因此，涉外知识产权案件以境外当事人起诉的居多，而国内当事人起诉境外当事人的案件则较少。根据对这两类案件的计算，境外当事人的胜诉率均在73%（见表9-6）。这一比率与《公报》知识产权案例中著作权案、商标案、反正当竞争案的胜诉率完全一致（见表9-3），但与国内专利案件的胜诉率（39%）相比，差别很大。

表9-6　《公报》涉外知识产权案例的外方胜诉率

单位：件

涉外案件	胜诉	败诉	合计	胜诉率
境外方为原告	22	7	29	73%
境外方为被告	2	2	4	
合计	24	9	33	

（五）《公报》专利无效案件

《公报》收录的知识产权行政案例一共11件，其中，行政机关处理的商标、专利侵权案例各1件，其余9件则包括商标申请或撤销案例3件、专利无效案例 6 件。这里专门分析专利无效案例。[1]

专利无效案例被《公报》收录，较集中在最近三年：2012 年 1 件、2013 年 1 件、2014 年 2 件。其中有 5 件案例在程序上经历了专利复审委宣告无效、北京一中院的一审、北京高院二审、最高法院再审。这些案例入选《公报》是因为其中存在争议较大的法律解释与适用问题，同时，在案例之后需简要介绍承办该案的审判长，故大多出现于“裁判文书选登”栏目。

对这 6 件专利无效案例进行归类分析，从中可以看到，在专利复审委员会作出专利无效之裁决之后，法院对于专利复审委无效决定的支持率依审级上升而不断降低：一审法院支持率 67%；二审法院支持率 33%；最高法院支持率 20%。这也导致在现实生活中，许多专利无效案件的当事人往往尽可能对案件提出上诉，甚至申请再审，客观 上推高了此类案件的上诉与申请数量。

表 9–7　《公报》专利无效案件的处理结果形态

案件类型	裁判结果			
	专利复审委	北京一中院一审判决	北京高院二审判决	最高法院再审判决
发明	1. 爱普生墨盒 B	B	A	A
	2. 许文庆钢管防腐方法 B	B	B	A
	3. 惰钳式门 B	A	A	
实用新型	4. 曹忠泉裁剪机 B	B	B	A
	5. 赵东红握力计 B	B	A	A
外观设计	6. 张迪军开关 B	A	A	B
合计	6B	4B : 2A	2B : 4A	1B : 4A

注：A 表示认为专利有效、B 表示认为专利无效。

[1] 香港美艺金属制品厂诉中国专利局专利复审委员会确认“惰钳式门”发明专利权纠纷案（《公报》1992 年第 2 期）；许文庆与国家知识产权局专利复审委员会、第三人邢鹏万宣告发明专利权无效决定纠纷案（《公报》2006 年第 2 期）；赵东红、张如一及第三人邹继豪与国家知识产权局专利复审委员会专利无效行政纠纷案（《公报》2012 年第 10 期）；张迪军与国家知识产权局专利复审委员会、慈溪市鑫隆电子有限公司外观设计专利无效行政案（《公报》2013 年第 10 期）；郑亚俐与精工爱普生株式会社、国家知识产权局专利复审委员会专利无效行政诉讼案（《公报》2014 年第 7 期）；曹忠泉与国家知识产权局专利复审委员会、上海精凯服务机械有限公司实用新型专利无效行政纠纷案（《公报》2014 年第 9 期）。

(六) 最高法院与《公报》知识产权案例

(1)《公报》中最高法院知识产权案例数量随不同时代有较大变化。

《公报》虽为最高法院主办，但从其案例报道数量上看，还是较好地保持着最高法院与地方法院的平衡。30年来，《公报》一共刊登最高法院最终裁判的知识产权案例为42件。《公报》迟至2000年才开始收录最高法院裁判的知识产权案例，并且在2001~2002年这两年均没有出现最高法院的知识产权案例。从2003年以后，一般是每年选入1~2件（其中2006年较多，有4件）。自2010年起，《公报》对最高法院知识产权案例的报道数量却有明显增多，分别为：2010年6件、2011年4件、2012年6件、2013年3件、2014年6件。[1]

这一现象或许与最高法院在近几年受理、审结的知识产权案件数量整体提高存在对应关系（参见表9-8），而且从最近5年发布的司法统计数据看，最高法院明显加大了对下级法院的审判监督力度，特别是在行政案件（主要是专利无效案件）上。例如，2010年最高法院提审的知识产权行政案件中，一共审结11件，而改判的就有10件；2012年审结的提审知识产权行政案件共计22件，改判的有16件；2013年审结19件，改判14件。[2]

表9-8　最高法院受理、审结的知识产权案件（2007~2013年）

单位：件

	2007年	2008年	2009年	2010年	2011年	2012年	2013年
受理民事案件	238	277	297	313	305	237	457
审结民事案件	—	184	390	317	311	246	417
受理行政案件	—	—	54	60	102	98	117
审结行政案件	—	—	56	56	101	98	104

资料来源：国家知识产权局2007~2013年历年发布的《中国知识产权保护状况白皮书》（www. sipo. gov. cn）；最高人民法院《中国法院知识产权保护状况（2009—

[1] 美国联邦最高法院在2009年之前审理的知识产权案件一般在0~2件，但在此之后有明显增加：2009年3件、2010年4件、2011年4件、2012年6件、2013年10件。尽管两国最高法院在审理案件的数量上不具有直接可对比性，但两者均趋于加强对知识产权案件的审判，以期对下级法院的司法裁判提供更多指导。参见：金海军．美国最高法院2013年开庭期知识产权判例解析［J］．知识产权，2014（10）．

[2] 最高人民法院．中国法院知识产权司法保护状况（2009-2013）［M］．北京：人民法院出版社，2014：37，55，72.

2013）》，人民法院出版社 2014 年版。

（2）从《公报》案例看最高法院裁判知识产权案件的特征。

在 42 件最高法院知识产权案例中，有 3 件涉及管辖权问题，2 件涉及许可合同案件，1 件以调解结案。为统计之便，本书只以其余的 36 件案例作为分析样本。“A”表示判决原告（一般为知识产权的权利人）胜诉，“B”表示其败诉；在上诉案件中，“A”表示原告（无论其为上诉人或被上诉人）胜诉，“B”表示其败诉；在再审案件中，同理分别以“A”“B”表示原告胜败结果。统计结果表明：

①由最高法院二审的知识产权案件，其倾向于同意一审判决结果。

在其作为二审法院的 10 件案例中，最高法院维持原判的有 8 件，改判的 2 件。换言之，维持一审判决的比率为 80%。

②由最高法院再审的知识产权案件，改判二审判决的可能性更大。

最高法院再审的 26 件案例的结果呈现如下裁判形态（表 9-9）：知识产权案件从一审、二审到再审的裁判结果均相同的，有 6 件，占全部再审知识产权案例的 17%。在对原审裁判结果进行变动的案件中，最高法院对二审法院裁判结果表示支持的有 6 件（ABB 与 BAA），而予以改判的则有 14 件（AAB、BBA 与 ABA）。再看这些发生改判的 14 件案例，又以最高法院完全推翻地方两级法院裁判结果的为多，达到 11 件（AAB 与 BBA）。能够《公报》中刊登的最高法院知识产权案例，因其本身往往争议较大，故发生改判结果的可能性远较全部案件的比例为高，这也是可以理解的。但是，就这些同样争议较大的案例而言，也可以看到，最高法院在其中所起到的重大作用。

表 9-9　《公报》最高法院知识产权再审案例的裁判形态

单位：件

	裁判形态	案例数量	说明
1	AAA 或 BBB	6	原告胜诉 4，败诉 2；专利 4，商标 1，竞争 1
2	AAB	7	专利 6，商标 1
3	BBA	4	专利 3，著作权 1
4	ABB	4	专利 2，商标 1，竞争 1
5	ABA	3	商标 1，著作权 1，竞争 1
6	BAA	2	专利 1，竞争 1

四、小　　结

《公报》作为我国最高法院主办的机关刊物，其中的案例系依据特定程序选编而成，具有特殊的权威性。经过30年的连续出版，《公报》案例已经成为一种独特的司法资源，一个丰富而权威的案例数据库，也是一座有待开发的高品位矿藏。尽管入选《公报》的一些案例是出于配合政策宣传的需要，或者因应法律制定、修改，甚至就为了推行最高法院的相关裁判，但是，绝大部分案例的选取标准还是基于其所涉及的纠纷、在法律适用与解释上的争议等方面。因此，无论做宏观性整体分析还是进行个案解读，《公报》案例都值得法律实践者与法学理论者研究者重视。

本书以《公报》知识产权案例本身为研究对象，通过全面整理与初步统计分析，从不同角度进行对比与讨论，获得了一些初步的结论。这些整理与研究虽然尚属初始结果，但也已经有诸多方面值得关注：

（1）在知识产权案例的选取上，《公报》对著作权、专利、商标与反不正当竞争等四种类型的案件保持了基本平衡。这或许不是刻意追求的结果，但它与法院实际受理或审结的各类型知识产权案件数量不成比例。这一客观结果说明，专利案件虽然在实际案件中所占比重不大，但其处理起来往往较其他类型的案件困难，从而更可能成为知识产权经典案例，而在实际案件数量中占比最大的商标案件，则情况正好相反。

（2）《公报》知识产权案例如果以国内案件与涉外案件的标准划分，可以看到，《公报》涉外知识产权民事案例的比例较全国整体知识产权案件中的涉外比例为高。但从处理结果上看，国内案件中原告（知识产权权利人）的胜诉率与涉外案件原告的胜诉率基本一致。这也体现出我国法院处理知识产权案件时对国内外当事人一体对待的原则。同时，国内案例的比率上升，反映了我国国内知识产权的增长与当事人权利保护意识与行为的提高。

（3）《公报》中不同类型知识产权案例在处理结果上的差异，足以反映出专利案件的特殊性。由于专利权效力受到挑战的可能性以及举证侵犯专利权的困难，使得专利权人难以获得像其他知识产权权利人那样高的胜诉率。同时，专利无效案件的统计分析也反映出其特殊之处。从前述对专利无效行政案件的程序、处理结果等研究结果来看，我国目前的专利无效制度有较大的改革空间。

（4）《公报》知识产权案例从地域分布来看，反映出特定地区的知识产权活动的水平与程度。相关的统计分析可以为我国目前进行的司法改革与知识产权法院试点工作提供实证依据。

(5) 最高法院在知识产权司法保护上起到了重要作用，而且在今后可能起到更大的司法监督作用。《公报》所刊登的最高法院知识产权案例，无论在数量变化还是裁判形态，都反映出这一趋势。

附带的一个问题是，随着我国依法治国战略与全面司法改革的推进，还应当考虑进一步提高我国案例资源的开发与利用。目前最高法院正在推行案例指导制度，并且在最近四年陆续推出几十件指导性案例。不过，从本书的分析中可以看到，更好的做法是利用既有资源，将它们与《公报》案例结合起来，并且在今后扩大《公报》案例编选范围，增加案例数量，同时设计出合理且方便引用的案例编号，以更好地让这些经典案例为法律实践与理论研究之用。

第10章 司法对技术创新影响的实证分析（Ⅰ）

——美国联邦最高法院2012年开庭期知识产权判例解析

> 今天的判决将决定明天的对错。如果法官打算明智地宣告判决，那么就必须有某些原则来指导他从各种争取获得法律之认可的可能判决中作出选择。[1]
>
> ——［美］本杰明·卡多佐

一、概　述

美国是践行创新战略的佼佼者。自20世纪中后期以来，美国在计算机、互联网、生物技术等新兴领域，始终在世界上引领创新潮流。而在保障创新战略的各项制度中，知识产权被认为是激励创新的一种重要工具。事实上，美国在立国之初于1787年制定的美国《宪法》中即明确规定，专利与著作权保护的目的在于“促进科学和实用技术的进步”，[2] 国会并因此于1790年即制定一系列知识产权相关法律。美国前任专利商标局局长大卫·卡波斯（David Kappos）指出：创新以及为创新最大化（maximizing innovation）提供保障的知识产权，对于美国社会具有关键性意义，因此，

---

[1] 本杰明·卡多佐．司法过程的性质［M］．苏力，译．北京：商务印书馆，2002：9.

[2] 参见《美国宪法》第1条第8款。The Constitution（art. 1, sec. 8）gave Congress power “to promote the progress of science and useful arts, by securing for limited times to authors and inventors the exclusive right to their respective writings and discoveries”.

我们必须那些处于脆弱地位从而依赖于法律制度的创新者提供保护。❶然而，法律规定与法律实施是两个非常不同的过程，❷ 即便知识产权法律规定以激励创新为旨归，然而，实施这些法律规定的效果，究竟是否真正实现了这些目标，却未必尽然。法律的着重点已经从规范的内容转向实践中规范的效力，从救济是否存在转向为实现该规范的设计目的而设立的救济能否获得以及是否有效。在此过程中，司法的作用至关重要。

在美国，《专利法》《著作权法》等法律都属于由国会制定的联邦法律，因此，基于此等法律规定所发生的争议，相应地属于联邦法院管辖。联邦法院审理知识产权案件的实际效果如何，其评论可谓左右不一。例如，美国联邦巡回上诉法院在 1982 年创立时，作为全国对专利案件享有专属的上诉管辖权的法院而被认为是一项制度创新，甚至开风气之先，引发了后来设立所谓的知识产权专门法院的世界潮流；但是，今天它却受到了诸多非议，不少评论家认为其判决往往偏向于专利权人（pro-patentee），有人干脆主张取消其专利案件上诉的专属管辖权。❸ 相反，美国联邦最高法院却常常被人认为是对专利抱有敌意的，甚至直到 20 世纪早期，法院仍不愿意在侵权案件中作出有利于专利权人的判决。而之后美国联邦最高法院转变为倾向于保护专利（much more apt to protect patent），则被认为可能是美国社会不再把专利视作一种有害的垄断（noxious monopoly），而是导致美国繁荣的关键。❹ 然而过犹不及，在今天，尤其是罗伯茨担任最高法院首席大法官之后，罗伯茨法院（Roberts Court）却被一些评论家认为更多的是偏向于企业的（pro-business）。❺ 也有人针对最高法院在知识产权

---

❶ DAVID J. KAPPOS. October Term 2012：Trends in Supreme Court Intellectual Property Jurisprudence [EB/OL]. [2014 - 11 - 05]. http://www. cravath. com/files/Uploads/Documents/Publications/3425599 _1. pdf.

❷ 参见：R. POUND. Mechanical Jurisprudence [J]. Columbia Law Review，1908(8)：603. 庞德因此而提出，法律有纸面上的法律（law in books）与实践中的法律（law in action）之别。

❸ ASHBY JONES. Critics Fault Court's Grip on Appeals for Patents：Calls to Loosen Federal Circuit's Hold Grows Amid Complaints Over Rulings [N].The Wall Street Journal，2014-07-06[2014-10-08].http://online. wsj. com/articles/critics-fault-courts-grip-on-appeals-for-patents-1404688219.

❹ LAWRENCE M. FRIEDMAN. A History of American Law [M].3rd ed. Touchstone，2005：559.

❺ MARK TUSHNET. In the Balance：Law and Politics on the Roberts Court [M].W. W. Norton & Company, 2013：190. 关于罗伯茨法院是否支持大企业，美国主流报刊对此也非常关注。例如：Business Reigns Supreme [N].the Washington Post，2007-07-01(F3)；TONY MAURO. High Court Reveals a Mind for Business [N].Legal Times，2007-07-02；JEFFREY ROSEN. Supreme Court Inc. [N]. New York Times Magazine，2008-03-18(38)；ADAM LIPTAK. Justices Offer Receptive Ear to Business Interests [N].New York Times，2010-12-19. 兰德斯、波斯纳等也用实证数据得出了肯定性结论，参见：LEE EPSTEIN，WILLIAM LANDES，RICHARD POSNER. Is the Roberts Court Pro-Business [EB/OL].[2014-10-14].http://esptein. usc. edu/research/RobertsBusiness. pdf.

判决与大法官的意识形态进行对比，结论是认为大法官是保守派抑或自由派倾向在知识产权判决上的表现并不明显，或者两者之间关系不大。[1] 但在关于最高法院在知识产权案件的裁判上，是否以创新为旨归，或者是否达到了激励创新的目的，相关论述却又极少。[2]

本书查阅了美国联邦最高法院在2012开庭期所作出的全部知识产权案件判决，进而通过整体观察与个案分析的方式，探讨司法之于创新有何影响。之所以选择2012年开庭期，一则是因为它发生时间较近，判例所反映的问题往往较新，二则，该年度的知识产权案件判决，无论从整体上还是个案来看，体现了较诸以往不同的特色，值得作深入分析。

美国联邦最高法院在2012年度判决的知识产权案件数量达到6件之多，破历史纪录。而在此之前，最高法院作出的知识产权案判决也就在1~3件。[3] 从表10-1可见，自2009年开始，最高法院的知识产权案件判决数量呈逐年上升之势，而下一步是否继续增长，值得关注。[4]

表10-1　美国联邦最高法院各开庭期的判决总数量与知识产权案件数量（2006~2012年）

单位：件

开庭期	2006	2007	2008	2009	2010	2011	2012
判决总量	75	73	83	92	85	78	79
知识产权案判决	3	1	0	3	4	4	6
专利案件	3	1	0	1	3	3	4

该年度知识产权判决所涉及的法律争议复杂多样，从整体上反映了美国最高司法机关在知识产权审判上的特征。本书按照判决公布的时间先后，将2012年度与知识产权相关的6件判决整理如下（见表10-2）。

[1] MATTHEW SAG, TONJA JACOBI, MAXIM SYTCH. Ideology and Exceptionalism in Intellectual Property: An Empirical Study [J]. Cal. L. Rev., 2009(97): 801.

[2] 同前注，Kappos文。

[3] 根据对最高法院1954~2005年开庭期所作判决的统计，在这52年间，共有知识产权案判决102件，平均每个开庭期为1.96件。参见：MATTHEW SAG, TONJA JACOBI, MAXIM SYTCH. Ideology and Exceptionalism in Intellectual Property: An Empirical Study [J]. Cal. L. Rev., 2009(97): 801.

[4] 事实上，随着2014年6月底结束2013年开庭期，最高法院在该年度判决的知识产权案件更是达到10件之多，再破纪录。参见本书第11章。

表 10-2　美国联邦最高法院 2012 年开庭期知识产权案件判决汇总

判决时间	案号	案件名称	诉因	程序/实体问题	法院判决撰写者	是否一致意见	判决结果
2013-01-09	11-982	Already, LLC v. Nike, Inc.	侵权诉讼与商标无效反诉的关系	程序	罗伯茨	是	维持
2013-02-10	11-1118	Gunn v. Minton	专利诉讼中律师执业过失侵权案的管辖	程序	罗伯茨	是	撤销、重审
2013-03-19	11-697	Kirtsaeng v. John Wiley & Sons, Inc.	国外进口图书是否侵权	实体	布雷耶	否 [6∶3]	撤销、重审
2013-05-13	11-796	Bowman v. Monsanto Co.	生物技术专利的权利用尽	实体	卡根	是	维持
2013-06-13	12-398	Association for Molecular Pathology v. Myriad Genetics, Inc.	基因的可专利性	实体	托玛斯	是*	部分维持、部分撤销
2013-06-17	12-416	FTC v. Actavis, Inc.	专利和解协议是否构成垄断	实体	布雷耶	否 [5∶3]	撤销、重审

注：*该判决尽管在形式上不属于全体大法官的一致意见（unanimous opinion），但因只是一位大法官发表了简短且支持判决的同意意见（concurring opinion），故本书仍将之归为实质上的一致意见。

以下首先根据每一案件的主题，逐一介绍案件基本事实、争点，其次阐明最高法院裁判的理由与结果，最后给出本书的观察与评论。

二、基因的可专利性问题：在创新与投资利益之间寻找平衡点

关于基因能否取得专利的问题，从 20 世纪后半期随着生物技术领域获得突破性进展以来即争论纷纭。1944 年科学家确认 DNA 是基因信息的载体，到 1953 年沃森和克里克发现 DNA 的双螺旋结构，尤其在 2003 年的人类基因组研

究发现，每个人都差不多由2.5万个基因构成，由此，基因组学的潜力更是呈指数级增长。1980年最高法院在Chakrabarty一案❶中以5：4的投票结果，判决可以对一种利用基因重组技术发明的可降解原油的微生物授予专利，为生物发明、基因技术的发展打下法律基础。其中的标志性成就是21世纪初的人类基因组计划（Human Genome Project），由几千名科学家和技术人员费时十余年，耗资10亿美元才最终完成。此项计划既有政府资金支持，也有私人风险投资，而私人投资为了获得收益回报的法律保障，纷纷就其投资开发所获得的基因而申请专利。事实上，接近20%的基因组——也就是超过4000个基因——已经被至少一项美国专利所涵盖，其中有许多基因是与阿尔兹海默症、结肠癌、哮喘、乳腺癌等疾病密切相关的。❷ 而一旦拥有特定基因的专利权，任何他人如果未经许可开展与该基因有关的实验，都可能会因为侵犯专利权而遭到起诉。基因专利的权利人就可以决定哪些人可以对该基因做什么样的研究，以及对由此产生的诊疗手段收取费用。❸ 最高法院在Association for Molecular Pathology v. Myriad Genetics，Inc. 案（以下简称“Myriad案”）中，重新审视关于基因可专利性的问题，并且一改以往的规则，缩小了基因可专利的范围，认定自然基因即使分离也是不可专利的，只有人工合成基因才具有可专利性。

（一）Myriad案的基本案情

麦利亚德基因公司（Myriad Genetics Inc.）在20世纪90年代初发现了人类的两个基因BRCA1和BRCA2的准确位置和序列，❹ 并且发现，这两个基因的突变可导致个人罹患乳腺癌和卵巢癌的风险急增。美国妇女罹患乳腺癌的风险概率平均为12%~13%，但是，女性因带有某种基因突变的，其患乳腺癌的风险则提高至50%~80%，患卵巢癌的风险则为20%~50%。尽管在麦利亚德发现这两种基因之前，科学家已经知道，妇女罹患这两种癌症的风险是与遗传相关的，但他们并不知道究竟哪个基因与此相关。根据这一发现，麦利亚德公司研发出一种医疗检测手段，用以对个体进行基因检测，确定这两个基因是否发生了突变，从而评估其患癌风险。❺

---

❶ Diamond v. Chakrabarty，447 U. S. 303 (1980).

❷❸ MICHAEL SPECTER. Can We Patent Life [EB/OL].[2014-10-14].http://www.newyorker.com/tech/elements/can-we-patent-life. 中译本参见《果壳网》(www.guokr.com)。

❹ 即“breast cancer susceptibility gene”(乳腺癌易感基因) 的缩写。

❺ 2013年5月，好莱坞女明星安吉利娜·朱莉（Angelina Jolie）在接受基因检测之后，就因为其BRCA1基因发生突变而极可能患乳腺癌，遂决定采取预防措施，接受乳房切除手术。

麦利亚德公司为此申请了一系列专利。涉及本案的专利主要有四项：与人体分离的 BRCA1 和 BRCA2 基因，人工合成的这两个基因的 cDNA 序列。[1] 依据这些专利，麦利亚德公司就可以享有对个体的 BRCA1 和 BRCA2 基因进行分离的专有权，以及合成创造 BRCA 的 cDNA 的专有权。其他医疗机构如果要对这两个基因的进行检测，就必须先从病人的基因组当中分离出这两个基因，而这就相当于对麦利亚德公司的专利产品进行制造，从而侵犯其专利权。

麦利亚德公司目前每做一次基因检测的费用超过3 000美元，一旦其可以凭借该专利而垄断 BRCA 基因检测的市场，则将带来巨大的利润。但是，基因检测手段本身在生物医学领域已经普及，故而在麦利亚德公司发现前述基因之后，已有多家机构为患者提供 BRCA 基因检测。由于麦利亚德公司拥有这些专利，这些竞争对手就无法进入市场，也使得该项检测费用长期居高不下，很多患者无法及时进行基因检测。最终，包括分子病理协会（Association for Molecular Pathology）在内的医学组织、团体以及医生和病人等作为原告，向纽约南区联邦法院提起诉讼，请求宣告麦利亚德公司的基因专利无效。

一审法院以麦利亚德公司的涉案专利所包含的对象是自然产物（products of nature）为由，宣告其无效。[2] 麦利亚德公司不服，上诉到联邦巡回上诉法院。联邦巡回上诉法院最初撤销了一审判决。[3] 但是，最高法院对此发布调卷令，要求联邦巡回上诉法院按照最高法院的最新判例，即 Mayo Collaborative Services v. Prometheus Laboratories, Inc. 案[4]进行裁判，遂将案件发回重审。[5] 联邦巡回上诉法院重审之后，对一审判决予以部分维持、部分撤销。合议庭的三位法官各持已见，分歧相当大。但联邦巡回上诉法院的判决最终认为，根据美国《专利法》第 101 条，无论是分离后的 DNA 还是 cDNA 都是可专利的。于是，本案再次上诉至最高法院。

（二）Myriad 案的判决结果与依据

最高法院于 2013 年 4 月 15 日进行听证，6 月 13 日作出判决。托玛斯

[1] cDNA 是“互补 DNA”（complementary DNA）的缩写形式。

[2] Association for Molecular Pathology v. United States Patent and Trademark Office, 669 F. Supp. 2d 365, 385-392（SDNY 2009）.

[3] Association for Molecular Pathology v. United States Patent and Trademark Office, 653 F. 3d 1329（2011）.

[4] Mayo Collaborative Services v. Prometheus Laboratories, Inc., 566 U. S. ____（2012）.

[5] Association for Molecular Pathology v. Myriad Genetics, Inc., 566 U. S. ____（2012）.

大法官（Justice Thomas）撰写法院意见，除斯卡里亚大法官提交协同意见（concurring opinion）之外，其余大法官均完全同意法院意见。最高法院认为，从基因组中分离的天然存在的DNA片段是一种自然物，不能仅仅因为其被分离出来就具有可专利性，但是，cDNA是可专利的，因为它不是自然产生的。联邦巡回上诉法院的判决应当予以部分维持、部分撤销。最高法院的具体理由如下：

（1）美国《专利法》第101条规定，对于“发明或者发现任何新的和有用的……物质组合”，可授予专利，但是，“自然规律、自然现象以及抽象思想是不可专利的”，因为它们“都是从事科学技术工作的基本工具”，从而应当置于专利权保护的范围之外。❶ 但是，自然产生之物不得授予专利的这一规则也存在限制。专利保护是在以下两者之间保持一种脆弱的平衡：一边是利用专利而激励发明创造，另一边则是，专利也可能阻碍信息的流动，而这些信息是允许使用甚至用来刺激发明的。准此以解，就必须确定麦利亚德公司的专利究竟是一种“新的和有用的……物质组合”，还是自然产生的现象。

（2）麦利亚德公司针对DNA的专利权利要求属于自然法则（law of nature）的范围，故不得授予专利。

①麦利亚德公司的主要贡献是发现BRCA1和BRCA2这两个基因的准确位置和基因序列。麦利亚德公司提出，应当以Chakrabarty案❷为先例，而在该案中，法院认定微生物具有可专利性，因此，本案的专利对象亦即基因也应当可以授予专利。最高法院认为，Chakrabarty案关于可专利性的核心问题在于，这些对象是新颖的，具有“与任何在自然界发现的东西显著不同的特征”。❸ 在本案中，麦利亚德公司并没有创造或者改变在BCRA1和BCRA2基因中所包含的基因信息或者DNA的基因结构，而只是发现了基因的位置、序列与功能。将所发现的基因从人类基因组中分离，这并不是一种创造行为。因此，Chakrabarty案不能作为认定分离的DNA片段具有可专利性的依据。

②麦利亚德公司提出，找到BRCA基因的位置并明确其序列与功能，这是一个“突破性、创造性、甚至是才华横溢的发现”(Groundbreaking, innovative, or even brilliant discovery)，应当授予其专利。最高法院认为，麦

---

❶ Mayo,

❷ Diamond v. Chakrabarty, 447 U. S. 303.

❸ Id., at 310. Chakrabarty案的涉案专利是，研究者将4种质粒转化进一种细菌当中，使之具有分解原油中各种不同成分的功能。这是一种人类智慧创造的新产物，并且具有自己独特的名字、特性与功能，而不是非自然界已经存在的现象。

利亚德确实发现了一种重要而有用的基因，但是，“突破性、创造性、甚至是才华横溢的发现”本身并不能满足美国《专利法》第 101 条关于可专利对象的要求。[1]麦利亚德公司的发现无疑具有重大意义，使人们可以通过基因检测手段来预测个体的患癌风险，但是，这一发现并没有使基因成为“新的……物质组合”。

③麦利亚德公司的专利说明书强调了其所面临的难题：他们从人类基因组浩瀚的基因海洋中找到了与乳腺癌、卵巢癌患病风险升高相关的 BRCA 基因的位置，在此之前无人知道；而且，他们还筛选出了最可能提高患癌风险的几种突变类型，这些成果需要付出非常巨大的艰辛与努力。最高法院则认为，“巨大的努力”（extensive efforts）本身并不足以达到美国《专利法》第 101 条对可专利性的要求。

④麦利亚德公司提出，他们从人类基因组中切割化学键而分离出基因片段，从而创造了在自然界中并不天然存在的分子。最高法院认为，麦利亚德公司的专利权利要求并未表达这种新产生的 DNA 分子的化学成分组成，或他们为分离获得这一 DNA 分子而进行的化学反应；相反，其权利要求主要围绕在这段 DNA 片段（基因）中所蕴含的遗传信息，而从遗传信息也就是 DNA 序列方面来看，所分离的基因与天然存在于人类基因组中的基因，两者的序列是完全一样的。因此，该公司提出的分离的 DNA 是自然界中并不天然存在的分子，这一主张并不成立。

⑤麦利亚德公司还提出，专利商标局授予基因专利的行为应当受到尊重，其又引用 J. E. M. Ag Supply, Inc. v. Pioneer Hi - Bred Int'l, Inc. 案[2]加以佐证。麦利亚德公司认为，行政机关已经授权了基因专利，法院应当尊重这种决定。最高法院驳斥了这一观点。在前述引用的判例中，国会在之后

---

[1] Funk Brothers Seed Co. v. Kalo inoculant Co., 333 U. S. 127. 该案涉及固氮菌的可专利性。固氮菌具有固氮功能，若将固氮菌的菌株作为接种物拌到种子中并且一起栽种下去，就相当于施加了天然的氮肥，可以提高作物产量。然而，不同的固氮菌通常只针对特定的一类作物起作用，而且不同的固氮菌之间如果混合在一起的话，很可能会互相抑制各自的作用，所以，种植者通常只能对一种作物单一使用某种固氮菌，这样操作起来比较麻烦。本案的专利权人发现了一个现象：将特定的某几种固氮菌混合在一起，互相并不会抑制对方的固氮作用。于是他将这几种细菌混合到一起形成一个接种物，这个接种物可以对不同种类的植物起作用。他对这种接种物申请并获得了一项专利。审理该案的法院最终认为，虽然这一发现非常有意义，但是，这种细菌的混合物本身不过是将一些天然存在的物质混合到一起而已，不能称之为一种发明创造，故宣告该专利无效。

[2] J. E. M. Ag Supply, Inc. v. Pioneer Hi - Bred Int'l, Inc., 534 U. S. 124. 美国本已有《植物品种保护法》来保护植物品种，但是在该案中，专利上诉与抵触申请委员会（the Board of Patent Appeals and Interferences）仍判定，涉案的一批新的植物种子是可专利的，而在此之后，美国国会还专门通过了《专利法修正案》，认可该委员会的做法，从而确立了对于植物品种的双重保护原则。因此，法院在该案中认定，新的植物品种是可专利的。

的立法支持了专利商标局的做法。但在本案中，国会并没有任何的立法予以支持。相反，美国政府在向法院提交的意见书中提出，根据美国《专利法》第101条，分离的DNA片段并不具有可专利性。

（3）人工合成的cDNA并不是“自然产物”，因此，根据美国《专利法》第101条，它是可专利的。人工合成的cDNA的序列虽然是由自然所决定的，但是，实验室的技术人员在合成cDNA时创造了新的东西，因为cDNA的序列与人类基因组中的DNA序列相比，只含有外显子序列而不含有内含子序列，两者之间存在明显区别。

（4）最高法院特别指出，本案并不涉及方法专利，因此，就BRCA1和BRCA2基因的知识而产生的新的应用，或者其中自然产生的核苷酸顺序发生改变的DNA是可专利的。

三、权利用尽原则：为何在专利案件与著作权案件中结论相反？

在2012年度最高法院判决的知识产权案件中，竟然有2份判决都涉及知识产权的权利用尽问题。所谓权利用尽原则（doctrine of exhaustion），是指合法制造的带有知识产权的产品，一旦被合法出售或转让之后，他人无须征得知识产权权利人同意即可进行再次转让或者使用。因此，在美国法中又称之为首次销售原则（first-sale doctrine）。权利用尽原则，往往在各国立法中差别甚大，以至于世界贸易组织的TRIPS协定亦未为之设定保护标准。❶

最高法院在Bowman v. Monsanto Co.案（以下简称“Monsanto案”）中认定，农民未经许可自行种植转基因专利作物，不适用专利权利用尽；而在Kirtsaeng v. John Wiley & Sons, Inc.案（以下简称“Kirtsaeng案”）中，最高法院则认为，在国外合法制作的作品复制件被进口到美国国内的，适用权利用尽原则。在专利案件与著作权案件中，最高法院的判决对于是否适用权利用尽原则，分别作出了否定与肯定的回答。两份判决看似矛盾，实质上具有一致性。因为两起案件的事实与条件均有所不同，而法院裁判所考虑的，根本上还是为创新活动提供法律保障。

（一）Monsanto案的基本案情

孟山都公司（Monsanto Co.）发明了一种转基因技术，在转基因大豆

---

❶ TRIPS协定第6条。

作物上即使洒上除草剂（其中的活性成分为草甘膦）——包括孟山都的Roundup（“农达”）除草剂——也能存活下来。这样，农民就可以使用含有草甘膦的除草剂而不会伤及大豆作物本身。这种包含了转基因材料的抗除草剂大豆种子，就被命名为Roundup Ready（“抗农达”）大豆。孟山都公司获得了相关专利，其中一项专利是包含了转基因的大豆（美国专利：第5352605号和RE39.247E号）。孟山都销售并允许其他公司再销售“抗农达”大豆种子给农户，但后者须同意签署一份特别许可协议。该协议允许农户在一个并且仅仅在一个季节里播种所购买的种子。根据协议，农户不得保留任何其所收获的种子用于再次种植，也不得以此为目的而向他人出售所收获的种子，而应当将其收获的大豆向谷物仓库（grain elevators）[1]出售，用于人畜消费。据此安排，农户必须每季均向孟山都公司购买抗除草剂大豆种子才能播种。

鲍曼（Vernon Hugh Bowman）是印第安纳州的一位农民。他从谷物仓库那里买来大豆，他也知道这些大豆是其他农户用孟山都的抗除草剂种子所种植收获的，并且只能用于人畜消费。但他自己种植了这些大豆，再向它们喷施除草剂，而这些大豆并没被杀死，这就可以肯定，它们就是转基因的抗除草剂大豆。后来他将这些大豆收获之后再行种植，多季使用。

孟山都公司以鲍曼侵犯其专利权为由，向印第安纳南区联邦法院起诉。鲍曼则以权利用尽原则相抗辩，因为这些大豆是经授权合法售出的大豆的产物。一审法院并未支持该项抗辩，陪审团认定侵权成立，应当赔偿84 456美元。鲍曼上诉至联邦巡回上诉法院，而该法院维持原判，理由是：专利权用尽原则并不能保护鲍曼，因为他“制造了新的侵权产品”。对于经授权销售的专利产品，买受人虽然可以享有使用权，但并不包括制造具有专利产品特征的实质上的新产品，因为制造权仍然属于专利权人。据此，鲍曼不得“以种植的方式‘复制’孟山都的专利权利，因为他是在制造新的侵权的基因材料、种子和植物”。

（二）Bowman 案的判决结果与依据

最高法院于2013年2月19日进行听证，5月13日作出判决。卡根大法官（Justice Kagan）代表法院撰写一致意见，维持了上诉法院的判决。

---

[1] 在最高法院判决的注释1中提到，根据美国联邦法律和印第安纳州法律，谷物仓库从农民那里收购谷物和出售用于消费，它们一般不能将谷物作为农业种子进行包装和销售。参见：7 U.S.C. §1571; Ind. Code §15-15-1-32（2012）。但是，因为大豆本身就是种子，因此，包括上述法律在内，都无法禁止鲍曼将其从谷物仓库买来的大豆进行播种。

根据专利权利用尽原则，专利产品在合法售出之后，购买人或者后续的所有权人，均有权对该产品进行使用或者再销售。但是，它并不允许购买人制造新的专利产品的复制件。本案的问题就在于，农民购买专利种子之后，是否可以不经专利权人同意而以种植方式繁殖种子。最高法院认为不可以，因为专利权利用尽原则并不允许农民未经专利权人许可，通过种植和收获的方式复制专利种子。具体理由如下：

（1）根据专利权利用尽原则，“专利产品在首次授权销售之后，该产品之上的所有专利权即告终止”，❶ 因此，购买人以及后续的所有权人“有权以其认为合适的方式使用或销售”该产品。❷ 权利用尽原则的基础是：专利权人通过销售产品的方式获得了回报，故就该特定产品而言，专利法的目的已经实现；专利法就没有任何理由再去限制他人对该已出售产品的使用和受益。不过，该原则对专利权人的限制仅仅就在已经售出的“特定产品”上；❸ 并没有涉及专利权人阻止购买人制造新的专利产品之复制品的权利。否则，如果允许购买人制造和销售无穷多的复制品，专利保护实际上就变成了该发明的一次性销售权。在本案中，鲍曼对孟山都公司的专利种子进行种植和收获，属于对孟山都公司的专利发明的多重性复制，从而，其行为并不属于专利权利用尽的范围。否则，孟山都公司的专利给它带来的好处就非常有限：在孟山都公司售出第一批种子之后，其他种子公司就可以自行繁殖这些专利种子，来与孟山都公司竞争了，同时，农民也只需购买一次孟山都公司的专利大豆种子就够了。

（2）鲍曼主张本案应当适用权利用尽原则，因为他只是以农民的正常方法来使用这些种子；如果允许孟山都公司对此加以干预，就会对专利种子和其他“自复制技术”(self-replicating technologies）形成一种针对权利用尽原则的例外，而这种例外不应为法律所允许。最高法院否定了这一主张，认为权利用尽并不延及对专利产品制作新的复制品是一项既定规则，而对此提出例外要求的，恰恰是鲍曼本人。如果同意鲍曼提出的这一例外，即对专利种子的简单复制属于受法律保护的使用，那么该种子专利的价值就将因此而大打折扣。而且，适用既定规则足以让农民有效地利用专利种子。鲍曼购买这些种子的意图是为了消费，因此他很难主张这会导致其无法有效使用这些大豆。鲍曼承认其知道这一情况，即其他种植该种大豆的农民，无一是从谷物仓库那里购买的种子。更为通常的情况是，农民从孟山都或其关联公司那里购买“抗农达”大豆种子之后，即可根据其与

---

❶ Quanta Computer, Inc. v. LG Electronics, Inc., 553 U. S. 617, 625 (2008).

❷ United States v. Univis Lens Co., 316 U. S. 241, 249-250 (1942).

❸ Id., at 251.

盂山都的种植一季的许可证进行播种。

（三）Kirtsaeng 案的基本案情

Supap Kirtsaeng 是一名来美国留学的泰国学生，他接受泰国政府奖学金并于 1997 年就读康奈尔大学数学系本科，后又攻读南加利福尼亚大学数学博士课程，现已学成回国任教。在美国留学期间，Kirtsaeng 发现这里的教科书实在太贵，而如果在泰国的书店购买同样的英文版教材，就要便宜很多。于是他委托国内亲友代购邮寄。他本来是自己使用这些教材，但后来发现这是一个不错的发财门径，干脆在 eBay 网上销售从泰国托人买来的教科书，以赚取差价。几年下来，其网上卖教材的收入就达 10 万美元。但官司也随之上门。美国威立公司（John Wiley & Sons，Inc.）以出版大学教科书闻名，它既在美国印制教材出售，同时许可其子公司威立（亚洲）公司印制同样的英文版教材，供应特定国家和地区。在这些海外印刷出售的教材上均标有特定文字，表明它们只能在美国之外的特定国家和地区销售。2008 年，威立公司在纽约南区联邦法院对 Kirtsaeng 提起诉讼，指控后者未经授权进口并且销售原告享有著作权的图书，违反了美国《著作权法》第 106（3）条关于发行权之规定和第 602 条关于未经权利人许可禁止进口之规定，构成对其著作权的侵犯，并请求法律救济。Kirtsaeng 则辩称，他所购得的这些图书均系“合法制造”，且其取得手段也属合法，因而，根据《著作权法》第 109（a）条所规定的首次销售原则，他无须著作权人的进一步同意，即可以对这些图书再销售或者进行其他处分。

一审法院认为，首次销售原则并不适用于“外国制造的产品”，故被告的抗辩不成立；进而，陪审团认定，被告构成故意侵犯著作权，应以原告享有著作权的 8 本教科书作为侵权标的，每一本赔偿 7.5 万美元，合计赔偿 60 万美元。被告不服，上诉至第二巡回上诉法院。但该法院维持了一审判决。Kirtsaeng 遂又上诉至最高法院。

（四）Kirtsaeng 案的判决结果与依据

最高法院于 2012 年 10 月 29 日举行听证，2013 年 3 月 19 日作出判决。布雷耶大法官（Justice Breyer）代表法院撰写判决。最高法院以 6∶3 的投票结果认定，Kirtsaeng 主张的首次销售原则抗辩成立，其行为不构成侵犯著作权，故最终撤销一、二审判决，发回重审。金斯伯格、肯尼迪与斯卡里亚三位大法官持反对意见。

最高法院认定，“首次销售”原则适用于在国外合法制作的作品复制件。其具体理由如下：

（1）双方当事人分歧的关键是对美国《著作权法》第 109（a）条❶中的“根据本法合法制造”(lawfully made under the Title）一语的理解。威立公司提出，在解释该词语时应加上地理限制，以阻止该条款适用于其子公司威立亚洲所印制的图书。而被告 Kirtsaeng 则认为，在解释该短语时不应施加地理限制，从而，该条规定同样适用于经由著作权人许可而在国外印制的图书复制件。

（2）最高法院认为，从第 109（a）条的用语和语境，以及“首次销售”原则在普通法上形成的历史来看，应当采纳被告 Kirtsaeng 的解释。

①第 109（a）条本身没有提到地理范围。在“lawfully made under the Title”一语中的“under”，从逻辑上可理解为“根据”。采用不作地理限制的解释，就可以为此短语提供一种特定目的：即把合法制造的复制件与非法制造者区别开来，而“under this Title”就规定了“合法性”(亦即，符合美国《著作权法》）标准。这样理解才能提升著作权关于打击盗版的目标，并使得该短语中的每一单词都具有逻辑上的意义。

相反，若采用带有地理限制的解释，就会造成逻辑困境。威立公司首先将其中的“under”解读为“根据在当地可适用的著作权法”(in conformance with the Copyright Act where the Copyright Act is applicable)，然后声称，“可适用的”法律就只能是在美国。但是，该短语中包括“under”在内的每一单词均没有指在哪里的意思。固然，美国《著作权法》不能直接保护美国著作权人而使之免于遭受在国外发生的盗版行为，但这一事实并不意味着该法律对于在国外制作的复制件不具有可适用性。事实上，美国《著作权法》第 602（a）（2）条规定，在国外盗版印制的复制件是受该律调整的。第 104 条也规定，“可受保护的”作品既包括未发表的作品，而“无论作者的国籍或者居住地”，也包括在与美国签有著作权条约的将近 180 个国家“首次发表的”作品。

②无论从历史还是现行制定法的语境看，国会在制定第 109（a）条时，均无意设定地理范围。将第 109（a）条的历史文本与现行文本相比较，也支持这一结论。该条历史文本所指的并非是复制件的所有人，而仅仅是“合法取得”复制件的占有人，现行文本所包括的则只是“合法制造的”复制件的所有人。新的文本以及发生争议的这一短语都表明，复制件

---

❶ 该条规定：“虽有第 106（3）条的规定，根据本法结合法制造的特定复制件或录音制品的所有人，或该所有人授权之任何人，有权不经著作权人许可而出售该复制或录音制品，或以其他方式处分其占有。”

的承租人并不能受到“首次销售”原则的保护，而只有复制件的所有人才受到保护，只要该复制件是“合法制造”的。美国《著作权法》其他条文也支持不作地理限制的解释。例如，历史上的“印制条款”(manufacturing clause）就是为了限制在美国境外印刷的复制件进口到美国；后来该条款被删除，目的就是为了让在国外制作的复制件与在美国制作的复制件享受同等待遇。但是，如果采用“同等待遇”原则，那么那种带有地理限制的解释就与之不相符合了，因为根据此种解释，美国的著作权人虽然对于在美国印制的复制件不能享有永久的控制权，但对于在国外印制的复制件就可以享有。最后，法院推定，“根据本法合法制造”一语出现在彼此相关的不同条款中，就应当被认为具有相同含义，因此，不能采信那种带有地理限制的解释。

③那种不作地理限制的解释也受到法律解释规则的支持，“若制定法所包含的问题在以往为普通法所调整”，则应推定“国会意图仍然保留普通法的实质内容”。[1] 普通法的“首次销售”原则正是源于历史上的先例，而在那时该原则并未设定任何地理范围上的区别。最高法院适用“首次销售”原则的第一个判例，[2] 以及国会在此判例一年之后所制定的条文——这是现行法律第 109（a）条的前身，均未出现地理范围上的区分。

④图书馆协会、旧书交易商、科技公司、消费品零售商以及博物馆等机构以各种方式提交意见指出，如果对首次销售原则作地理限制的解释，将破坏宪法为著作权设定的基本目标，特别是“促进科学和实用技术的进步”[3] 这一目标。比如，若按照那种带上地理限制的解释，图书馆馆藏的海外印制图书在出错流通之前，就必须先征求著作权人的同意。而书商、图书馆、博物馆和零售商长期以来已经对首次销售原则的保护形成依赖。著作权人并不愿意主张按地理范围划定的再销售权，这也反映出它们因此受到的损失是很有限的。所以，相比于美国对外贸易日益提高的重要性，威立公司以及法庭之友意见所提到的困难，就显得过分夸大、过于广泛了。

金斯伯格大法官撰写的反对意见长达 33 页，与法院判决的篇幅相当。她反对采用著作权“国际用尽”原则，认为该原则正是美国在国际贸易谈判中所一直抵制的；对本案仍应适用美国《著作权法》的国内用尽原则，从而对于在国外制作的作品复制件未经许可而进口的，应当根据第 602（a）（1）条的规定，认定其构成侵权。

---

[1] Samantar v. Yousuf, 560 U. S. ____(2010).

[2] Bobbs-Merrill Co. v. Straus, 210 U. S. 339.

[3] Art. I, § 8, cl. 8.

四、当事人在知识产权的侵权诉讼与无效抗辩之间达成妥协的，政府应否干预？

在 FTC v. Actavis，Inc. 案（以下简称“Actavis 案”）判决的开头部分，提到在实践中存在的这样一种现象：甲公司起诉乙公司侵犯其专利权，两公司为此达成和解协议，其中载明：被控侵权方即乙公司不得生产该专利产品，直至专利保护期届满；专利权人即甲公司为此向乙公司支付金钱若干。与通常的专利许可协议不同，此种协议是由专利权人向被控侵权人支付费用，因此，又被称为“倒贴钱”和解协议（“reverse payment” settlement agreement）。由此带来的问题是，此类协议是否会因为不合理地降低了竞争，从而破坏反托拉斯法呢？在本案中，当事人之间已经达成协议，自然相安无事，但反拉斯监管机构联邦贸易委员会（FTC）强出头，认为此类专利和解协议构成垄断，违反了反托拉斯法。司法机关又将应当如何看待这一现象？这正是最高法院在本案中面对的问题。

（一）Actavis 案的基本案情

1999 年，苏威制药公司（Solvay Pharmaceuticals）提交一种睾酮凝胶的新药申请（New drug application），其品牌名称为 AndroGel（“昂斯妥凝胶”）。联邦食品药品管理局（FDA）在 2000 年批准该申请。2003 年，苏威公司获得相关专利，并依法向 FDA 披露了这一事实。同年，Actavis 公司提交一份简明新药申请（Abbreviated new drug application），这是一种仿制 AndroGel 药品的通用名称药品。此后，Paddock 实验室（Paddock Laboratories）、Par 制药公司（Par Pharmaceutical）也提出新药申请或共同申请。它们根据《哈奇-韦克斯曼法》（*Hatch-Waxman Act*）第 4 款的规定，申请苏威公司的专利无效，并且即使该专利有效，它们的药品也不构成侵权。[1]

苏威公司对 Actavis 和 Paddock 提起侵犯专利权之诉。30 个月之后，FDA 批准了 Actavis 公司的通用名称药品。2006 年，专利诉讼的各方当事人达成和解协议。根据协议，Actavis 同意在 2015 年 8 月 31 日（苏威公司

[1] 潜在的通用名称药品制造商为了获得药品审批，可以向 FDA 作出保证，证明所列示的相关专利无效或者其对通用名称药品的制造、使用、销售将不会侵犯该专利[21 U. S. C. § 355(j)(2)(A)(vii)(IV)]。因其规定在该条的第四款，故相关争议就被称为“第 4 款诉讼”。

的专利期限届满之前 65 个月）之前，不将其通用名称药品投向市场（除非他人在此之前已向市场销售此类通用名称药品）。Actavis 并且同意向泌尿科医师推销 AndroGel 药品。其他几家通用名称药品的制造商也作出了基本相似的承诺。苏威公司则同意向这些制药商支付高达数亿美元的费用：Paddock 获得1 200万美元；Par 获得6 000万美元；而 Actavis 每年可获得1 900万至3 000万美元，为期 9 年。

2009 年 1 月 29 日，联邦贸易委员会（FTC）在联邦地区法院对该协议的各方提起诉讼，指控它们违反《联邦贸易委员会法》（*Federal Trade Commission Act*）第 5 条的规定，系非法达成协议"以分享苏威公司的垄断利润，为此放弃主张苏威公司的专利无效，并且在 9 年时间内抑制其以低价的通用名称药与苏威公司的品牌名称药进行竞争"。一审法院判决 FTC 的主张不成立，驳回其诉讼请求。❶ 第十一巡回上诉法院维持了一审判决，认为只要协议所产生的反竞争效果（anticompetitive effects）仍属于专利的专有权所导致的范围，该种协议就不受反托拉斯法的指控。FTC 向最高法院提起上诉。鉴于不同的下级法院对于此类专利和解协议是否适用反托拉斯法存在不同意见，❷ 最高法院同意受理本案上诉。

（二）Actavis 的判决结果与依据

最高法院于 2013 年 3 月 25 日进行听证，6 月 17 日作出判决。布雷耶大法官（Justice Breyer）代表法院撰写判决，最终以 5∶3 的投票结果撤销上诉法院判决，发回重审。罗伯特首席大法官撰写反对意见，斯卡里亚、托玛斯大法官加入该反对意见。艾略托大法官未参加本案审判。最高法院的判决认为，第十一巡回上诉法院支持驳回 FTC 的诉讼请求是错误的。其具体理由如下：

（1）尽管"倒贴钱"和解协议的反竞争效果可能落入因苏威公司专利具有的排他性所导致的范围，但该协议并不能因此而豁免反托拉斯的指控。一方面，单纯地说一项有效专利的持有人可以做什么，这本身并没有回答反托拉斯的问题。在本案中，根据《哈奇-韦克斯曼法》第 4 款提起的诉讼提

❶ In re Androgel Antitrust Litigation（No. II），687 F. Supp. 2d 1371，1379（ND Ga. 2010）.

❷ 判决书中提到的例子有：本案上诉法院认为，此类协议通常豁免受到反托拉斯指控（immune from antitrust attack），参见：677 F. 3d，at 1312；In re Ciprofloxacin Hydrochloride Antitrust Litigation，544 F. 3d 1323，1332-1337（CA Fed. 2008）（相同意见）；In re Tamoxifen Citrate Antitrust Litigation，466 F. 3d 187，212-213（CA2 2006）（相同意见）；但是，在 In re K-Dur Antitrust Litigation，686 F. 3d 197，214-218（CA3 2012）一案中，第三巡回上诉法院认为此类协议被推定为非法。

出了专利有效性以及排他范围的问题，但当事人的和解协议却终止了该等诉讼。根据 FTC 的指控，该协议的代价是原告向被告支付数亿美元来换取它们退出相关市场。这样的协议是不正常的，有理由考虑此类协议可能对竞争带来的重大负面效果。在判定是否符合反托拉斯法时，仅仅以专利法为据来考量此类协议的反竞争效果，而没有同时以促进竞争的反托拉斯政策为依据，这样做并不恰当。在确定一项专利所赋予的垄断范围以及在反托拉斯法上的豁免时，这两种依据都具有相关性，并且，反托拉斯的问题还是应当考虑传统的反托拉斯行为构成要件。另一方面，最高法院的判例已经阐明，专利和解协议有时也可能违反反托拉斯法。[1] 最后，《哈奇-韦克斯曼法》的总体目标是促进竞争，便利于当事人对专利的有效性提出挑战，并且要求发生第 4 款诉讼的当事人向联邦反托拉斯监管机构报告其所达成和解协议的条款，这些都意味着，该法律并不支持第十一巡回上诉法院的观点。

（2）第十一巡回上诉法院支持当事人达成和解协议，这一结论可以从一般法律政策方面获得某种支持，进而，与之相关的、作为其基础的实践性顾虑在于，对“倒贴钱”和解协议的反托拉斯审查则要求当事人继续打这些费时费钱且又复杂的官司，以表明如果没有这些和解协议究竟会对竞争造成什么影响。但是，最高法院提出，以下 5 方面的因素说明，这种顾虑不应当对本案的结果构成决定性影响。

①本案所争议的这些具体限制条件“对于竞争的负面影响具有潜在可能性”。通过向通用名称药品制造商支付费用，让其退出相关市场，专利权人就可以把药品价格保持在其所设定的水平上，并且在专利权人与该竞争者之间分割利润，从而使消费者受到损失。

②这些反竞争的结果至少在有的时候被证明是不正当的。如果“倒贴钱”和解协议并非意在寻求或者带来反竞争性结果，这还可以被解释为是正当的，但不加审查其正当性即驳回 FTC 的诉状，则是不正当的。

③如果“倒贴钱”和解协议威胁到带来反竞争性损害，则专利权人就可能在实践中造成这种损害。品牌制药商向提出专利无效挑战的通用名称制药商支付费用规模之大，正是其具有这种权力的强有力的信号。

④反托拉斯诉讼可以被证明具有行政执行的可行性，这与第十一巡回上诉法院的看法相反。通常，在回答有关反托拉斯的相关问题时，未必需要对专利的效力提起诉讼。但专利权人支付大量的倒贴费用，这就可能从另一方面说明该项专利效力较弱或存在问题了，不必再由法院去解决复杂的专利无效诉讼。

⑤支付大额的、无法解释为正当的倒贴费用，就会面临着承担反托拉

[1] United States v. Singer Mfg. Co., 374 U. S. 174; United States v. New Wrinkle, Inc., 342 U. S. 371; Standard Oil Co. (Indiana) v. United States, 283 U. S. 163.

斯责任的风险，但这一事实并不禁止诉讼当事人达成和解协议。正如在其他产业中那样，他们可以用其他方式来达成诉讼和解，例如，允许通用名称药品制造商在专利到期之前进入专利权人的品牌药品市场，而不是由专利权人倒贴费用来阻止前者进入该市场。

（3）最高法院拒绝认定，倒贴钱和解协议就推定违法。法院在审查此类协议时，应当适用"合理原则"(rule of reason)，而不是"快速审查"的方法（quick look approach）。

罗伯茨首席大法官对最高法院判决提出反对意见，认为专利就是为反托拉斯法的适用创立了一个例外。正确的方法应当是考察此类和解协议是否给予作为专利权人的苏威公司超过了其专利所给予的更多的垄断。但最高法院未采用这一方法，反而采用了反托拉斯法中捉摸不定的合理原则，来调查此类协议是否具有反竞争效果。这种新的方法不仅没有任何制定法上的支持，而且会使当事人不愿意在专利诉讼中达成和解。

（三）Already 案的基本案情

耐克公司（Nike，Inc.）设计、生产和销售一种名为"Air Force 1"（空军 1 号）的运动鞋系列。Already 公司也在设计制造和销售运动鞋。耐克公司以 Already 公司的 Soulja Boys 和 Sugars 系列运动鞋对其"Air Force 1"商标构成侵权和淡化，向联邦地区法院提起诉讼。Already 公司否认这些指控，并且提起反诉，请求宣告"Air Force 1"商标无效。

2010 年 3 月，亦即在耐克起诉 8 个月和 Already 提起反诉 4 个月后，耐克公司发布了一份"不起诉保证书"(Covenant Not to Sue)，其中序言部分载明："Already 公司的行为……不再对 NIKE 商标构成侵权或者淡化，因为未达到足以让本公司付出大量时间和金钱来继续诉讼的程度。"该条款保证，耐克公司将不会依据 Already 公司现有的鞋子设计或者任何构成对 Already 现有产品的"虚假仿冒品"(colorable imitation）而对 Already 公司或其任何关联企业提起商标或者反不正当竞争诉讼。

耐克公司遂向法院提出动议，以该份不起诉保证书已经消除了案件或者争议为由，请求对其诉讼请求作出影响实体权利的驳回起诉决定（dismissal with prejudice），而对 Already 所提出的商标无效之反诉作出不影响实体权利的驳回起诉决定（dismissal without prejudice）。[1] Already 则反对驳回

---

[1] 影响实体权利的驳回起诉，又称为"不可再诉的驳回起诉"，法院据此而对案件实体问题作出终局裁决，禁止原告在今后以同一诉因或请求再次起诉；不影响实体权利的驳回起诉，则属于可以再诉的驳回起诉，不妨碍原告在今后以同一诉因再次起诉（见《元照英美法词典》421 页）。

其反诉，并且主张耐克公司自愿停止诉讼并不能证明本案成为假设案件（moot court）。为此，Already 提交如下宣誓证言：其总裁的声明，Already 公司计划引入新版运动鞋系列；三位潜在投资人的声明，若不能将耐克的商标无效，他们就不准备对 Already 公司作投资；Already 公司的一位经理声称，耐克公司威胁零售商，致使后者拒卖 Already 的鞋子。

联邦地区法院驳回 Already 的反诉，认为本案已经不再存在可由司法解决的争议。第二巡回上诉法院维持一审裁决。案件又上诉至最高法院，并获得受理。

（四）Already 案的判决结果与依据

最高法院于 2012 年 11 月 7 日进行听证，2013 年 1 月 9 日作出判决。罗伯茨首席大法官（Chief Justice Roberts）代表法院撰写一致意见，维持上诉法院的判决，认定本案已构成假设案件。其理由如下：

（1）美国《宪法》第 3 条赋予司法机关以裁决“案件”和“争议”的权力，反过来，如果不存在这样的案件或者争议，法院不得裁决法律争议或者解释法律。❶ 为此，不仅在起诉阶段，而且在诉讼的任何阶段，都必须存在“真实的争议”（actual controversy）。一旦某案件成为假设案件，就不再是《宪法》第 3 条意义上的“案件”或“争议”；而当案件争议事项不再“真实存在”或者当事人对于案件结果缺乏一种可以为法律所承认的利益时，该案件即属于假设案件。❷ 不能仅仅因为被告停止了被诉的不法行为而使之成为假设案件。相反，“被告如主张其自愿遵守法律从而使案件成为假设的，则须承担责任，证明被控侵权行为不可能合理地预期会再度发生。”

（2）耐克公司负有举证责任，证明其“不可能合理地预期”会再度对 Already 公司采取法律执行措施。根据自愿终止原则（voluntary cessation doctrine），如果向法院提起的诉讼请求在“本次以及今后的诉讼中”都不可能再度产生，并且那种认为在今后可能发生的任何类似诉讼请求都完全是“推测的”（speculative），则构成假设案件。

（3）在本案中适用自愿终止原则，可以认定其属于假设案件。

①本案所涉及的不起诉保证书，其范围足够宽泛，符合该原则的要求。保证书条款是无条件和不可撤销的；它禁止耐克公司提起诉讼和主

---

❶ DaimlerChrysler Corp. v. Cuno, 547 U. S. 332, 341 (2006).

❷ Murphy v. Hunt, 455 U. S. 478, 481 (1982).

张，既保护了 Already 公司，也保护了 Already 的销售商和消费者；它既涵盖 Already 现有的和以往的运动鞋设计，还包括虚假仿冒产品。既然耐克已经表明该条款包含了 Already 的所有被控侵权行为，那么，Already 须表明其从事的或在今后计划从事的侵犯耐克商标的行为，仍有不属于该保证书所包括的范围。但是，Already 未能完成此项举证。

②Already 提出的其他理由并不能使本案脱离其假设案件的特征。Already 提出，只要耐克能够自由地主张其商标权，就会使投资者犹豫是否要对 Already 进行投资；它会让 Already 的零售商担心受到起诉。最高法院认为，不起诉保证书已经足以消除 Already 及其关联企业的担心。而 Already 作为耐克的竞争对手，当然地享有起诉资格，因为任何不起诉保证书都不能根除一个无效的注册商标所带来的影响。

Already 从法律政策上提出反对理由，认为驳回本案就等于允许耐克公司对小型创新公司的欺凌。但法院认为，对于商标人来讲，给予不起诉保证书实际上可能是一种具有风险的长期策略。尽管接受 Already 的理论可能在本案中使弱小的竞争者获益，但它也降低了强势竞争者的门槛，它们会仅仅因为弱小竞争者与之处于同一市场而挑战其知识产权组合工具。这将鼓励当事人利用诉讼来打击竞争者，而不是将它作为解决争议的最后手段。

五、与专利相关的案件是否都必须由联邦法院管辖？

根据美国《宪法》第 1 条第 8 款第 8 项，专利问题属于联邦法律调整的范畴，因此，联邦法院有权管辖专利案件。问题在于，是否与专利相关的案件，都属于应受联邦法院管辖的专利案件？特别是，随着 1982 年联邦巡回上诉法院成立以来，美国国内形成了一种专利例外论（patent exceptionalism）的气氛，似乎所有专利相关的案件均须由联邦地区法院受理，并且只可上诉至联邦巡回上诉法院。在 Gunn v. Minton 案（以下简称“Minton 案”）中，最高法院就联邦法院与州法院在专利相关案件上的管辖权作出界定，认为此案虽然由专利纠纷而起，但其本质上属于律师执业过失侵权问题，应属于普通法案件，归州法院管辖。

（一）Minton 案的基本案情

20 世纪 90 年代早期，Vernon Minton 开发出一种便于证券交易的计算机程序和通信网络。1995 年 3 月，他将这套命名为得州电脑交换网络（以下简称“TEXCEN”）的系统出租给一家证券经纪商 Stark 公司（R. M. Stark & Co.）。一年多后，他就一种交互性证券交易系统提出专利申请，该系统实质上就是 TEXCEN。美国专利商标局于 2000 年 1 月授予其专利。Minton 拿到专利之后，即在联邦地区法院起诉全国证券交易商协会（National Association of Securities Dealers，Inc.，NASD）与纳斯达克股票市场（NASDAQ Stock Market，Inc.）。Minton 的诉讼由 Jerry Gunn 律师代理。纳斯达克公司以美国《专利法》第 102（b）条的“销售”阻却（“on sale” bar）[1] 为依据，认为 Minton 于申请日 1 年之前将涉案专利的发明物即 TEXCEN 系统出租给 Stark 公司，已丧失新颖性，不应当授予专利，从而请求法院宣告该专利无效。地区法院批准其动议，判决该专利无效。[2] Minton 遂提出动议，请求地区法院重新考虑专利有效性，理由是他与 Stark 公司的租约属于对 TEXCEN 系统的试验，属于“试验性使用”的（experimental use），因此并不破坏新颖性。但地区法院驳回了他的动议。Minton 上诉至联邦巡回上诉法院，该法院仍然维持一审判决。[3]

Minton 认为，正是由于自己的律师未能在诉讼初期提出试验性使用之主张，才导致其败诉和专利无效，故其在得州法院提起代理人执业过失侵权之诉（malpractice action）。Gunn 律师等被告则认为，Minton 与 Stark 公司的租约实际上并不是试验性使用，因此，即使及时提出此项主张，仍可能败诉。一审法院同意被告的抗辩，判决原告败诉。

Minton 提起上诉，并且又提出一项新的主张。因为根据联邦法律 28 U. S. C. §1338（a）的规定，“依据任何与专利有关之国会法律而产生的民事诉讼，州法院无权管辖”，因此，得州法院对本案没有标的管辖权（subject matter jurisdiction），应当撤销一审法院判决并驳回诉讼，而由其在联邦地区法院重新起诉。

得州上诉法院（Court of Appeals of Texas）拒绝了 Minton 的主张。该法院依据联邦最高法院 2005 年的 Grable 案[4]判决，认为本案不足以适用第 1338 条的管辖规定，而且，如果认定联邦法院对于各州关于执业过失侵权

---

[1] 指一项发明如果在其专利申请日之前一年以上，在美国国内已经销售的，则不得授予专利权。在 2013 年 3 月 16 日之后，根据《美国发明法》（AIA）对第 102 条的修改，此项法定阻却的相关规定改为：主张权利之发明，如果在有效申请日之前，在美国或国外任何地方已经销售的，则不得授予专利权。参见：金海军. 从美国《专利法》第 102 条看发明人先申请制的实质［J］. 知识产权，2013（4）.

[2] Minton v. National Assn. of Securities Dealers, Inc., 226 F. Supp. 2d 845, 873, 883 - 884（ED Tex. 2002）.

[3] Minton v. National Assn. of Securities Dealers, Inc., 336 F. 3d 1373, 1379-1380（CA Fed. 2003）.

[4] Grable & Sons Metal Products, Inc. v. Darue Engineering & Mfg., 545 U. S. 308, 314（2005）.

之诉的规定享有专属管辖权的话，就会干扰联邦与州在司法职责上的平衡。在实体法方面，因 Minton 未能证明争讼事项属于试验性使用，故判决其败诉也无错误。

得州最高法院（Supreme Court of Texas）则于 2011 年撤销了上诉法院的判决。这在很大程度上是根据联邦巡回上诉法院在 2007 年所作出的两个判例，❶ 它们认为当事人在执业过失侵权之诉上的胜败结果需取决于联邦专利法上的一个问题，故本案应属于联邦法院管辖。被告又上诉于联邦最高法院，并获得受理。

（二）Minton 案的判决结果与依据

最高法院于 2013 年 1 月 16 日举行听证，2 月 20 日作出判决。罗伯茨首席大法官（Chief Justice Roberts）撰写法院一致意见，最终撤销了得州最高法院的判决，发回重审。最高法院认为，第 1338（a）条并没有剥夺州法院对于 Minton 提起的执业过失侵权之诉的管辖权。其理由如下：

（1）根据第 1338（a）条，国会授权联邦地区法院对于“依据任何与专利有关之国会法律而产生的民事诉讼”（any civil action arising under any Act of Congress relating to patents）享有原始管辖权，并进而规定“任何州法院对任何［此类］诉讼不享有管辖权”（no state court shall have jurisdiction over any［such］claim）。由于联邦法律并没有规定 Minton 所主张的律师执业过失侵权之诉的诉因，因此，根据 Grable 案判决，只有当该诉讼主张“必然提出一个实际发生争议的并且具有实质性的联邦问题，并且联邦管辖不会干扰国会在联邦与州的司法职责上所作出的平衡”时，才可以认定其系“依据”联邦专利法而“产生”的民事诉讼。❷

（2）如果适用上述 Grable 案标准，显然，Minton 提出的律师执业过失侵权之诉并不是依据联邦专利法而产生。

①对于 Minton 案而言，先解决一个联邦专利法问题确属“必需”。Minton 要想在本案的诉讼请求中获胜，必须证明如果被告在其先前那场专利诉讼中能够及时提出有关试验性使用之主张，则其可以胜诉。因此，要确定 Minton 的诉讼请求成立与否，必须先行解决在执业过失侵权之诉中的这一假设性专利案件。

②该联邦问题也是“实际发生争议的”。Minton 主张，如果在那起专

---

❶ Air Measurement Technologies, Inc. v. Akin Gump Strauss Hauer & Feld, L. L. P., 504 F. 3d 1262（2007）; Immunocept, LLC v. Fulbright & Jaworski, LLP, 504 F. 3d 1281（2007）.

❷ Grable, 545 U. S. 314.

利诉讼中适用试验性使用之例外，那么他的专利就不会因为销售在先而丧失新颖性进而被判决无效；而被告则否定这一主张。显然双方存在实际争议。

③Minton 的主张在 Grable 案所确立的实质性标准上却无法成立。实质性标准要求该问题对于联邦制度的整体具有重要意义。在本案中，该联邦问题并不具有必然的重要性。无论州法院如何处理假设的“案中案”，之前发生的那起专利诉讼的真实结果都不会发生任何改变。而州法院也不会被允许通过解决这些案件而破坏“统一的专利法体系的发展”。[1] 联邦法院对于真实的专利案件享有专属的管辖权，而在处理真正的专利问题时，这些案件当然并不受州法院所作判例的约束。Minton 在此暗示，州法院对假设性专利问题的回答有时对于其他专利问题具有实际效果，但是法院认为，即便如此，这种“受到事实约束并且因具体情况而异”的效果并不足以证明可以导致管辖权的产生。[2] 最后，以联邦法院对于专利法更为熟悉从而主张应当由联邦法院独享专利管辖权，这一理由也不能成立。

④Minton 的主张也不符合 Grable 案所确立的第四项要求，即关于联邦与州之间的适当平衡。仅仅因为在律师执业过失侵权之诉中需要解决一个假设性的专利问题，就认为国会意图禁止州法院来处理此类案件，这也是没有任何依据的。

六、小　　结

最高法院在 2012 年度所判决的知识产权案件表现为如下特征。

首先，这些判决较多地集中在专利纠纷上，并且以实体法问题为主。在这 6 件判决中，专利案件 4 件，著作权和商标案件各 1 件。所涉及的争议，虽然既有程序性问题，也有实体法问题，但其中只有 2 起案件涉及程序问题：专利诉讼律师执业过失侵权纠纷属于联邦法院还是州法院管辖；侵犯商标权诉讼与商标无效反诉之间的关系。实体法方面的法律争议则涉及基因的可专利性、专利权与著作权的权利用尽、专利和解协议的效力及其与反垄断的关系等。

其次，从这些案件的判决结果看，大法官们在 4 件判决上形成一致意见，2 件判决上存在反对意见。值得注意的是，在 2 起涉及程序问题的案

[1] Bonito Boats, Inc. v. Thunder Craft Boats, Inc., 489 U. S. 141, 162(1989).

[2] Empire HealthChoice Assurance, Inc. v. McVeigh, 547 U. S. 677, 701.

件中，大法官们均意见一致；而在实体法问题上，大法官之间则较容易形成不同意见。比如，同样是关于权利用尽原则的适用，大法官们在关于转基因作物种植的问题上，一致否定了权利用尽原则的适用，而在关于国外印制教科书进口的问题上，则是以 6 : 3 的投票结果认定可以适用权利用尽原则。

此外，代表最高法院撰写判决书的大法官较为分散，所谓的“保守派”与“自由派”都有。其中，罗伯茨首席大法官和布雷耶大法官各撰写 2 份判决，托玛斯大法官、卡根大法官各撰写 1 份。另外，罗伯茨大法官、金斯伯格大法官分别撰写过反对意见。[1]

这些判例所争议的问题丰富多样，足可用以分析司法之于创新的意义。在 2012 年开庭期的 6 件知识产权案件判决中，有些否定了权利人的保护请求，看起来似乎没有起到激励创新作用；同样的原则，在不同的知识产权种类上却适用不同，看似让创新者无所适从。比如，同样是投入大量资金和力量而获得的知识，关于 DNA 研究所发现的两个基因，有的属于有专利的对象，有的属于不可专利的对象，它们的界线究竟如何划分？比如，作为知识产权的权利用尽原则，在专利案件中判决不适用，而在著作权案件中判决适用权利用尽原则，它们的区别究竟在哪里？在知识产权实践中出现的一些新现象，到底如何判定其在法律的效力：专利权人为维护其专利的有效性而与被控侵权人达成“倒贴钱”和解协议，是否属于垄断行为？商标权人为保持注册商标的地位而向被控侵权人出具“不起诉保证”，是否导致案件终止？等等。

通过上述个案分析可以看到，最高法院近年来已经深深介入知识产权领域，试图在实体法上重构相关法律规则。最高法院的判决并未以追求知识产权保护最大化（maximization）为优先考量，毋宁说，它更多地着眼于将知识产权作为创新的激励手段，从而寻求知识产权制度的最优化（optimization）。

当前我国正值经济社会转型的关键时刻，新一届中央政府要求全社会全面深化改革，并提出创新驱动战略，可谓鹄的。放眼世界历史，特别是工业革命以来的人类发展史，可以看到，以创新作为社会发展的驱动力，不仅以中国为然，而是举世皆然。在当前全球化时代，我国的创新战略，不得不与世界发生关联，也不能不学习世界上其他实行创新战略的成功者。对此，美国司法对于知识产权制度最优化的追求，值得借鉴。

---

[1] 这也印证了大法官们的意识形态对于知识产权判决的影响很少。参见：MATTHEW SAG，TONJA JACOBI，MAXIM SYTCH. Ideology and Exceptionalism in Intellectual Property：An Empirical Study [J]. Cal. L. Rev.，2009（97）：801.

第 11 章

司法对技术创新影响的实证分析（Ⅱ）

——美国联邦最高法院 2013 年开庭期知识产权判例解析

> 在现代法律科学中， 最重要的推进也许就是从以分析性态度转向以功能性态度对待法律。❶
>
> ——［美］罗斯科 · 庞德

一、概　　述

美国司法系统有联邦法院与州法院之分，其中，联邦法院管辖的案件是基于联邦法律而发生的争议。美国知识产权法绝大部分由联邦制定法（Federal statutes）所组成，例如《专利法》（*Patent Act*）、《著作权法》（*Copyright Act*）以及调整商标与不正当竞争问题的《拉纳姆法》（*Lanham Act*）等，当然，作为典型的普通法系国家，美国法院的判例也是其法律的重要组成部分。美国的知识产权案件主要由联邦地区法院（district courts）一审管辖，这些地区法院按地域共划分为 94 个；当事人

❶ POUND. Administrative Application of Legal Standard[ ].Proceedings American Bar Association, 1919:441,449. 转引自：本杰明 · 卡多佐. 司法过程的性质［M］. 苏力，译. 北京：商务印书馆，2002：44.

对一审判决不服的，可以上诉至该地区法院所对应的巡回上诉法院（circuit courts）。全美国共有 12 个按区域划分的巡回上诉法院，再加上联邦巡回上诉法院（the Court of Appeals for the Federal Circuit，CAFC）。后者成立于 1982 年，也是全国唯一不按区域划分的联邦上诉法院，[❶] 其对专利案件的上诉享有专属管辖权。因此，与其他知识产权案件不同，专利案件的当事人若对于一审判决不服的，不能按照作出一审判决的地区法院所在区域而上诉至相应的巡回上诉法院，只能上诉于位于首都华盛顿的联邦巡回上诉法院。

对于上诉法院的判决，当事人可以再次上诉于美国联邦最高法院（U. S. Supreme Court）。这就是所谓的三审终审制度。但与我们通常理解有所不同的是，向最高法院的上诉被称为申诉（petition），并且只有极少数的上诉申请能够被最高法院受理。最高法院决定受理案件的，就会发出调卷令（writ of certiorari，简称“certiorari”）并安排进行听证，并对其中大部分案件做出正式的书面判决。此外，最高法院是按一个开庭期（term）来计算的。每个开庭期是从当年 10 月至次年 10 月，故有时又称为十月开庭期（October term）。但是最高法院并非全年开庭审案，它只在当年 10 月的第一个星期一开始到次年 6 月底或 7 月初为止的这段时期进行案件审理和判决，故其实际审判时间也就只有 9 个月。目前，每一开庭期有超过 1 万个案件上诉至最高法院，但只有大约 100 个案件在被受理后进入开庭听审。听审由所有大法官参加，双方当事人的律师向大法官作言词辩论，通常为各方 30 分钟，其中包含大法官提问的时间。最高法院正式发布书面判决的案件，每年一般只有 80~90 件。[❷] 最高法院的判决一经宣布，即在其官方网站公布。[❸] 此举可以很方便地让人们获得判决意见，迅速获得第一手资料，而不必等到正式的判例汇编出版。

一直以来，最高法院受理并作出判决的知识产权案件数量非常之少，往往在一个开庭期的判决中，仅有 1~3 份判决属于知识产权案件。从目前情况看，最高法院审理的知识产权案件中以专利案件为多，但它在以往却很少审理专利案件。特别是 1982 年成立联邦巡回上诉法院之后的最初 10

❶ THOMAS D. ROWE，JR.，et al. Civil Procedure [M].3rd ed. Foundation Press，2012：18-19.

❷ [EB/OL].[2014-10-14].http：//www. supremecourt. gov/about/justicecaseload. aspx.

❸ [EB/OL].[2014-10-14].www. supremecourt. gov. 最高法院当庭宣布的判决称为 bench opinion，随后按单行本发布的判决称为 slip opinion，后者现在通常可以在最高法院网站即时获得。最高法院每一开庭期的所有判决再按年编入《最高法院判例汇编》（*United States Reports*），成为判例的正式版本（official version）。

年当中，最高法院只作过 3 个专利案件的判决，❶ 以至于联邦巡回上诉法院被人称作“事实上的专利最高法院”(de facto supreme court of patent)。❷ 从 20 世纪 90 年代中期开始，最高法院开始增加对联邦巡回上诉法院判决的复审，不过，其早期所受理的案件还是侧重于管辖与其他程序上的问题。❸ 在最近十年里，最高法院在这一领域风格丕变，开始越来越多地受理专利案件的上诉，而且作出了不少针对实体法问题的判决。其中涉及的问题就包括可授予专利的对象、非显而易见性标准、权利用尽、专利权的保护等。有学者据此指出，这是最高法院在专利案件上的全面回归(holistic turn)。❹ 在知识产权的其他领域，最高法院的回归虽非如在专利领域那么明显，但相关案件的数量也在稳定增长。例如，在 2000～2007 年，最高法院的知识产权判决一般是每年 1～3 件，❺ 但是，到最近五年，该数量已经翻倍。2012 年开庭期，知识产权判决的数量达到 6 件。❻ 而在 2013 年开庭期，最高法院共计出 75 件判决，为近五年数量最少，但知识产权案件数量反而达到破纪录的 10 件之多（参见表 11-1），占到本年度全部判决的 13%。因此，这是很值得关注的现象，需要我们对知识产权案件从个案到整体作一些分析，以利于我们把握美国知识产权制度发展的动向。

表 11-1　美国联邦最高法院各开庭期的判决总数量与知识产权判决数量（2008～2013 年）

单位：件

开庭年份	2008	2009	2010	2011	2012	2013
判决数量	83	92	85	78	79	75
知识产权案	0	3	4	4	6	10
专利案件	0	1	3	3	4	6

以下首先根据案件所涉及争议的性质，按照专利、著作权、商标与不正当竞争，以及先实体后程序的顺序，就这些判决分别介绍其基本案情、裁判结果，然后阐述其判决理由与论证过程，最后提出本书作者的观察与评论。

---

❶ F. DUFFY. The Festo Decision and the Return of the Supreme Court to the Bar of Patents [J]. Sup. Ct. Rev.,2002(2002):273,278.

❷ MARK D. JANIS. Patent Law in the Age of the Invisible Supreme Court [J]. U. Ill. L. Rev.,2001(6):387.

❸❹ PETER LEE. Patent Law and the Two Cultures [J]. Yale L. J.,2010(120):2,42.

❺ MATTHEW SAG,TONJA JACOBI AND MAXIM SYTCH. Ideology and Exceptionalism in Intellectual Property:An Empirical Study [J]. Cal. L. Rev.,(97)801,852.

❻ 参见本书第 10 章。

二、软件发明属于抽象思想的不可专利

（一）Alice Corp. v. CLS Bank Int'l 案基本案情

涉案专利是 Alice 公司拥有的第 5970479 号、6912510 号、7194720 号和 7725375 号美国专利，但当事人同意以 479 号专利的第 33 项权利要求作为方法专利的代表。该项权利要求如下：

> 一种在当事方之间交换债务的方法，每一方在一交换机构拥有一个债权记录与债务记录，该债权记录与债务记录用于交换预先确定的债务，而该方法包括以下步骤：(a) 为每一利益相关方创设一个影子债权记录与一个影子债务记录，并由交换机构的一个监督机构独立持有；(b) 从每一交换机构为每一影子债权记录与影子债务记录获取一天开始时的平衡表；(c) 对于导致债务交换的每一笔交易，监督机构相应调整每一相关当事方的影子债权记录与影子债务记录，只有当该交易在任何时候都不会导致影子债务记录的价值小于影子债权记录时，才允许其发生，而前述调整按时间先后进行；并且 (d) 在一天结束时，监督机构指示交换机构根据前述对被允许之交易的调整而对各当事方的债权记录与债务记录进行债权与债务的交换，该债权与债务是不可撤销的，因时间差所产生的债务由交换机构承担。

CLS 银行在经营一种促进货币交易的全球网络业务，其于 2007 年提起诉讼，请求判令上述专利权利要求无效、不具有强制执行力或者其业务不构成侵权。Alice 公司提出反诉，指控对方业务侵犯其专利权。当时恰逢最高法院在 Bilski v. Kappos 案[1]中判决涉案的商业方法专利无效，因此，联邦地区法院于 2011 年判决，认定本案所涉专利权利要求直接指向的是一种抽象思想，即“利用一个中立第三方来促进债务的同时交换，以使风险最小化”，因而是不可专利的（ineligible）。此案被上诉至联邦巡回上诉法院。该法院组成合议庭，驳回了一审判决，理由是本案没有明显的证据表明，这些权利要求直接指向一种抽象思想。但是，该法院随后同意组成全席审判庭（en banc），重审此案。重审的结果是，在参加审判的 10 位法官中，有 7 位法官同意，认定涉案的方法专利与媒介专利权利要求不属于可专利的对象，而关于系统专利权利要求，则形成了 5∶5 的投票结果，因此仍然维持一审判决。由此可见，尽管上诉法院最

[1] Bilski v. Kappos, 561 U. S. 593 (2010).

终还是维持了一审判决，但法官之间对于此类对象究竟是否可以授予专利，还是存在相当大的意见分歧。[1] 这一乱象也促使最高法院决定受理此案，从而在时隔三年之后，再度就软件和商业方法的可专利性问题作出判决。

（二）判决结果与依据

最高法院于2014年3月31日进行听证，6月19日判决。托玛斯大法官（Justice Thomas）代表法院撰写全体一致意见，维持上诉法院的判决。换言之，本案一审、二审与终审判决的结果均相同，认为涉案权利要求的对象是一种不可专利的抽象思想，从而不属于美国《专利法》第101条规定的可专利的范围。其理由如下：

（1）在美国《专利法》第101条所规定的可专利对象中尽管没有明确规定，但法院在过去150年的司法判例中一直认定，该条规定存在一个默示性例外，即“自然规律、自然现象与抽象思想”（laws of nature, natural phenomena, and abstract ideas）是不可专利的。[2] 因为这些东西相当于人类从事创造活动的“积木”（building blocks），不能为任何人所垄断；但是，由积木堆积而成的各种东西，则属于可专利的发明。

（2）法院必须首先确定所争议的专利权利要求是否直接指向某种不可专利的概念（patent-ineligible concept）。如果是，则需进一步追问，该权利要求的组成部分，无论是单独还是组合起来看，是否“将该权利要求的本质特征转换为一种可专利的应用”。

①法院认为，本案的权利要求指向的是一种不可专利的概念，即关于第三方居中结算（intermediated settlement）的抽象思想。在此部分，法院回顾了Benson案，Flook案，Diehr案以及最近的Bilski案件。[3] 特别是对Bilski案件中所涉及的套期保值（hedging）与本案中的结算风险进行对比，说明两者都是现代经济学中的“积木”。

②在第二步中，法院比较了2012年Mayo案。[4] 本案的方法专利的权利要求，只是要求通用性计算机应用（generic computer implementation），这并不符

---

[1] 联邦巡回上诉法院对此案的判决书共135页，其中，全体一致意见（per curium）只有一段，另有同意意见（concurrence）1份、部分同意或部分反对意见（partial concurrence/dissents）3份、完全反对意见（full dissent）1份、雷德首席法官关于生命、自由和专利明确性追求的“附加思考”（additional reflections）1份。

[2] Association for Molecular Pathology v. Myriad Genetics, Inc., 569 U.S. (2013).

[3] 这些都是最高法院以往认定计算机软件及商业方法可否授予专利的判例：Gottschalk v. Benson, 409 U.S. 63 (1972); Parker v. Flook, 437 U.S. 584 (1978); Diamond v. Diehr, 450 U.S. 175 (1981).

[4] Mayo Collaborative Services v. Prometheus Laboratories, Inc., 566 U.S. (2012).

合将抽象思想转换为可专利发明的要件。第一，仅仅把计算机引入到专利权利要求之中，并不能因此让它成为可专利的对象。比如，在 Mayo 案中，在抽象思想的后面加上"将之应用"(apply it）字样，并不能说就是对抽象思想的应用；又比如，在 Bilski 案中，将抽象思想限定于"某一特定技术环境"，这也不能因此而具有可专利性。在本案中，当事人在陈述某一抽象思想时加上"将之用于一台计算机"字样，但这只是把两个步骤简单结合起来，同样不足以使之具有可专利性。通用性计算机的应用，通常并没有"增加特征"，而只是以撰写权利要求书的方式，意图垄断抽象思想本身。第二，本案的第 33 项权利要求只是教导使用人将有关居中结算的抽象思想应有于一台通用性计算机。如果单独看其中的任一步骤，均属于通常做法；将它们结合起来，也只是重述了由一台通用性计算机来操作实现居中结算的概念。它们并没有提出关于计算机本身功能的改进，也没有在任何其他技术领域的改进。因此，这样做不足以导致将抽象思想转化为一种可专利的发明。

③Alice 公司的系统权利要求与媒介权利要求同样没有为抽象思想提供实质性东西，因此，根据美国《专利法》第 101 条，它们也是不可专利的。

索托马约尔、金斯伯格、布雷耶大法官对本案共同发表了非常简短的协同意见（concurring opinion）。他们同意最高法院的意见，但是认为，相关理由在 Bilski 案已经阐明：纯粹描述商业方法（a method of doing business）的权利要求并不符合美国《专利法》第 101 条规定的"方法"(process)。而且，本案争议的方法专利权利要求就是为一项抽象思想所撰写的。因此，它们不属于可专利的对象。

三、专利说明书必须清楚准确

（一）Nautilus, Inc. v. Biosig Instruments, Inc. 案基本案情

美国《专利法》第 112（b）条规定：专利说明书在最后部分必须"提出一项或多项专门指出并且清楚声明的权利要求，其对象为申请人所指认的发明"。[1] 涉案专利是用在健身器械上的心率监测仪，本案争议就是如何正确解读该法律规定中的"清楚与准确"的要求（clarity and precision demand)。

涉案专利是第 5337753 号美国专利，于 1994 年授予 Lekhtman 医生，后者将之转让给 Biosig 设备公司。按照专利文件所述，以往的心率监测仪常常在计

[1] A patent specification "conclude with one or more claims particularly pointing out and distinctly claiming the subject matter which the applicant regards as the invention". 35 U. S. C §112(b).

量与每次心跳相对应的心电图信号（electrocardiograph/ECG signals）时不太准确，因为它们受到肌电图或肌电图信号（electromyogram/EMG signals）的干扰，例如在抬动胳膊或手持监测仪时。这些肌电图信号可能“掩盖”了心电图信号，导致其无法被测到。这项发明所主张的就是，通过消除这种干扰而改进现有技术。该发明的焦点是对 EMG 与 ECG 波形的区分：从使用者左手测得的 ECG 信号与从右手测得的信号，极性相反；而从两手测得的 EMG 信号则极性相同。专利产品就是应用了这一原理，其权利要求 1 除其他要素外，还包含一个安装在显示设备上的圆柱条；带有差分扩大器的电子电路；在该圆柱条的两端各半部分，“以彼此形成一定空间关系”而安装一个“带电”电极与一个“普通”电极。

Biosig 公司提起侵犯专利诉讼，指控 Nautilus 公司未经许可，销售了包含有专利技术的运动器械。联邦地区法院在举行解释专利权利要求的听证之后，作出了有利于被告 Nautilus 公司的简易判决，理由是在该权利要求中的“以彼此形成一定空间关系”(in spaced relationship with each other）一语，不符合美国《专利法》第 112（b）条的明确性要求。在上诉审中，联邦巡回上诉法院撤销一审判决，发回重审，认为只要该权利要求“可修正地进行解释”(amendable to construction)，并且在解释之后不会陷于“无法解决的模棱两可”(insolubly ambiguous）之中，就是符合明确性要求的。

（二）判决结果与依据

最高法院于 2014 年 4 月 28 日审理本案，6 月 2 日作出判决。金斯伯格大法官（Justice Ginsburg）代表法院撰写一致意见：撤销联邦巡回上诉法院的判决，发回重审。其理由如下：

（1）如果根据专利说明书和申请过程的文件，专利的权利要求并不能以合理的确定性而向本领域普通技术人员传达关于该发明范围的信息，那么，该专利就可以因为不够明确而归于无效。本案当事人对以下各点表示同意：应当从拥有相关技术领域知识者的角度来判定专利权利要求是否明确；应当根据说明书和专利申请过程来加以解释；应当以专利申请之时作为判定的时间标准。当事人之间未能达成一致意见的是，第 112（b）条所容忍的模糊程度究竟有多大。

第 112 条所规定的明确性要求，必须考虑到语言固有的局限性。另一方面，某种程度的不确定性是“确保为创新提供适当激励的代价”；[1] 专利文件

[1] Festo Corp. v. Shoketsu Kinzoku Kogyo Kogyo Kabushiki Co., 535 U. S. 722, 732 (2002).

不是写给律师看的，甚至不是给一般公众看的，而是写给那些在相关技术领域的技术人员看的。[1] 同时，一项专利必须足够准确，对其所主张权利的范围作出清楚的公示（clear notice），以便“向公众告知哪些地方仍然是向他们开放的”，[2] 以此而避免“形成一个不确定的区域，致使企业和实验室在进入其中时可能面临侵权的风险”。[3] 这里采用的标准是要求清楚（clarity），但同时承认，绝对明确是不可能达到的。这种理解与最高法院以往的意见相一致，即“法律所要求的专利的确定性，是考虑到其发明的对象，而不超过合理的程度”。[4]

（2）联邦巡回上诉法院的标准是容忍权利要求具有某种模糊性，但这并不符合专利法所要求的明确性。该法院所考察的是，涉案专利的权利要求是否“可修正地进行解释”抑或存在“无法解决的模棱两可”，但是，这一调查模式缺乏美国《专利法》第 112（b）条所要求的明确性。如果容忍模糊性而导致一项权利要求存在“无法解决的模棱两可”，则将减弱明确性要求所具有的向公众公示的功能，从而形成不利于创新的“不确定性区域”（zone of uncertainty）。[5] 尽管联邦巡回上诉法院对“无法解决的模棱两可”一语作出了较为全面的表达，可能更接近于制定法所规定的范围，但是，最高法院还是必须确保联邦巡回上诉法院的标准至少“在基本调查方面是可靠的”。[6] 联邦巡回上诉法院在最近所作出的关于美国《专利法》第 112（b）条的判决中，充斥着诸如“可修正地进行解释”与“无法解决的模棱两可”之类的表述，就此而言，这些都是不符合专利法规定的要求的，并且可能导致各下级法院和律师界缺乏一种可靠的指南针从而在专利海洋中放任自流（leave courts and the patent bar at sea without a reliable compass）。

四、专利若不存在直接侵权即不构成引诱侵权

（一）Limelight Networks, Inc. v. Akamai Technologies, Inc. 案基本案情

麻省理工学院是第 6108703 号美国专利（以下简称“703 号专利”）

---

[1] Carnegie Steel Co. v. Cambria Iron Co., 185 U. S. 403, 437 (1902).

[2] Markman v. Westview Instruments, Inc., 517 U. S. 370, 373 (1996).

[3] United Carbon Co. v. Binney & Smith Co., 317 U. S. 228, 236 (1942).

[4] Minerals Separation, Ltd. v. Hyde, 242 U. S. 261, 270 (1916).

[5] United Carbon Co. v. Binney & Smith Co., 317 U. S. 228, 236 (1942).

[6] Warner-Jenkinson Co. v. Hilton Davis Chemical Co., 520 U. S. 17, 40 (1997).

的受让人（专利权人）。该专利的权利要求是一种利用“内容传输网络”（content delivery network/CDN）来传送电子数据的方法。Akamai公司是该专利的独家被许可人，其在全国各地设有许多服务器来传送数据内容。内容提供者（网站的所有人）通过与Akamai公司订立合同，可以向互联网用户传输其网站的内容。该项专利使得网站可以把大容量内容——比如视频或者音乐文件——存储在Akamai的服务器中，而互联网用户可以直接从这些服务器中提取内容。这种把指定内容存放于Akamai服务器的做法，就被称为“标签”（tagging）。这种做法可以大大提高互联网用户接入网站的速度。

Limelight公司经营内容网络传输业务，其业务涉及对703号专利中所主张权利要求的若干步骤的实施。但是，它并没有把客户网站中意图存储在其服务器中的内容进行标签，而是要求其客户自行做出标签。

2006年，Akamai公司在联邦地区法院起诉Limeligh公司侵犯其专利。案件经由陪审团审理，被认定构成侵权，判决赔偿4 000万美元。恰在此时，联邦巡回上诉法院就Muniauction，Inc. v. Thomson Corp. 案[1]作出判决，影响了本案的结果。在Muniauction案中，被告实施了专利方法的某些步骤，其客户则根据被告提供的计算机系统和使用说明，实施其余步骤，而联邦巡回上诉法院认为：直接侵权的构成要件是由一位当事人实施专利方法的每一步骤。如果这些步骤实际上由多人完成，但只有一个被告对于全过程实施“控制或指示”（control or direction），那么，每一步骤应当归属于该控制方，从而也构成直接侵权。据此，联邦巡回上诉法院在该案中认定，被告并不构成直接侵权，因为它没有对客户实施的这些步骤进行控制或者指示。

Limelight公司在此前曾经提出动议，要求将本案作为法律问题判决（judgment as a matter of law），但遭到联邦地区法院的拒绝。现在有了Muniauction案，Limelight公司遂重提动议，终于被地区法院接受。于是联邦地区法院重新判决，Limelight公司同样也不构成直接侵权。案件又上诉至联邦巡回上诉法院，该法院组成的合议庭维持一审判决。此后，该法院又以全席审判（en banc）的形式在2012年重审此案，判决撤销前判，认为本案被告虽然不能根据美国《专利法》第271（a）条而构成直接侵权，但有证据表明其可以根据第271（b）条而构成引诱侵权。联邦巡回上诉法院的解释是，当被告实施专利方法的某些步骤，并且鼓励他人实施其余步骤时，应当根据第271（b）条承担法律责任，即使在此情况下由于实施其

[1] 532 F. 3d 1318（2008）.

余步骤的他人并非该被告的代理人，也不受其指示或者控制，从而无人应当承担直接侵权责任。联邦巡回上诉法院对于这一点并没有争议，即如果不存在直接侵权就不可能有间接侵权（there can be no indirect infringement without direct infringement），但它又解释称，“要求提供直接侵权的证据，并不等同于要求证明只有一个当事人作为直接侵权人承担责任的证据”。

（二）判决结果与依据

最高法院于2014年4月30日对本案举行听证，6月2日作出判决。艾略托大法官（Justice Alito）代表最高法院撰写了一致意见，撤销联邦巡回上诉法院的判决，发回重审。最高法院认为，如果根据美国《专利法》第271（a）条或任何其他条款，无人构成直接侵权，那么被告不可能根据第271（b）条而构成引诱侵权。理由如下：

（1）引诱侵权责任必须取决于直接侵权。❶ 假定 Muniauction 案的判决正确，那么被上诉人的专利方法并没有受到侵犯，因为该专利方法所有步骤的实施并不能归结到任何某一个人的身上。既然直接侵权并没有发生，就不可能存在第271（b）条所规定的引诱侵权。联邦巡回上诉法院对此持有相反观点，但这样一来，将使第271（b）条所确立的标准无以为继，并使得法院形成两套互不相干的侵权法体系。最高法院对第271（b）条的解释还可因第271（f）（1）条而得到强化，后一条款说明，国会知道如何在当事人希望实施但又自己未实施侵权行为时对其施加引诱侵权的责任。将不同情况下可能构成侵权的行为用来认定帮助侵权（contributory infringement），这种观点已经被法院所否定，❷ 因此，同样的规则也应当适用于引诱侵权的情况。

（2）被上诉人主张，侵权法和刑法上的帮助、教唆规则（aiding and abetting doctrine），以及在1952年《专利法》（美国现行专利法）之前存在的专利法原则，都可以支持联邦巡回上诉法院对第271（a）条的解释。但是最高法院认为，这样的主张也不足采信。尽管这样一来，本来构成侵权的人可能通过将专利方法的某些步骤分散到其他与之无关的人身上，从而逃避法律责任，但这只是联邦巡回上诉法院对第271（a）条的解释所产生的一个结果；即使意图防止出现这样的结果，也不能证明该法院根本性改变引诱侵权的规则就是正当的，因为这一规则是由美国《专利法》的条文

---

❶ Aro Mfg. Co. v. Convertible Top Replacement Co., 365 U. S. 336, 341.

❷ Deepsouth Packing Co. v. Laitram Corp., 406 U. S. 518, 526-527 (1972).

和结构所明确规定了的。

（3）本案的问题显然集中在第 271（b）条上，并且 Limelight 公司并没有实施第 271（a）条的直接侵权行为。至于联邦巡回上诉法院在 Muniauction 案中的判决正确与否，最高法院并未作出认定。

五、在例外情形中可以判决赔偿胜诉方律师费

根据美国《专利法》第 285 条，地区法院有权在专利诉讼中判决律师费由何方承担，“法院在例外情形中可以对胜诉方判赔合理的律师费”。[1]普通法的一般规则是，当事人自行承担律师费，因此，美国《专利法》的这一规定本身就属于“例外”的特殊情形。问题是，如何认定“例外情形”。联邦巡回上诉法院在 Brooks Furniture 案[2]中认定，只有以下两种情形属于美国《专利法》第 285 条规定的“例外情形”：存在某种重大不当行为（material inappropriate conduct）；在具有主观恶意（subjective bad faith）并且没有客观依据（objectively baseless）的情况下提起诉讼。最高法院在 2013 年开庭期当中，就此问题连发两个调卷令，以审查联邦巡回上诉法院的上述规则是否符合美国《专利法》的相关规定。2014 年 4 月 29 日，最高法院对该两案作出判决，重新解释了在专利案件中律师费承担的法律规定。

（一）Octane Fitness, LLC. v. ICON Health & Fitness, Inc. 案基本案情

本案当事人系运动器械生产商。ICON 健身公司拥有第 6019710 号美国专利（以下简称“710 号专利”），这是一种椭圆形运动器械，可以根据使用人的步幅加以调整。ICON 公司尚未就该专利所披露的器械进行商业性销售。Octane 健身公司生产的产品中包括椭圆形运动器械 Q45 和 Q47。ICON 起诉 Octane 侵犯其专利。联邦地区法院于 2011 年判决，被告的器械没有侵犯专利。被告 Octane 于是提出动议，要求根据美国《专利法》第 285 条判赔其律师费。联邦地区法院根据 Brooks Furniture 案的标准，驳回

---

[1] “the court in exceptional cases may award reasonable attorney fees to the prevailing party”, 35 U. S. C § 285.

[2] Brooks Furniture Mfg., Inc. v. Dutailier Int'l, Inc., 393 F. 3d 1378 (2005).

Octane 的动议，理由是，Octane 无法证明 ICON 的起诉在客观上毫无依据并且在主观上具有恶意。双方当事人分别就不构成侵权的判决以及拒绝判赔律师费提起上诉。联邦巡回上诉法院维持了一审判决。案件继续上诉至最高法院。

（二）判决结果与依据

索托马约尔大法官（Justice Sotomayor）代表最高法院撰写判决，其撤销联邦巡回上诉法院判决，发回重审。最高法院判决几乎就是一致意见，因为其余法官均表示同意，只有斯卡利亚大法官对于该判决书的第 1～3 个注释未表示同意。最高法院认为，Brooks Furniture 案所确立的标准过于僵硬，并且对于专利法赋予地区法院的自由裁量权施加了不应有的限制。

（1）美国《专利法》第 285 条对于法院在判赔律师费的自由裁量权上所规定的唯一的限制条件是：它只能适用于“例外”情形。由于美国《专利法》没有对这一术语作出定义，因此，只能根据通常含义（ordinary meaning）来解释。索托马约尔大法官借用 1934 年版的《韦氏新国际词典》[1] 认为，1952 年制定专利法时，国会使用“例外的”一词是指“不普通的”“罕见的”或者“不寻常的”。因此，“例外”情形只能就一方当事人在诉讼地位（考虑案件适用的法律与案件事实）的实体性强度相关的方面与他方当事人相比是否突出，或者案件起诉时的不合理之举等方面加以考察。地区法院可以考察案件的各个方面，以个案形式行使其自由裁量权。

（2）Brooks Furniture 案所提出的框架，是在美国《专利法》条文本身所固有的灵活性之上添加了一个僵硬的框框。

其一，该框架将此种情形分为两类，过于局限。第一类案件涉及的是被诉的侵权行为或者其他不法行为，而这些行为在很大程度上就是单独可以受到制裁的行为，包括“故意侵权、在取得专利过程中存在欺诈或其他违反衡平法的行为、在诉讼中的不当行为、无理缠讼或者不正当提起诉讼等”。但是，以此为标准并不恰当。联邦地区法院在一方当事人的不合理行为变得很“例外”时，即可以判赔律师费，而不必限定于那些可单独受到法律制裁的行为出现时，才予以判赔。对于第二类案件，地区法院必须确定当事人提起诉讼时既无客观依据，又有主观恶意才可以判赔律师费。

---

[1] *Webster's New International Dictionary*, 2d ed。之所以选用旧版词典，是因为法官试图还原立法者在制定 1952 年《专利法》时查阅词典的场景，以确定当时人们对该术语的通常理解。

最高法院认为，要求两个条件兼备，属于限制过多。原告起诉的主观动机即使低于“恶意”(bad faith) 标准，也足以被认定为“例外”情形。

其二，Brooks Furniture 案提出的标准过于严苛，这将使得第 285 条在很大程度上变得多余。最高法院早就承认，对于当事人自行承担律师费的“美国规则”(American rule) 存在一种普通法上的例外。这是法院权力范围内固有的例外，即法院对于“故意违反法院裁定的行为”或者败诉方以恶意、放任或者出于压迫之理由而实施行为的案件，均有权对胜诉方判赔律师费，[1] 为使第 285 条不致成为冗文，法院对之不应作过于狭窄的解释。

其三，Brooks Furniture 案要求当事人提出明确而具有说服力的证据(clear and convincing evidence)，这是一种很高的举证责任。但美国《专利法》第 285 条并未规定任何特定的举证责任，因此，不能认为 Brooks Furniture 标准就是正当的。况且，最高法院以往解释类似的关于判赔律师费的法律规定时，也没有提出如此高的举证责任要求。

（三）Highmark Inc. v. Allcare Health Management System, Inc. 案基本案情

Allcare 公司拥有第 5301105 号美国专利（以下简称“105 号专利”），涉及对健保系统管理的使用复查。Highmark 公司是一家健康保险公司，它向法院起诉，请求宣告 105 号专利无效、不具有强制执行力，并且即使该专利有效，其行为也不构成侵权。Allcare 公司则反诉其侵犯专利权。联邦地区法院一审判决，Highmark 公司不构成侵权。联邦巡回上诉法院在上诉过程中维持了一审判决。Highmark 公司随后提出动议，请求根据美国《专利法》第 285 条判赔其律师费。地区法院准其动议，理由是 Allcare 公司在诉讼中存在“无理缠讼”与“欺诈”行为。特别是，该公司将此诉讼作为其更为庞大之计划的一部分，即以信息调查为名，确定那些潜在可能侵犯其 105 号专利的公司，然后以诉讼相威胁，迫使这些公司向其购买专利许可。地区法院判决赔偿数额如下：律师费 4 694 727. 40 美元，开销 209 626. 56美元，专家费375 400. 05美元。对于此判决，联邦巡回上诉法院予以部分维持、部分撤销。对于指控 Highmark 公司的系统侵犯 105 号专利的一项权利要求从而被认定为例外情形的部分，上诉法院予以维持；对于侵犯 105 号专利的其他权利要求相关的部分，则被撤销。联邦巡回上诉法院认为，由于判定是否“客观上没有依据”是一个法律问题，从而在上

[1] Alyeska Pipeline Service Co. v. Wilderness Society, 421 U. S. 240, 258-259 (1975).

诉复审时需作为“全新”问题（appeal de novo）考察，而不必基于对下级法院的尊重（without deference）。该法院因此认定，Allcare 的诉讼主张并非如此不合理，以至于任何理性的诉讼当事人都会认为没有胜诉的可能。且 Allcare 的行为也不属于 Brooks Furniture 案所确立的诉讼不当行为。Highmark 公司不服判决，将案件上诉至最高法院。

（四）判决结果与依据

最高法院于 2014 年 2 月 26 日举行听证，4 月 29 日作出判决。索托马约尔大法官代表最高法院撰写一致意见，判决撤销联邦巡回上诉法院的判决，发回重审。其理由是：所有涉及地区法院根据美国《专利法》第 285 条而认定是否属于例外情形的各个方面，上诉法院应当审查的是该法院是否滥用自由裁量权（abuse of discretion）。在上述 Octane v. ICON 案判决之前，各地法院判决所依据的是联邦巡回上诉法院在 Brooks Furniture 案中所确立的框架。但 Octane 案判决以 Brooks Furniture 案框架过于僵硬为由，已经将之否定，从而，联邦地区法院可以行使自由裁量权，决定其所裁判的案件是否属于第 285 条规定的例外情形。因此，Octane 案判决可以适用于本案的处理。本案涉及的是自由裁量权问题的判决，传统上应以联邦地区法院是否滥用自由裁量权为标准进行复审，❶ 而不是对联邦地区法院的判决重新审查。

六、被许可人提起不侵权之诉的，仍应由专利权人承担侵犯专利权的举证责任

（一）Medtronic, Inc. v. Mirowski Family Ventures, LLC. 案基本案情

Medtronic 公司的业务是设计、制造和销售医疗器械。Mirowski 公司则拥有关于可移植心脏刺激器（implantable heart stimulators）的专利。1991 年，两家公司达成协议，允许 Medtronic 公司付费使用 Mirowski 公司的某些

❶ 在传统上，对于一审判决中的法律问题（question of law），上诉法院可以重新复审（reviewable de novo）；对于事实问题（question of fact），只能以一审法院存在明显错误才可以复审（reviewable for clear error）；而涉及自由裁量权（matter of discretion）的判决，则以法院是否滥用自由裁量权为标准进行复审（reviewable for abuse of discretion）。参见：Pierce v. Underwood, 487 U. S. 552, 558.

专利。该协议还规定，如果 Medtronic 的新产品侵犯 Mirowski 的专利，则其享有一种选择权：补充未支付的使用费；或者在支付使用费的同时"以确认之诉（declaratory judgment action）而对侵权指控提出异议"。当然，Medtronic 也可能根本不顾协议，拒绝支付使用费；在此情况下，Mirowski 有权终止许可协议，并且提起侵权之诉。2006 年，双方又达成一份协议，对于争议解决程序略作调整。其中规定，若 Medtronic 收到对方"及时发来的侵权书面通知"，而其选择以提起确认之诉来对抗侵权指控的，那么，它可以将有争议的许可使用费累积存入一个代管账户（escrow account），由在确认之诉中胜诉的一方获得该使用费。2007 年，Mirowski 通知对方，认为其有 7 种产品侵犯其专利中的多项权利要求。Medtronic 则认为自己并不侵权，理由是其产品并未落入专利权利要求的范围，或者是相关专利无效。Medtronic 遂向联邦地区法院提起确认之诉，请求宣告其产品不构成侵权，并且相关专利无效。同时，根据协议规定，Medtronic 将争议的使用费存入代管账户。

联邦地区法院认为，Mirowski 作为主张侵权的一方当事人，应当承担证明对方侵权的举证责任，而由于 Mirowski 未能证明 Medtronic 构成侵权，故判其败诉。联邦巡回上诉法院对于举证责任问题则得出了相反的结论，判决由作为确认之诉的原告 Medtronic 来承担举证责任。联邦巡回上诉法院承认，通常情况是由专利权人而不是被控侵权人来承担证明侵权的责任，且并不因为专利权人成为确认之诉的反诉被告而发生举证责任的转移。[1]但该法院认为，当专利权人为确认之诉的被告，并且像 Mirowski 那样，由于"许可合同继续存在"而被"剥夺"了"反诉侵权"之主张的专利权人/被告，就应当适用不同的规则。在此情况下，提起确认之诉的当事人，亦即本案原告 Medtronic 公司就应当承担说服责任（burden of persuasion）。Medtronic 不服判决，向最高法院申请调卷令，请求就上诉法院的举证责任规则作出复审。最高法院鉴于举证责任在专利诉讼中的重要性，准予受理。

（二）判决结果与依据

最高法院于 2013 年 11 月 5 日对本案举行听证，2014 年 1 月 22 日作出判决。布雷耶大法官（Justice Breyer）代表最高法院撰写了一致意见，撤销联邦巡回上诉法院的判决，发回重审。判决理由包括以下两个方面：

---

[1] 695 F. 3d 1266, 1272 (2012).

（1）联邦巡回上诉法院对本案享有诉讼管辖权。根据法律规定，联邦地区法院对于“任何根据国会为专利而制定的法律所提起的民事诉讼”均享有专属管辖权，❶ 联邦巡回上诉法院对于联邦地区法院“全部或部分根据第 1338 条”而享有管辖权的任何案件，均享有上诉管辖权。❷《确认判决法》（*Declaratory Judgment Act*）并没有“扩张”联邦法院的管辖权；而联邦法院在确定确认判决案件的管辖权时，通常须考虑确认判决的被告“威胁起诉”的“特征”，亦即，被告假定的“胁迫诉讼”是否“必然涉及联邦的问题”。因此，如果 Medtronic 按照其所理解的权利而采取行动，提起确认判决之诉，停止支付专利许可使用费，那么，Mirowski 就可以终止许可协议并提起侵权之诉。该诉讼系根据联邦专利法而提起，因为这是由“专利法所产生的诉因”。因此，本案的确认判决之诉尽管回避了假定的威胁诉讼，但它仍是根据联邦专利法而产生的。

（2）若被许可人针对专利权人提起确认之诉，请求宣告其产品对于被许可的专利不构成侵权，则专利权人应就侵权问题承担说服责任。

①这一结论受到以下三个法律命题的有力支持。第一，专利权人通常应承担证明侵权的举证责任；❸ 第二，《确认判决法》的实施只是“程序性的”，❹ 而“实质性权利保持不变”；❺ 第三，“举证责任”是“一项诉讼请求的实质性方面”。❻ 以上三个法律命题结合起来就意味着，在被许可人提起的确认之诉中，证明侵权的举证责任仍然属于专利权人。对现实问题的考虑也可以得出同样的结论。假如依据诉讼形式而发生举证责任的转移，就可能使后来的诉讼给专利保护范围带来不确定性。这也可能因为迫使被许可人证明一个否定性结论（不构成侵权）而导致案件发生不必要的复杂化。第四，举证责任的转移难以与《确认判决法》的基本目的相调和。联邦巡回上诉法院的举证责任转移规则，使得确认判决程序处于不利状态，就此而言，该规则反而让《确认判决法》所试图避免的问题又回来了。

②与此观点相反的那些论据不足采信。首先，虽然在 Schaffer v. Weast 案❼提出的“一般过错规则”（ordinary default rule）认为，原告若不能证明其主张，应承担败诉的风险，但是，该规则并不能支持联邦巡回上诉法院的结论。Schaffer 案并非确认判决之诉案件，并且它也说明了基本举证责任

---

❶ 28 U. S. C §1338（a）.

❷ 28 U. S. C. §1295(a)(1).

❸ Agawam Co. v. Jordan, 7 Wall. 583, 609（1869）.

❹ Aetna Life Ins. Co. v. Haworth, 300 U. S. 227, 240（1937）.

❺ Beacon Theatres, Inc. v. Westover, 359 U. S. 500, 509（1959）.

❻ Raleigh v. Illinois Dept. of Revenue, 530 U. S. 15, 20-21（2000）.

❼ 546 U. S. 49（2005）.

规则的例外情形。从本案的诉因来看，像本案这样的确认判决之诉正是Schaffer规则中的例外情形。其次，联邦巡回上诉法院将其判决限于因许可协议而禁止专利权人提出侵权反诉的情形，但这并不能表明该判决在法律上能够合法成立。最后，有法庭之友意见书（amicus）提出，照此判决，就是允许被许可人迫使专利权人全面提起侵犯专利权诉讼。最高法院认为，如此看法并不成立，因为这样的诉讼只有在对专利的有效性或者申请存在一种真实且充分直接的争议时才可能发生。在本案中，Mirowski因指控Medtronic侵权而导致争议，且没有任何可信之理由说明为什么举证责任应当偏向于专利权人。从维持一种有效发挥专利制度作用而促进公共利益的一般角度看，也不应当改变关于举证责任的一般规则。因此，证明侵权的举证责任，仍应由专利权人承担。

七、网络时代电视天线的应用与公开表演权的适用

（一）ABC Inc. v. Aereo Inc. 案基本案情

美国《著作权法》第106（4）条规定，著作权人对其享有著作权之作品有进行公开表演的专有权（exclusive right to perform the copyrighted work publicly）。同时，在第101条的定义条款中规定，“公开”表演包括“利用装置或方法向……公众传送或者以其他方式传播作品的表演……，无论公众是否可以在同一地点或不同地点以及是否可以在同一时间或不同时间内接收到表演……”。简言之，在著作权法上的表演包括机械表演。

在本案中，Aereo公司是一家科技型创业公司，其业务是有偿提供服务，让用户通过互联网观看与电视台实时播送的节目几乎同步的电视节目。具体做法是，Aereo系统由成千上万个小天线以及其他设备组成，被集中放置在一个大仓库里。如果用户想观看某一档正在实时播放的电视节目，他只要从Aereo公司网站的菜单中进行选择。服务器就会根据用户的选择，将其中一个天线调向对应的电视节目频道，转码器将接收到的电视信号转换为可由互联网传输的数据。服务器再将数据存储在Aereo硬驱中专门为每一用户设定的文件夹中，并且在保存节目数秒之后即开始向用户的显示器传输数据流。在整个过程中，用户观看的节目与实时播出节目之间有数秒钟的时滞。

包括美国广播公司（ABC）在内的多家电视台以及全国橄榄球协会（NFL）等以Aereo公司侵犯其节目的著作权（公开表演权）为由，向纽约南区法院起诉，要求获得临时禁令（preliminary injunction）。地区法院驳回

原告的诉讼请求，第二巡回上诉法院对一审判决予以维持。原告方遂向最高法院上诉并获得调卷令。

（二）判决结果与依据

最高法院在 2014 年 4 月 22 日举行法庭辩论，6 月 25 日作出判决，以 6 : 3 的结果推翻了初审法院和上诉法院的意见，最终撤销上诉法院的判决，发回重审。布雷耶大法官代表法院撰写多数派意见，罗伯特首席大法官与肯尼迪、金斯伯格、索托马约尔、卡尔根大法官参加多数派意见。斯卡利亚大法官撰写反对意见，托玛斯、艾略托大法官参加反对意见。

判决认为，Aereo 公司的行为属于著作权法所规定的公开表演，构成对电视节目的侵权。具体理由如下：

（1）Aereo 的行为属于“表演”，而不仅仅是向他人提供进行表演的设备。

①国会 1976 年修改《著作权法》的主要目的之一，就是为了推翻最高法院在之前的判例。最高法院 1968 年的 Fortnightly 案[1]中认定，社区天线电视（community antenna television/CATV）的提供者更像是一个观众而不是一个广播台，因为这一系统“只是通过提供一套更有效地连接电视机的天线，从而提高观众接收广播信号的能力”，故其不属于公开表演。在 1974 年的 Teleprompter 案[2]中，最高法院同样认为，CATV 提供者从几百英里之外再传输电视信号，并不属于公开表演。“接收并且再传输广播电视信号供同步观看，实际上还是起着观众的作用，而无须考虑广播电视台与终端观众之间的距离。”这两个判例所确定的规则引起很大的争议。

②国会在 1976 年修改《著作权法》，在很大程度上否定了 Fortnightly 案与 Teleprompter 案判决。根据现行《著作权法》的规定，对视听作品的“表演”是指“以连续方式展示其图像或者使人听到其配音”。[3] 因此，广播组织和观众都在进行“表演”，因为他们都在展示电视节目图像和节目声音。国会在《著作权法》第 101 条的转播条款（Transmit Clause）中专门规定，向公众转播表演的，也是在进行表演。这就清楚地表明，诸如 CATV 系统之类的做法，其本身就是表演，即使它只是提高了观众接收电视信号的能力。美国《著作权法》第 111 条则进一步规定了复杂的许可计划，包括强制许可收费的条件等，以便有线电视系统能够向公众转播电视

---

[1] Fortnightly Corp. v. United Artists Television Inc., 392 U. S. 390 (1968).

[2] Teleprompter Corp. v. Columbia Broadcasting System, Inc., 415 U. S. 394 (1974).

[3] 17 U. S. C §101.

节目。通过上述立法修改，国会把有线电视活动纳入著作权法的调整范围。

③Aereo 的行为与 CATV 实质性相似，因此，Aereo 不只是设备提供者。Aereo 允许其用户观看实时播出的电视节目，而这些电视节目大多数是享有著作权的。Aereo 利用其自己的设备，而这些设备集中放置在仓库中，并非放置在用户的房间里。通过其技术，Aereo 系统接收到各电视台向公众播出的节目，再将节目通过私人频道发送给更多的观众。法院承认，在 Aereo 系统与有线电视系统之间确实存在差异：有线电视系统的转播是随时进行的，而 Aereo 系统只有在用户表示其希望观看某一节目时才启动，否则保持不动。但是，考虑到 Aereo 与传统有线电视系统之间的相似性太大，这一技术性差别就不是关键性的了。

（2）Aereo 是对电视节目的“公开”表演。当事人争议的焦点在于，Aereo 所转播的是什么表演？电视台认为，Aereo 传输的是它们作品的既有表演（prior performance），而 Aereo 则主张，其所传输的是因转播行为而产生的新的表演（new performance）。最高法院基于论证的需要（arguendo），推定 Aereo 的主张正确，即从处理本案的角度考虑，对一视听作品之表演的转播，意味着对作品同步传播图像和声音。据此，Aereo 用户观看的电视节目，就是 Aereo 转播的表演。

Aereo 主张，其转播是从为每一用户专门设置的文件夹中发出的，所使用的是为各人分配的天线，并且每一转播只能供一个用户观看，因此，其转播并不是“向公众”(to the public）表演的行为。法院对此认为，从国会的规制性立法目的（regulatory objectives）看，这些幕后的技术差异并不能使 Aereo 系统与有线电视系统有什么差别，而后者已经被认为属于公开表演。从国会的立法意图看，对著作权的保护就应当使之免于受到像 Aereo 这样未经许可实施的行为，正如使其免于受到有线电视系统的行为那样。

《著作权法》第 101 条的“转播条款”实现了国会的意图。根据该条款，他人可以通过多点转播（multiple transmission）而实现对同一作品的一次表演的转播。因此，当其向多人传输实时图像与声音时，就是在“转播表演”，而不管其传输的次数以及在转播时是否使用同一作品的复制件，或者像 Aereo 那样，是否使用为每一观众所设定的个人复制件。

而且，Aereo 转播的用户组合起来就构成了著作权法上的“公众”。原因在于，Aereo 是在向彼此并无关系或者互不相知的一大群人传播相同的实时图像和声音。而且，没有证据显示 Aereo 的用户是作为作品的所有人或者占有人而以自己的能力来接收这些表演。最后，虽然 Aereo 的用户可以在不同的时间和地点接收同样的电视节目，但这一事实并不能支持 Aereo 的主张，因为《著作权法》第 101 条规定得很清楚，“无论公众成员是否在同一地点同一时间抑或不同时间不同地点接收表演”均属于公开表演。因此，Aereo 对这些电视节目转播其表演，构成公开表演。

八、著作权案件的诉讼时效与懈怠抗辩

（一）Petrella v. Metro-Goldwyn-Mayer, Inc. 案基本案情

本案被控侵权的电影《愤怒的公牛》（*Raging Bull*），系根据拳击冠军杰克·拉莫塔（Jake LaMotta）的传奇经历摄制而成。拉莫塔从拳坛退役之后，向他的老朋友法兰克·佩特拉（Frank Petrella）讲述了自己的拳击手生涯。两人合作创作了三部作品：两个电影剧本（分别于 1963 年和 1973 年进行著作权登记）和一本书（1970 年进行著作权登记）。本案争议的是 1963 年登记著作权的剧本。根据登记信息，法兰克·佩特拉是唯一作者，但其中声明，该剧本系与拉莫塔“合作”完成。1976 年，法兰克与拉莫塔将他们在上述三部作品中的权利，包括续展权，转让给 Chartoff-Winkler 制片公司。两年之后，米高梅电影公司（Metro - Goldwyn - Mayer, Inc./MGM）的子公司联合艺术家公司（United Artists Corporation）获得了以上三部作品的电影拍摄权，其中载明：该权利是“独占的和永久的，包括著作权全部时期及其因此而展续和延长的时间”。1980 年，米高梅放映《愤怒的公牛》并进行著作权登记。该电影由马丁·斯科塞斯（Martin Scorsese）导演，主演罗伯特·德尼罗（Robert De Niro）还因此获得奥斯卡最佳男主角奖。此后，米高梅继续在市场上推广此片，并且转换成不同制式，包括制作 DVD 和蓝光版影碟。

法兰克·佩特拉在 1981 年去世，此时尚在剧本和图书的首次著作权保护期之内。但是，正如美国《著作权法》的规定[1]以及最高法院 1990 年在 Stewart 案[2]判决中所显示的那样，对法兰克的作品著作权进行续展的权利属于其继承人，无论作者是否在此前已经将著作权转让他人。法兰克的女儿葆拉·佩特拉（Paula Petrella）得悉 Stewart 案判决之后，于 1991 年聘请律师对 1963 年的剧本办理了著作权续展。1973 年的剧本和 1970 年的图

---

[1] 17 U.S.C § 304(a)(1)(C)(ii)-(iv).

[2] Stewart v. Abend, 495 U.S. 207 (1990). “如果已经转让其著作权的作者在续展期间死亡的，受让人可以继续使用原始作品［产生出演绎作品］，但只有在作者的继承人转让作品续展权给受让人才可以。” id., 221.

书则未按时续展，因此，后来的诉讼也就不再涉及后两部作品。1998 年，在其办理著作权续展 7 年之后，佩特拉的律师通知米高梅，她已经获得了该剧本的著作权。在此后的两年中，佩特拉的律师与米高梅的律师互有通信往复，其中，米高梅拒绝侵权指控，而佩特拉则反复威胁将采取法律行动。

又经过大约 9 年之后，2009 年 1 月 6 日，佩特拉在加州中区法院提起侵犯著作权之诉。她指控米高梅侵犯并且持续侵犯其在 1963 年剧本上的著作权，理由是米高梅使用、制作和发行的电影《愤怒的公牛》，就是 1963 年剧本的演绎作品。《著作权法》规定的诉讼时效是，当事人应当“在请求权产生之后的 3 年内”提起诉讼，故佩特拉寻求救济的是米高梅在 2006 年 1 月 6 日之后所实施的侵权行为。

米高梅以多项理由提出动议，其中包括衡平法上的懈怠抗辩（equitable doctrine of laches）。米高梅认为，从 1991 年佩特拉办理著作权续展到 2009 年提起诉讼，中间已经过了 18 年，因此这一诉讼是不合理的，并且有损被告的利益。联邦地区法院同意米高梅的动议，认为懈怠抗辩成立。特别是，米高梅已经表明其受到预期利益损害（expections-based prejudice），因为米高梅为此电影进行了大量投资；并且，法院接受米高梅提出的“证据性损害”（evidentiary prejudice）主张，因为原告起诉时，作者法兰克·佩特拉已经去世，并且拉莫塔也已年届 88 岁，似乎已经失忆。

一审判决以懈怠为由驳回诉讼，第九巡回上诉法院维持了该结果，并且认为“如果被控侵权的行为发生在诉讼时效期限之外，则法院可以推定原告的请求权因懈怠而不得支持”，本案应当适用该推定。佩特拉继续向最高法院上诉，申请调卷令获准。最高法院受理此案的目的，是为了解决巡回上诉法院在侵犯著作权诉讼中适用懈怠抗辩时出现的问题。❶

（二）判决结果与依据

此案于 2014 年 1 月 21 举行法庭辩论，5 月 19 日作出判决，以 6∶3 的结果，决定撤销上诉法院的判决，发回重审。金斯伯格大法官（Justice Ginsburg）代表最高法院撰写多数派意见，斯卡利亚、托玛斯、艾略托、索托马约尔和卡尔根大法官参加此意见。布雷耶大法官撰写本案的反对意见，罗伯特首席大法官和肯尼迪大法官参加该反对意见。

---

❶ 在最高法院判决书的注释 12 中，列有各地法院自 2001 年以来所作出的相关判例，显示法院之间存在不同的判决意见。

（1）佩特拉在《著作权法》第 507 条的 3 年期限内起诉要求损害赔偿，不得适用懈怠而加以阻止。理由如下：

①法律允许原告从起诉之日回溯 3 年的行为而寻求救济，这说明著作权法的诉讼时效规定本身，已经考虑到当事人的迟延。在本案中，根据《著作权法》第 507（b）条，佩特拉不能就米高梅公司在 2006 年之前所作投资的回报而提出求偿主张。而且，根据《著作权法》第 504（b）条，侵权人对于在这 3 年期间内获得的利润，可以要求扣除其为此付出的费用；并且，对于其因企业自身的投资而非被控侵权作品的价值所产生的那部分利润，可予以保留。

②米高梅就懈怠抗辩适用范围所提出的主张不成立。

第一，米高梅提出，因为懈怠抗辩规定在《联邦民事诉讼规则》（*Federal Rule of Civil Procedure*）第 8（c）条，是作为一种积极抗辩，不同于诉讼时效抗辩，因此，该抗辩应当适用于所有民事诉讼，可以阻止任何的法律救济。但最高法院认为，如此扩大其功能，偏离了以往至今关于懈怠抗辩的职能的理解，即它在本质上属于漏洞补充（gap-filling）而非立法推翻（legislation-overriding）。最高法院也从未适用懈怠抗辩，来阻止对于在法律规定的诉讼时效内所发生的侵权行为而提出的全部请求。如果任由每个法官设定一种时间限制，而不是采用国会在立法中所规定的时限，就可能对于国会在第 507（b）条规定中所寻求的统一性产生反作用。

第二，米高梅主张，懈怠抗辩应当像衡平法上的时效中止（equitable tolling）那样，适用于所有在制定法中所规定的诉讼时效。最高法院则认为，时效中断是在有诉讼时效规定的情况下，延长了发动诉讼的时间，因此，它实际上是一种与诉讼时效相关联的解释规则。而懈怠抗辩则不同，它原本就是不受到诉讼时效控制的一种指导规则，因此很少能够被当作一种用于解释法定时效的规则。

第三，米高梅认为，必须适用懈怠抗辩，来阻止著作权人无所作为，等着看被控侵权人的投资会有什么结果。最高法院认为，著作权人对每一种可诉的侵权行为发起挑战，这几乎是不可阻挡的。而且，原告等着看侵权人对作品使用的结果究竟是导致作品价值的减少，对作品无所影响，还是构成对作品使用的一种补充，这本身也没有什么不对。《著作权法》第 507（b）条规定了时效期限，再加上单独规定的请求权产生规则，这就等于允许著作权人延迟起诉，以便其评估其是否值得发动诉讼。

第四，米高梅关心的是，由于著作权人未及时诉讼，导致它可以用来对抗侵权指控的证据可能灭失。法院认为，国会肯定已经考虑到这一问题，即随着时间的过去以及作者的去世，都可能产生证据上的问题。而且，由于原告承担证明侵权的举证责任，任何因为迟延起诉而带来的无法取证的问题，对原告来说同样存在。至于对外部证据的需求问题，则可由著作权登记制度而得以解决，因为登记证书以及向版权局提交的作品都可起到证明作用。

第五，如果著作权人为了回避诉讼而故意作误导性陈述，并且被控侵权人因此产生信赖而可能受损的，则当事人完全可以用禁止反悔原则（doctrine of estoppel），来阻止著作权人提出权利主张，以消除其所有可能的救济。禁止反悔原则与诉讼时效并不相悖，因为它是基于当事人的误导所产生，不管该误导行为发生在时效之前抑或之后。

（2）虽然被告不能适用懈怠规则来排除权利人在著作权法规定的 3 年期限内请求损害赔偿，但是，在特殊情况下，可以存在懈怠为由，从而在诉讼开始之际，减少权利人在衡平法上所能获得的救济。例如，如果建筑设计作品的著作权人尽管意识到他人的房屋建设对之构成侵权，但其怠于提起诉讼，直到房屋基本建成并且部分入住之后才起诉的，那么，权利人要求推倒该房屋的请求就不能获得支持。[1] 同样，如果当事人没有正当理由而迟延提起诉讼，那么，其要求将已经印刷、装订和启运的图书“完全销毁”，也是不符合衡平原则的。[2] 但是，在本案中没有出现这样的特殊情形。佩特拉在米高梅投资几百万美元用于创作新版《愤怒的公牛》之前，已就她的著作权主张向米高梅发出通知，而且，她所寻求的衡平法救济——比如要求米高梅交出不当获利，并且在今后停止继续侵权——并不会导致诸如“完全销毁”该电影之类的结果。允许佩特拉继续其诉讼，只是使米高梅在过去三十多年在该电影的销售上所获得收益的一小部分处于风险之中，而不会对无辜的第三方造成不当的困难。假如佩特拉最终在案件实体问题上获胜，则联邦地区法院在确定如何恰当地给予禁令救济以及在评估判赔利润时，可以考虑到佩特拉迟延提起诉讼这一事实。但是，法院在考虑这一点时，必须严格考察如下几个方面：米高梅所声称的对于佩特拉迟延起诉的信赖；米高梅很早就明知佩特拉的权利主张；米高梅本来可以通过提起确认之诉来获得保护；米高梅的投资受到请求权产生规则保护的范围；法院根据《著作权法》第 502（a）条而有权“按其认为合理的条件”发布禁令救济；以及任何其他相关考虑因素。

---

[1] Chirco v. Crosswinds Communities, Inc., 474 F. 3d 227, 236 (CA6, 2007).

[2] New Era Publications Int'l v. Henry Holt & Co., 873 F. 2d 576, 584-585 (CA2, 1989).

九、虚假广告不正当竞争案件的原告资格

（一）Lexmark Int'l, Inc. v. Static Control Components, Inc. 案基本案情

利盟（Lexmark）公司是激光打印机的制造商与销售商，同时还销售适用于激光打印机的硒鼓（toner cartridge，又称“炭粉盒”）。它的硒鼓设计独特，只能用于 Lexmark 牌打印机，以便控制硒鼓的市场。但是，其他竞争者找到用完的 Lexmark 硒鼓，重新装入炭粉，再销售给 Lexmark 牌激光打印机的用户，从而与利盟公司的硒鼓形成市场竞争。利盟公司当然希望顾客将其用完的硒鼓由它来回收而不是卖给它的竞争对手。因此，该公司引入一项所谓的“预折计划”(prebate program)，即顾客可以在购买利盟公司新的硒鼓时享受大约 20% 的折扣，只要该顾客同意将用完的硒鼓返回该公司。这些条款是通过“拆封许可”(shrinkwrap licensing）方式通知顾客的，即在产品包装外以书面形式告知顾客，一旦其打开箱子即表示同意该条款。为实现该计划，利盟还在每台实行预折计划的硒鼓中安装了一个微芯片，一旦炭粉用光即不能再用该硒鼓，必须由利盟公司更换微芯片才可再次使用。

Static Control 公司本身并不从事硒鼓的生产或者重新加粉业务，但它为这些企业提供炭粉和各种必要的配件，此外还开发出一种微芯片，可以模拟利盟公司在硒鼓中所安装的微芯片。有了这种微芯片，竞争者就可以对 Lexmark 硒鼓重新加粉出售了。

2002 年，利盟公司起诉 Static Control，指控后者的微芯片侵犯其著作权，违反了《著作权法》和《数字千年著作权法》（DMCA）的相关规定。被告提出反诉，其中一项主张是，利盟公司违反《拉纳姆法》第 43（a）条关于虚假广告的规定。该诉讼主张涉及利盟公司的两类虚假和误导性行为：其一，利盟公司通过“预折计划”，故意误导终端消费者相信，他们在法律上是受到预折条款约束的并因此必须在一次性用完硒鼓之后将其返还给利盟公司。其二，利盟公司向大多数从事硒鼓再造业务的企业发函，声称对于重新加粉的预折硒鼓进行销售是不合法的，特别是，利用 Static Control 的产品进行再造的预折硒鼓更属非法。Static Control 据此认为，利盟公司对于双方产品的“本质、特点和品质”均存在重大不实陈述，并因此对其产品销售和商业声誉（business reputation）造成重大损失。Static Control 向法院请求 3 倍赔偿，判赔律师费以及给予禁令救济。

联邦地区法院支持利盟公司的动议，驳回了 Static Control 的诉讼请求。联邦地区法院适用最高法院判例[1]中的多要素衡量标准（multifactor balancing test），认为 Static Control 缺乏根据《拉纳姆法》提起诉讼的“审慎依据”(prudential standing)。但在上诉过程中，第六巡回上诉法院撤销了一审判决，其所依据的是第二巡回上诉法院的“合理利益”标准(reasonable interest test)。利盟公司继续向最高法院上诉并获受理。

(二) 判决结果与依据

该案于 2013 年 12 月 3 日进行口头辩论，2014 年 3 月 25 日判决。斯卡利亚大法官（Justice Scalia）代表最高法院撰写一致意见，维持第六巡回上诉法院的判决。该意见对于利盟公司、联邦地区法院与巡回上诉法院所提出的标准均不予采纳，而是依据法律解释规则，提出了“利益区域”标准和直接因果关系要件，并据此认定，Static Control 的起诉符合《拉纳姆法》关于虚假广告之诉的所有要素。具体理由如下：

(1) 本案的争议是，Static Control 是否属于国会授权的可以根据《拉纳姆法》第 43（a）条起诉的原告范围。为此，法院必须运用传统的法律解释原则，以确定该条款的含义。利盟公司主张适用“审慎依据”，这是从以往判例 Associated General Contractors 案而来的，但是，该案实际上依据的是对制定法的解释：作为一个法律解释问题，法院需要确定国会在《克莱顿法》（*Clayton Act*）第 4 条中所创设的“私法救济的范围”，以及根据立法所赋予的诉因而“可以提起私法上的损害赔偿之诉的那些人”。[2]在认定原告是否落入利益区域（zone of interests）时，法院需要运用传统的法律解释工具，以确定立法所赋予的诉因是否包括了特定原告的诉讼请求。[3]

(2)《拉纳姆法》第 43（a）条的诉因延及那些落入该制定法所保护之利益区域范围并且其损害与违反该制定法的行为具有直接因果关系的原告。

①制定法上的诉因被推定为只延及那些其利益“落入该法律所保护之利益区域”的原告，[4] 而“该利益区域的大小则因相关法律规定而异”。[5]

---

[1] Associated Gen. Contractors of Cal., Inc. v. Carpenters, 459 U. S. 519 (1983).

[2] Associated Gen. Contractors of Cal., Inc. v. Carpenters, 459 U. S. 519, 529, 532 (1983).

[3] Steel Co. v. Citizens for Better Environment, 523 U. S. 83, 97 (1998).

[4] Allen v. Wright, 468 U. S. 737, 751 (1984).

[5] Bennett v. Spear, 520 U. S. 154, 163 (1997).

《拉纳姆法》的立法宗旨包括了“保护当事人以反对不正当竞争，”[1] 而在普通法上，“不正当竞争”被理解为与商业声誉和现在以及将来的销售损失相关的问题。因此，原告若要证明其落入第 43（a）条的虚假广告之诉的利益区域，就必须主张其在事关名誉或者销售的商业利益上受到了损失。

②制定法上的诉因也被推定为只限于那些其损害与违反该制定法的行为具有直接因果关系者。这一条件排除了那些在所声称的损害与被告的违法行为之间关系过于遥远者。从某种意义上说，所有因虚假广告而造成的商业损失，都是因为受广告欺骗的消费者的损失而间接所致，亦即，严格而言，在商业损失与虚假广告之间并不具有直接因果关系。但是，既然《拉纳姆法》规定了只有对于商业损失可以提起诉讼，因此，对于直接因果关系要件而言，界于中间的消费者受骗环节就不是决定性的了。所以，原告根据第 43（a）条提起诉讼，一般须表明其经济损失或者名誉损失直接缘于因被告广告所导致的欺骗；并且该损失是由于广告欺骗消费者，导致他们不与原告进行交易而产生的。

③直接适用“利益区域”标准和直接因果关系要件，就为当事人根据第 43（a）条起诉设定了相关的限制条件。这些原则所提供的指导性，优于利盟公司所主张的“多要素衡量”标准、直接竞争者标准以及第六巡回上诉法院所适用的“合理利益”标准。

（3）根据上述原则，Static Control 属于国会授权可以根据《拉纳姆法》第 43（a）条起诉的原告范围。它所声称的损害——销售减少和商业声誉损失——属于该法律所保护的利益范围，并且 Static Control 也充分提出主张，说明其损害与利盟公司的虚假陈述之间存在直接因果关系。

十、在食品饮料上的虚假标注仍可适用美国《商标法》第 43（a）条：公法与私法救济的共存

（一）POM Wonderful LLC. v. Coca-Cola Company 案基本案情

POM 公司制造并销售果汁饮料，其中一款产品是石榴混合果汁。其竞争对手之一是可口可乐公司下属的 Minute Maid 公司，后者制造并销售的一种混合果汁，在产品标签的成分描述中有如下字样：“石榴蓝莓”（pomegranate blueberry），并且其字体远大于标签上的其他文字，尽管标签显示该饮料由五种果汁混合而成。事实是，可口可乐的这款产品只含有

[1] 15 U. S. C §1127.

0.3%的石榴汁和0.2%的蓝莓汁，其余99.4%是苹果汁和橙汁。

POM公司声称，可口可乐混合果汁的名称、标签、营销和广告对消费者构成误导，使他们相信该产品的主要成分就是石榴汁和蓝莓汁，而事实上该产品主要是由价格更便宜的苹果汁和橙汁所构成。POM公司称因为可口可乐的混淆行为而致使其产品销售减少，故请求损害赔偿与禁令救济。POM公司起诉可口可乐的产品标签构成欺骗和误导，违反了《拉纳姆法》第43条[1]的规定。该条款允许市场竞争者在对方因虚假或者误导性产品描述而产生不正当竞争时，对其提起诉讼。同时，《联邦食品药品与化妆品法》（*Federal Food, Drug, and Cosmetic Act*, FDCA）也禁止在食品上进行错误标记（misbranding），包括以虚假和误导性标签的方式。[2] 而且，联邦食品药品管理局（FDA）为落实上述法律规定，还就食品和饮料（包括混合果汁）的标签问题，制定了更为详细的法规。《拉纳姆法》主要是由受损害的市场竞争者提起民事诉讼，而FDCA及其法规只是赋予美国政府以专门的行政执法权，并不允许私人提起民事诉讼。并且，相对于有关调整错误标签问题的州法，FDCA具有优先适用效力。

联邦地区法院一审作出了有利于可口可乐的判决，认为FDCA及其法规排除了《拉纳姆法》的适用。第九巡回上诉法院维持一审判决。

（二）判决结果与依据

2014年4月21日，最高法院就此案举行法庭辩论，6月21日作出终审判决。肯尼迪大法官（Justice Kennedy）代表最高法院撰写判决书，最终撤销了第九巡回上诉法院的判决，发回重审。该案判决几乎就是一致意见，因为除布雷耶大法官未参与此案审判外，其余大法官均表同意。

最高法院判决认为，尽管食品饮料标签的问题受到FDCA规制，但是，市场竞争者还是可以根据《拉纳姆法》提起民事诉讼。其理由如下：

（1）关于本案处理的前提条件。首先，本案并非关于法律优先适用（preemption）的案件，因为本案并不涉及联邦法优先于州法的问题，毋宁说，它涉及的是根据一部联邦制定法而产生的诉因是否被另一联邦制定法的规定所排除的问题。其次，本案涉及法律解释，因此，最重要的是利用既有的解释规则来分析法律的文本。

（2）无论《拉纳姆法》还是FDCA均无如此明文，禁止或者限制根据

---

[1] 15 U.S.C §1125.

[2] 21 U.S.C §§331，343.

《拉纳姆法》而对由 FDCA 所规制的产品标签问题提起诉讼。这两部法律已经共存达 70 年之久，却不存在这样的明文规定，这本身就是强有力的证据，表明国会无意让 FDA 的监管成为唯一的手段，来确保在食品饮料上进行正确标签。此外，国会对于法律优先适用问题的规定也只是针对州法，这表明，国会无意让 FDCA 来排除根据其他法律所产生的诉因。FDCA 与《拉纳姆法》的结构也印证了这一点。这两部法律具有互补性，说明国会并不想让一部制定法来排除另一部制定法的适用。这两部法律虽然都涉及食品和饮料的标签问题，但《拉纳姆法》是为了保护商业利益以反对不正当竞争，而 FDCA 则旨在保护公共健康与安全。两者在法律救济上也相互补充。FDCA 的执法主要是由 FDA 完成，而《拉纳姆法》则赋予私人主体以起诉竞争对手的权利，以保护其在个案中的私人权益。允许私人主体根据《拉纳姆法》提起民事诉讼，正是为了发挥不同调整方法的协同优势（advantage of synergies）。如果基于 FDCA 而排除《拉纳姆法》，就可能出现某种国会所不希望看到的结果。由于 FDA 并不必然对所有可以被诉的标签行为都采取执法措施，假如排除了根据《拉纳姆法》提起诉讼的可能性，就会使得在食品饮料标签领域的商业利益——间接地涉及一般公众的利益——无法得到有效保护，甚至还不如其他那些较少受到管制的行业。

（3）可口可乐提出，由于国会试图在食品和饮料标签问题上实现全国统一，故而排除适用《拉纳姆法》就是正当的。但是，可口可乐的这一主张缺乏依据。首先，FDCA 将执法权力委托给联邦政府，并不意味着国会有意收回在其他的联邦法律中所规定的私人起诉方式。其次，FDCA 的优先适用条款仅仅针对州法，而不针对联邦法律。最后，尽管与《拉纳姆法》相比，FDCA 及其实施法规更多地专门规定了食品饮料标签的问题，故而属于特别法，但是，特别法优先的规则只是在两部法律无法同时实施的情况下才起作用。而在本案中，无论法律结构还是实证性证据都表明，这两部法律在同时适用条文方面并不存在任何困难。

十一、观察与思考

上述对于美国联邦最高法院在 2013 年开庭期所作出的 10 件知识产权案判决分别进行了介绍，但如果把它们合并起来，按照不同的考察指标进行分析，又会得出什么样的结论呢？

我们首先按照这些判决发布的时间先后，将这 10 件知识产权案件整理如下（见表 11-2）。

表 11-2　美国联邦最高法院 2013 年开庭期知识产权判决汇总

判决时间	2014/1/22	2014/3/25	2014/4/29	2014/4/29	2014/5/19	2014/6/02	2014/6/02	2014/6/12	2014/6/19	2014/6/25
案号	12-1128	12-873	12-1184	12-1163	12-1315	13-369	12-786	12-761	13-298	13-461
案件名称	Medtronic, Inc. v. Mirowski Family Ventures, LLC.	Lexmark Int'l, Inc. v. Static Control Components, Inc.	Octane Fitness, LLC. v. ICON Health & Fitness, Inc.	Highmark Inc. v. Allcare Health Management System, Inc.	Petrella v. Metro-Goldwyn-Mayer, Inc.	Nautilus, Inc. v. Biosig Instruments, Inc.	Limelight Networks, Inc. v. Akamai Technologies, Inc.	POM Wonderful LLC. v. Coca-Cola Company	Alice Corp. v. CLS Bank Int'l	ABC Inc. v. Aereo Inc.
诉因	专利	商标与不正当竞争	专利	专利	著作	专利	专利	商标与不正当竞争	专利	著作权
程序/实体问题	程序	程序	实体	实体	实体	实体	实体	实体	实体	实体
法院判决撰写者	布雷耶	斯卡利亚	索托马约尔	索托马约尔	金斯伯格	金斯伯格	艾略托	肯尼迪	托玛斯	布雷耶
是否一致意见	是	是	是*	是	否［6：3］	是	是	是*	是	否［6：3］
判决结果	撤销/发回	维持	撤销/发回	撤销/发回	撤销/发回	撤销/发回	撤销/发回	撤销/发回	维持	撤销/发回

注：* 表示该判决在形式上并非全体大法官的一致意见（unanimous opinion）。但是，之所以其原因或由于某一位大法官未参加审判，或是有一位大法官仅仅对判决的若干注释未表示同意，故本书将之归为实质上的一致意见。

根据案件诉因、争议问题、判决结果等多个角度，对这 10 份判决进行统计分析，我们可以看到，美国联邦最高法院不仅在知识产权案件的受理和判决数量上发生了历史性的突破，而且在关注的范围和审判风格上，都有着较为明显的变化。

（1）最高法院受理并判决的知识产权案件仍然较多地集中于专利案件，并且以实体问题为主。在这 10 件判决中，专利有 6 件、著作权 2 件、商标与不正当竞争 2 件。案件所涉及的争议，既有程序问题，也有实体法问题。但其中只有 2 起案件涉及程序问题：专利权人的举证责任、虚假广告不正当竞争案件的原告资格。这些案件所涉及的实体法问题则分布广泛，包括软件的可专利性、专利文件的明确性要求、对专利的直接侵权与引诱侵权、专利案件律师费的承担、公开表演权、著作权诉讼时效与懈怠抗辩、商标法与食品安全法的竞合等。许多案件所反映的正是技术创新所带来的法律难题，比如在 Alice 案、Aero 案、Akamai 案、Lexmark 案等案件所涉及的问题，都是由软件与互联网技术发展所致。显然，知识产权司法对于美国的创新实践具有重要的影响力。

（2）美国联邦最高法院的大法官几乎都为知识产权案件撰写过判决书。除了罗伯特首席大法官和卡尔根大法官，其余 7 位大法官都代表法院撰写过判决书。其中，布雷耶、金斯伯格和索托马约尔 3 位大法官各自撰写两份判决，斯卡利亚、艾略托、肯尼迪和托玛斯 4 位大法官各撰写 1 份判决。斯卡利亚和布雷耶 2 位大法官还在两起案件中各撰写一份反对意见。从中似可看出大法官们不同的专业旨趣以及他们对知识产权问题的态度。

（3）最高法院在本年度的知识产权案件判决上，以一致意见为多。在这 10 件判决中，有 6 件是完全的一致意见，有 2 件是实质上的一致意见，因此，大法官们在知识产权案件的判决上，形成一致意见的比例高达 80%。而存在反对意见的 2 件判决，均属于著作权案件，分别涉及关于侵犯公开表演权的认定、懈怠抗辩的适用问题。根据相关统计，2013 年开庭期中，最高法院在所有案件的判决上形成一致意见的比例高达 66%，这是自 1940 年以来的新高。[1] 由此可见，美国联邦最高法院大法官之间形成一致意见的比例自罗伯茨担任首席大法官以来（简称“Roberts court”）有

---

[1] NEAL K. KATYAL. The Supreme Court's Powerful New Consensus [N]. New York Times, 2014-06-26 [2014-10-08]. http://www.nytimes.com/2014/06/27/opinion/the-supreme-courts-powerful-new-consensus.html?_r=0.

显著提高，❶ 而同期在知识产权案件判决上的一致意见，比例则更高。

（4）最高法院在 2013 年度的 10 件知识产权案件判决中，有 8 件的结果是撤销上诉法院的判决、发回重审，占比 80%；维持原判决的只有 2 件，分别涉及反不正当竞争案件原告的资格和软件的可专利性问题。在本年度所有案件中，最高法院撤销下级法院判决的比率达到 74%。❷ 由此可见，在知识产权案件中撤销下级法院判决的比率，虽较本年度的平均比率略高，但两者相差并不多。但如果只是看专利案件判决，情况则有所不同。其中 6 件专利案件判决中，最高法院撤销了其中的 5 件，撤销率达到 83%，这一比率明显高于平均撤销率。这也显示出，最高法院对于联邦巡回上诉法院在专利案件的裁判方法与标准上，持有相当大的不同意见。美国国内的专家与媒体也以此为证据，批评联邦巡回上诉法院对专利案件的专有上诉管辖权。❸

美国联邦最高法院的地位决定了其判决的判例法意义与作用，因此，我们在学习和研究美国知识产权法时，不能不重视对这些判例。而它在最近几年，特别是 2013 年作出如此数量众多、内容丰富的判例，更是值得我们关注司法对于知识产权制度发展和科技文化创新活动的影响。

---

❶ 沃伦法院时期，只有 36.1% 的一致意见；伯格法院时期，这一比例是 35.8%。伦奎斯特执掌最高法院时，他对最高法院存在太多的分歧意见表示失望。他在 2005 年的最后开庭期作出最后一份判决，先是用多数派意见表达了自己的观点，再列上三份同意意见（concurrences），然后是三份不同意见（dissents），最后他开玩笑地说："我真不知道法院还有这么多法官。" 参见 NEAL K. KATYAL. The Supreme Court's Powerful New Consensus [N].New York Times, 2014-06-26[2014-10-08].http://www.nytimes.com/2014/06/27/opinion/the-supreme-courts-powerful-new-consensus.html?_r=0.

❷ 参见 NEAL K. KATYAL. The Supreme Court's Powerful New Consensus [N].New York Times, 2014-06-26[2014-10-08].http://www.nytimes.com/2014/06/27/opinion/the-supreme-courts-powerful-new-consensus.html?_r=0.

❸ ASHBY JONES. Critics Fault Court's Grip on Appeals for Patents: Calls to Loosen Federal Circuit's Hold Grows Amid Complaints Over Rulings [N/OL].The Wall Street Journal, 2014-07-06[2014-10-08].http://online.wsj.com/articles/critics-fault-courts-grip-on-appeals-for-patents-1404688219.

第12章

社会公众知识产权认知程度调查报告*

> 任何事物都应尽可能简单，但不能过于简单。❶
>
> ——阿尔伯特·爱因斯坦

一、概　述

继2001年举行“社会公众知识产权认知程度调查”之后，2011年“社会公众知识产权认知程度调查”仍由国家知识产权局主办，《中国知识产权报》报社、中国人民大学知识产权学院共同举办。10年前首次举办全国规模的社会公众知识产权认知调查，契机是中国在当年加入世界贸易组织，而2011年也正逢中国加入世贸组织10周年。在这10年间，中国经济和社会已经发生巨大变化，而知识产权制度与实践同样经历着深刻的变革。例如2000~2002年相继修改专利法、商标法、著作权法，以使国内相关法律达到世贸组织TRIPS协定的最低保护标准，2007年美国就知识产权

---

* 本次调查由中国知识产权报社共同发起并提供问卷收发服务与资助。本书作者为调查问卷设计人与调查报告执笔人，中国人民大学法学院2010级知识产权法硕士研究生崔倩、黄明霞参加报告的撰写。

❶ 爱因斯坦（Albert Einstein）1933年6月10日在牛津大学举行Herbert Spencer讲座，发表于*Philosophy of Science*(Vol. 1, No. 2 (April 1934), pp. 163-169)，其中提到，“It can scarcely be denied that the supreme goal of all theory is to make the irreducible basic elements as simple and as few as possible without having to surrender the adequate representation of a single datum of experience.”后被他人改编为“Everything should be made as simple as possible, but no simpler.”并由此仿照“奥卡姆剃刀”(Occam's razor)而被称为“爱因斯坦剃刀”(Einstein's razor)，意指理论或解释追求过于简化将导致错误。[EB/OL]. [2015-04-10]. http: //en. wikiquote. org/wiki/Albert _ Einstein.

问题在世贸组织起诉中国，2010 年修订著作权法也是为了应对世贸组织的裁决……应该说，中国加入世贸组织，也影响到社会公众对于知识产权的认知与意识。但是，这种影响究竟到何种程度？中国公众的知识产权认知程度与中国知识产权保护水平之间是否存在联系？社会公众的知识产权意识与知识产权的立法修改、执法效果之间究竟如何相互影响？……对于这些问题，都值得做深入而具体的调查与分析。

另一方面，这个 10 年也是中国经济社会的转型时期。今天，创新和可持续发展成为中国进一步深化改革的主要目标，中央政府提出并在全国实行知识产权战略。但是，无论知识产权法律实务还是理论研究，仍然需要考虑这些基本问题：中国当前在知识产权方面的现状如何？社会公众对于知识产权保护的态度如何？如何真正实现知识产权制度的功能？

为此，本次调查试图从社会公众的角度，考察知识产权在社会中的作用、知识产权的执法与司法现状、公众的知识产权意识程度等方面的问题，形成实证材料，以为实务和理论工作的参考。

调查问卷由课题组完成。调查问卷的设计主要考虑如下几个方面：(1) 受访者应为社会公众，不限于某一专业团体；(2) 调查侧重在于公众的知识产权意识，而非专业知识；(3) 调查有意识地选择一些当前的热点话题或现实案例。

调查问卷发布于《中国知识产权报》(2011 年 4 月 15 日第 8 版)。该期作为 2011 年“世界知识产权日”专刊，其发行量为 16.5 万份，回收问卷 6.1 万份，回收率 36.42%。回收问卷后，课题组委托专业调查机构从中随机抽取4 086份用于数据统计处理。问卷的数据统计表分为：(1) 调查结果基本数据统计表、(2) 调查结果数据统计总表。这是本报告分析的基本依据。部分数据以 2001 年的调查报告[1]为对比参考。

二、调查数据的统计、分析与评价

我们认为，以下几方面的论题值得特别关注，这也是本报告结合调查统计数据所要解读的重点。(1) 社会公众对知识产权的总体了解程度；(2) 社会公众对我国入世 10 年变化的认识；(3) 社会公众的专利意识和认知程度；(4) 社会公众对于企业专利状况与专利事业发展的认识；(5) 社会公众对于假冒行为的认识；(6) 社会公众对驰名商标认定与保护的认识；(7) 社会公

[1] 参见本章附录 2、3。

众对盗版的认识；（8）社会公众的著作权意识与认知程度；（9）社会公众对网络环境下知识产权保护的认识；（10）社会公众对商业秘密的认识；（11）社会公众的知识产权保护意识与对执法措施的认知。

（一）社会公众对知识产权的总体了解程度

1. 关于是否了解知识产权

受访者中认为自己相当了解知识产权的人占 11%，一般了解的人占 58%，只是听说过的占 23.26%，而认为自己不知道或很难说的人为 7.69%。

这一数据显示，完全不知道知识产权的人仅为 7.69%，而 92.31% 的受访者了解或听说过知识产权。这也说明社会公众对于知识产权的了解程度已经到相当的水平，甚至与市场经济发达国家和地区的商业机构认知水平相当。例如，香港某机构向香港特区政府知识产权署提交的《商业机构知识产权意识程度 2010 年调查报告》中指出，香港商业机构关于知识产权的认知度分别为版权（96.5%）、商标（95.3%）、专利（92.3%）。❶

需要指出的是，本次调查的数据（92.31%）代表的是学历水平较高，并有一定专业知识的“社会公众”。如果从一般社会公众的角度讲，这一比例还应当有所下调。比如，本报告 3.4 题“关于可获得专利的对象的认识”，这是一道纯客观的专业问题，可用来校准受访者的程度。2011 年的调查结果是：16.22% 的人回答正确，73.5% 的人回答错误。可以对比的是，英国知识产权局 2010 年向企业作知识产权意识程度调查时，也采用类似的专业问题进行校准，对于“在专利申请之前公开发明将导致在英国无法获得有效专利”这一问题，回答正确的比例总体为 14%（按企业规模大小成正比，即中小企业的回答正确率低于大企业的正确率）。❷

关于“完全不知道知识产权”的受访者，从年龄上看，在青少壮年人群中的这一比例为 7%～8%，与本项统计该人群的平均比例相当，其中 30～40 岁年龄人群的这一比例稍低（5.7%），但 60 岁以上人群则上升为 14.29%。从受访者居住地来看，农村的比例最高，为 16.05%，其次是县镇（8.26%），而大中城市则在 4%～7%。值得关注的是，从受访者所在地理区域看，东部地区和中部地区的这一比例相当（分别为 6.89%、6.28%），而西部地区的这一比例则为 15.33%。反映出社会公众在知识产

---

❶ [EB/OL].[2011－08－28].http://www.ipd.gov.hk/eng/promotion_edu/survey/ipr_report_biz_2010.pdf.

❷ [EB/OL].[2011-08-28].http://www.ipo.gov.uk/ipsurvey2010.pdf.

权认知程度上，农村地区明显低于城镇地区，西部地区的明显低于东、中部地区。

2. 关于了解知识产权的途径

受访者选定最多的是报纸/广播/电视等新闻媒体（50.78%），其次是互联网（26.02%），其余分别是业务实践（21.05%）、专业学习（17.94%）、与他人交流（17.40%）、其他（9.06%）。

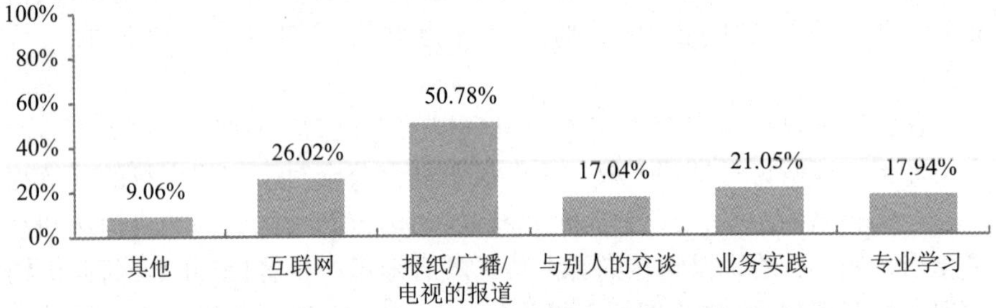

图 12-1　受访者关于知识产权方面问题的了解途径

由此可见，传统的新闻媒体对于向公众普及知识产权的作用仍然是最大的；同时，互联网这种新兴媒体的正在发挥着重大作用。如果将传统媒体与互联网相结合，那么，公众通过媒体了解知识产权的占 76.8%。

3. 关于知识产权保护对象的认知程度

受访者对于知识产权保护的对象，了解最多的还是基本的三大种类，即专利（86.53%）、商标（79.13%）、作品（64.83%）。另外，过半的受访者了解计算机软件（51.93%），这与我国近些年来互联网产业蓬勃发展、数字技术与人们生活的联系越发紧密相关。

相比之下，公众认知度比较低的知识产权的对象是：集成电路图设计（43.59%）、植物新品种（33.34%）、商业秘密（31.63%）、商号（24.94%）、互联网上的域名（23.21%）、地理标志（21.75%）。

关于民间文学艺术、传统知识和遗传资源等是否纳入知识产权的范围，争论较大。从调查的结果看，认为它们属于知识产权对象的情况是：非物质文化遗产（17.06%）、遗传资源和传统知识（15.26%），比较明显偏低。大致与作为对比组选项的姓名权（11.53%）、肖像权（13.31%）、出版自由（14.27%）相当。

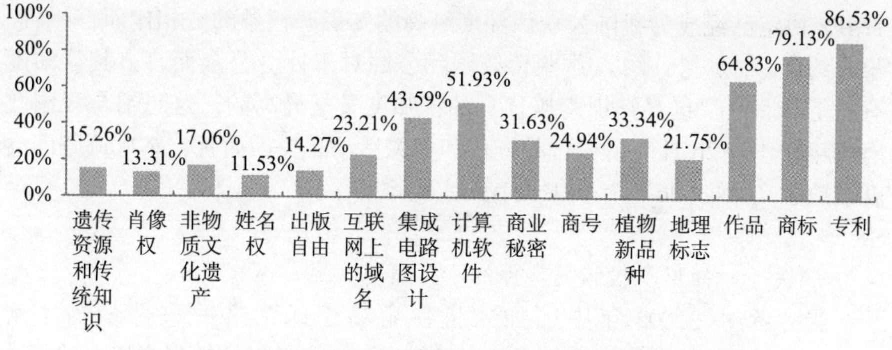

图 12-2　受访者对于下述选项所熟知识产权领域的界定境况

4. 关于著作权标记©和注册商标标记®的认识

在受访者中，认为真正知道这两个标记的比例为 35. 48%；不完全知道这两个标记含义的占 32. 43%；完全不知道这两个标记的比例为 14. 48%。

5. 关于知识产权国际组织及国际公约等方面的认知度

在受访者中，知道“世界知识产权日”的人占 68. 23%；知道世界贸易组织《与贸易有关的知识产权协定》（TRIPS 协定）的占 51. 87%；知道世界知识产权组织的占 34. 7%。从整体上看，这三者还是占据受访者中的大多数。

此外，公众认知度相对较低的是《世界知识产权组织版权条约》（24. 52%）、《保护文学和艺术作品伯尔尼公约》（22. 02%）、《保护工业产权巴黎公约》（20. 23%）。

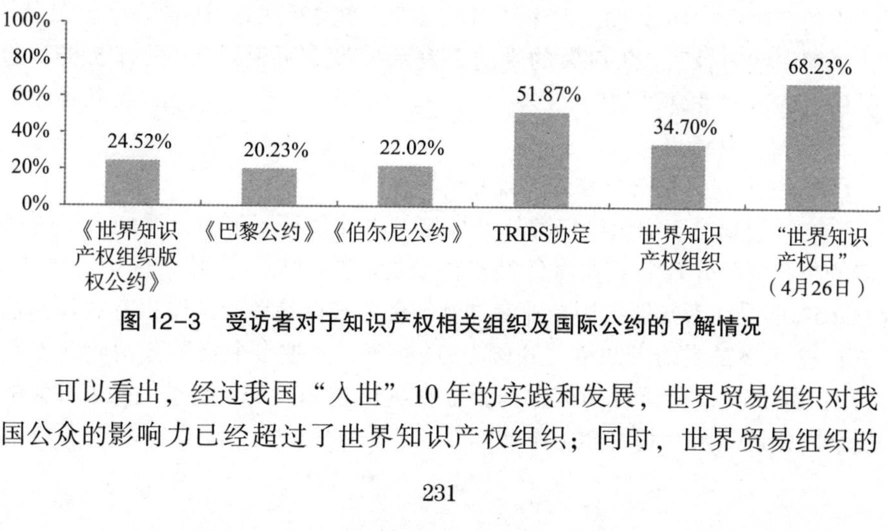

图 12-3　受访者对于知识产权相关组织及国际公约的了解情况

可以看出，经过我国“入世”10 年的实践和发展，世界贸易组织对我国公众的影响力已经超过了世界知识产权组织；同时，世界贸易组织的

TRIPS 协定已经成为我国公众认知度最高的知识产权条约。相比而言，《巴黎公约》《伯尔尼公约》这些传统国际公约对于社会公众而言，其认知度有所下降。但"世界知识产权日"的认知度又是最高的，这恐怕与我国政府每年在 4 月 26 日前后举行的宣传和相关活动有关，而且，本次调查问卷就被放置在"4·26"专刊中也有一定关系。

6. 关于对知识产权相关事件的了解程度

受访者对"2002 年中国加入世界贸易组织"这一事件最为了解（62.61%）。其余的认知度分别是：对于 2010~2011 年保护知识产权专项行动（42.76%）；对于我国加入世界知识产权组织（38.91%）；对于我国 2008 年第三次修订专利法（27.10%）；对于我国著作权法在 2010 年的修订（25.95%）；对于中美在世界贸易组织的知识产权第一案及其裁决（24.23%）。

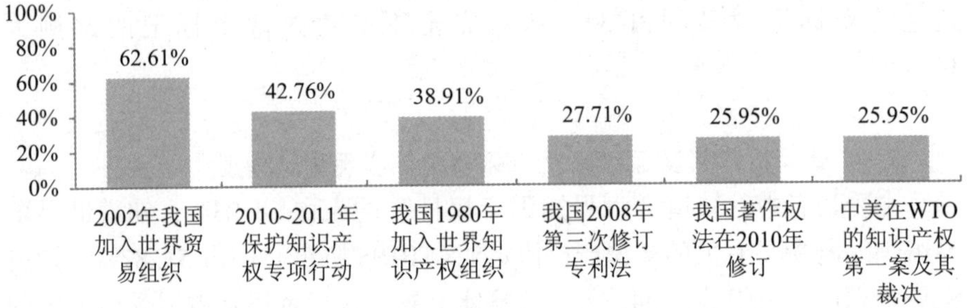

图 12-4　受访者对于知识产权相关事件的了解情况

7. 关于对国家知识产权战略的了解

对于我国在 2008 年颁布和实施的《国家知识产权战略纲要》，42.06% 的受访者表示"听说过，但不了解内容"；28.73% 的受访者表示"知道，并了解一些内容"；23.64% 的受访者表示"没有听说过"；只有 5.56% 的受访者表示"非常了解"。

8. 关于我国知识产权海外维权的了解

在被问到对于知识产权海外维权相关事件是否了解时，受访者了解最多的是我国部分老字号在海外被抢注商标（58.14%）；其余选项分别为：38.65% 的受访者知道我国企业参加欧洲展会被控参展产品侵犯专利权而遭查；37.67% 的受访者知道"我国 DVD 生产厂商被多个跨国公司收取专利费"；27.55% 的受访者知道中国企业在美国遭遇"337 调查"；22.38% 的受访者知道美国"特别 301 条款"。

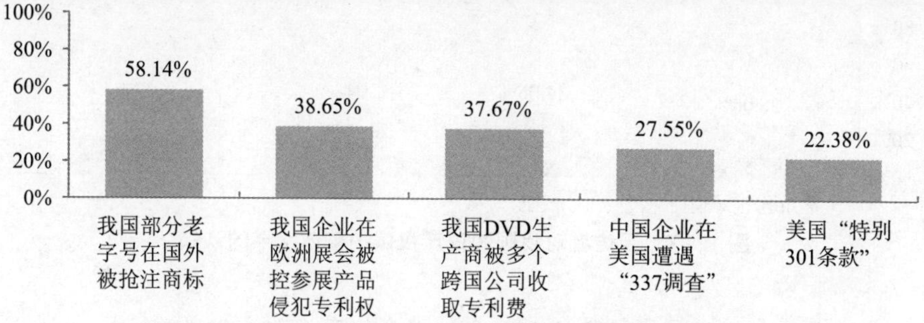

图 12-5　受访者对于知识产权海外维权相关事件的了解情况

（二）社会公众对我国“入世”10 年变化的认识

1. 关于加入世界贸易组织对我国经济和社会发展的影响

加入世界贸易组织对我国的经济和社会发展的影响如何？58.49%的受访者选择了“利大于弊”；17.39%选择“有利无害”；9.19%选择“利弊相当”；3.71 选择“弊大于利”；另外还有 11.23%的人选择了“很难说/不知道”。

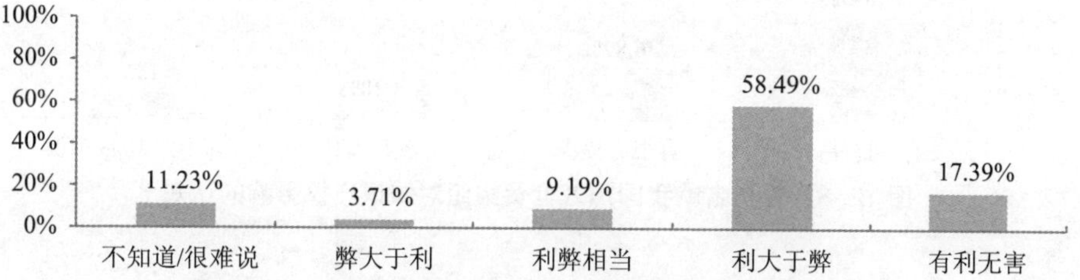

图 12-6　受访者对于我国加入世界贸易组织利弊的判定

可以看出，经过 10 年之后，大部分公众对于我国加入世界贸易组织后所取得的成绩持肯定态度，认可加入世界贸易组织对我国经济和社会发展所起到的积极作用。认为加入世界贸易组织至少利大于弊的受访者比例为 75.88%，而只有 3.71%的受访者认为弊大于利。

2. 关于我国知识产权整体保护水平的认识

在被问到“我国加入世贸组织以来在知识产权整体保护水平高低”这一问题时，34.06%的人认为我国的知识产权整体保护水平“低于世贸组织的保护要求”；20.17%的人选择了“高于世贸组织的最低保护要求”；17.71%的人选择了“等于世贸组织的最低保护要求”；另外还有 28.06%的人选择了“不知道/很难说”。

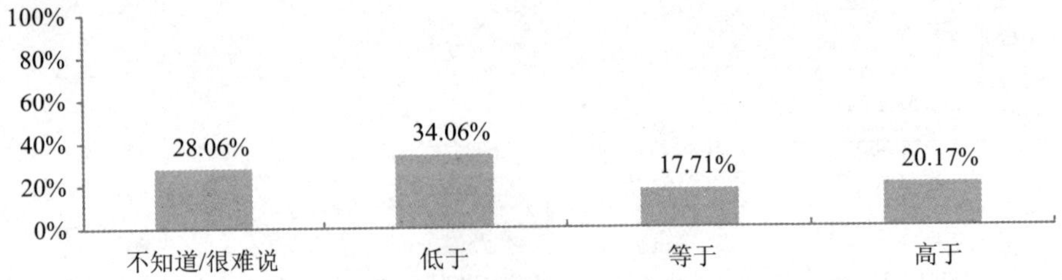

图 12-7　受访者对我国知识产权保护整体水平的认知

3. 关于加入世界贸易组织对公众知识产权意识改变的影响

对此问题，有超过半数（55.63%）的受访者认为我国加入世界贸易组织使公众的知识产权意识“有所提高”；26.82%的人选择了“有很大提高”；4.20%的人选择了“没有提高”；另外有13.35%的人选择了“不知道/很难说”。

由此可见，10年前的“入世”对于社会公众而言也是影响深远的，有82.44%的受访者认为因此而提高了知识产权意识。

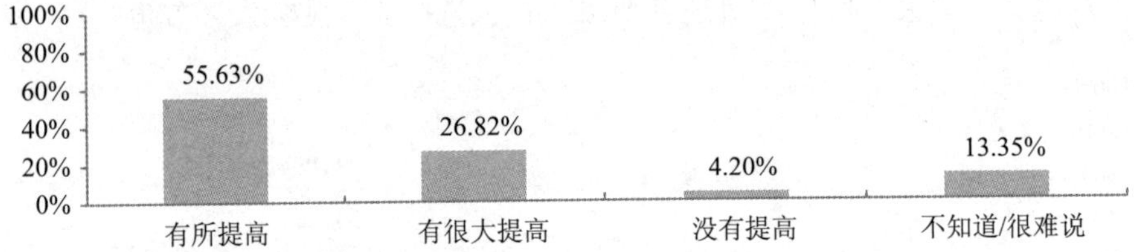

图 12-8　受访者就我国加入世贸组织对知识产权影响的认知

（三）社会公众的专利意识和认知程度

1. 关于专利种类的了解

本次调查显示，社会公众对于我国专利法所规定的三种专利的了解程度依次为：发明专利79.19%，实用新型专利70.30%，外观设计专利62.98%。

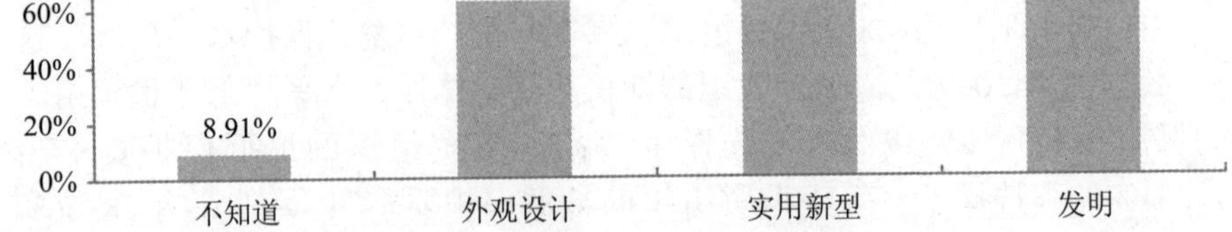

图 12-9　受访者对于我国专利种类的认知

从以上图 12-2 的调查结果看，在所有知识产权种类中，社会公众对专利的认知度是最高的（86.53%），而在专利种类中，社会公众对于发明专利的认知度又是最高的（接近 80%）。这可能是因为在媒体宣传和日常生活中，经常将专利调整的对象称为发明，而对实用新型、外观设计则提及较少有关。另外值得注意的是，在国际社会，谈到专利，确实往往就是指发明专利（比如《巴黎公约》、TRIPS 协定等的相关规定）。

2. 关于完成发明创造后是否采取专利保护方式的认识

受访者在被问及“如果完成一项发明创造后首先采取哪些行为”时，绝大部分的人选择“申请专利”(80.44%)，其次是“采取保密措施”(18.19%)，另外还有选择如“组织生产并投放市场”(13.2%)、“在专业杂志上发表其内容”(11.04%) 等。

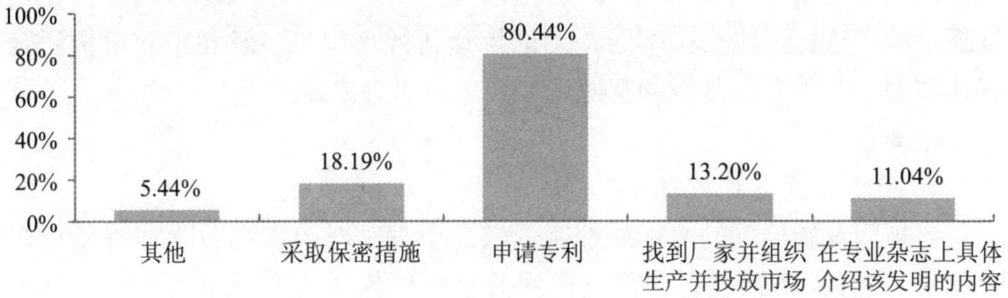

图 12-10　受访者对一项发明创造完成后首先采取行动的判定

从中可以看到，社会公众在对待发明创造的保护手段上，仍旧以申请专利为首选（80.44%）。从这一点上，可以说大多数受访者认可将申请专利作为保护其利益的主要手段，只是相比十年前的调查结果，本次调查中选择首先申请专利的比例有所下降，同时有更多的受访者选择了其他方式(比如组织生产投放市场、在专业杂志上发表等)。另外，本题的调查结果还显示出，尽管受访者的专利意识已经达到一个相当高的水平，但是技术保密意识相比十年前并没有明显提高。实际上，在正式提出专利申请之前，首先应当对该技术信息予以保密，一方面以此保证事后申请专利不丧失新颖性；另一方面，如果决定不申请专利，也可以将其作为商业秘密加以保护，但一旦由于没有采取保密措施而被公开，该技术内容将因为不具备秘密性而丧失作为商业秘密被保护的条件。

3. 关于我国专利申请受理机构的认识

在受访者中，有半数以上的人有正确认识，即国家知识产权局(48.79%)，其余的错误认识有省级专利管理机关（35.81%），国家工商行政管理总局（10.62%,），另有小部分回答不知道（10.31%）。

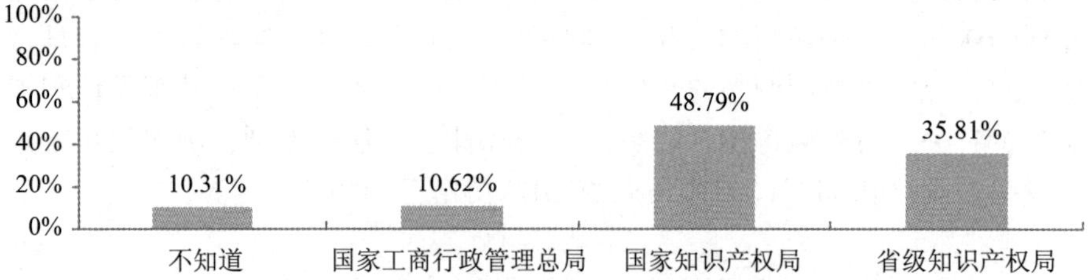

图 12-11 受访者对我国受理专利申请机构的选择

由此可知，社会公众对于我国的专利审查授权机关是国家知识产权局是有基本了解的，但仍然存在较大的盲区，有半数以上的人存在错误认识或根本不知道。可以对比的是，尽管社会公众对于各个知识产权种类中，知道最多的还是专利（图 12-2），但诸如专利申请之类的基本问题，还是缺乏了解。这也提醒相关部门，无论是专利行政机关、专利中介机构还是媒体方面，对于专利常识的普及工作还大有可为之处。

4. 关于可获得专利的对象的认识

当被问及新培育的水稻品种能否被授予专利时，大部分人回答是可以被授予专利的（73%），小部分人回答不可以授予专利（16.22%），其余部分人回答不知道（10.78%）。

按照我国专利法规定，动物和植物品种本身是不能授予专利的，但对于培育或生产植物品种的方法则可以授予专利。而对于植物新品种，我国选择在专利法之外专门制定《植物新品种保护条例》对其加以保护。所以本题中，种子专家培育出的水稻新品种是不能申请专利的。因此，这是专利法中一个例外规定，属于非常专业的问题，因此，一般公众基于专利保护发明创新这一通常理解而认为可授予专利，无可厚非。

5. 对专利授权独立性的认识

任何一个发明创造想要获得专利，均须经由特定国家的专门机构授权，而是否授予专利都是由特定国家根据各国的专利法独立作出决定的。也就是说，一项发明在一国获得专利权并不意味着在另一国也自动获得专利并受到法律保护，发明人仍须在另一国申请专利并经授权后方能得到专门保护。这是《巴黎公约》所规定的原则，我国专利法也是如此规定的。

在本次调查中，45.59%的受访者正确地认为，在中国获得专利授权的发明并不能在国外自动受到专利保护，而十年前的调查结果显示，这一比例则为 53.2%；而错误认识的比例，本次调查的受访者为 33.86%，2002 年为 32.9%；回答“不知道”的比例，本次调查为 20.55%，2002 年则为 13.9%。

6. 关于专利法上强制许可制度的认识

对于“我国专利法规定，为了公共健康的目的，对于获得专利权的药品，国家可以给予制造并进口的强制许可证”这一问题，只有 24.09% 的受访者表示知道该规定，而绝大部分（75.91%）的受访者并不清楚或根本不知道这一规定。

这个结果也是可以理解的，因为一般社会公众可能并不关心这一问题。但相较于其他专利法上的专业问题，社会公众对这一问题的认知度还是更低些。这一方面说明，我国专利法尽管规定了专利强制许可制度，但迄今为止从未颁发过，自然也没有在媒体上宣传过，因此，公众对这一制度相当陌生；另一方面，TRIPS 协定也有关于专利强制许可的规定，而且在公共健康方面有着重要的作用，故也值得我国相关机构和社会公众的重视。

（四）社会公众对于企业专利状况与专利事业发展的认识

1. 关于企业专利工作状况的了解

首先是对受访者是否属于在企业工作的基本调查。在填写此项的3 921份有效样本中，属于不在企业工作的有2 023份（占 51.59%）；属于在企业工作的比例（48.41%）中，企业员工规模为1 000人以上的为 14.15%，规模为 500~999 人的为 8.75%，规模为 100~499 人的为 12.29%，99 人以下的占 10.74%。

其次是对受访者所在企业拥有专利数量情况的调查。数据显示，41.45% 的受访者所在企业拥有 10 件以上的专利，19.96% 的受访者所在企业拥有 4~9 件专利，8.45% 的受访者所在企业拥有 1~3 件专利，15.05% 的受访者表示所在企业没有专利，另外 15.10% 的受访者表示不知道本企业专利数量情况。

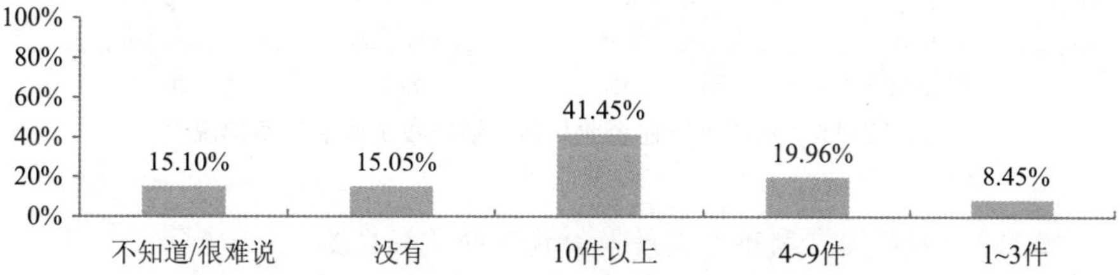

图 12-12　受访者所在企业拥有专利数量的情况

另外，从企业的地域分布来看，东部地区企业拥有10件以上专利的比例为40.89%，中部地区该比例为47.20%，西部地区该比例为31.43%；东部地区企业拥有4~9件专利的比例为18.73%，中部地区该比例为21.60%，西部地区该比例为17.62%；东部地区企业不拥有专利的比例为17.82%，中部地区该比例为10.72%，西部地区该比例为14.76%。单纯从这一数据看，中部地区企业的专利拥有量，均已经超过东部地区和西部地区，而零拥有专利方面的比例则低于东西部地区。当然，这是依据受访者个人认识上的判断，真实情况应以国家知识产权局的相关统计为准。

最后是受访者所在企业的知识产权申请和维护人员的配备情况调查。调查表明，29.64%的受访者表示所在企业拥有此类人员在3名以上，39%的受访者表示所在企业有1~2名，10.75%的受访者所在企业没有此类人员，另有20.6%的受访者表示不清楚。因此，整体而言，企业配备知识产权专业工作人员的情况还是比较少的。

从地域角度来看，东部地区受访者所在企业拥有3人以上配备人员的所占比例为26.32%，中部地区该比例为34.2%，西部地区该比例为27.8%；而东部地区受访者所在企业拥有1~2名配备人员的所占比例为40.85%，中部地区为38.9%，西部地区该比例为32.2%；所在企业完全没有相关配备人员方面，东部地区该比例为21.54%，中部地区该比例为17.18%，西部地区该比例为28.78%。通过比较分析以上几组信息可知，中部地区受访者所在企业拥有2名以上相关配备人员所占比例最高，东西部则相差不大，完全没有配备相关申请和维护人员方面，西部所占比例最低，而东西部相差也不大。以上几组数据都表明，在企业知识产权申请和维护人员的配备方面，中部地区相比东西部地区而言更有积极主动的意识。

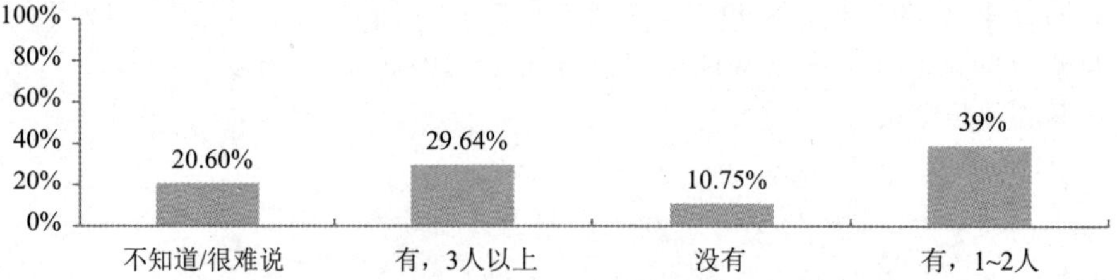

图12-13　受访者所在企业从事知识产权工作的人员情况

2. 关于对我国专利事业发展最新状况的了解程度

在本次调查所列举的与专利发展相关的事项中，受访者了解程度依次为："到2010年我国国际专利申请量达全球第四位"（32.06%）；"截至2010

年 3 月，我国受理专利申请总量超过 600 万件”(26. 75%)；“截至 2010 年，我国专利申请量超过 39 万件，居世界第二”(26. 26%)；“2010 年我国年度专利申请量首次突破百万件”(24. 03%)。此外，39. 13%的受访者表示对以上事实均不了解。

整体而言，我国专利事业在“入世”十年来，取得了显著的成绩，但社会公众对具体事实的认知，尚缺乏基本了解。

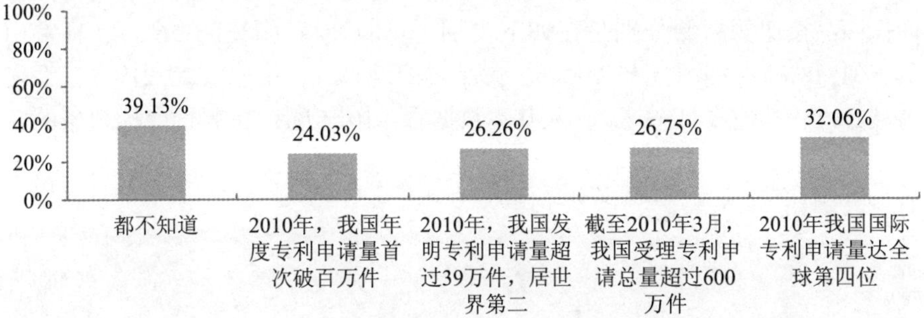

图 12-14　受访者对于我国专利事业发展最新状况的了解情况

(五) 社会公众对于假冒行为的认识

1. 关于在购买商品时是否留意商标的认识

在被问到“日常生活中购买商品时主要留意的商品属性时”，受访者选择商品的质量的比例最高（78. 26%）；其次是选择商品的价格（56. 22%）。在这两项之后的，依次是商品的生产厂家（36. 24%），商品的商标（33. 20%），商品的外包装（21. 62%）；其他（6. 39%）。

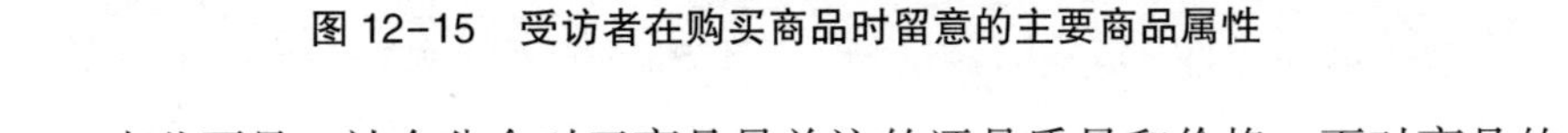

图 12-15　受访者在购买商品时留意的主要商品属性

由此可见，社会公众对于商品最关注的还是质量和价格。而对商品的商标的关注度，较 10 年前有所下降，被排到了第四位，相应上升至该位置的则是商品的生产厂家，说明公众仍然关注的是商品质量。

2. 关于购买假冒商标商品的处理态度

首先，在被问及是否有过购买假冒商品经历时，绝大部分受访者回答“是”(81.17%,)，小部分人回答“否”(18.83%)。这表明，至少从受访者的角度看，我国市场中存在假冒商标商品的情况比10年前更加严重。我国需要进一步加大对制造、销售假冒商品行为的打击力度。

其次，在回答曾经购买过假冒商标商品的受访者中，他们所购买的假冒商标商品按比例高低分别是在如下类别上：服装/鞋帽（50.56%）、日常用具（31.18%）、烟酒（25.20%）、食品（21.44%）、箱包（20.21%）、手表(9.82%)、其他（11.67%）。从基本数据看，10年间存在假冒商标现象的还是主要在服装/鞋帽、日常用具和烟酒上。尤其是，服装鞋帽上的假冒现象有较大增长。

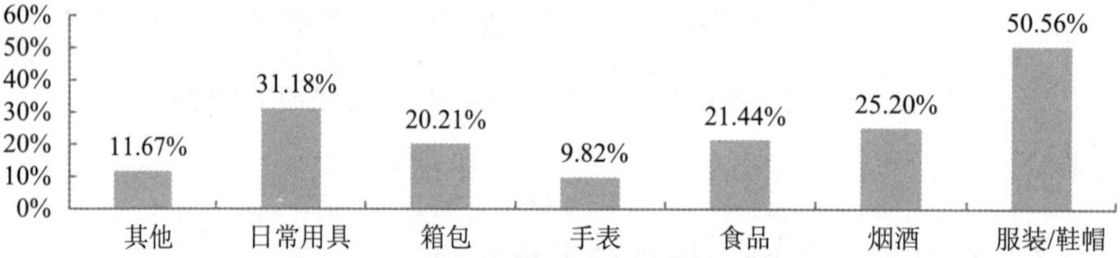

图 12-16　受访者购买假冒商品的类别

最后，消费者对待假冒商标商品的态度。从调查结果看，受访者中半数以上会在购买到假冒商品后只要质量尚可，会因为怕麻烦而不做任何处理（54.15%）；而其余（45.85%）受访者会采取相应举措，分别是要求退货（14.69%），要求退货并主张赔偿（16.43%），向工商部门举报(13.93%)，其他（6.56%）。

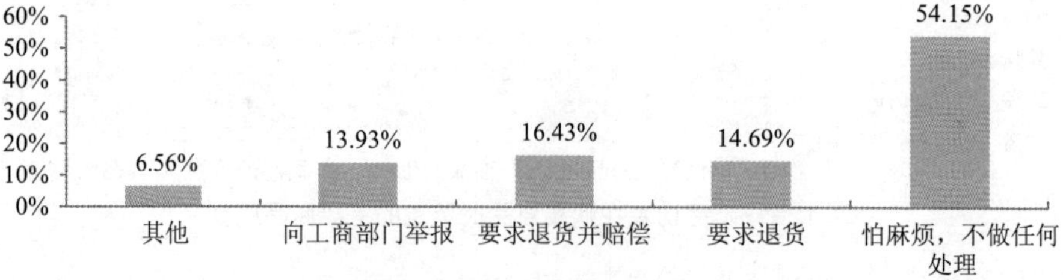

图 12-17　受访者对假冒商品的处理方式

由此可见，10年来，公众在购买到假冒商品后选择主张自己权利的比例所增加，这表明公众维护权利的意识也有所提升。

3. 关于目前市场上冒牌商品情况的认识

调查结果表明，受访者认为情况更加严重的有 27.41%，认为同样严重的有 41.53%，认为不太严重的有 14.22%（2002 年为 7.1%），认为不严重的有 7.06%，不知道的有 9.87%。由此可见，社会公众认为假冒现象仍然比较严重的比例高达 68.94%。

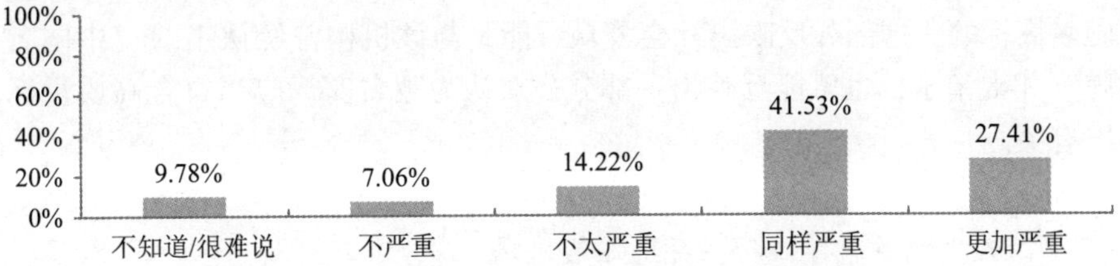

图 12-18　受访者对市场上冒牌商品现象的认知

（六）社会公众对驰名商标认定与保护的认识

1. 关于驰名商标的认定机关和认定方式的认识

在受访者中，大部分人选择的驰名商标认定机关是国家工商总局商标局（48.62%）和国家工商总局商标评审委员会（30.32%），其次选择的是国家质检总局（20.92%），另外还有选择行业协会（7.45%）和其他机构（6.71%），而选择人民法院的比例最低（4.9%）。

在 2002 年的调查中，对于同样的问题，受访者的选择依次是：国家工商行政管理部门（63.2%），行业协会（15.2%），人民法院（2.4%），其他机构（1.3%），不需由某个机构认定（27.6%）。

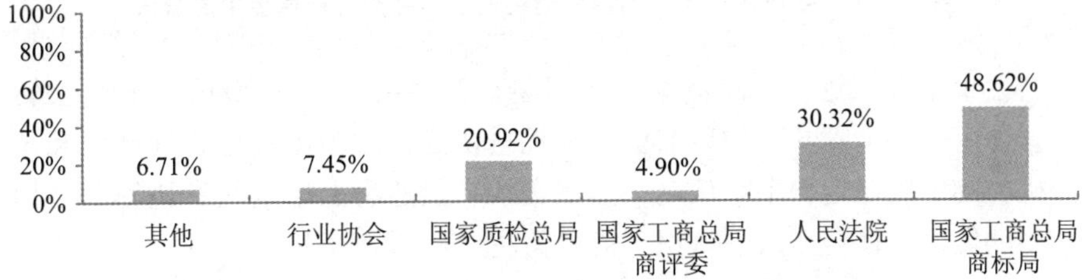

图 12-19　受访者对于驰名商标认定机构的选择情况

这一结果反映出我国在驰名商标认定问题上的实际状况。其一，在 2002 年的调查中，有 63.2%的受访者认为应当由工商行政管理部门进行认定，这与当时驰名商标的认定主要依靠国家工商行政管理总局定期批量主动认定有关。2002 年 9 月 15 日《商标法实施条例》开始实施后，商标所有人只有在商标注册、商标评审过程中发生争议时才能向商标局、商标评审委员会提出认定申请，本次调查中选择商标局、商标评审委员会的受访者合计比例为 78. 96%，也是符合这一情况的。其二，选择由人民法院来认定驰名商标的比例很低，但实际情况是，自 2001 年《商标法》修订以后，人民法院也是个案认定驰名商标的重要部门，并且每年认定的驰名商标数量也不少。其三，有超过二成的受访者认为是由国家质检总局来认定驰名商标的，这部分反映出社会公众可能是与该机构曾经认定的“中国名牌”相混淆了，也可能反映出一部分公众认为驰名商标应当符合高质量标准有关。

2. 关于驰名商标的功能与用途的认识

对于一些地方政府宣布向被认定为驰名商标的企业给予重奖的做法，受访者中 46. 96% 的人认为合理，35. 5% 的人认为不合理；17. 54 的人表示不知道或很难说。

对于被认定为驰名商标的企业能否在其产品包装和广告中打上“中国驰名商标”字样进行宣传，30. 53% 的人认为不应该允许；27. 73% 的人认为这种行为是合理的；24. 82% 的人认为这种行为不合理但可允许；此外，还有 16. 92% 的人认为很难说或不知道。

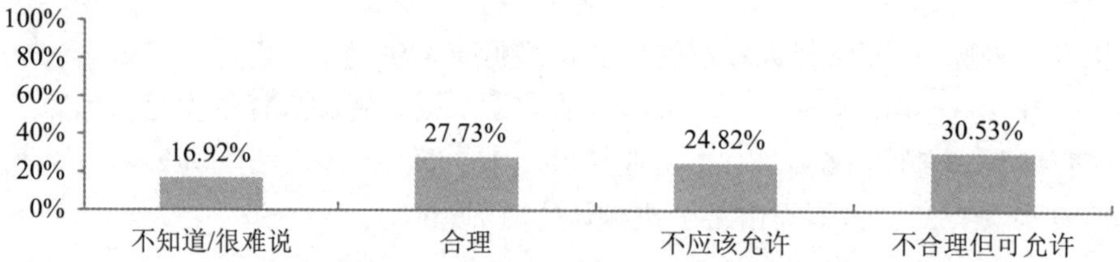

图 12-20　受访者对于驰名商标用在商品包装盒广告宣传中的看法

近十年来，驰名商标被滥用的问题日益突出，虽有 2002 年的重大转变，即由商标主管部门的事前认定和批量认定，改为由商标管理部门和司法机关的事后认定和个案认定，但在实践中仍然有上述这些有违驰名商标本质的做法。社会公众的认识，值得关注。

3. 关于影响商标知名度的因素的认识

在有关决定商标知名度的主要因素中，绝大部分受访者选择的是产品或服务本身的质量（72. 58%，2002 年为 93. 6%）。其余选择依次是：广告投入（40. 4%，2002 年为 34. 7%）；商标标识本身的设计与美感

(21. 89%，2002 年为 16. 9%)；其他因素 (6. 98%，2002 年为 2. 5%)。

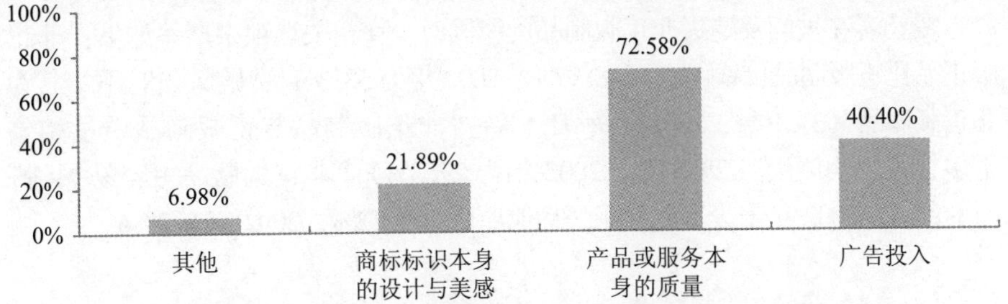

图 12-21　受访者对于决定商标知名度主要手段的选择情况

从中可以看出：产品或服务的质量仍然是决定驰名商标的最主要因素，尽管其比例较 10 年有所下降；广告投入的重要性较 10 年前有所提高。

(七) 社会公众对盗版的认识

1. 关于当前国内盗版制品状况的认识

调查显示，在受访者中，从来没有购买过非正版制品（盗版）的为 15. 86%，不清楚/很难说自己是否买过非正版制品的占 10. 29%，换言之，其余的 73. 85% 的受访者回答曾经购买过非正版制品。对照 2002 年的调查，当时认为自己未曾购买过非正版制品的比例是 19. 1%，购买过非正版制品的比例是 80. 9%。相比之下，情况似乎稍有好转，但是，曾经购买过非正版制品的比例仍然较高。

从购买非正版制品的规模来看：受访者中购买数量在 3 种以下的占 27. 91% (2002 年的这一比例为 41. 2%)，数量在 3 ~ 9 种的占 18. 46% (2002 年为 23. 3%)，数量在 10 种以上的占 27. 49% (2002 年为 16. 4%)。从这些数据看，尽管购买过非正版制品的总体受访者比例有所下降，但是，单人购买过非正版制品的规模有上升的趋势。

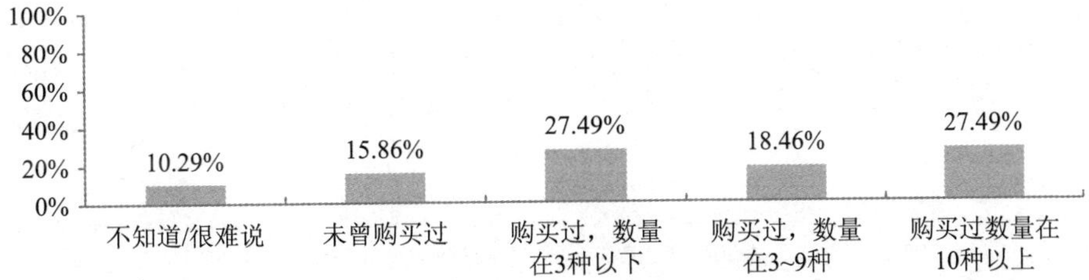

图 12-22　受访者购买非正版制品的选择情况

2. 关于购买盗版制品的原因

受访者在被问及购买非正版制品的原因时，在相关选项中回答如下："非正版正品比正版制品价钱便宜"(48.97%，2002 年为 53.3%)；"购买当时不知其为非正版制品"(27.10%，2002 年为 41.5%)；"非正版制品与正版制品质量相差不多，不影响阅读"(28.34%，2002 年为 27.3%)；"非正版制品更容易买到"(18.94%，2002 年未设此选项)；"其他原因"(7.12%，2002 年 8.2%)。

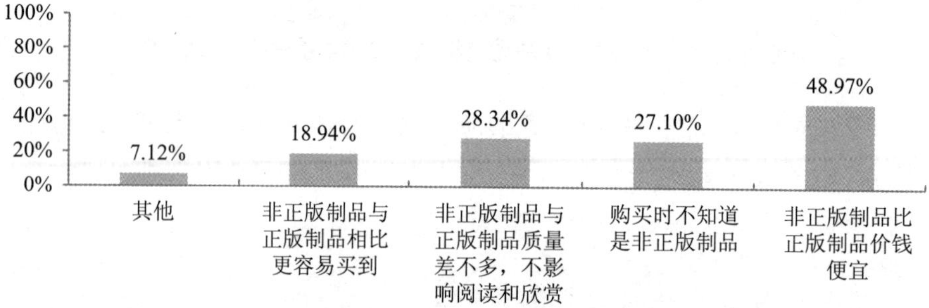

图 12-23　受访者购买非正版制品的原因

从中可以看到，之所以选择购买盗版制品，主要原因还是因为价格上的比较优势。与 10 年前相比，因为误认盗版制品为正品而购买的人数比例有较大下降，这种情况说明，在文化产品的正常流通渠道中销售非正版制品的情况有所好转。

3. 关于不购买盗版制品的原因

这是从相反的角度进行的测试。结果表明，受方者中认为不购买非正版制品的原因统计如下："非正版制品的质量较差且影响阅读或欣赏"(29.8%，2002 年为 53.4%)；"非正版制品侵犯了知识产权故不应该购买"(16.50%，2002 年为 44.5%)；"非正版制品的购买环境不好"(8.4%，2002 年为 6.6%)；"其他原因"(14.34%，2002 年为 17.3%)。

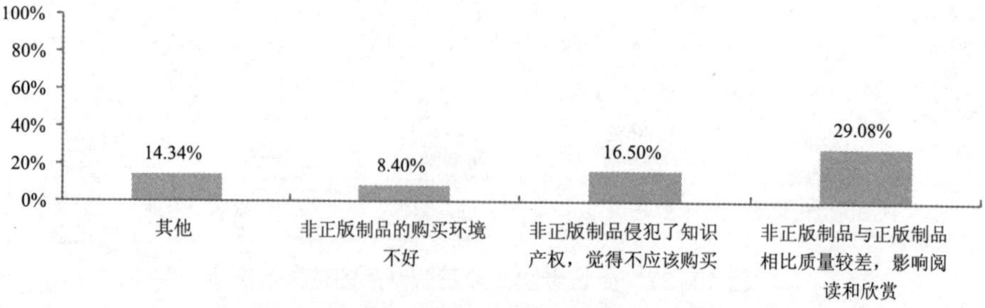

图 12-24　受访者未曾购买过非正版制品的原因

可以看出，正版制品质量上胜过非正版制品对于公众的影响力仍然较大，尽管随着复制技术的提高，数字技术和互联网使得正版与非正版的质量差异变得越来越小，这一因素的影响力在今后或许还会进一步降低。另一方面，出于对知识产权的尊重而不购买盗版制品，即道德因素所起的作用也有明显下降。

4. 关于个人消费者购买使用盗版软件的认识

本次调查中，关于个人消费者明知其所购买软件为盗版而仍然进行购买使用的问题，受访者认为构成侵权的是 61.18%（2002 年为 53.1%）；认为不构成侵权的是 22%（2002 年为 32.2%），表示不知道或很难说构成侵权的为 16.82%（2002 年为 14.7%）。

《计算机软件保护条例》第 30 条规定："软件的复制品持有人不知道也没有合理理由应当知道该软件是侵权复制品的，不承担赔偿责任；但是应当停止使用，销毁该侵权复制品。如果停止使用并销毁该侵权复制品将给复制品使用人造成重大损失的，复制品使用人可以在向软件著作权人支付合理使用费用后继续使用。"因此，明知是盗版软件而购买的行为构成侵权。本次调查中有 6 成以上的受访者认为构成侵权，这一比例较 2002 年上升将近 1 成；而认为不构成侵权的比例，目前有 22%，与 10 年前相比也相应地降低了 1 成。这表明社会公众对于盗版软件的认识有较大提高，但是，或许是考虑到作为个人消费者为个人使用，存在一定的正当性，故对此问题社会公众仍然存在疑虑。

5. 关于将公司的正版软件安装在个人电脑上使用的行为的认识

在被问及"公司的雇员将公司合法购买的软件，私自安装在个人使用的电脑上，是否侵犯软件著作权人的权利"时，43.67%的受访者认为该行为构成侵权，37.93%的受访者认为该行为不构成侵权，还有 18.4%的受访者认为表示不清楚是否侵权。

与上一题相比，这种行为实际上仍然可能构成对软件著作权的侵犯，但从数字上反映出来，社会公众更愿意将此类行为认为是正当的。受访者中认为构成侵权的比例只有 4 成，与上一题中认为构成侵权的比例有 6 成相比，变化相当大。这是值得软件著作权立法与实践考虑的。

(八) 社会公众的著作权意识与认知程度

1. 关于音乐作品著作权的认识

对于“酒店在大堂播放音乐 CD，是否应当另行向音乐作品的著作权人支付费用”这一问题，受访者中认为应当付费的有 31.11%（2002 年为 21.1%），认为不应当付费的有 50.33%（2002 年为 68.3%），表示不知道或很难说的有 18.56%（2002 年为 10.6%）。

依照我国著作权法的规定，像上述情形属于行使作品的机械表演权，它属于音乐作品的著作权人，故而应当经著作权人许可并向其支付费用。然而这一规定实施起来却并不容易，在现实生活中，在营业场所播放音乐而不向著作权人付费的现象比比皆是，因此，受访者中只有 3 成的人认为应当向著作权人支付费用，而 5 成受访者认为不应当付费，这也就不足为奇了。不过，值得注意的是，这一比例在 10 年间有较大改变，原来认为应当付费的仅为 2 成，而认为不应当付费的比例甚至高达将近 7 成。

2. 关于卡拉 OK 经营者是否应当为作品使用付费的认识

对于“卡拉 OK 经营者购买正版光碟后在经营场所供顾客点播唱歌是否应当向光碟视频内容制作人支付使用费”的问题，受访者中认为应当付费的有 34.04%，认为不用付费的有 48.62%，另有 17.34% 的受访者表示不知道或很难说。

由于《著作权法》在 2001 年修订时增设放映权，而卡拉 OK 点播使用的光碟视频被认为属于类似摄制电影方法所产生的作品（视听作品），因此在随后几年中发生了引起社会广泛关注的向卡拉 OK 经营者征收作品使用费的诉讼。但这种情况对于社会公众来讲，似乎较难理解，因此，认为应当付费的比例仅在 3 成左右，与上一题的比例相当。

3. 关于著作权集体管理组织的认识

关于我国的著作权集体管理组织，受访者的了解程度不尽相同：中国音乐著作权协会（51.3%）、中国音像集体管理协会（27.55%）、中国电影著作权协会（42.85%）、中国文字著作权协会（41.94%）、中国摄影著作权协会（33.4%），另有 19.15% 的受访者表示不知道这些著作权集体管理组织。

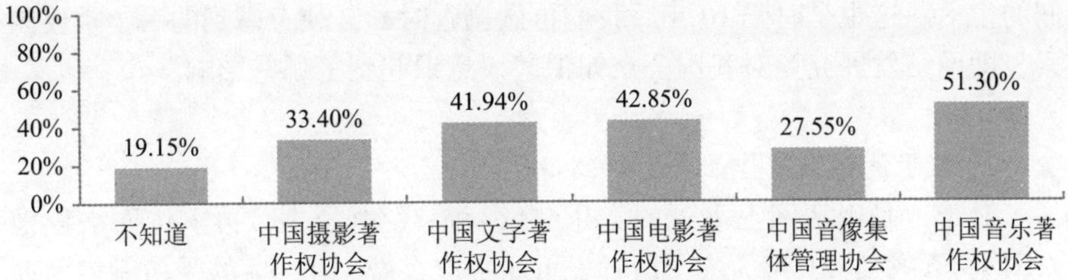

图 12-25　受访者对于我国著作权集体管理组织的了解情况

由此可见，社会公众最了解的还是成立最早的中国音乐著作权协会，其次是电影作品和文字作品的著作权集体管理机构，而对于这几年引起社会热烈反响的卡拉 OK 经营场所收费事件中的主角，中国音像集体管理协会却知之甚少。

（九）社会公众对网络环境下知识产权保护的认识

1. 对受访者上网习惯的一般调查

首先，受访者中有 85. 85% 的人有上网习惯，另外 14. 15% 的受访者表示没有。另外，从学历的角度来看本题，可以发现，随着学历的提高，有上网习惯的受访者比例也逐渐提高（初中学历的上网比例为 65. 66%，高中为 76. 32%，大专为 86. 35%，本科为 92. 22%，研究生为 95. 95%）；从地区情况看，东部和中部地区情况相差不大（为 86% ~ 87%），而西部地区的比例明显较低（78. 56%）；从城乡差别看，城市受访者的比例为 85% ~ 91%，而农村受访者的上网比例为 72. 7%。

其次，关于受访者上网的频率。调查显示：每日上网时间 1 ~ 3 小时的受访者为 44. 94%，每日上网 3 ~ 6 小时的为 26. 63%，每日上网 7 小时为 16. 7%，每周一次上网的为 9. 44% 的受访者频率为，每月一次的为 2. 29%。

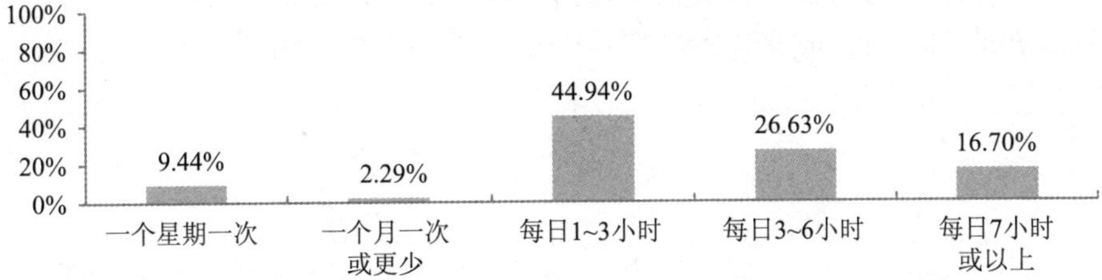

图 12-26　受访者上网习惯的情况

从调查显示的结果来看，我国绝大多数公众都有上网习惯。根据最新统计，中国网民数量已经达到 4. 85 亿。网络正在快速而成规模地影响着人们的生活。这也是时隔 10 年后我们再做调查时，必须考虑到的一个重要因素，即网络发展究竟对我国公众知识产权意识起到了哪些影响。

2. 关于网络下载作品再上传的情况

对于“是否从网上下载的音乐/电影/游戏/电子书，再上传网络供他人浏览/下载”，21.82%的受访者表示经常这么做，18.9%的受访者表示偶尔为之，22.93%的受访者表示很少做，28.47%的受访者表示从没有做过，另有 7.88%的受访者表示不知道或不记得。

3. 关于从网络下载作品再上传的原因的认识

关于从网络下载作品再上传的原因，根据受访者对相关选项的选择，统计如下："不知道它们是受著作权保护的"(14.79%)；"网络就是要让信息资源人人共享"(37.63%)；"别人不会知道将作品上传网络的人是谁"(5.93%)；"大家都这么做"(16.27%)；"有些网站要求这么做才能共享资源"(7.91%)。

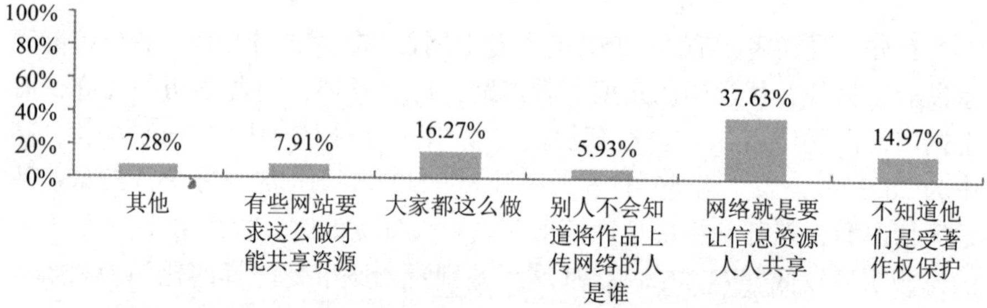

图 12-27　受访者对于在网络下载与上传作品的认识

4. 关于从非授权网站下载作品供自己使用的情况

对于“是否在未经著作权人授权的网站下载音乐/电影/游戏/电子书，供自己使用”的问题，受访者中认为经常这么做的比例为 23.03%，有时这么做的 21.5%，很少这么做 17.41%，完全没有做的为 21.27%。

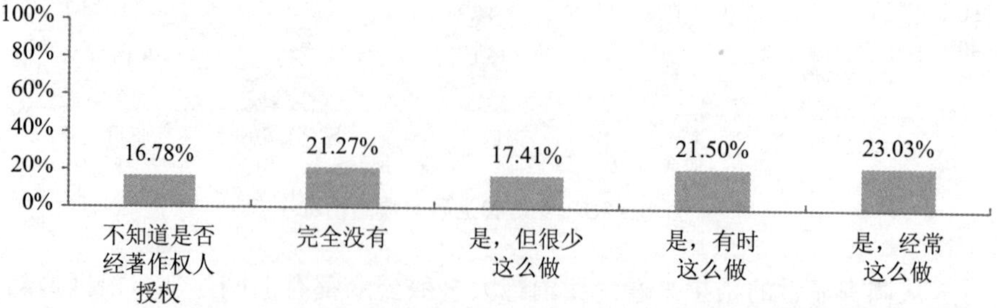

图 12-28　受访者从非授权网站下载作品供自己使用的情况

5. 关于从非授权网站下载作品的原因的认识

关于从非授权网站下载作品的原因，受访者选择依次如下：获得资源非常方便（35. 38%）；可以免费获得资源（34. 16%）；找到合法授权网站很难（9. 15%）；其他原因（8. 96%）。

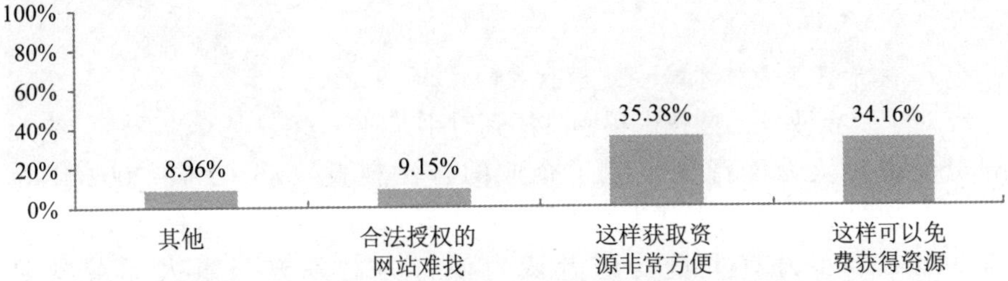

图 12-29　受访者从非授权网站下载作品共自己使用的原因

从上述对受访者的统计结果可以看出：第一，目前网络使用者在网站下载作品的做法较为常见，受访者表示没有在非授权网站下载过作品的为 21. 27%；但在下载作品之后再上传的比例相对低一些，受访者表示没有将下载作品再上传的为 28. 47%。第二，对于网络环境下实施这些行为的原因，调查显示没有单一原因是主要的，但是需要着重指出的是，社会公众对于网络本身存在便于资源共享的可能性认同度较高，比如为何上传作品，是为了资源共享（37. 63%），为何下载作品，是因为网络获得资源方便（35. 38%）和网络资源免费（34. 16%）。这也给我们提出了一个问题，即究竟知识产权保护与知识传播之间究竟如何达到平衡从而兼顾知识产权权利人与公众的利益，还有更多的探索空间。

（十）社会公众对商业秘密的认识

1. 关于商业秘密的认识

受访者对于本题列举各项进行选择，其认为不属于商业秘密的情况如下：饮料的独家配方（12. 77%，2002 年为 10. 9%）；公司的顾客或供应商名单（28. 53%，50%）；食品的配料表（45. 56%，42. 9%）；招投标中的标底及标书（25. 88%，29. 3%）。

《反不正当竞争法》规定，商业秘密是指不为公众所知悉、能为所有人带来经济利益、具有实用性并由所有人予以保密的技术信息和经营信息。另可资参考的是世界知识产权组织《反不正当竞争示范法》列举的商业秘密，它包括：生产方法、化学配方、图样、模型、营销方法、分配方法、合同格式、商业计划表、供应商或顾客名单等。本题所列举的饮料独家配方、顾客或供应商名单、招标的标底和标书这三者都属于商业秘密，而食品配料表属于必须公开的内容，故不属于商业秘密。从调查结果看，社会公众的基本认识无误；而且，与2002年的调查相比，公众对于经营信息作为商业秘密的认同度有提高，此前有50%的受访者认为企业的客户名单不属于商业秘密，而本次调查的这一比例下降为28.53%。

2. 关于携企业技术秘密跳槽行为的认识

对于“企业员工携技术秘密跳槽到对手企业”这一现象的看法，绝大部分受访者认为该行为侵犯了企业的合法权益（85.62%，2002年为95%），一小部分受访者认为属于员工的劳动自由并不侵权（9.19%，2002年为4.6%），另有少量受访者认为该行为对各方当事人无关紧要（5.19%，2002年为0.4%）。

与2002年的调查相比，社会公众对于跳槽现象中员工劳动自由的认同度有所提高，但可能影响到企业商业秘密的保护。

3. 关于与企业订立保密协议和竞业限制条款的认识

关于“你是否与所在单位签订包含如下条款协议：比如对工作内容负有保密义务、工作成果的知识产权属于单位所有、离职后不得从事与单位业务有竞争性的工作等条款”这一问题，调查结果如下：表示签订过的受访者为31.86%，表示没有签过的为42.78%，另有12.47%的受访者表示自己创业或尚无工作而不需要签订，表示不知道或很难说的有13.09%。

由此可见，在关于企业与员工之间签订保密协议和竞业限制等条款上，有74.64%的受访者作了肯定或否定的回答（其余25.36%属于不需要签订此类条款或不知道情况的），其中，又有6成左右的人表示没有签订过此类条款。

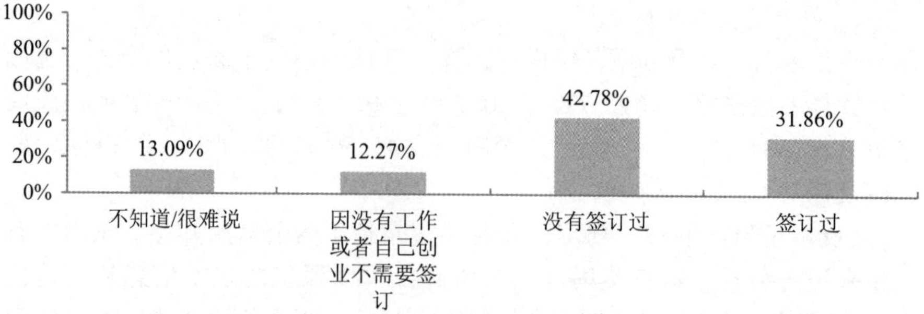

图12-30 受访者与企业签订保密协议和竞业禁止条款的情况

（十一）社会公众的知识产权保护意识与对执法措施的认知

1. 关于身边人购买或使用非正版产品的情况

在被问及"身边的人是否购买/使用过非正版产品或冒牌"时，受访者绝大部分回答是，其中朋友（49.82%）、同事/同学（52.63%）、亲戚（24.94%）、家人（23.04%）、邻居（22.89%），而没有购买过的比例仅为 4.5%。

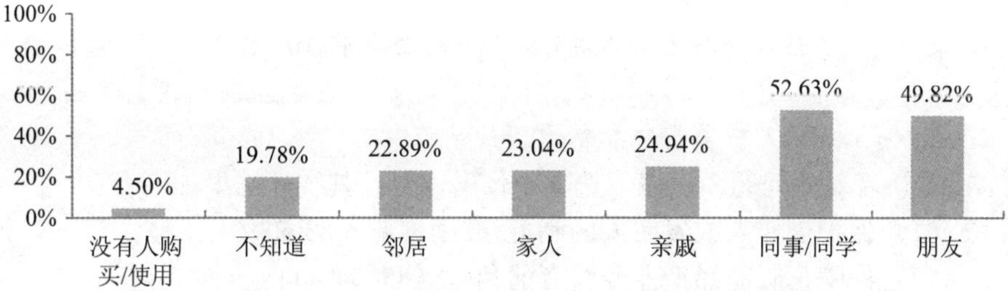

图 12-31　受访者身边人群购买或使用侵权作品的情况

2. 关于身边人行为对自己的影响

在被问及"身边的人是否购买/使用非正版产品或假冒商标商品对于自己的选择有什么影响"时，受访者的回答统计如下："有很大影响"（10.35%）、"有些影响"（32.29%）、"没有太大影响"（34.03%）、"完全没有影响"（14.44）、"不知道/很难说"（8.9%）。

3. 关于购买盗版或冒牌商品的道德评价问题

关于消费者在明知侵犯他人知识产权的情况下仍然购买非正版产品或冒牌商品的行为是否为不道德行为，26.14% 的受访者表示非常同意，40.66% 表示同意，13.65% 的受访者表示不同意，1.83% 表示完全不同意。另有 17.71% 的受访者表示不知道或很难说。

从这一调查结果可以看出，大多数社会公众认识到明知而购买盗版或冒牌商品是不道德的（66.8%），只有 15.48% 的受访者对此并不同意，另有 17.71% 的受访者表示不作评价。

4. 关于知识产权是否需要保护的认识

关于是否需要保护知识产权的问题。受访者的选择如下：认为非常需要的为 59. 4%，认为有需要的是 32. 29%，认为不太需要的有 0. 84%，认为完全不需要的有 3. 66%，另有 3. 81%的受访者选择不回答。

从调查结果看，社会公众的绝大多数（91. 69%）认为知识产权受保护的必要性，而认为不太需要或完全不需要的只有 4. 5%。这也反映出近年来我国公众的知识产权保护意识有了更加深入的提高。

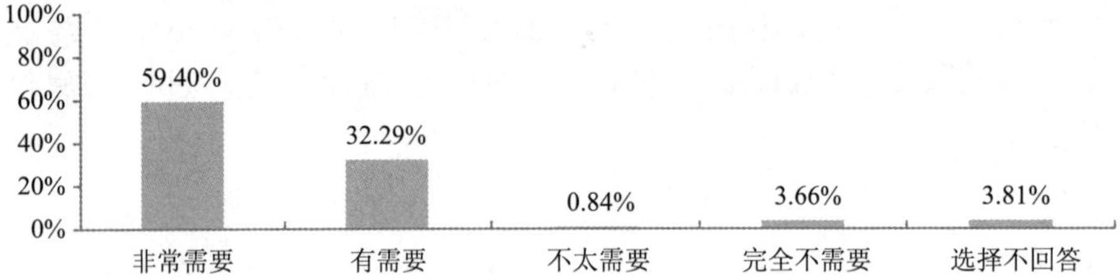

图 12-32 受访者对于知识产权保护需求的认识情况

5. 关于知识产权需要保护的原因的认识

受访者对此问题，从以下选项中作出选择，其统计结果如下：

（1）保护创作人或发明人的利益/鼓励创新（83. 33%）；

（2）保障正版制品产业经营者的利益（55. 34%）；

（3）保障私人财产权（33. 12%）；

（4）基于道德上的原因/侵犯知识产权是不对的（34. 96%）；

（5）保障公平竞争的环境（45. 01%）；

（6）维护我国的国际形象（33. 20%）；

（7）有利于我国长远的经济和社会发展（38. 01%）；

（8）保障消费者所购买商品的质量（38. 11%）；

（9）鼓励外国公司在我国投资（20. 05%）；

（10）其他（5. 27%）。

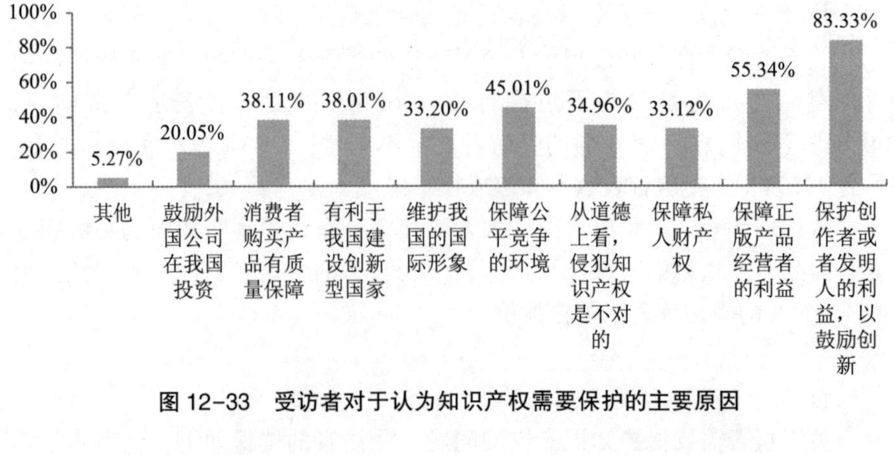

图 12-33 受访者对于认为知识产权需要保护的主要原因

在以上所列举的原因中，社会公众最为认同的是保护知识产权与促进创新创造之间的关系，有 8 成公众选择。其次是对企业经营者合法利益的保护和维护市场公平竞争环境，有 5 成左右的公众认同。其次是涉及我国社会长远发展、我国的国际形象、道德因素以及私权保护，各有 3 成左右公众支持，而对于鼓励外国公司在我国投资这一项，仅有 2 成的公众认同。这说明关于知识保护主要是在保护跨国公司利益的看法，在社会公众中已经有所淡化。

6. 关于知识产权不需要保护的原因的认识

如果认为知识产权不需要保护，其原因何在？受访者从所列举的选项中作出选择，结果如下：

（1）正版商品太贵（33.87%）；

（2）正版商品减价自然能够打击盗版（20.92%）；

（3）社会公众收入水平较低（19.89%）；

（4）能够扩大就业机会（8.2%）；

（5）使用非正版产品/冒牌商品不会给权利人造成损失（8.1%）；

（6）我国还是发展中国家，保护知识产权主要是有利于外国人（5.73%）；

（7）其他（9.41%）。

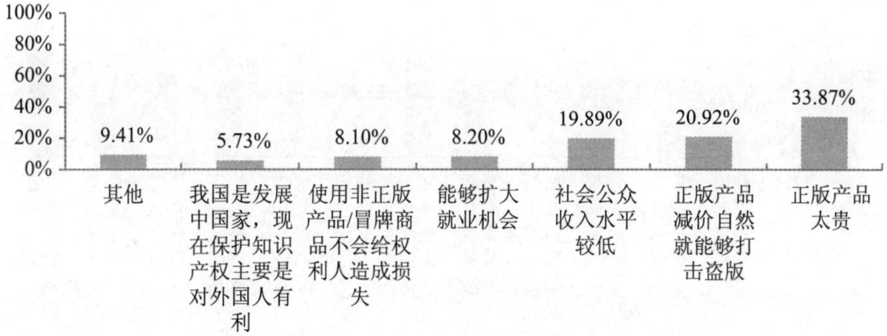

图 12-34　受访者认为知识产权不需要保护的主要原因

在认为不需要保护知识产权的理由中，相对比较获得公众认同的是正版商品价格太高，其次是认为如果正版商品减价就能够打击盗版，但比例并不很高，其余选项的认同程度则更低。特别值得注意的是，那种认为如果保护知识产权主要是有利于外国人的观点，最少被人接受（5.73%）。结合上一题中的选项（9），可以相互印证。

7. 关于发生侵犯知识产权行为的原因的认识

在被问及侵犯知识产权的行为时有发生的原因时，受访者从以下各项中进行选择，其结果统计如下：

（1）非正版商品与冒牌商品价钱便宜/正版商品太贵（70.41%）；

（2）公众贪图小便宜/社会风气差（34.93%）；

（3）不法商人谋取暴利（44.36%）；

（4）非正版商品及冒牌商品供应太多，容易买到（40.72%）；

（5）保护知识产权意识薄弱/教育不足（40.95%）；

（6）知识产权立法不足（23.27%）；

（7）政府执法不够严厉（37.01%）；

（8）正版商品太容易被翻版（24.58%）；

（9）盗版技术进步，非正版商品能更快推出市场（23.14%）；

（10）冒牌商品品质不错，产品种类很多（21.21%）；

（11）某些正版产品难以买到（19.06%）；

（12）政府宣传不足（16.43%）；

（13）其他（4.35%）。

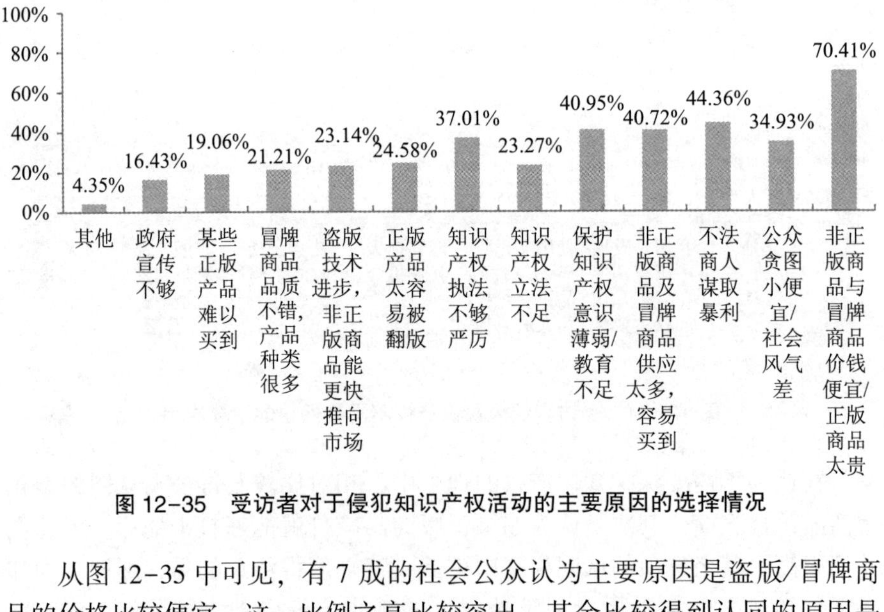

图 12-35　受访者对于侵犯知识产权活动的主要原因的选择情况

从图 12-35 中可见，有 7 成的社会公众认为主要原因是盗版/冒牌商品的价格比较便宜，这一比例之高比较突出。其余比较得到认同的原因是不法商人的制造销售盗版假冒商标商品，社会上比较容易得到，以及保护意识薄弱，教育不足（各有 4 成左右的公众认同）。

8. 关于改善知识产权状况的角色的认识

关于谁应当为改善知识产权保护状况发挥主要作用，受访者的选择依次如下：政府（59.35%）、社会公众（50.47%）、宣传教育机构（28.18%）、企业经营者（26.15%）、知识产权人（13.32%）。

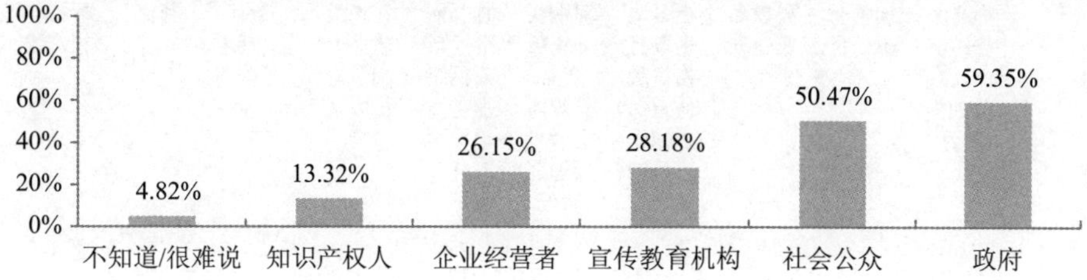

图 12-36　受访者对于改善我国知识产权状况角色的选择情况

从社会公众的意识中，保护知识产权应当主要是政府和社会的责任，但对知识产权人的要求却是最低的。

9. 关于减少侵权加强保护的最有效方法的认识

受访者在面对“在我国减少侵犯知识产权的最有效方法”这一问题时，对下述各项的选择如下：

（1）提高保护知识产权意识/加强教育（71.55%）；

（2）加重刑事处罚（35.64%）；

（3）处以高额罚款（30.26%）；

（4）更多地采取打击盗版假冒保护知识产权的专项行动（52.04%）；

（5）对购买非正版产品/冒牌商品者也要追究责任（21.85%）；

（6）加强网络控制/对网络服务商追究责任（23.55%）；

（7）在正版软件上加装防盗版功能（25.43%）；

（8）正版商品价钱下降（35.07%）；

（9）其他（3.89%）；

（10）不知道/很难说（3.72%）。

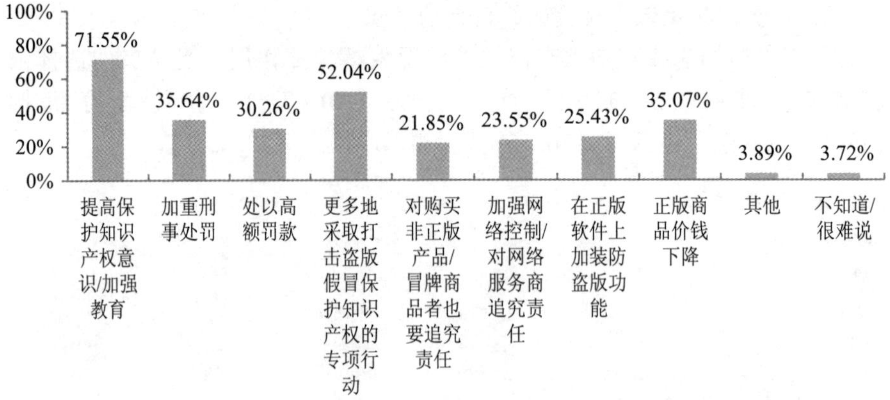

图12-37　受访者对于减少侵权与加强知识产权保护的最有效方法的认知

上述调查显示，受访者认为最有效的方法在于提高知识产权保护意识、加强教育（获7成支持），其次是更多地采取打击盗版假冒保护知识产权的专项行动（获5成支持）。另外，较多获得认同的方法是降低正版商品的价格、加重刑事处罚或处以高额罚款（各获3成支持）。

10. 关于知识产权维权机构的认识

在被问及如果自己的专利未经授权被他人使用时将向哪个机关维权时，受访者的选择主要是向专利管理部门反映（59.86%，2002年的这一比例为44.4%），其次是向法院起诉（42.88%，2002年为32.7%），还有的选择其他机构（3.01%，2002年为22.8%）。

将前后两次调查结果进行对比，可以发现，公众在发生侵犯专利权时选择向法院起诉的比例有所增加（从32.7%增加到42.88%），但是选择向专利管理机关求助的比例还是占大多数（将近6成，而10年前为4成），这似乎说明了，当公众的专利权受到侵害时更愿意选择向专利管理机构寻求救济，专利管理机构在解决专利纠纷方面拥有更多的优势因而更能得到公众的信赖和信任。

11. 关于以诉讼方式维护知识产权的认识

对于知识产权受到侵犯时是否愿意选择向法院起诉这一问题，受访者中大多数选择采取诉讼方式来维权（86.56%），少数人选择不采取诉讼方式维权（13.44%）。

从调查统计数据看，社会公众认同采取诉讼方式以维护知识产权的比例。

12. 关于不选择以诉讼方式维护知识产权的原因的认识

关于不选择以诉讼方式维护知识产权的原因，受访者从所述各项中进行选择，结果如下：诉讼程序太复杂（44.35%）；诉讼成本过高（33.39%）；法院判赔太少即使胜诉也无法弥补损失（25.57%）；其他原因（19.83%）。

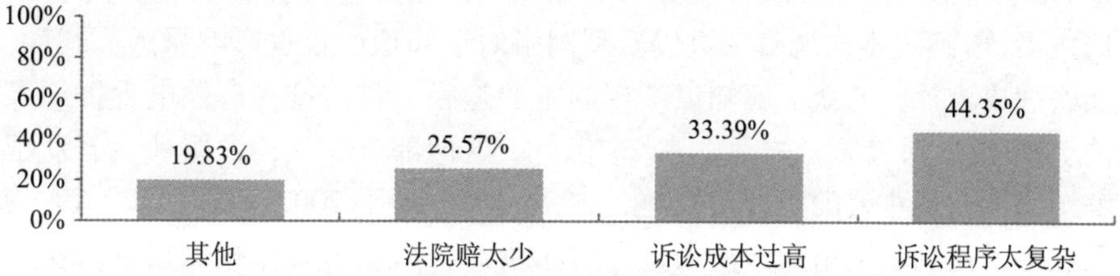

图 12-38　受访者在知识产权受到侵犯时不向法院起诉的原因

在选择不采取诉讼方式维护知识产权的受访者中，公众比较认同的原因是诉讼程序复杂和成本过高（各有 4 成的支持）。

三、结　　论

基于上述对调查数据的分析，我们认为，关于当前中国社会公众对知识产权的认知程度，特别需注意以下几个方面的结论与看法。

（1）社会公众对知识产权的认知程度在总体上已经达到较高水平。

就本次调查而言，其中有 92.31% 的受访者了解或听说过知识产权。在知识产权的各个种类中，又以对专利权（86.53%）、商标权（79.13%）和著作权（64.83%）这三者的认知度为最高，对其余的知识产权也有 20%～40% 的认知度。当然，我们还需要再次强调指出，尽管本次调查力求更能体现中国社会公众的一般性，但从受访者的实际情况，这里的“社会公众”还是更多地是指文化学历层次较高的人群（75% 的受访者为大专以上），并且以城镇人口为主（85% 以上）。

（2）社会公众对于中国“入世”评价积极，并且对知识产权的认知程度随之有所提高。

从本次调查的情况看，社会公众对于中国“入世”的整体评价相当积极，认为中国加入世界贸易组织利大于弊的比例为 75.88%，而只有 3.71% 的受访者认为弊大于利。关于中国“入世”与知识产权的关系，有 82.44% 的受访者认为因此提高了社会公众的知识产权意识。这从受访者对于知识产权相关国际组织与条约的认知度上也有所反映，比如，社会公众对于世界贸易组织 TRIPS 协定的认知度（51.87%）已经高于对世界知识产权组织（34.7%）、《伯尔尼公约》（22.02%）以及《巴黎公约》（20.23%）的认知度。

（3）互联网成为影响社会公众知识产权认知与保护的重要因素。

根据中国互联网信息中心（CNNIC）的统计，2002 年 6 月中国网民数量为4 580万，而截至 2011 年 6 月，中国网民数量达到 4.85 亿，提高了 10 倍之多。[1] 通过本次调查，可以看到网络对于知识产权也影响深远：其一，互联网成为社会公众了解知识产权的主要途径，目前排在广播电视报纸等传统媒体（50.78%）之后，占 26.02%。这两部分相加，说明社会公众了解知识产权最主要的是通过媒体，占 76.8%，高于 2002 年的 64%。其二，互联网既便利了网络用户使用各种数字资源，但也为著作权保护带来实质性影响，社会公众如何看待这一现象呢？本次调查显示，网络用户在网站下载作品的做法较为常见，受访者表示未在非授权网站下载过作品的比例仅为 21.27%；而对于下载的作品再上传的比例要低一些，受访者表示未将作品再上传的为比例为 28.47%。至于这样做的原因，调查中未显示出某一原因就是主要的，但可以看到，社会公众对于网络本身存在便于资源共享的可能性认同度较高，比如受访者较多认同诸如为了资源共享（37.63%）、网络获得资源方便（35.38%）和网络资源免费（34.16%）等原因。由此说明，究竟知识产权保护与知识传播之间究竟如何达到平衡从而兼顾知识产权权利人与公众的利益，还有更多的探索空间。

（4）公众认为盗版和假冒商标仍然是侵犯知识产权的主要形式，政府仍需采取有效的打击措施。

本次调查表明，公众认为目前市场上冒牌商品的情况仍然比较严重的比例高达 68.94%。从盗版方面看，调查显示，73.85% 的受访者回答曾经购买过非正版制品，而对照 2002 年的调查，当时受访者认为购买过非正版制品的比例是 80.9%。相比之下，情况似乎稍有好转。但是，从曾经购买过非正版制品的受访者中，购买数量在 10 种以上的占 27.49%，比 2002 年的 16.4% 有所提高，说明单人购买非正版制品的规模有上升的趋势。

（5）社会公众的知识产权保护意识方面的变化，内生需求日益突出。

受访者中绝大多数（91.69%）认为有必要保护知识产权，而认为不太需要或完全不需要的仅占 4.5%。而在保护知识产权的各项原因中，8 成以上受访者认同的原因是促进创新，5 成左右的公众认同是为了保护企业

[1] CNNIC. 第 28 次中国互联网络发展状况统计报告[EB/OL].[2011-08-28]. http://www.cnnic.cn/dtygg/dtgg/201107/W020110719521725234632.pdf. 关于 2002 年网民数量统计，可查于 http://hi.baidu.com/liuth2006/blog/item/2ba2b6d38d39f80c3af3cf1d.html.

经营者合法利益和维护市场公平竞争环境，而只有 2 成的公众认同是为了鼓励外国公司在我国投资。这说明以往那种认为知识保护主要是在保护跨国公司利益的看法，在当今社会公众中已经有所淡化。

（6）提高知识产权保护意识、加强教育成为有效举措的首选。

关于打击侵权保护知识产权方面的有效举措方面，受访者认为最有效的方法在于提高知识产权保护意识、加强教育（获 7 成支持），其次是更多地采取打击盗版假冒保护知识产权的专项行动（获 5 成支持），另外较多获得认同的方法是降低正版商品的价格、加重刑事处罚或处以高额罚款（各获 3 成支持）。

附录 1

社会公众知识产权认知程度调查问卷

调 查 问 卷

说明：

1. 本次调查仅为测试公众对知识产权的意识与认知程度，请你根据本人的实际认识情况进行回答，无须查阅书籍或请教他人。

2. 对所有题目的回答将无损于被调查者的个人信息，且不会被泄漏。

3. 答题时请在你所选中的选项前的“［ ］”内打“√”。

4. 本次调查由中国知识产权报社与中国人民大学知识产权学院联合推出。

正题

你在此前了解有关知识产权方面的内容吗？

1. ［ ］相当了解；
2. ［ ］一般了解；
3. ［ ］听说过；
4. ［ ］不知道/很难说。

你主要从何种途径了解有关知识产权方面的问题？

1. ［ ］专业学习；
2. ［ ］业务实践；
3. ［ ］与别人的交谈；
4. ［ ］报纸/广播/电视的报道；
5. ［ ］互联网；
6. ［ ］其他。

下列哪些属于知识产权领域？

1. ［ ］专利；
2. ［ ］商标；

3. [ ] 作品；
4. [ ] 地理标记；
5. [ ] 植物新品种；
6. [ ] 商号；
7. [ ] 商业秘密；
8. [ ] 计算机软件；
9. [ ] 集成电路布图设计；
10. [ ] 互联网上的域名；
11. [ ] 出版自由；
12. [ ] 姓名权；
13. [ ] 非物质文化遗产；
14. [ ] 肖像权；
15. [ ] 植物遗传资源。

当你购买产品时，是否注意过产品或者包装上有“®”或“©”标记？

1. [ ] 注意过，并且知道这两个标记分别代表“注册商标”和“著作权”；
2. [ ] 注意过，但不完全知道这两个标记的含义；
3. [ ] 似乎看到过；
4. [ ] 不知道/很难说。

下列有关事项，你听说过吗？

1. [ ] “世界知识产权日”(4月26日)；
2. [ ] 世界知识产权组织；
3. [ ] 世界贸易组织《与贸易有关的知识产权协定》(TRIPS 协定)；
4. [ ]《保护文学与艺术作品伯尔尼公约》；
5. [ ]《保护工业产权巴黎公约》；
6. [ ]《世界知识产权组织版权条约》。

下列与知识产权相关的事件，你知道的有：

1. [ ] 我国于1980年加入世界知识产权组织；
2. [ ] 我国于2001年加入世界贸易组织；
3. [ ] 我国2008年第三次修订《专利法》；
4. [ ] 2009年世界贸易组织就中美第一起知识产权争端做出裁决；
5. [ ]《著作权法》在2010年进行修订；
6. [ ] 国务院决定从2010年10月起到2011年3月开展以打击侵犯知识产权和制售假冒伪劣商品为重点的专项行动。

你知道我国2008年颁布实施的《国家知识产权战略纲要》吗？

1. [ ] 非常了解；

2. [　　] 知道，并了解一些内容；
3. [　　] 听说过，但不了解内容；
4. [　　] 没有听说过。

下列与知识产权海外维权相关的事项，你听说过的有：
1. [　　] 美国“特别301条款”；
2. [　　] 中国企业在美国遭到“337调查”；
3. [　　] 我国DVD生产厂商被多个跨国公司收取专利费；
4. [　　] 我国企业参加欧洲展会被控参展产品侵犯专利权而遭查扣；
5. [　　] 我国部分老字号在海外被抢注商标。

我国加入世界贸易组织已有10年，你认为它对于我国的经济和社会发展：
1. [　　] 有利无害；
2. [　　] 利大于弊；
3. [　　] 利弊相当；
4. [　　] 弊大于利；
5. [　　] 不知道/很难说。

你认为我国自加入世界贸易组织以来，在知识产权整体保护水平上：
1. [　　] 高于世贸组织的最低保护要求；
2. [　　] 等于世贸组织的最低保护要求；
3. [　　] 低于世贸组织的最低保护要求；
4. [　　] 不知道/很难说。

你认为加入世界贸易组织对于公众的知识产权意识：
1. [　　] 有很大提高；
2. [　　] 有所提高；
3. [　　] 没有提高；
4. [　　] 不知道/很难说。

我国专利法规定的专利种类有：
1. [　　] 发明；
2. [　　] 实用新型；
3. [　　] 外观设计；
4. [　　] 不知道。

如果你完成了一项发明创造，你会首先采取哪些行为？
1. [　　] 在专业杂志上具体介绍该发明的内容；
2. [　　] 找到厂家并组织生产和投放市场；

3. [　　] 申请专利；
4. [　　] 采取保密措施；
5. [　　] 其他。

如果你想为你的发明或设计申请专利，你认为应当向下列哪一机构申请？

1. [　　] 省级知识产权局；
2. [　　] 国家知识产权局；
3. [　　] 国家工商行政管理总局；
4. [　　] 不知道。

某种子专家经过长时期的培育试验，培育出了能大幅度增加亩产的新水稻品种，你认为植物品种是否能够获得专利？

1. [　　] 是；
2. [　　] 否；
3. [　　] 不知道。

甲利用单位的设备在业余时间完成了一项发明，双方对该项发明的权属未作约定，那么，谁有权申请专利？

1. [　　] 甲；
2. [　　] 甲的单位；
3. [　　] 甲与单位共同享有；
4. [　　] 不知道。

在中国获得专利权的一项发明，在国外是否自动受到同样的保护？

1. [　　] 是；
2. [　　] 否；
3. [　　] 不知道。

假如你发现自己的某件专利正被一家工厂未经授权而使用，那么你会考虑到哪个机构请求保护？

1. [　　] 人民法院；
2. [　　] 专利管理部门；
3. [　　] 其他机构。

假如你有知识产权受到他人侵犯，你是否会考虑向法院起诉（打官司）？

1. [　　] 是；
2. [　　] 否。

如果你对上一题回答“否”，其原因是：

1. [ ] 诉讼程序太复杂；
2. [ ] 诉讼成本过高；
3. [ ] 法院判赔太少，即使胜诉也无法弥补损失；
4. [ ] 其他。

为了公共健康目的，对于取得专利权的药品，国家可以给予制造并进口该药品的强制许可证。你知道我国专利法有这样的规定吗？

1. [ ] 知道；
2. [ ] 听说过，但不清楚；
3. [ ] 完全不知道。

你目前是否在企业从事工作？

1. [ ] 是，企业规模为员工1 000人以上；
2. [ ] 是，企业规模为员工 500~999 人；
3. [ ] 是，企业规模为员工 100~499 人；
4. [ ] 是，企业规模为员工 99 人以下；
5. [ ] 是，但不知道企业规模；
5. [ ] 否。

如果你对上一题回答“是”，你所在企业拥有专利的状况是：

1. [ ] 10 件以上；
2. [ ] 4 ~9 件；
3. [ ] 1~3 件；
4. [ ] 没有；
5. [ ] 不知道/很难说。

如果你目前是在企业从事工作，你所在企业是否有专门从事知识产权申请和维护的人员？

1. [ ] 有，3 人以上；
2. [ ] 有，1~2 人；
3. [ ] 没有；
4. [ ] 不知道/很难说。

有关我国专利事业发展的最新状况，你知道的有：

1. [ ] 2010 年，我国国际专利申请量达全球第 4 位；
2. [ ] 截至 2010 年 3 月，我国受理专利申请总量超过 600 万件；
3. [ ] 2010 年，我国发明专利申请量超过 39 万件，居世界第二；
4. [ ] 2010 年，我国年度专利申请量首次突破百万件；

5. [　　] 都不知道。

日常生活中，你在购买商品时主要留意的是：

1. [　　] 商品的质量；
2. [　　] 商品的价格；
3. [　　] 商品的生产厂家；
4. [　　] 商品的商标；
5. [　　] 商品的外观包装；
6. [　　] 其他。

你是否购买过假冒注册商标的商品？

1. [　　] 是；
2. [　　] 否。

如果你对上一题回答“是”，那么主要是哪些类别的商品？

1. [　　] 服装/鞋帽；
2. [　　] 烟酒；
3. [　　] 食品；
4. [　　] 手表；
5. [　　] 箱包；
6. [　　] 日常用具；
7. [　　] 其他。

如果你在市场上购买了一件日用消费品，之后发现该商品上的商标是假冒他人注册商标的，但商品本身质量尚可，不影响使用，那么，你可能如何处理？

1. [　　] 怕麻烦，不做任何处理；
2. [　　] 要求退货；
3. [　　] 要求退货并赔偿；
3. [　　] 向工商部门举报；
4. [　　] 其他。

你认为与前两年相比，目前中国市场上假冒商标商品的状况如何？

1. [　　] 更加严重；
2. [　　] 同样严重；
3. [　　] 不太严重；
4. [　　] 不严重；
5. [　　] 不知道/很难说。

你认为目前打击市场中假冒行为的效果与前两年相比，有何变化？

1. [　] 有效果；
2. [　] 效果一般；
3. [　] 没有效果；
4. [　] 反而恶化；
5. [　] 不知道/很难说。

如果将某种特定的声音或者是气味注册为某一产品或者服务的商标，那么你对这种新的商标类型可以接受吗？

1. [　] 可以接受；
2. [　] 不可以接受；
3. [　] 无所谓。

下列商标中，你知道的有：

1. [　] “玉立”(吸排抽烟机)；
2. [　] “金城”(摩托车)；
3. [　] “东艺”(皮鞋)；
4. [　] “耶莉娅”(服装)；
5. [　] “红梅”(味精)；
6. [　] 一个都不知道。

你认为驰名商标应当由谁来认定？

1. [　] 国家工商总局商标局；
2. [　] 国家工商总局商标评审委员会；
3. [　] 人民法院；
4. [　] 国家质检总局；
5. [　] 行业协会；
6. [　] 其他。

一些地方政府宣布，对于获得驰名商标认定的企业给予几十万到上百万元的奖励，你认为这种做法：

1. [　] 合理；
2. [　] 不合理；
3. [　] 不知道/很难说。

一家企业的商标在一场诉讼过程中被认定为驰名商标，该企业就在它的产品包装和广告中打上“中国驰名商标”字样，你认为这一做法：

1. [　] 合理；
2. [　] 不合理但可允许；

3. [　　] 不应该允许；
4. [　　] 不知道/很难说。

你认为商标的知名度主要取决于下列何种手段？
1. [　　] 广告投入；
2. [　　] 产品或服务本身的质量；
3. [　　] 商标标识本身的设计与美感；
4. [　　] 其他。

一家企业购买了另一家企业生产的产品，后将该产品上的标牌和包装均替换成自己的商标和包装，再行出售。你认为这一做法是否损害生产企业的商标权？
1. [　　] 是；
2. [　　] 否；
3. [　　] 不知道。

你个人是否购买过非正版的书籍、音像制品或电脑软件？数量有多少？
1. [　　] 购买过，数量在10种以上；
2. [　　] 购买过，数量在3~9种；
3. [　　] 购买过，数量在3种以下；
4. [　　] 未曾购买过；
5. [　　] 不知道/很难说。

如果你对上述问题回答“购买过”，那么你主要是基于什么原因而购买？
1. [　　] 非正版制品比正版制品价钱便宜；
2. [　　] 购买时不知道是非正版制品；
3. [　　] 非正版制品与正版制品质量差不多，不影响阅读或者欣赏；
4. [　　] 非正版制品与正版制品相比更容易买到；
5. [　　] 其他。

如果你未曾购买过非正版制品，原因是：
1. [　　] 非正版制品与正版制品相比质量较差，影响阅读或者欣赏；
2. [　　] 非正版制品侵犯了知识产权，觉得不应该购买；
3. [　　] 非正版制品的购买环境不好；
4. [　　] 其他。

某星级酒店将所购买的音乐CD在大堂播放，你认为酒店是否应当向音乐作品的著作权人支付费用？
1. [　　] 是；
2. [　　] 否；

3. [　] 不知道/很难说。

卡拉OK经营者购买正版光碟后，在经营场所供顾客点播唱歌，你认为是否还要为此向光碟中视频内容的制作人支付费用？

1. [　] 是；
2. [　] 否；
3. [　] 不知道/很难说。

个人消费者明知是盗版软件，仍然购买使用该软件，是否侵犯了软件著作权人的权利？

1. [　] 是；
2. [　] 否；
3. [　] 不知道。

公司的雇员将公司合法购买的软件，私自安装在个人使用的电脑上，是否侵犯软件著作权人的权利？

1. [　] 是；
2. [　] 否；
3. [　] 不知道。

我国著作权领域的集体管理组织，你听说过的有：

1. [　] 中国音乐著作权协会；
2. [　] 中国音像集体管理协会；
3. [　] 中国电影著作权协会；
4. [　] 中国文字著作权协会；
5. [　] 中国摄影著作权协会；
6. [　] 不知道。

你是否有上网的习惯？

1. [　] 有；
2. [　] 没有。

如果有上网的习惯，你是哪一种类型

1. [　] 每日 1~3 小时；
2. [　] 每日 3~6 小时；
3. [　] 每日 7 小时或以上；
4. [　] 一个星期一次；
5. [　] 一个月一次或更少。

你是否从网络下载音乐/电影/游戏/电子书，再上传网络供他人浏览/下载？

1. [ ] 是，经常这么做；
2. [ ] 是，有时这么做；
3. [ ] 是，但很少这么做；
4. [ ] 完全没有；
5. [ ] 不知道/记不起。

如果你对上一题回答“是”，那么基于什么原因？

1. [ ] 不知道它们是受著作权保护的；
2. [ ] 网络就是要让信息资源人人共享；
3. [ ] 别人不会知道将作品上传网络的人是谁；
4. [ ] 大家都是这么做；
5. [ ] 有些网站要求这么做才能共享资源；
6. [ ] 其他。

你是否在未经著作权人授权的网站下载音乐/电影/游戏/电子书，供自己使用？

1. [ ] 是，经常这么做；
2. [ ] 是，有时这么做；
3. [ ] 是，但很少这么做；
4. [ ] 完全没有；
5. [ ] 不知道/记不起。

如果你对上一题回答“是”，这是因为：

1. [ ] 这样可以免费获得资源；
2. [ ] 这样获得资源非常方便；
3. [ ] 合法授权的网站难找；
4. [ ] 其他。

下列那些不属于商业秘密？

1. [ ] 某一饮料的独家配方；
2. [ ] 公司的顾客或供应商名单；
3. [ ] 食品的配料表；
4. [ ] 招投投标中的标底及标书内容。

你如何看待企业员工携企业的技术秘密“跳槽”到对手企业这一现象？

1. [ ] 侵犯了该企业的合法权益；
2. [ ] 属于员工的劳动自由；
3. [ ] 对各方当事人无关紧要。

你是否与所在单位签订过包含如下条款的协议：比如对工作内容负有保密义务、工作成果的知识产权属于单位所有、离职后不得从事与单位业务有竞争性的工作等条？

1. [ ] 签订过；
2. [ ] 没有签订过；
3. [ ] 因没有工作或者自己创业，不需要签订；
4. [ ] 不知道/很难说。

你身边的人是否购买或使用过非正版产品或假冒商标的商品？

1. [ ] 朋友；
2. [ ] 同事/同学；
3. [ ] 亲戚；
4. [ ] 家人；
5. [ ] 邻居；
6. [ ] 不知道；
7. [ ] 没有人购买 /使用。

你身边的人是否购买或使用过非正版产品或假冒商标商品，对于你自己的选择会有什么影响吗？

1. [ ] 有很大影响；
2. [ ] 有些影响；
3. [ ] 没有太大影响；
4. [ ] 完全没有影响；
5. [ ] 不知道/很难说。

你是否认为一个消费者在明知侵犯他人知识产权的情况下仍然购买非正版产品/假冒商标商品，是一种不道德的行为？

1. [ ] 非常同意；
2. [ ] 同意；
3. [ ] 不同意；
4. [ ] 完全不同意；
5. [ ] 不知道/很难说。

你认为知识产权是否需要受到保护？

1. [ ] 非常需要；
2. [ ] 有需要；
3. [ ] 不太需要；
4. [ ] 完全不需要；
5. [ ] 不知道/很难说。

如果你认为需要保护知识产权，主要原因是：

1. [　　] 保护创作者或发明人的利益，以鼓励创新；
2. [　　] 保障正版产品经营者的利益；
3. [　　] 保障私人财产权；
4. [　　] 从道德上看，侵犯知识产权是不对的；
5. [　　] 保障公平竞争的环境；
6. [　　] 维护我国的国际形象；
7. [　　] 有利于我国建设创新型国家；
8. [　　] 消费者购买产品有质量保障；
9. [　　] 鼓励外国公司在我国投资；
10. [　　] 其他。

如果你认为不需要或不太需要保护知识产权，主要原因是：

1. [　　] 正版产品太贵；
2. [　　] 正版产品减价自然就能够打击盗版；
3. [　　] 社会公众收入水平较低；
4. [　　] 能够扩大就业机会；
5. [　　] 使用非正版产品/冒牌商品不会给权利人造成损失；
6. [　　] 我国是发展中国家，现在保护知识产权主要是对外国人有利；
7. [　　] 其他。

你认为侵犯知识产权活动的主要原因是：

1. [　　] 非正版产品与冒牌商品价钱便宜/正版产品太贵；
2. [　　] 社会公众贪图小便宜/社会风气差；
3. [　　] 不法商人谋取暴利；
4. [　　] 非正版产品及冒牌商品供应太多，很容易买到；
5. [　　] 保护知识产权意识薄弱/教育不足；
6. [　　] 知识产权立法不足；
7. [　　] 知识产权执法不够严厉；
8. [　　] 正版产品太容易被翻版；
9. [　　] 盗版技术进步，非正版商品能更快推出市场；
10. [　　] 冒牌商品品质不错，产品种类很多；
11. [　　] 某些正版产品难以买到；
12. [　　] 政府宣传不够；
13. [　　] 其他。

你认为在改善我国知识产权状况的最重要角色是：

1. [　　] 政府；
2. [　　] 社会公众；

3. [ ] 教育机构；
4. [ ] 企业经营者；
5. [ ] 知识产权人；
6. [ ] 不知道/很难说。

你认为在我国减少侵犯，加强知识产权保护的最有效方法是：

1. [ ] 提高保护知识产权意识/加强教育；
2. [ ] 加重刑事处罚；
3. [ ] 处以高额罚款；
4. [ ] 更多地采取打击盗版假冒和保护知识产权的专项行动；
5. [ ] 对非正版产品/冒牌商品的购买者也要追究责任；
6. [ ] 实施网络控制/对网络服务商追究责任；
7. [ ] 在正版软件上加装防止盗版的功能；
8. [ ] 正版产品价钱下降；
9. [ ] 其他；
10. [ ] 不知道/很难说。

你在此前是否曾经阅读或了解过《中国知识产权报》？

1. [ ] 经常阅读；
2. [ ] 偶尔阅读；
3. [ ] 不阅读，但知道该报；
4. [ ] 不阅读，也不知道该报。

为判断你的选择是否与他人不同，请你填写个人资料

A. 性别：

1，[ ] 男
2，[ ] 女

B. 年龄：

1，[ ] 10~19
2，[ ] 20~29
3，[ ] 30~39
4，[ ] 40~49
5，[ ] 50~59
6，[ ] 60 岁以上

C. 最高学历：

1，[ ] 初中或更低

2，[　　] 高中、中专、中技
3，[　　] 大专
4，[　　] 本科
5，[　　] 研究生以上

D. 职业：

1，[　　] 干部（公务员）
2，[　　] 产业工人
3，[　　] 中小学生
4，[　　] 大专院校学生
5，[　　] 公司一般职员
6，[　　] 公司管理人员
7，[　　] 教科文卫等事业单位人员
8，[　　] 农民
9，[　　] 司机
10，[　　] 销售/会计等商业服务业人员
11，[　　] 律师/代理人
12，[　　] 军人/武警/公安
13，[　　] 其他

E. 个人月收入水平：

1，[　　] 1 000元以下
2，[　　] 1 000~3 000元
3，[　　] 3 000~5 000元
4，[　　] 5 000~10 000元
5，[　　] 10 000元以上

F. 居住地：

1，[　　] 农村
2，[　　] 县/乡镇/县级市
3，[　　] 地级市/计划单列市
4，[　　] 省会城市
5，[　　] 直辖市

G. 你所居住的省、自治区或直辖市属于我国的

1，[　　] 东部地区
2，[　　] 中部地区
3，[　　] 西部地区

附录 2

2001年社会公众知识产权认知程度调查报告

一、绪　言

“社会公众知识产权认知程度调查”由中国国家知识产权局主办，《中国知识产权报》报社、中国人民大学知识产权教学与研究中心（以下简称“知识产权中心”）共同主持。在知识产权领域，这是国内首次举行全国性的专业调查，而其机缘起于2001年中国加入世界贸易组织这一事件。中国加入世贸组织，必将要求更加全面而深入地融合于国际社会之中，但各国之间基于各自利益考虑，也必然会在诸多领域发生摩擦甚至争端，其中即包括知识产权保护的问题。从另一面看，保护知识产权更是中国社会走向现代化的基本要求。这种以利益为基础的产权激励机制，如能得到有效实现，假以时日，必将给中国社会的发展提供持续而强大的动力。但是，无论知识产权法律实务还是理论研究，都需要有一个考虑问题的基础，即中国当前在知识产权方面的现状如何？是故，本次调查试图从社会公众的角度，考察知识产权在社会中的作用、知识产权的执法与司法现状、公众的知识产权意识程度等方面的问题，形成实证材料，以为实务和理论工作的参考。

调查问卷由知识产权中心设计完成。调查问卷的设计主要考虑如下几个方面：（1）被访者为社会公众，不限于某一专业团体；（2）调查侧重在于公众的知识产权意识，而非专业知识；（3）调查有意识地选择一些当前的热点话题或现实案例。

调查问卷发布于《中国知识产权报》（2002年4月17日第3版）。该期发行199 457份，回收问卷98 134份，回收率49.2%。回收问卷后，从中按照问卷统计规则随机抽取4 000份用于统计分析，占全部回收问卷的4.1%。问卷的数据统计工作由中国人民大学新闻学院刘夏阳教授组织人员完成，并提供三份统计数据表：调查结果基本数据统计表（参见本书附录3）、根据被调查者个人情况制作的总数据表、问题交组数据表。

关于“社会公众”的说明。本次调查的问卷发放是通过国家知识产权局以及《中国知识产权报》进行的。据介绍，被访者的组成分成两部分，一是该报的日常订户或读者，一是专为此次活动而接受问卷者。该报的日常发行量为1.6万份，其发行对象主要包括企业、科研机构、代理机构、高校、行政管理机关、个人。专门发放的问卷数占九成以上，主要通过各地方知识产权管理机关再向各地的企业、科研机构、代理机构、高等院校等单位发放。所抽取并用于统计的4 000份问卷，基本上是从回收问卷的散件中随机抽取的，以尽可能保证客观全面地反映调查结果。但是，我们还应在此特别提示，这里的“社会公众”范围主要指企业、科研机构、专业代理机构、国家机关等单位的人员以及相关个人。

二、调查数据的分析与评价

根据调查所得的统计数据，我们认为，有几个方面的论题值得特别关注，这也是本报告所要解读的重点。有必要说明的是，调查统计数据包括三大方面：一是问卷中的每一个问题均有选择不同选项的人员数和百分比；二是对被访者的个人情况进行分类统计而成的人员数与百分比；三是相关问题之间的交组数据统计。因此，我们就从这些不同角度所形成的数据进行分析，当然，在必要时也会先就该问题的提出及现状进行介绍，在分析数据后，也可能会就这些数据所显示的结果进行评论。

（一）社会公众对知识产权了解的程度

这是从宏观面上考察目前中国公众对知识产权的认知度。问卷的第1~6题加上第38、39题均直接与此相关。通过对这些调查结果的分析，可以认为，社会公众普遍认为知识产权制度是非常必要的，而且在很大程度上已经深入人心。但是，一般公众更多关注的是近两年的事件，其获取知识产权方面的信息更多地来自这几年新闻媒体的介绍。

1.1 在被问及是否了解知识产权时，❶认为自己相当了解的人占10.8%，一般了解的人占72.3%，只是听说过的占16.1%，而认为自己不知道的人为0.8%。这一数据显示，完全不知道知识产权的人仅为0.8%，而几乎所有的被访者都或多或少的了解知识产权。这说明经过改革开放二十余年的实践普及，人们对知识产权已有所了解，知识产权意识也有所提高。但这是从乐观的一面看，反过来还应注意：（1）完全不知道知识产权的人数比例肯定比这一数据高。这是由本次调查的客观情况决定的，因为被调查者的文化程度显然相对较高，❷ 而更多的未参加调查的低文化程度，甚至文盲者中，

---

❶ 题项1。指调查问卷中的第一个问题，在本书附录3中标为Q1。下同。

❷ 参见问卷第41题关于被访者最高学历的统计。据随机抽样的3 839人中，最高学历为初中及以下者为209人（5.4%）、高中者为912人（23.8%）、大专者为1 470人（38.3%）、本科者为1 172人（30.5%）、研究生者76人（2%）。从这一数据看，这五种最高学历者呈现为一种正态分布，但中国在此前与现在的教育状况还远未达到大学的大众教育程度，仍属于精英教育，因此，这五种最高学历者的人数分布应呈金字塔形才符合中国实情。但这是由这种专业调查的特点决定的，因为它只能吸引或召集具有相当层次学历者参加调查，不可能做到像人口普查那样全面。在考察或引用本问卷的以下问题及统计数据时，同样应注意本报告所称“社会公众”所具有的条件性。参见本报告绪言中关于“社会公众”的说明。

肯定有很大比例者属于完全不知道知识产权的。（2）即使在有所了解知识产权者中，更多的人也只是一般了解或听说过（两者相加占 88.4%）。

从被访者个人情况看，以下几个方面值得关注：（1）公众对知识产权了解的程度及人数比例与其学历水平呈正比，这一点不难理解；（2）从被访者职业看，在司法人员中认为自己相当了解知识产权者的比例最高（28.2%），而在干部公务员与公司管理人员中，认为自己相当了解知识产权者的比例较高（分别为 12.8%、10.9%），但认为自己一般了解者的比例则最高（分别为 76.5%、79.6%）；（3）从居住地看，农村居住者明显对知识产权的了解程度偏低（4.3% 的人完全不知道，30.1% 的人听说过。而且，如果考虑本次调查在人员组成上的局限性，估计完全不知道知识产权者的比例应该还会大上至少几倍），而在县乡镇与大中城市之间的这些比例没有大的差别。

1.2 关于了解知识产权的途径。❶被访者选定最多是的新闻媒体（64%），其余方面的情况是这样：专业学习（27.2%）、业务实践（16.1%）、交谈（14.8%）、其他（10.7%）。由此可见，新闻媒体对于向公众普及知识产权的作用不可低估。知识产权案件的庭审现场直播，报纸期刊的报道以及网络的发展，尤其是某些知识产权涉及的名人（名企）效应，这些都容易引起媒体的特别关注。另外，专业学习与业务实践也相当重要。

当然，这些途径的主次程度在不同的被访者之间还是存在较大差异。大体言之：（1）新闻媒体作为最主要途径对于各年龄段来说差异不大，但专业学习对于 20~39 岁年龄段者的作用较大（30%），而业务实践对于 40 岁以上者的作用较为突出（27% 左右）；（2）高学历者了解知识产权的途径除新闻媒体外，较多地通过学习与实践，而低学历者则绝大程度上依赖于媒体一途。例如，初中及以下、高中学历者以新闻媒体为途径的比例分别为 76.1%、79.5%，而本科、研究生的这一比例则为 53.4%、45.3%；反之，前两者以学习为途径的比例分别为 3.3%、7.6%，而后两者的这一比例则高达 43.4%、53.3%；（3）从居住地分布看，农村人口了解知识产权的途径较为单一，倚重于媒体的宣传，而城镇人口，尤其是大城市居民了解知识产权的途径则是多元的。

1.3 在有关知识产权国际组织及国际公约等方面的认知度上，❷被访者认知度最高的是世界贸易组织《与贸易有关的知识产权协定》（82.6%），以下依次是“世界知识产权日”（73.4%）、世界知识产权组织（62.7%）、《世界版权公约》（50.6%）、《保护工业产权巴黎公约》（41.9%）、《伯尔尼保护文学和艺术作品公约》（32.3%）。

1.4 在与知识产权相关的四个事件上，❸被访者对中国加入世界贸易组织这一事件最为了解（93%），对于国内发生于 2000~2001 年度的事件的认知程度也较高，如专利法、著作权法与商标法的修订（70.5%）、全国性的打假行动（68.1%），对于中美知识产权谈判的认知度则最低（65.3%）。

由此可知，公众对世界贸易组织相关问题了解程度最高，这可能是因为中国在

❶ 题项 2。
❷ 题项 3。
❸ 题项 4。

2001年刚刚加入世界贸易组织之故，同样，对于由中国等国提议而由WIPO于2000年确定的“世界知识产权日”，以及发生于2000~2001年的事件也较广泛地为公众所知。相反，公众对于形成于19世纪末但至今仍发挥着重要作用的国际公约，如《伯尔尼公约》和《巴黎公约》则知之较少。这正好印证了前两题的结果，即新闻媒体是社会公众了解知识产权方面知识的最主要途径（新闻媒体关注的是时事性，而不大会全面反映专业方面的基础知识）。提高公众知识产权的意识与认识的工作还需深入。

1.5关于知识产权相关的对象。❶被访者了解最多的是那些基本种类，如专利（96.6%）、商标（95%）、作品（85.5%），而知之最少是的地理标记（29.2%）。另外被认知程度不高的种类有：植物新品种（38.7%）、商号（43.1%）、集成电路布图设计（43.7%）、网络域名（46.6%）。

1.6关于著作权标记“©”与注册商标标记“®”的区分。❷被访者中只有29.5%的人是真正知道这两个标记的，而不知道甚至没有注意过这两个标记的人则高达70.5%。从被访者个人情况看：(1)知道并能够区分该两个标记的人数比例，男性（30.6%）略高于女性（25.8%）；(2)上述比例与被访者的学历水平呈正比例关系；(3)该比例与被访者个人收入水平呈正比例关系；(4)农村居住者的这一比例偏低（14.1%），直辖市人口的这一比例最高（45.1%）。

1.7其他。在被问及知识产权制度有无必要时，❸ 94.5%的被访者认为是必要的。关于“中国政府加强对外国人知识产权的保护是否有利于中国经济发展”，❹ 94.8%的公众认为有利于中国经济的发展。

新中国的知识产权制度是在改革开放后才被重新确立的，至今不过二十余年。这两个问题如果放在十年前，可以不会有这么高的比例。这也是与中国二十余年来的对外开放分不开的。对此还需说明两点：(1)知识产权制度已经在中国社会得到公众的广泛认可。知识产权制度并非中国固有之制度，而且在引入之初更多的是受到外力急迫所致，通过法律移植而使之真正化入中国社会，应该还需要一个过程，其间还需要社会结构的各个方面形成功能耦合。(2)当前发达国家与发展中国家之间就知识产权保护力度问题仍存在较大分歧，中国作为最大的发展中国家，如何处理好保护知识产权与发展经济之间的关系仍是一个需要全面考虑的重大课题。

（二）盗版为何屡禁不止？

盗版并不是中国特有的问题，而是遍布于包括发达国家在内的全世界。问题是中国的盗版制品市场随着经济发展与技术进步而一直难以遏制。本次调查从社会公众的角度，可以发现其中的一些问题，包括盗版制品的需求状况、决定是否购买盗版制品的因素等。

---

❶ 题项5。
❷ 题项6。
❸ 题项38。
❹ 题项39。

2.1 当前国内的盗版制品状况。❶调查显示，在被访者中，从来没有购买过非正版制品（盗版）的为19.1%，换言之，被调查者中的每10个人里面就至少有8人买过盗版制品，只是购买数量多少的问题。从购买盗版制品的数量看，数量在3种以下的占41.2%，数量在3~9种的占23.3%，两者相加，就占了被调查者总数的64.4%。可以说，这一数据从需求方反映了目前中国文化产品市场上存在的盗版情况，即盗版制品有着相当大的市场需求。

按照被调查者的不同情况进行分类比较，还可以进一步发现：（1）购买过盗版制品的人数比例与性别基本上没有关系；（2）这一比例与年龄、职业有一定关系，例如在20~29岁的购买者占同龄者的87.6%，比例最高，而40岁以后的年龄段则该比例逐渐下降，40~49岁者为76.2%，50~59岁者为69.6%，60岁以上者为51.4%。在不同职业中，公司职员与学生的购买者比例较高，而农民的购买者比例最低；（3）与学历、收入有比较大的关系。例如购买者的比例与其学历成正比，初中以下学历者的比例为73.1%，而本科、研究生学历者的比例则分别为83.9%、82.9%。从个人收入水平看，购买者的比例与其收入成反比，个人月均收入在1 000元以下、1 000~3 500元者的这一比例分别为81.5%与80.8%，而月收入在3 500~5 000元、5 000元以上者的比例则分别为66.7%与57.9%.

那么，决定公众是否购买盗版制品的因素有哪些呢？问卷的第8、9题可以在一定程度上回答这一问题。

2.2 促使公众购买盗版制品有诸多原因。❷超过一半（53.3%）的人认为是因其价格比正版制品便宜，有41.5%的人是因为在购买当时不知其为盗版制品、27.3%的人则认为是因其质量与正版制品相差不多。从购买者的个人情况进行分类比较，可知：（1）学历高者相对于学历较低者言，其对价格、质量方面考虑更多。数据表明，对价格因素的考虑，初中以下、高中学历者分别为39.6%与43.2%，而本科、研究生学历者则为64.1%与62.7%；对质量的考虑，初中以下、高中学历者分别为18.9%与22.4%，而本科、研究生学历者则为34.5%与32.8%；（2）收入中高者更关注价格因素。调查结果表明，月收入在1 000元以下者的这一比例为50.3%，而收入在3 500~5 000元者为71%，收入在5 000元以上者为61.5%。

2.3 关于不购买盗版制品的原因。❸主要是基于质量方面的考虑（53.4%），其次是出于对知识产权的尊重（44.5%）。按不购买者的个人情况分析，因其意识到盗版制品侵犯知识产权从而作出不购买决定的人数比例，呈现如下特点：（1）研究生学历者为61.5%，明显高于该项的平均比例（44.5%），而其他学历层次者与该项平均比例相差不大；（2）在不同职业中，有些职业人员的比例高于该项的平均比例，它们分别是：教科文卫人员（54%）、企业管理人员（47.5%）、司法人员（47%）与国家干部公务员（44.8%）；（3）高收入者明显关注这一因素。月收入3 500~5 000元者的这一比例为50%，而月收入超过5 000元者的这一比例则为80%。

---

❶ 题项7。

❷ 题项8。

❸ 题项9。

从上述第8、9题的调查结果可以看出，在其他条件不变的情况下，即当正版市场与盗版市场并存的情况下，质量与价格是影响消费者购买正版与盗版的主要原因。这是一种市场的力量，“价廉物美”通常就是产品赢得市场的利器。但现实情况是，从价格上看，正版与盗版制品之间存在价格差别是必然的，因为盗版制品既无须对他人作品的使用支付费用，也无须承担前期制作费用，更因其违法性而无须在生产流通环节纳税，故其价格肯定低于正版制品；从质量上看，由于复制技术的不断进步，加上盗版制造者有实力采用与正版生产商相同的设备，因此，两者的质量可以做到相差无几。由此可见，从市场本身的角度看，也许正版制品可以尽量缩小与盗版制品的价格差距，但不可能完全消灭这种差距。因此，必须借助市场以外的力量来保护著作权，保护正版制品厂商的利益，这就是知识产权法律制度。

我们同时注意到，也有44.5%的人是因为意识到盗版制品侵犯了知识产权而决定不购买的。其中，高学历者、高收入者以及从事教科文卫、司法、企业管理、公务员职业者更为关注这一因素。但是，如何更好地提高社会公众的知识产权意识，使之拒购盗版制品，还应当采取更有效的措施。

（三）市场上的假冒行为：现状与对策

问卷第16~21题针对当前国内严重的假冒问题，主要针对假冒商标现象。一方面，从公众的角度调查假冒商标问题的严重程度，另一方面，也希望从中发现一些有用的对策。

3.1 购买假冒商标商品的情况。❶调查结果表明，购买过假冒注册商标商品的人数占被调查者的52.8%，未购买过假冒注册商标商品者为47.2%。这一数据说明，目前国内市场上假冒商标商品的现状令人堪忧。根据被调查者的个人情况，购买假冒注册商标商品者的比例表现为如下状况：（1）它与被访者的学历成反比。高中、初中及以下者的这一比例为57%，大专、本科与研究生学历者的这一比例分别为51.1%、50.6%与45.3%；（2）从被访者的不同职业看，只有国家公务员与司法人员的这一比例低于50%，分别为48.5%与49.7%；（3）低收入者的这一比例较高。月收入1 000元以下者的这一比例为55.3%，但中高收入者的这一比例也不低，高达48.9%~50%；（4）与被调查者的居住地有较大关系，不同居住地的被访者的这一比例依次为：农村（61.1%）、县乡镇（54.9%）、地市（51.6%）、省会（50.4%）、计划单列市（44.9%）、直辖市（35.8%）。

“如果你在市场上购买了一件日用消费品，后发现该商品上的商标是假冒他人注册商标的，但商品本身质量尚可，不影响使用，那么，你是否会对此表示认可而不予追究?”❷ 对此问题，被调查者中有63.1%回答“是”，36.9%回答“否”，这说明六成以上的消费者对于普通商品的商标本身并不关注，只要商品本身好用即可。从被调查者的个人情况看，还可反映为以下现象：（1）从性别上看，女性较男性更在乎商品的质

❶ 题项16。

❷ 题项18。

量而较不在乎该商品的商标，男性对上一题回答“是”的人数比例为 61.9%，而女性的这一比例则为 67%；（2）从职业上看，工人和司法人员最不关注普通商品的商标，在这两种职业人员中回答“是”的比例均为 68.2%，其次是国家公务员，其这一比例为 65.2%；（3）从个人收入水平看，对商标关注程度有所波动。低收入者回答“是”的比例为 61.7%、中高收入者的这一比例为 65.9% 与 62.2%、高收入者的这一比例则为 42.1%；（4）从居住地看，呈现出正态分布格局，农村与直辖市两头的这一比例较低，分别为 59.3%、49.4%，而计划单列城市与省会最高，分别为 67.9%、68.6%。

关于目前国内市场上假冒他人注册商标商品的状况。❶ 被访者中有六成以上认为这种状况“相当严重”(62.6%)，认为情况一般者为 29.3%，而认为情况不严重或不太严重的仅有 1.2%、7.1%。这一状况应当引起有关当局的重视。

通过近年来一系列的打假行动后这种状况有何变化呢?❷ 从调查结果看，认为目前打击市场假冒行动的效果比较明显的仅占 35.7%，而认为效果平平甚至没有效果的则占 64.3%。由此可见，政府在目前实际上缺乏有效的反假冒手段，社会公众对此并不满意。

3.2 今后可以采取的有效措施何在？❸从社会公众的角度看，首选措施是刑事惩罚与高额罚款，该两项的支持率分别高达 85.2%、73.1%。这些都是公法上的措施。对于本题中所设关于“王海式的民间打假方式”是否能成为打击市场上假冒行为的有效措施，被访者的平均认同率是 33.1%，但从不同的个人情况分析，该比例又有所变化：（1）从不同职业人员看，对该措施认同率最低的是销售人员（29.4%）与企业管理人员（29.7%）；（2）个人收入高者对此的认同率明显高于收入中低者，如个人月收入超过5 000元者的认同率为 73.7%、个人月收入3 500~5 000元者为 51.7%，个人收入低于3 500元者的认同率与该项的平均认同率持平。

被访者中认为还有其他有效措施者的比例为 16.7%，可见，从社会公众的角度看，也没有更多的有效措施。假冒行为，在较长时期内仍将是困扰政府、社会与公众的一个难题。

(四) 驰名商标的标准、认定机构与方式

本次调查的第 23~25 题题涉及有关驰名商标的问题。

4.1 现有国内驰名商标的被认知程度。❹此处所列举的 5 个商标都是由国家工商总局在此前认定的驰名商标。作为驰名商标，其中一项指标是为公众所知（well-known trademark)。而且，这里所选的 5 个驰名商标，其适用的商品都与一般公众的日常生活相关，故预想的指数是该商标的公众认知度应在 60% 以上才能被认为真正为公众所知。从调查结果看，事实并非完全如此。在这 5 个商标中仅有 1 个商标达到这一指数，为

---

❶ 题项 19。
❷ 题项 20。
❸ 题项 21。
❹ 题项 23。

81.3%（“金城”），有两个商标各为53.7%（“红梅”）与53.1%（“玉立”），而其余两个商标则仅为31%（“耶莉娅”）与11.9%（“东艺”）。对此，能否提出这样的问题：这些由国家行政机关所认定的驰名商标是否真正驰名？驰名商标应由谁说了算？

另外，从被调查者的个人情况分析，有下列现象也值得关注：(1) 从学历角度看，在所列举的5个商标中，有4个商标的认知度均与公众的学历水平呈正比，即学历水平高者对商标的认知度亦相应较高，但有一个商标（“金城”）的认知度与公众的学历水平呈反比。其中原因值得品牌运营者研究，是否因为该商标所适用的商品（摩托车）恰为高学历者所不熟悉。(2) 被调查者的职业不同，其对商标的认知度亦有所不同。一般而言，被调查者对其本职业领域或相关领域内的商品所使用的商标有较高的认知度。(3) 通常，收入较高者比收入较低者对商标的认知程度为高，但不尽然。例如，“金城”（摩托车）商标的认知度反而是收入较低者高于收入较高者。(4) 从被调查者的居住地看，除对“金城”（摩托车）商标的认知度系农村居民最高，对其余4个商标的认知度最高的均系直辖市居民。如果单就直辖市居民而言，该5个商标中有3个商标的被认知度超过60%，分别为“红梅”（味精，79%）、“金城”（摩托车，73.2%）与“玉立”(吸排油烟机，65.6%)。其他居住地居民中对这5个商标的认知度超过60%的情况是：省会与计划单列市各有2个商标（“金城”“红梅”），地级市、县乡镇、农村则各有1个商标（“金城”）。

4.2 关于驰名商标的认定机关和认定方式。❶对驰名商标的认定，目前国内存在两种方式，即由国家工商总局定期批量认定与由法院随机个案认定。通过调查可知，社会公众对前一种认定方式的认同程度明显高于后者，对前者的认同度高达63.2%，而对后者的认同度则仅为2.4%。这一结果反映了目前在驰名商标认定问题上的实际状况。国家工商局自1989年开始对国内企业的商标进行驰名商标认定，至2000年已认定7批，共计196件。❷ 而法院只在特定案件发生时，出于解决案件争议才进行个案认定，其数量远无法与行政机关的认定相比。

如果只是涉及方式问题，那么只要通过某一方式能够确定真正的驰名商标，那么采用何种方式也就无关紧要了。但是，从本次调查结果来看，由行政机关批量认定的驰名商标中，有相当比例的商标实际上并不为公众所知。因此，这种认定方式的合理性就值得考虑了。

4.3 决定商标知名度的因素。❸从调查结果看，被调查者对决定商标知名度的各种主要因素的认同程度依次是:“产品或服务本身的质量”(93.6%)、“广告投入”(34.7%)、“商标标识本身的设计与美感”(16.9%)。而且，这些比例在不同性别、年龄、职业、收入或居住地的人员中也基本相同，可见这些比例具有较高的稳定性。可以这样认为，商标的知名度主要取决于使用该商标的产品或服务本身的质量。这一调查结果也印证了学者对此命题的判断，即商标与商品的关系是“标”与“本”的关系。

---

❶ 题项24。

❷ 国家工商局历年认定驰名商标数量为：1989年1件、1991年12件、1993年1件、1995年5件、1997年23件、1999年111件、2000年43件。

❸ 题项25。

（五）常识理性与"经过训练的直觉"：从几起知识产权案件看立法规定、法院判决与公众看法之间的异同

问卷的第10~13题、第26题涉及近几年来发生的知识产权案件和事件。这些案件或事件都曾引起过较大的争议。此次调查在某种程度上是考察社会公众对这些问题的看法，以确定公众与专业人士在此问题上的观点异同。当然，这里的统计数据或评论只针对某种现象所作出，并不针对具体个案。

5.1"酒店在大堂播放音乐CD，是否应当另行向音乐作品的著作权人支付费用?" ❶ 被访者对这一问题的看法是：68.3%的人认为无须向著作权人付费，21.1%的人认为需要向著作权人付费，另有10.6%的人回答"不知道"。可见，有近七成的公众并不认为这种行为应当向著作权人支付作品使用费。

从被调查者的个人情况看，对此问题的回答也有所不同：（1）认为应当付费的人数比例，男性（21.9%）高于女性（18.8%），相反，认为不需付费的人数比例，女性（71.4%）高于男性（67.3%）；（2）学历高者认为应当付费的比例明显高于学历低者。例如，认为应当付费的比例在高中、初中及以下学历者分别为15.5%、16.5%，而本科、研究生学历者的这一比例则分别为29.2%、28%；（3）在不同职业者中，司法人员认为应当付费的人数比例最高（34.4%），其次为教科文卫人员（28.5%），而学生的这一比例较低（15.6%）；（4）认为应当付费者的比例与被调查者的个人收入水平成正比。高收入者的这一比例（36.8%）明显高于低收入者（18.5%）；（5）从被调查者的居住地看，城市尤其是省会城市的居民认为应当付费的比例普遍高于农村或县乡镇居民的这一比例。

尽管酒店播放音乐属于对音乐作品的商业性使用，欧美等国的著作权法和实务中均规定应向著作权人支付作品使用费，而且在我国著作权法亦有规定（2001年《著作权法》修订后明确将机械表演归入表演权范围），但在现实生活中，这种在营业场所播放音乐而不向著作权人付费的现象比比皆是，对于公众来说，这一现象也已司空见惯。因此，从调查结果看，只有21.1%的人认为应当付费，而其余78.9%的人认为不用付费或不知道要付费也就不足为怪了。

不过，认为应当付费的人数比例也随个人的不同的学历、职业、收入、居住地而有差别，高学历、高收入、城市居民的这一比例较高，而这些因素背后共同的原因可以归为经济发展水平。经济水平的提高才是真正解决这一知识产权问题的根本所在。当然，像集体管理组织的建立与行使权利等也是一个有待完善的制度。

5.2"制作或销售假冒某著名画家署名的美术作品，侵犯的是该画家的什么权利"。 ❷ 对于这一问题，被调查者中有近八成（78.8%）认为侵犯的是著作权中的署名权，只

❶ 题项10。

❷ 题项12。

有不到两成（18.5%）认为侵犯的是姓名权，其余 2.7%的人回答“不知道”。就这一问题进行公众调查的直接原因是前几年发生的拍卖假冒某著名画家署名的美术作品一案所引发的争议。当时法院依据《著作权法》第 46 条第（7）项之规定判决被告构成对原告著作权的侵害，也有一部分学者同意该种意见。但当时就有学者认为该案被告侵犯的是原告的姓名权。现在调查结果显示，社会公众从直觉出发所得出的结论，也绝大部分与法院的判决相合。当然，之所以出现这一调查结果，也不排除公众受媒体对该案宣传报道的影响❶和著作权法规定本身的影响。

就被调查者个人情况看，还可以发现：（1）认为侵犯署名权的比例随学历增高而递减，认为侵犯姓名权的比例则随学历增高而递增。学历较低者（初中及以下）认为侵犯署名权与侵犯姓名权的比例分别为 85.6%与 7.7%，而学历最高者（研究生）的这一组比例则分别为 68.4%与 27.6%；（2）在不同职业人员中，认为侵犯姓名权的比例最高而认为侵犯署名权比例最低的是司法人员，其比例分别为 31.2%与 66.9%；（3）比较有意思的是，认为侵犯姓名权的比例也与个人收入成正比，收入较低者与高收入者的这一比例分别为 16.5%与 31.6%。

其实，一般公众调查中有近八成认为此种行为侵犯的是著作权中的署名权而非姓名权也不足为奇，因为对这一问题的回答需要一种“经过训练的直觉”❷，而非本能性直觉。从高学历、司法人员相较于同类之他者，认为侵犯姓名权的比例最高这一点，也可以印证这不是一个应用人人具备的本能性直觉就能回答的问题，而是要么受过专业分析训练，要么有较强的逻辑思维能力。仅就本题而言，在人们的思考中加入这样一个反证法推理就比较清楚了：假如侵犯的是署名权，那么画家应对这幅画有著作权，而如果画家对此画有著作权，那么此画要么是他画的，要么与其画作有某种关系，但事实上这既不是他画的，也与画家本人的画作没有任何关系，因此，他对此画就没有著作权，也就不可能构成对其署名权的侵犯。

5.3“甲厂生产一种标有其注册商标 A 的商品，乙公司从市场上购买该商品后撕下 A 商标，换上自己的注册商标 B，又将该商品进行出售。你认为乙公司的行为是否侵犯甲厂的商标权？”❸设定这一问题也是起于前几年对一起案件的争议（案情有所简化）。从调查结果看，84.2%的被调查者认为该行为侵犯商标权，12.6%的人认为不侵犯商标权，其余 3.2%的人回答“不知道”。那么，公众的看法是否一定代表正确呢？如果要向公众解释，不妨也是先问这样一个问题：如果乙公司将其所购商品上的商标 A 撕去，然后以无商标商品进行出售，是否侵犯该商标权人的利益。这个问题，不论从法律角度还是从常识角度看，其答案显然是否定的。如果本题以这样的问题来求询于公众，可能绝大部分的公众也会认为并不侵犯商标权。那么前述第一个问题与本题所设定的问题有无实质性区别呢？关键在于乙公司在没有任何标识的商品上加上自己的商标出售，是否会损及甲厂的商标权。显然，由于消费者或社会公众对该商品的真实来源并不知情，也就不可能把乙公司的商标与甲厂的商标，甚至与甲厂发生联系，也就无所

---

❶ 从本次调查结果看，社会公众对于知识产权的知识首先来自新闻媒体（64%），参见 1.2。

❷ 语见吴经熊《法律的艺术》，商务印书馆 1936 年英文版，第 36 页。

❸ 题项 26。

谓对甲厂商标的侵害了。❶

5.4“当代作家的某部小说未经过作者同意被上传到某网站上，供上网的浏览者免费欣赏或下载，你认为网站的行为是否构成了对作者著作权的侵犯？”❷调查结果显示，绝大部分（92.6%）人认为构成侵权，只有5.3%的人认为不构成侵权，其余2.1%的人回答“不知道”。但未经作者或权利人同意而将其作品在网络上传播的行为却曾经风行一时，而且现在仍有不少网站如是为之。本问题所设也是基于曾经发生的一些案件。法院当时在处理该案时，曾经为法律适用问题大费周折，原因是著作权法中没有直接规定这样的行为是否侵犯著作权。2001年修订著作权法时明确规定“信息网络传播权”(第10条第（12）项)，并将本题所述之行为明确规定属于侵犯著作权(第47条第（1）项)。当然，本项的被调查者也可能受到前述有关司法判决及著作权法修改的影响，从而认为构成侵权者的人数比例奇高。

5.5“照相馆将被摄影人的照片底片留在照相馆而不给被摄影人，认为这是照相馆的摄影作品，你认为这种做法合理吗？”❸这一问题也与早期发生的案件相关。从调查结果看，高达98.3%的人认为这种做法不合理，只有1.7%的人认为是合理的。这也反映了社会公众的一种常识，可谓是常识理性。照相馆扣留顾客底片，固然以其拥有摄影作品著作权为由，但更主要的原因恐怕还是意图对顾客今后冲洗照片的业务形成垄断。何况，即使照相馆或摄影师对该照片享有著作权，但该照片包括底片本身则归顾客所有。著作权人不能妨碍他人的所有权，反之，所有权人亦不应侵犯他人之著作权。在前述情形中，顾客拥有其照片底片并不妨碍摄影师的著作权，即使顾客到其他地方冲洗底片，只要其未作商业性使用，亦属于合理使用，相反，照相馆扣留顾客底片倒是直接妨碍了顾客的占有权，从而侵犯其所有权。

（六）社会公众的专利意识与认知程度

6.1 完成发明之后是否申请专利。“如果你完成了一项发明创造，你会首先采取哪些行为？”❹ 对此，被调查者中有96.2%的人选择首先申请专利，21.5%的人认同首先采取保密措施。从这一角度看，社会公众的专利意识相当之高，但技术保密意识并不强。实际上，是否就一项发明创造申请专利需要结合各种因素和条件而作出决定，在正式提出专利申请之前，首先应当对此技术予以保密，一则，如果事后申请专利，可以保证不会因此而丧失新颖性，也可防止他人获知相关技术信息；二则，如果决定不申请专利，也可以作为商业秘密加以保护，但一旦由于没有采取保密措施而被公开，则将丧失其作为商业秘密的资格。

---

❶ 需要说明的是，此处的分析仅仅是一种理论上的看法，而且当时的商标法亦未规定此种行为属于侵犯商标权，但在2001年《商标法》修订时，将这种行为规定为侵犯商标权（见《商标法》第52条第（4）项）。

❷ 题项13。

❸ 题项11。

❹ 题项28。

根据被调查者的个人情况还可以发现，尽管不同情况下的被调查者对于首先申请专利的认同程度均在93%以上，但对于首先采取保密措施的认同程度则呈现为如下现象：(1) 该比例与被访者的年龄基本成正相关的关系；表明年龄较大者或经验阅历较丰富者，更为关注技术保密问题；(2) 学历程度高者比学历程度低者更为关注技术保密。高中及以下学历者的这一比例为17.9%、19.5%，而大专、本科及研究生学历者的这一比例则分别为22.5%、23.4%与25%。从相反的角度看，对"在专业杂志上具体介绍该发明的内容"这一选项的认同程度上，该比例与学历成反比，即高学历者的这一比例仅为2%~3%，而学历较低者的这一比例为8%以上。(3) 在不同职业人员中，司法人员的技术保密意识最强，其对首先采取保密措施的认同程度高达34%，其余职业人员的这一比例则仅稍高于本项之平均比例（21.5%）或在此以下。

6.2 应当向哪个机构申请专利？❶有47.5%的被访者认为应当向省专利管理机关提出专利申请，50.4%的人认为应当向国家知识产权局申请专利，另有6.8%的人认为应向工商局申请专利，4%的人回答不知道。正确答案应该是，我国的专利申请授权机关仅为国家知识产权局（即此前的国家专利局）。

从被访者个人情况看：(1) 女性的正确率略高于男性近3个百分点，两者分别为52.5%、49.8%；(2) 中老年人的正确率高于青少年。以人数最为集中两组年龄段为例，20~29岁年龄段与50~59岁年龄段的正确率分别为48.2%、56.7%；(3) 不论学历高低，其正确率均与本题之平均比例（50.4%）持平，但学历相对最低的被访者（指初中及以下）却获得本组最高的正确率，为60.5%；(4) 在不同职业者中，学生的正确率最高（56.4%），错误率最低（36%）；(5) 本题的正确率与被访者个人收入水平无关；(6) 从被访者居住地看，本题的正确率在农村最高（53.5%），在直辖市最低（40.1%），而在其余居住地与本题平均比例（50.4%）持平。

这一结果颇值关注，也应当引起相关部门的注意。与第28题的调查结果❷相互比对可知，社会公众具有极高的专利申请意识，但对于如何申请专利却知之不详，甚至有误。96.2%的人会首先想到要申请专利，而只能50.4%的人知道应当向哪个机构申请专利。看来，无论是专利行政机关、专利中介机构还是相关媒体，对于专利常识的普及还有很大的工作可做。

6.3 专利授权的独立性。❸任何一个发明创造想要获得专利，均须经由特定国家的专门机关授权，而是否授予专利都是由特定国家根据各国的专利法独立作出决定的。也就是说，一项发明在一国获得专利权，从而获得该国的专利保护，并不意味着在另一国也自动获得专利并受到法律保护，发明人仍须在另一国申请专利并经授权后方能得到专利保护。这是《巴黎公约》所规定的原则，也是各国专利法的规定。本次调查结果显示，对于"在中国获得专利权的一项发明，在国外是否自动受到同样的保护？"这一问题，正确的回答，即认为不能自动受到专利保护只占53.2%，而有32.9%的人认为能够自动受到专利保护，其余13.9%的人回答不知道。

---

❶ 题项29。

❷ 参见6.1。

❸ 题项32。

从被调查者个人情况看：(1) 女性的回答正确率高于男性，其比例分别为58.4%、51.7%；(2) 对该问题回答在中年、老年组的正确率高于青少年组的比例；(3) 学历高者的回答正确率较高，尤其是本科学历者的回答率最高，为66%，而高中及以下的这一比例则仅为39.8%、36.8%；(4) 在不同职业人员中，司法人员与企业管理人员的回答正确率最高，分别为73.2%、60.1%，而军警、学生、工人、农民的这一比例均在46%左右，甚至更低；(5) 对本题回答正确率与个人收入水平基本无关；(6) 从被访者的居住地看，省会、地市的回答正确率最高，分别为59.9%、58.1%，而农村的这一比例最低，为31.9%，让人稍感奇怪的是，直辖市的这一比例亦仅为48.4%，其余地方的比例与本项的平均比例（53.2%）基本持平。

与上题反映的一样，专利法基本知识的普及尚需做很多工作，尤其是针对学生、工人、农民的普及工作。当然，这一问题也与当前中国社会的基本面相关，而不是单纯由专利机关或专利法所能解决的。例如，如果把当前占全国人口80%的农民束缚在土地上，他们就不会有什么技术创新的动力，不会去主动进行发明创造，也就不需要学习、了解专利法。

（七）知识产权的司法保护为何没有被优先考虑？

7.1 权利人发现自己的专利权受到侵犯，其首先会选择向何机关寻求法律保护。❶通过调查可知，公众的选择是“行政机关第一，法院第二”。回答首先考虑向专利管理机关请求保护者占全部被访者的44.4%，向工商机关请求保护者占22.2%，两者合计为66.6%，而回答首先考虑向法院请求保护者仅占32.7%。本题设计意图是测试社会公众对知识产权司法保护的倾向程度，结果是1/3倾向于司法保护，其余2/3倾向于行政保护。

从个人情况看：(1) 按被访者的年龄，40~49岁年龄段者对司法保护的首选率最高，为36.4%，其余年龄段者则仅与本项平均比例持平或略低；(2) 首先选择司法保护的比例与被访者学历水平成正比例关系，各学历水平者的这一比例分别为：在初中及以下（26.2%）、高中（28.6%）、大专（32.7%）、本科（36.4%）、研究生（42.1%）；(3) 在不同职业中，只有司法人员首选司法保护的比例显著较高，为43.9%；(4) 首先选择司法保护的比例与被访者个人收入水平成正比例关系，需要说明的是，尽管高端收入者（月收入5 000元以上）对此项回答的比例高达63.2%，但其在全体被访者中的人数比例过小（0.5%），因此，就占被访者人数绝对比例的中低端收入者而言，这一比例还是没有出现异常。但是，前述结论仍然成立，例如，月收入1 000元及以下者与1 000~3 500元者的这一比例分别为29.9%、36.2%，两者差异还是较为明显；(4) 从被访者居住地看，农村居住者的这一比例偏低（26.1%），直辖市的这一比例最高（55.6%），余者与本项之平均比例（32.7%）持平。

对此，有两个问题值得考虑。一是公众当前对于由行政机关解决包括专利权纠纷

---

❶ 题项33。

在内的知识产权案件存在重大需求，而知识产权司法保护并未在公众中确立其作为解决纠纷的重要机制的作用。行政机关解决与司法解决两者区别何在，公众为什么首选由行政机关解决？二是从被访者个人情况看，高学历、高收入、大城市居民相对于同类之他者，首先选择司法保护的比例最高，那么，能否这样设想，随着中国经济水平和公民收入、文化程度提高，公众首先选择司法机关解决争议的比例也会提高。

7.2 是否通过诉讼方式解决侵犯知识产权的纠纷。❶对此，被访者中的绝大部分（94.7%）作出了肯定的回答，只有5.3%的人回答否。如果把这一结果与第33题的结果❷相比对，可以发现，公众首先愿意选择行政机关来解决知识产权争议，但是又把争议的最终解决寄希望于法院。看来，公众的看法与TRIPS协定确立的“司法最终救济原则”并无相悖。

从被访者个人情况看，还表现为如下特点：（1）60岁以上的老龄者中愿意通过诉讼维护权利的人数比例（87%）明显低于其余各年龄段者；（2）愿意通过诉讼维护权利的人数比例与个人收入水平成反比，高收入者的这一比例为84.2%。

7.3 关于公众不愿意通过打官司的方式解决知识产权争议的原因。❸从调查结果看，这些原因是分散化的，并不存在一个根本性的原因。被访者中对于其不愿诉讼的各个原因的认同率分别为：诉讼程序太复杂（39%）、法院即使判决胜诉也无法真正弥补损失（38.9%）、诉讼成本过高（33.7%）、其他（24.5%）。而这些原因也就是目前在民事诉讼中存在的问题，因此，从更广意义上言之，这些问题的克服有赖于我国诉讼环境的改进、法治的进步。

三、结　语

通过对调查数据的分析，我们认为，关于当前中国社会公众对知识产权的认知程度上，既有乐观的方面，也有不少地方值得关注。

（1）社会公众的知识产权认知程度较之以往有所提高，达到了一定程度。

就本次调查的被访者而言，其知识产权的认知程度可谓相当之高，例如认为自己对知识产权有所了解的比例高达八成以上，甚至连最不为人熟悉的知识产权对象，如地理标记，也有三成以上的认知率。当然，正如绪言中所述，如果考虑到本次调查被访者的学历、职业、居住地等情况，那么就社会公众整体而言，这些比例就要大打折扣了。

社会公众对知识产权的了解与意识是与我国改革开放进程同步的。如果将调查回放到20世纪80年代，恐怕连最基本的如专利、著作权等知识产权都不甚了了。因此可以确信，随着中国进一步走向现代化，知识产权这一外来制度必将日益为国人所理解与接受，并植根于心。包括发达国家在内的国际社会也应当理解并相信中国社会所

---

❶ 题项34。
❷ 参见7.1。
❸ 题项35。

要经历的这一过程。

(2) 社会公众对知识产权的认知内容与方式具有明显的社会化特征。

一方面，社会公众获得有关知识产权的知识主要来源于新闻媒体的宣传。另一方面，其对知识产权只是一般性了解，知识产权并没有成为为公众生活的一个组成部分。例如，近期在国内大城市开始根据著作权法的规定向播放背景音乐的酒店等营业性场所收取音乐作品使用费一事，从新闻报道看，不仅应者寥寥，而且不少酒店老板或领班对于播放自己花钱买来的CD，“政府”还要对此收费表示不解，而当地版权管理部门的工作人员也将之解释成“政府收费”。❶ 可见，社会公众往往将词曲作家对其作品使用获得收益的私权混同于“政府收费权”，甚至政府相关部门也把著作权集体管理组织混同于政府部门。但如果上述规定能够切实而准确地得到执行，包括这些场所的经营者和消费者在内的公众都将真实地感受到知识产权。对此，知识产权的执法和司法部门、专业机构以及新闻媒体责任重大。把纸面上的知识产权法律规定转化为百姓身边事，成为公众的知识与意识，需要长期的认真而细致的工作，而不是流于一时的宣传。本次调查中，公众对相关知识产权案件处理结果的看法也反映了同样的问题。

(3) 提高社会公众的知识产权认知程度，培育公众的知识产权意识对我国知识产权发展的重要保障。

在当前经济全球化时代，中国欲自立于世界强手之林，必须提高自身的国际竞争力，而科技竞争力是其中首要组成。根据瑞士国际管理发展学院（IMD）1998年的《世界竞争力年鉴》，我国科技国际竞争力综合排名在46个国家和地区中列第13位，比1997年提高7位，但知识产权保护程度仅列第33位，反而较1997年下降了3位。包括知识产权保护、技术管理水平等在内的制度性因素影响了中国科技的国际竞争力。❷ 而1998年日本在知识产权保护状况这一项综合排名是世界第1位，美国为第2位。❸ 因此，改善我国的知识产权状况关乎整个国家的竞争力；提高公众的知识产权认识与意识，兹事体大。

(4) 公众的知识产权认知问题与当前中国的社会、经济结构形成互动关系。

提高公众的知识产权认识与意识，应从整个社会结构着手，而不是单纯的宣传与教育所能做到的。我们把本次调查所得的数据分成上述几个专题，也许看来是互不相关，各自独立的，其实它们有着共同的基础，并且相互强化。我们认为，知识产权领域中所发生的这些问题，归根到底都与中国当前的社会结构状况紧密相关。例如，盗版与假冒是当前国内市场上久治不愈的两大顽症，不仅时为国外政府与企业所指责，而且也已经实际损害到国内企业的利益与经济的发展。但是，这不是运用经济手段，运用市场力量所能完全解决的，而需要外部的法制力量。然而，尽管我们已经建立了比较全面的知识产权法律制度，但问题还远没有得到解决。又如，知识产权法律虽然制定了，知识产权的意识在公众中也已经树立起来了，但是，知识产权制度尚未真正

---

❶ 相关问题已设，见5.1。调查结果显示，78.9%的人认为无须付费。

❷ 原国家体改委经济体制改革研究院，中国人民大学，综合开发研究院联合研究组．中国国际竞争力发展报告（1999）[M]．北京：中国人民大学出版社，1999：51-52.

❸ 同上书，第54页。

融入中国社会并有效地发挥其利益激励功能，因为对于大部分公众来说，他们并不需要认真而仔细地了解知识产权的具体知识。再如，当社会公众面对知识产权受到侵害时，首先想到行政机关，而后才是法院，这恐怕也与当前司法环境有待改进相关。另外，从被调查者个人不同情况的分析中也可以看出，学历层次与经济收入状况往往会影响他们的选择，这也说明，社会的进步、社会成员的学识与收入的提高与其知识产权认识与意识有重要关系。

此外，我们还通过社会公众的角度就知识产权领域有争议的几个案件与规定进行了调查统计。这些数据对于专业理论研究也具有重要意义，值得作更深入的分析。我们希望在若干年以后，能够再定期举行更具有广泛性的民调测试，并与本次调查的结果进行比照，那时将能够获得更多富有意义的结论。

附录 3

2001年社会公众知识产权认知程度调查问卷与基本数据统计

问　　题		选　项	百分比（%）
Q1：你在此前了解有关知识产权方面的内容吗？	1	相当了解	10.8
	2	一般了解	72.3
	3	听说过	16.1
	4	不知道	0.8
★ Q2：你主要从何种途径了解有关知识产权方面的问题？	1	专业学习	27.2
	2	业务实践	16.1
	3	与别人的交谈	14.8
	4	新闻媒体的报道	64.0
	5	其他	10.7
★Q3：下例有关事项，你听说过的有：	1	“世界知识产权日”（4月26日）	73.4
	2	世界知识产权组织（WIPO）	62.7
	3	世界贸易组织《与贸易有关的知识产权协定》（TRIPS协定）	82.6
	4	《世界版权公约》	50.6
	5	《伯尔尼保护文学和艺术作品公约》	32.3
	6	《保护工业产权巴黎公约》	41.9

续表

问　题		选　项	百分比（%）
★Q4：下列与知识产权相关的事件，你知道的有：	1	中美知识产权谈判	65.3
	2	中国加入世界贸易组织（WTO），其中包含《与贸易有关的知识产权协定》	93.0
	3	中国的《专利法》《著作权法》与《商标法》在 2000 年和 2001 年分别进行了修订	70.5
	4	中国政府于 2000 年 10 月开始全国性的打假行动	68.1
★Q5：下列与知识产权有关的种类或对象中，你知道的有：	1	专利	96.6
	2	商标	95.0
	3	作品	85.5
	4	地理标记	29.2
	5	植物新品种	38.7
	6	商号	43.1
	7	产品包装与装潢	70.1
	8	商业秘密	64.9
	9	计算机软件	73.0
	10	集成电路布图设计	43.7
	11	互联网上的域名	46.6
	12	生物技术发明	52.5
Q6：当你购买文化用品或者其他产品时，是否注意过®和©这两个标记？	1	注意过，并知道这两个标记之间的区别	29.5
	2	注意过，但不完全知道这两个标记的含义	47.2
	3	似乎看到过	9.7
	4	没有注意过	13.7

续表

问　题		选　项	百分比（%）
Q7：你个人是否购买过非正版的书籍、音像制品或电脑软件？数量有多少？	1	购买过，数量在 10 种以上	16.4
	2	购买过，数量在 3~9 种	23.3
	3	购买过，数量在 3 种以下	41.2
	4	未曾购买过	19.1
★Q8：如果你对上述问题回答“购买过”，那么你主要是基于什么原因而购买？	1	非正版制品比正版制品便宜得多	53.3
	2	购买时不知道是非正版制品	41.5
	3	非正版制品与正版制品质量差不多，不影响阅读或者欣赏	27.3
	4	其他	8.2
★Q9：如果你未曾购买过非正版制品，原因是：	1	非正版制品与正版制品相比质量较差，影响阅读或者欣赏	53.4
	2	非正版制品侵犯了知识产权	44.5
	3	非正版制品的购买环境不好	6.6
	4	其他	17.3
Q10：某星级酒店将所购买的音乐 CD 在大堂播放，你认为酒店是否应当另行向音乐作品的著作权人支付费用？	1	是	21.1
	2	否	68.3
	3	不知道	10.6
Q11：照相馆将被摄影人的照片底片留在照相馆而不给被摄影人，认为这是照相馆的摄影作品，你认为这种做法合理吗？	1	合理	1.7
	2	不合理	98.3
Q12：制作或销售假冒某著名画家署名的美术作品，侵犯的是该画家的：	1	姓名权	18.5
	2	著作权中的署名权	78.8
	3	不知道	2.7
Q13：当代作家的某部小说未经过作者同意被上传到某网站上，供上网的浏览者免费欣赏或下载，你认为网站的行为是否构成了对作者著作权的侵犯？	1	构成侵权	92.6
	2	不构成侵权	5.3
	3	不知道	2.1

续表

问　　题		选　项	百分比(%)
Q14：个人消费明知不是正版软件，仍然购买使用该软件，是否侵犯了软件著作权人的权利？	1	是	53.1
	2	否	32.2
	3	不知道	14.7
★Q15：在日常生活中，你在购买商品时主要留意的是：	1	商品的质量	93.1
	2	商品的价格	69.8
	3	商品的生产厂家	46.1
	4	商品的商标	48.3
	5	商品的外观包装	25.4
	6	其他	4.3
Q16：你是否购买过假冒他人注册商标的商品？	1	是	52.8
	2	否	47.2
★Q17：如果你对上一题回答“是”，那么主要是哪些方面的商品？	1	服装	43.1
	2	烟酒	36.4
	3	日常用具	49.2
	4	其他	16.4
Q18：如果你在市场上购买了一件日用消费品，后发现该商品上的商标是假冒他人注册商标的，但商品本身质量尚可，不影响使用，那么，你是否会对此表示认可而不予追究？	1	是	63.1
	2	否	36.9
Q19：你认为目前国内市场上假冒他人注册商标商品的状况如何？	1	相当严重	62.2
	2	一般	29.5
	3	不太严重	7.1
	4	不严重	1.2
Q20：你认为目前打击市场中假冒行为的效果与前两年相比，有何变化？	1	有明显效果	35.7
	2	效果一般	56.7
	3	没有效果	5.1
	4	反而恶化	2.6

续表

问　　题		选　项	百分比（%）
★Q21：为了防范市场中的假冒行为，你认为可采取哪些有效措施？	1	加大刑事惩罚力度	85.2
	2	处以高额罚款	73.1
	3	鼓励王海式的民间打假方式	33.1
	4	其他措施	16.7
	5	没有任何有效措施	0.5
Q22：如果将某种特定的声音或者气味注册为某一产品或者服务的商标，那么你对这种新的商标类型可以接受吗？	1	可以接受	28.7
	2	不可以接受	54.3
	3	无所谓	17.0
★Q23：下列由国家工商行政管理部门认定的驰名商标中，你知道的有：	1	“玉立”（吸排油烟机）	53.1
	2	“金城”（摩托车）	81.3
	3	“东艺”（皮鞋）	11.9
	4	“耶莉娅”（服装）	31.0
	5	“红梅”（味精）	53.7
★Q24：你认为驰名商标应当由谁来认定？	1	由国家工商行政管理部门批量认定	63.2
	2	由法院个案认定	2.4
	3	由各行业协会认定	15.2
	4	由其他机构认定	1.3
	5	不需由某个机构认定，应由市场决定	27.6
★Q25：你认为商标的知名度主要取决于下列何种手段？	1	广告投入	34.7
	2	产品或服务本身的质量	93.6
	3	商标标识本身的设计与美感	16.9
	4	其他	2.5
Q26：甲厂生产一种标有其注册商标A的商品，乙公司从市场上购买该商品后撕下A商标，换上自己的注册商标B，又将该商品进行出售。你认为乙公司的行为是否侵犯甲厂的商标权？	1	是	84.2
	2	否	12.6
	3	不知道	3.2

续表

问　　题		选　项	百分比(%)
Q27：某人向中国互联网络信息中心申请注册一个域名，而该域名中的三级域名恰与某一公司的驰名商标相同，那么，你认为该人能否继续使用该域名？	1	能够继续使用	14.9
	2	不能继续使用	71.9
	3	不知道	13.2
★Q28：如果你完成了一项发明创造，你会首先采取哪些行为？	1	在专业杂志上具体介绍该发明的内容	6.0
	2	找到厂家并组织生产和投放市场	11.4
	3	申请专利	96.2
	4	采取保密措施	21.5
	5	其他	0.7
★Q29：如果你想为你的发明或设计申请专利，你认为应当向下列哪一机构申请？	1	省专利管理机关	47.5
	2	国家知识产权局	50.4
	3	工商局	6.8
	4	不知道	4.0
Q30：某种子专家经过长时期的培育试验，培育出了能大幅度增加产量的水稻新品种，你认为该植物品种是否可能在中国获得专利？	1	是	67.0
	2	否	24.6
	3	不知道	8.4
Q31：甲利用单位的设备在业余时间完成了一项发明，那么谁有权对该项发明申请专利？	1	甲	32.0
	2	甲的单位	19.7
	3	甲与单位共同	48.3
Q32：在中国获得专利权的一项发明，在国外是否自动受到同样的保护？	1	是	32.9
	2	否	53.2
	3	不知道	13.9
Q33：假如你发现某一家工厂未经授权而正在使用你的某项专利，那么你首先会考虑到哪个机构请求保护？	1	人民法院	32.7
	2	专利管理机关	44.4
	3	工商局	22.2
	4	公安局	0.6
	5	其他机构	0.2

续表

问　　题		选　项	百分比（%）
Q34：假如你的知识产权受到他人侵犯，你是否会考虑向法院起诉（打官司）？	1	是	94.7
	2	否	5.3
★Q35：如果你对上一题回答“否”，其原因是：	1	诉讼程序太复杂	39.0
	2	诉讼成本过高	33.7
	3	法院即使判决胜诉也无法真正弥补损失	38.9
	4	其他	24.5
★Q36：下列哪些属于商业秘密？	1	某一饮料的独家配方	89.1
	2	公司的顾客或供应商名单	50.0
	3	食品的配料表	57.1
	4	招标投标中的标底及标书内容	70.7
Q37：有的企业员工携本企业的技术秘密“跳槽”到对手企业，你如何看待这一现象？	1	侵犯了该企业的合法权益	95.0
	2	属于员工的劳动自由	4.6
	3	对各方当事人均无关紧要	0.4
Q38：你认为知识产权制度对中国公众来说有无必要？	1	有必要	94.0
	2	它只保护作家、发明家、企业家的利益，但于一般公众而言，并无必要	5.6
	3	均无必要	0.2
	4	其他	0.3
Q39：你认为中国政府加强对外国人知识产权的保护是否有利于中国经济发展？	1	是	94.8
	2	否	3.1
	3	无关紧要	2.1
Q40：你在此前是否曾经阅读或了解过《中国知识产权报》？	1	经常阅读	12.4
	2	偶尔阅读	36.0
	3	不阅读，但知道该报	30.0
	4	不阅读，也不知道该报	21.6

续表

问　　题		选　项	百分比（%）
Q41. A：性别：	1	男	76. 3
	2	女	23. 7
Q41. B：年龄：	1	10~19岁	2. 6
	2	20~29岁	36. 4
	3	30~39岁	30. 1
	4	40~49岁	18. 5
	5	50~59岁	9. 2
	6	60岁以上	3. 2
Q41. C：最高学历：	1	初中或更低	5. 4
	2	高中、中专、中技	23. 8
	3	大专	38. 3
	4	本科	30. 5
	5	研究生以上	2. 0
Q41. D：职业：	1	干部（包括国家公务员）	28. 4
	2	工人	6. 5
	3	学生	6. 3
	4	军人/武警/公安	17. 4
	5	职员（公司一般员工）	10. 3
	6	管理人员（企业经理/老板等）	5. 0
	7	教科文卫人员	9. 3
	8	农民	1. 4
	9	司机	0. 7
	10	销售、会计等人员商业服务业人员	5. 2
	11	司法人员	5. 7
	12	其他	3. 8

续表

问　题		选　项	百分比(%)
Q41. E：个人月收入水平：	1	1 000元以下	55. 7
	2	1 000~3 500元	42. 6
	3	3 500~5 000元	1. 2
	4	5 000元以上	0. 5
Q41. F：居住地：	1	农村	7. 8
	2	县/乡镇/县级市	37. 9
	3	地级市	34. 6
	4	计划单列市	2. 1
	5	省会城市	13. 4
	6	直辖市	4. 2

参考文献

图　书

[1]《十二国著作权法》翻译组．十二国著作权法［M］．北京：清华大学出版社，2012.
[2] M. 雷炳德．著作权法［M］．张恩民，译．北京：法律出版社，2005.
[3] 奥古斯特·孔德．论实证精神［M］．黄建华，译．北京：商务印书馆，1999.
[4] 保罗·A. 萨缪尔森，威廉·D. 诺德豪斯．经济学（上册）［M］．12 版．高鸿业，等，译．北京：中国发展出版社，1992.
[5] 本杰明·卡多佐．司法过程的性质［M］．苏力，译．北京：商务印书馆，2002.
[6] 博登海默．法理学、法律哲学与法律方法［M］．邓正来，译．北京：中国政法大学出版社，1999.
[7] 德利娅·利普希克．著作权和邻接权［M］．联合国教科文组织．北京：中国对外翻译出版公司，2000.
[8] 弗朗索瓦·泰雷，菲利普·森勒尔．法国财产法［M］．罗结珍，译．北京：中国法制出版社，2008.
[9] 弗里德利希·冯·哈耶克．法律、立法与自由［M］．邓正来，张守东，李静冰，译．北京：中国大百科全书出版社，2000.
[10] 工业和信息化部电信研究院．中国工业发展报告 2014［M］．北京：人民邮电出版社，2014.
[11] 郭禾．知识产权法案例分析［M］．北京：中国人民大学出版社，2006.
[12] 郭明瑞，王轶．合同法新论·分则［M］．北京：中国政法大学出版社，1997.
[13] 国家统计局．中国统计年鉴 2012［M］．北京：中国统计出版社，2013.
[14] 汉斯·采泽尔，戴维·凯．用数字证明：法律和诉讼中的实证方法［M］．黄向阳，译．北京：中国人民大学出版社，2008.
[15] 何孝元．云五社会科学大辞典：法律学［M］．台北：台湾商务印书馆，1971.
[16] 金玉甫．梁启超与中国书法［M］．郑州：河南美术出版社，2010.
[17] 卡尔·波普尔．猜想与反驳［M］．沈恩明，译．杭州：浙江人民出版社，1989.

［18］拉德布鲁赫．法学导论［M］．北京：中国大百科全书出版社，1997．
［19］刘春田．知识产权法［M］．北京：高等教育出版社、北京大学出版社，2010．
［20］罗素．西方哲学史（上卷）［M］．何兆武，李约瑟，译．北京：商务印书馆，1963．
［21］洛克．人类理解论（上册）［M］．关文运，译．北京：商务印书馆，1959．
［22］曼昆．经济学原理（宏观经济分册）［M］．4版．梁小民，译．北京：北京大学出版社，2006．
［23］梅仲协．民法要义［M］．北京：中国政法大学出版社，1998．
［24］密尔顿·弗里德曼．弗里德曼文萃［M］．高榕，范恒山，译．北京：北京经济学院出版社，1991．
［25］邱小平．表达自由：美国宪法第一修正案研究［M］．北京：北京大学出版社，2005．
［26］邱振中．书法七个问题［M］．北京：中国人民大学出版社，2011．
［27］梯利．西方哲学史［M］．葛力，译．北京：商务印书馆，1995．
［28］托马斯·弗里德曼．世界是平的：一部二十一世纪简史［M］．何帆，肖莹莹，郝正非，译．长沙：湖南科学技术出版社，2006．
［29］威廉·兰德斯，理查德·波斯纳．知识产权法的经济结构［M］．金海军，译．北京：北京大学出版社，2005．
［30］吴经熊．法律的艺术（英文版）［M］．北京：商务印书馆，1936．
［31］谢怀栻，等．合同法原理［M］．北京：法律出版社，2000．
［32］许崇德．中国宪法［M］．北京：中国人民大学出版社，1996．
［33］薛波．元照英美法词典［M］．北京：法律出版社，2003．
［34］原国家体改委经济体制改革研究院、中国人民大学、综合开发研究院联合研究组中国国际竞争力发展报告（1999）：科技竞争力主题研究［M］．北京：中国人民大学出版社，1999．
［35］约翰·莫纳什，劳伦斯·沃克．法律中的社会科学［M］．6版．何美欢，樊志斌，黄博，译．北京：法律出版社，2007．
［36］张俊浩．民法学原理［M］．北京：中国政法大学出版社，1997．
［37］张五常．经济解释：张五常经济论文选［M］．北京：商务印书馆，2001．
［38］中国人民大学知识产权教学与研究中心，中国人民大学知识产权学院．中华人民共和国最高人民法院公报知识产权案例全集（1987-2011）［M］．华中科技大学出版社，2012．
［39］最高人民法院民三庭．中国法院知识产权司法保护状况（2009-2013）［M］．北京：人民法院出版社，2014．
［40］最高人民法院民事审判第三庭．最高人民法院知识产权判例评解［M］．北京：知识产权出版社，2001．
［41］Ballentine's Law Dictionary［M］. 3rd ed. Lawyers Cooperative Publishing, 1969.
［42］BEVERLY W. PATTISHALL, DAVID C. HILLIARD, JOSEPH NYE WELCH, II. Trademarks and Unfair Competition［M］. 5th ed. LexisNexis, 2002.

[43] Black's Law Dictionary [M]. 7th ed. West Group, 1999.
[44] JOHN NEVILLE KEYNES. Scope and Method of Political Economy [M]. London: Macmillan 4 Co., 1891.
[45] JULIE COHEN, et al. Copyright in a Global Information Age [M]. 3rd ed. Aspen Publishers, 2010.
[46] LAWRENCE M. FRIEDMAN. A History of American Law [M]. 3rd ed. Touchstone, 2005.
[47] MARK TUSHNET. In the Balance: Law and Politics on the Roberts Court [M]. W. W. Norton & Company, 2013.
[48] MELVILLE B. NIMMER. Nimmer on Copyright [M]. Matthew Bender, 2003.
[49] MICHAEL TRIMBORN. Employees' Inventions in Germany: A Handbook for International Businesses [M]. Walters Kluwer, 2009.
[50] OLIVER WENDELL HOLMES, JR. *The Common Law* (1881).
[51] PAUL GOLDSTEIN. Goldstein on Copyright [M]. Aspen Publishers, 2011.
[52] PETER GANEA, THOMAS PATTLOCH. Intellectual Property Law in China [M]. Kluwer Law International, 2005.
[53] ROBERT COOTER, THOMAS ULEN. Law and Economics [M]. 4th ed. Pearson Education Inc., 2004.
[54] ROBERT COOTER, THOMAS ULEN. Law and Economics [M]. 5th ed. Pearson Education, Inc., 2008.
[55] ROBERT MERGES, PETER MENELL, MARK LEMLEY. Intellectual Property in the New Technological Age [M]. Aspen Law & Business, 2000.
[56] ROSCOE POUND. Administrative Application of Legal Standard [M]. Proceedings American Bar Association, 1919.
[57] THOMAS D. ROWE, JR. et al. Civil Procedure [M]. 3rd ed. Foundation Press, 2012.
[58] THOMAS MCCARTHY. McCarthy on Trademark and Unfair Competition [M]. 4th ed. New York: Thomson Reuters, 2012.

专著中析出的文献

[1] 费安玲. 作品的概念 [G] //中华人民共和国著作权法讲析. 北京: 中国国际广播出版社, 1991.
[2] 刘春田, 刘波林. 关于职务作品著作权的若干问题 [G] //中国版权研究会. 版权研究文选. 北京: 商务印书馆, 1995.
[3] 刘风景. 裁判摘要的原理与制作: 以《最高人民法院公报》公布案例为素材 [G] //谢晖, 陈金钊. 法律方法 (第8卷). 济南: 山东人民出版社, 2009.
[4] 萨缪尔森. 我的人生哲学: 政策信条和工作方式 [G] //迈克尔·曾伯格. 经济学大师的人生哲学. 侯玲, 欧阳俊, 王荣军, 译. 北京: 商务印书馆, 2001.
[5] E. DEBORAH JAY. Genericness Survey in Trademark Disputes: Under the Gavel [G] // SHARI DIAMOND, JERRE SWANN. Trademark and Deceptive Advertising Surveys. ABA,

2012.
[6] GERALD L. FORD. Survey Percentages in Lanham Act Matters [G] //SHARI S. DIAMOND, JERRE B. SWANN. Trademark and Deceptive Advertising Surveys. ABA, 2012.
[7] MILTON FRIEDMAN. The Methodology of Positive Economics [G] // Essays in Positive Economics. Chicago: University of Chicago Press, 1966.
[8] SHINJIRO ONO. Trilateral Cooperation: mutual exploitation of search and examination results among patent offices with a view to establishing a system of rationalized work-sharing [G] //TOSHIKO TAKENADA. Patent Law and Theory: A Handbook of Contemporary Research. Edward Elgar, 2008.

期刊中析出的文献

[1] 郭云忠. 法律实证研究方法研讨会综述 [J]. 国家检察官学院学报, 2009 (4).
[2] 韩秀成. 美国的专利政策及其高科技企业的战略 [J]. 知识产权, 2001 (3).
[3] 黄辉. 法学实证研究方法及其在中国的运用 [J]. 法学研究, 2013 (6).
[4] 黄辉. 中国主流法学期刊刊发行政法学文章探讨: 以 2007~2011 年十五大法学类期刊为样本 [J]. 社会科学家, 2013 (11).
[5] 解亘. 日本的判例制度 [J]. 华东政法大学学报, 2009 (1).
[6] 金海军. 从美国《专利法》第 102 条看发明人先申请制的实质 [J]. 知识产权, 2013 (4).
[7] 金海军. 论书信上的物权、著作权与隐私权及其相互关系: 从"钱钟书书信拍卖案"谈起 [J]. 法学, 2013 (10).
[8] 金海军. 美国最高法院 2013 年开庭期知识产权判例解析 [J]. 知识产权, 2014 (10).
[9] 金海军. 商标与通用名称问题的消费者调查方法: 实证与比较 [J]. 暨南学报, 2013 (10).
[10] 李先波, 杨建成. 论言论自由与隐私权之协调 [J]. 中国法学, 2003 (5).
[11] 李岳, 刘艳平. 从"解百纳"案看商品通用名称的认定 [J]. 对外经贸, 2012 (12).
[12] 凌斌. 肥羊之争: 产权界定的法学和经济学思考 [J]. 中国法学, 2008 (5).
[13] 沈解平, 黄再再, 金权. 从案例到判例: 论最高人民法院发布案例之判例化改造 [J]. 法律适用, 2003 (9).
[14] 宋晓. 裁判摘要性质的追问 [J]. 法学, 2010 (2).
[15] 苏力. 好的研究与实证研究 [J]. 法学, 2013 (4).
[16] 王玧. 判例在联邦德国法律制度中的作用 [J]. 人民司法, 1998 (7).
[17] 吴新华. 商标与商品通用名称辨析: 第 1509704 号"优盘"商标争议办案札记 [J]. 中华商标, 2007 (10).
[18] 杨建军.《最高人民法院公报》选编民事案例的变化 [J]. 现代法学, 2010 (4).
[19] 袁秀挺. 我国案例指导制度的实践运作及其评析: 以《最高人民法院公报》中

的知识产权案例为对象［J］. 法商研究，2009（2）.
［20］赵骏. 中国法律实证研究的回归与超越［J］. 政法论坛，2013（2）.
［21］周道鸾. 中国案例制度的历史发展［J］. 法律适用，2004（5）.
［22］朱新力. 专利资助政策的困境与改革要略［J］. 浙江大学学报：人文社会科学版，2012（5）.
［23］最高人民法院课题组. 关于德国判例考察情况的报告［J］. 人民司法，2006（7）.
［24］左卫民. 法学实证研究的价值与未来发展［J］. 法学研究，2013（6）.
［25］ALEXANDER E. SILVERMAN. Myth, Empiricism, and America's Competitive Edge: The Intellectual Property Antitrust Protection Act［J］. Stan. L. Rev., 1991（43）.
［26］ARNOLD PLANT. The Economic Theory Concerning Patents for Inventions［J］. Economica, New Series, 1934（1）.
［27］BARTON BEEBE. An Empirical Study of the Multifactor Tests for Trademark Infringement［J］. Cal. L. Rev., 2006（94）.
［28］BARTON BEEBE. An Empirical Study of U. S. Copyright Fair Use Opinions: 1978－2005［J］. U. Pa. L. Rev., 2007－2008（156）.
［29］COLLEEN V. CHIEN. Patently Protectionist? An Empirical Analysis on Patent Cases at the International Trade Commission［J］. Wm. & Mary L. Rev., 2008－2009（50）.
［30］DEBORAH R. GERHARDT. Copyright Publication: An Empirical Study［J］. Notre Dame L. Rev., 2011－2012（87）.
［31］DONALD S. CHISUM. Normative and Empirical Territoriality in Intellectual Property: Lessons from Patent Law［J］. Va. J. Int'l L., 1997（37）.
［32］E. DEBORAH JAY. Genericness Surveys in Trademark Disputes: Evolution of Species［J］. Trademark Reporter, 2009（99）.
［33］ERIC ROGERS. Substantially Unfair: An Empirical Examination of Copyright Substantial Similarity Analysis among the Federal Circuits［J］. Mich. St. L. Rev., 2013（2013）.
［34］HAIJUN JIN, et al. Government－Backed Patent Funds in China: Their Roles as Policy Tools to Promote Innovation by SMEs［J］. Asia－Pacific Tech Monitor, 2013（10－11）.
［35］JAMES Q. WHITMAN. The Two Western Cultures of Privacy: Dignity v. Liberty［J］. Yale L. J., 2001（113）.
［36］JIARUI LIU. Copyright Injunctions after eBay: An Empirical Study［J］. Lewis & Clark L. Rev., 2012（16）.
［37］JOHN B. GAFFNEY. The Fair Use of Unpublished Works: Where Privacy and Copyright Collide［J］. Conn. L. Rev., 2001（34）.
［38］JOHN F. DUFFY. The Festo Decision and the Return of the Supreme Court to the Bar of Patents［J］. Sup. Ct. Rev., 2002（2002）.
［39］JOHN M. GOLDEN, ROBERT P. MERGES, PAMELA SAMUELSON. The Path of IP Studies: Growth, Diversification, and Hope［J］. Texas L. Rev., 2014（92）.
［40］JOHN R. ALLISON, MARK A. LEMLEY. Empirical Evidence on the Validity of Liti-

gated Patents [J]. AIPLA Q. J., 1998 (26).

[41] JON O. NEWMAN. Copyright Law and the Protection of Privacy [J]. Columbia-VLA Journal of Law & the Arts, 1988 (12).

[42] JON O. NEWMAN. Not the End of History: The Second Circuit Struggles with Fair Use [J]. J. Copyright Soc'y U. S. A., 1989 (37).

[43] MARK D. JANIS. Patent Law in the Age of the Invisible Supreme Court [J]. U. Ill. L. Rev., 2001 (6).

[44] MARK LIANG. Chinese Patent Quality: Running the Numbers and Possible Remedies [J]. J. Marshall Rev. Intell. Prop. L., 2012 (11).

[45] MATTHEW SAG, TONJA JACOBI, MAXIM SYTCH. Ideology and Exceptionalism in Intellectual Property: An Empirical Study [J]. Cal. L. Rev., 2009 (97).

[46] MICHAEL SCHUSTER. Claim Construction and Technical Training: Am Empirical Study of the Reversal Rate of Technically Trained Judges in Patent Claim Construction Cases [J]. Quinnipiac L. Rev., 2011 (29).

[47] OLIVER WENDELL HOLMES, JR. The Path of the Law [J]. Harvard Law Review, 1897 (10).

[48] PETER L. BREWER. Who Owns the Invention? Addressing Ownership Claims of Employees and Contractors [J]. Tenn. B. J., 2006 (4).

[49] PETER LEE. Patent Law and the Two Cultures [J]. Yale L. J., 2010 (120): 2, 43.

[50] PIERRE N. LEVAL. Toward a Fair Use Standard [J]. Harv. L. Rev., 1990 (103).

[51] R. ANTHONY REESE. The Public Display Right: The Copyright Act's Neglected Solution to the Controversy over RAM "Copies" [J]. U. Ill. L. Rev., 2001 (2001).

[52] ROBERT C. BIRD, JOEL H. STECKEL. The Role of Consumer Surveys in Trademark Infringement: Empirical Evidence from the Federal Courts [J]. U. Pa. J. Bus. L., 2012 (14).

[53] ROBERT C. ELLICKSON. Trends in Legal Scholarship: A Statistical Study [J]. J. Legal Stud., 2000 (29).

[54] SAMUEL D. WARREN, LOUIS D. BRANDEIS. The Right to Privacy [J]. Harv. L. Rev., 1890 (4).

[55] SHARI SEIDMAN DIAMOND, PAM MUELLER. Empirical Legal Scholarship in Law Reviews [J]. 6 Annu. Rev. Law Soc. Sci., 2010 (6).

[56] THEODORE EISENBERG. Empirical Methods and the Law [J]. Journal of the American Statistical Association, 2000 (95).

[57] TRACEY E. GEORGE. An Empirical Study of Empirical Legal Scholarship: The Top Law Schools [J]. Ind. L. J., 2006 (81).

[58] WHITNEY STENGER, MARK COHEN. Global Intellectual Property Ambassador [J]. 15 SMU Sci. & Tech. L. Rev., 2011 (15).

[59] WILLIAM M. LANDES. An Empirical Analysis of Intellectual Property Litigation: Some Preliminary Results [J]. Hous. L. Rev., 2004 (41).

报纸中析出的文献

[1] 袁祥，王逸吟．拍卖公司不得侵害钱钟书杨绛书信手稿著作权［N］．光明日报，2013-06-04.

[2] Amid Complaints Over Rulings［N］. The Wall Street Journal，2014-07-06.

[3] NEAL K. KATYAL. The Supreme Court's Powerful New Consensus［N］. New York Times，2014-06-26.

电子文献

[1] 北大法律信息网：http：//www. chinalawinfo. com。

[2] 不列颠大百科在线版（*Encyclopedia Britannica*）：http://global. britannica. com/EB-checked/topic/186146/empiricism。

[3] SSRN：http：//www. ssrn. com/link/Intellectual-Property-Empirical-Studies. html。

[4] 维基百科：http：//en. wikipedia. org/wiki/Empiricism。

[5] 世界地图网站：www. worldmapper. org。

[6] 在线英语词典：http：//dictionary. reference. com/browse/positivism？s=t。

[7] 中国知识产权裁判文书网：http：//ipr. court. gov. cn。

[8] 郭寿康，黄晖．中国商标立法与实践［EB/OL］．［2015-06-28］．http://www.ipr2.org/storage/Trademark _Laws _& _Cases-CN-110504-final1007.pdf.

[9] ASHBY JONES. Critics Fault Court's Grip on Appeals for Patents：Calls to Loosen Federal Circuit's Hold Grows DAVID J. KAPPOS. October Term 2012：Trends in Supreme Court Intellectual Property Jurisprudence［EB/OL］．［2014-10-14］．www. cravath. com.

[10] LEE EPSTEIN，WILLIAM LANDES，RICHARD POSNER. Is the Roberts Court Pro-Business［EB/OL］．［2014-10-14］．http://esptein.usc.edu/research/RobertsBusiness.pdf.

[11] STEPHEN BREYER. Economic Reasoning and Judicial Review，AEI-Brookings Joint Center for Regulatory Studies（2004）［EB/OL］．［2015-03-16］．http：//www. aei-brookings. org/admin/authorpdfs/page. php？id=840.

[12] THOMSON RUTERS. Top 100 Global Innovators（2014）［EB/OL］．［2015-04-06］．http：//thomsonreuters. com/en/press-releases/2014/thomson-reuters-names-the-2014-top-100-global-innovators. html.

[13] WIPO. WIPO IP Facts and Figures［EB/OL］．［2015-04-06］．http：//www. wipo. int/edocs/pubdocs/en/wipo _pub _943 _2014.

案　　例

[1] 艾格福（天津）有限公司与四川省富顺县生物化工厂侵犯“敌杀死”商标权纠纷上诉案，最高人民法院民事判决书（1999）知终字第 11 号。

[2] 北京华旗资讯数码科技有限公司向国家工商行政管理总局商标评审委员会申请撤销第 1509704 号“优盘”注册商标案。

［3］苍山县兰陵笑笑生酒厂与山东兰陵企业（集团）总公司等商标侵权、不正当竞争纠纷上诉案，山东省高级人民法院民事判决书（2001）鲁经终字第379号。

［4］丰田自动车株式会社诉浙江吉利汽车有限公司等侵犯商标权及不正当竞争纠纷案，北京市第二中级人民法院民事判决书（2003）二中民初字第06286号。

［5］江苏爱特福药物保健品有限公司诉北京地坛医院、金湖县爱特福化工有限责任公司、北京庆余药品经营部不正当竞争纠纷案，最高人民法院民事判决书（2002）民三终字第1号。

［6］李淑娴诉李文达著作权纠纷案，北京市中级人民法院民事判决书（1989）中民字第1092号；北京市高级人民法院民事判决书（1995）高知终字第18号。

［7］陕西小肥羊实业有限公司诉国家工商行政管理总局商标评审委员会行政纠纷上诉案，北京市高级人民法院行政判决书（2006）高行知终字第92号。

［8］厦门华侨电子企业有限公司诉四川长虹电器股份有限公司上海分公司等侵犯商标权案，上海市第二中级人民法院民事判决书（2003）沪二中民五（知）初字第172号；上海市高级人民法院民事判决书（2004）沪高民三（知）终字第87号。

［9］杨季康诉中贸圣佳国际拍卖公司、李国强诉前禁令案，北京市第二中级人民法院民事裁定书（2013）二中保字第9727号。

［10］中粮酒业有限公司等诉国家工商行政管理总局商标评审委员会行政纠纷上诉案，北京市高级人民法院行政判决书（2010）高行知终字第310号。

［11］American Broadcasting Cos. Inc. v. Aereo Inc. 573 U.S. ____ (2014).

［12］Alice Corp. v. CLS Bank Int'l, 573 U.S. ____ (2014).

［13］Already, LLC v. Nike, Inc. 573 U.S. ____ (2014).

［14］American Luggage Works v. United States Trunk Co., Inc., 158 F. Supp. 50, 116 USPQ 188 (Mass. 1957).

［15］American Thermos Products Co. v. Aladdin Industries, Inc., 207 F. Supp. 9 (D. Conn. 1962), aff'd, 321 F.2d 577 (2d Cir. 1963).

［16］American Thermos Products Co. v. Aladdin Industries, Inc., 207 F. Supp. 9 (1962).

［17］AMF Incorporated v. Sleekcraft Boats, 599 F.2d 341 (9th Cir. 1979).

［18］Amstar Corporation v. Domino's Pizza, 615 F. 2d 252 (1980).

［19］Association for Molecular Pathology v. Myriad Genetics, Inc. 569 U.S. ____ (2013).

［20］Banks v. Unisys Corp, 228 F. 3d 1357 (Fed. Cir. 2000).

［21］Bowman v. Monsanto Co., 569 U.S. ____ (2013).

［22］City of Cocoa v. Leffler, 803 So.2d 869 (Fla. App. 2002).

［23］Community for Creative Non-Violence v. Reid, 490 U.S. 730 (1989).

［24］Compare with Reed Union Corp. v. Turtle Wax Inc., 77 F. 3d 909 (1996).

［25］E. I. DuPont de Nemours & Co. v. Yoshida Intern., Inc., 393 F. Supp. 502 (E.D.N.Y. 1975).

［26］E.S. Original Inc., v. Stride Rite Corp., 656 F. Supp. 484 (1987).

［27］Elgin National Watch Co. v. Elgin Clock Co., 26 F. 2d. 376 (1928)

［28］FTC v. Actavis, Inc. 570 U.S. ____ (2013).

[29] Gimix, Inc. v. JS & A Group, Inc., 1982 WL 52164 (N. D. Ill.), 213 U. S. P. Q. 1005 (N. D. Ill. 1982).
[30] Gunn v. Minton, 568 U. S. 310 (2013).
[31] Harper & Row Publishers, Inc. v. Nation Enterprises, 471 U. S. 539 (1985).
[32] Henri's Food Products Co. v. Kraft, Inc., 220 U. S. P. Q. 386 (1983).
[33] Highmark Inc. v. Allcare Health Management System, Inc., 572 U. S. ____ (2014).
[34] In re Merrill Lynch, Pierce, Fenner, and Smith, Inc., 828 F. 2d 1567 (Fed. Cir. 1987).
[35] Indiannapolis Colts v. Metropolitan Baltimore Football, 34 F. 3d 410 (7th Cir. 1994).
[36] James Burrough Ltd. v. Sign of the Beefeather, Inc., 540 F. 2d 266 (7th Cir. 1976).
[37] Kirtsaeng v. John Wiley & Sons, Inc., 568 U. S. ____ (2013).
[38] Lexmark Int'l, Inc. v. Static Control Components, Inc., 572 U. S. ____ (2014).
[39] Life Savers Corp. v. Curtiss Candy Co., 87 F. Supp. 16 (1949).
[40] Limelight Networks, Inc. v. Akamai Technologies, Inc., 572 U. S. ____ (2014).
[41] Medtronic, Inc. v. Mirowski Family Ventures, LLC., 571 U. S. ____ (2014).
[42] Nautilus, Inc. v. Biosig Instruments, Inc., 572 U. S. ____ (2014).
[43] New Era Publications Int'l., ApS v. Henry Holt and Co., Inc., 873 F. 2d 576 (1989).
[44] Octane Fitness, LLC. v. ICON Health & Fitness, Inc., 572 U. S. ____ (2014); 134 S. Ct. 1749 (2014).
[45] Olympus Optical Co., Ltd. v. Shumpei Tanaka, Supreme Court, 3rd Petty Bench / Decided April 22, 2003/Case No. Hei 13 (uke) 1256.
[46] Petrella v. Metro-Goldwyn-Mayer, Inc. 572 U. S. ____ (2014).
[47] Pharmacia Corp. v. Alcon Laboratories, Inc., 201 F. Supp. 2d 335 (2002).
[48] POM Wonderful LLC. v. Coca-Cola Company, 572 U. S. ____ (2014).
[49] Salinger v. Random House, Inc., 811 F. 2d 90 (1987).
[50] Scott System Inc. v. Scott, 996 P. 2d 775, 778 (Colo. 2000).
[51] Simon Property Group, L. P. v. mySimon, Inc., 104 F. Supp. 2d 1033, 1039 (S. D. Ind. 2000).
[52] Stanford University v. Roche Molecular Systems, Inc. 563 U. S. ____ (2011); 131 S. Ct. 2188.
[53] Teets v. Chromalloy Gas Turbine Corp., 83 F. 3d 403, 407 (Fed. Cir. 1996).
[54] The Squirt Company v. The Seven-Up Company, 207 U. S. P. Q. 12 (1979).
[55] Triangle Publications v. Rohrlich, 167 F. 2d 969 (1948).
[56] United States v. Dubilier Condenser Corp, 289 U. S. 178 (1933).
[57] Zatarain's Inc. v. Oak Grove Smokehouse, Inc., 698 F. 2d 786 (5th Cir. 1983).
[58] Zippo Manufacturing Co. v. Rogers Imports, Inc., 216 F. Supp. 670 (1963).

其　他

[1]《中华人民共和国最高人民法院公报》，1985~2014 年各期。

[2] WIPO《2011 年世界知识产权指标报告》。
[3] THOMSON RUTERS. *Top* 100 *Global Innovators* (2011).
[4] RUTH TOWSE, RUDI HOLZHAUER. *The Economics of Intellectual Property* (2002).
[5] IWAO YAMAGUCHI, YAMAGUCHI INTERNATIONAL PATENT OFFICE. *Theory and Practice of Employees' Invention*, Japan Patent Office, Asia-Pacific Industrial Property Center, JIII (2006).

后　　记

“流泪撒种的，必欢呼收割”(Those who sow in tears shall reap with shouts of joy)。这句话为追求成功的人们，留下了宝贵的启示。时光白驹过隙，近十年光景匆匆，但只见流泪流汗，在自家园地里却几乎荒芜一片。最近三年来的读书教书使我明白，只有辛勤播撒种子，施以养分，假以时日，才可能开花结籽，有所收成。作物的生长是这样，作品也是如此。

我在这里首先感谢三篇论文（收入本书第 2、3、12 章）的合作者，他（她）们的名字详见各章开头的说明。同时，特别感谢帮助我将英文论文翻译为中文的四位研究生同学：屠煜丽、晁文婷、包慕霞和陈德林。陈德林同学还帮助更新了第 1 章所涉及的数据，并为第 12 章补充制作了图表。晁文婷同学帮助查阅总序的若干引文资料和整理参考文献。

感谢我所在的人大法学院、知识产权学院的领导和同事们给予的理解与支持，使我在完成教课任务之余，尚有余力读点书，做些研究。

感谢北京的李芬莲、崔倩，上海的洪玉，广州的李晶晶，台北的彭癸菁，新德里的 Satyabrata Sahu，是你们出色的编辑工作，使得收入本书的若干章节在最初能够发表在你们的杂志。

我也要感谢知识产权出版社的大力支持，特别是编辑部的领导以及参与本书编校的卢海鹰主任、倪江云编辑。是你们对知识产权事业的热心和娴熟的编辑能力，使本书得以顺利出版。

最后感谢我的家人，特别是小红和点点。无论一同感受西雅图的雨还是北京的霾，你们的陪伴与照顾，给我最大的精神鼓舞。还要感谢三年来给予我诸多帮助的 Martha，Toshiko，东升，Joy，Jennifer 和齐橹。

Life is short，art is long，and experience is difficult. 诚哉斯言！

金海军

2015 年 6 月

于北京　中国人民大学法学院